HISTORIA DE LAS MISIONES

por JUSTO L. GONZÁLEZ

EDITORIAL LA AURORA · BUENOS AIRES

Queda hecho el depósito que previene la ley © 1970 por
Editorial y Librería La Aurora S.R.L.
Doblas 1753, Buenos Aires
Impreso en la Argentina — Printed in Argentina

BIBLIOTECA DE ESTUDIOS TEOLOGICOS

uxori dilectissimae

ABREVIATURAS

ANF	*The Ante-Nicene Fathers* (American Edition)
B.A.C.	*Biblioteca de Autores Cristianos*
C.M.H.	*Cambridge Medieval History*
CSEL	*Corpus Scriptorum Ecclesiasticorum Latinorum*
H.E.	*Historia eclesiástica* (si no se menciona otro autor, la de Eusebio)
H.E.C.	K. S. Latourette, *A History of the Expansion of Christianity* (New York, 1937-1945)
P.G.	*Patrologiae cursus completus. Series Graeca.* Ed. Migne
P.L.	*Patrologiae cursus completus. Series Latina.* Ed. Migne
S.P.	*Studia Patristica*

CONTENIDO

Advertencia preliminar — 19

I. Introducción — 23

II. LAS MISIONES EN EL NUEVO TESTAMENTO — 29
   A. — El Trasfondo Veterotestamentario — 30
      1. La Universalidad del Antiguo Testamento — 30
      2. La Misión Universal de Israel — 31
      3. El Carácter Escatológico de las Misiones — 31
      4. Los Comienzos de las Misiones Judías en el Período Intertestamentario — 32
   B. — Jesús y los Paganos — 33
   C. — El Fundamento Teológico de las Misiones en la Iglesia Apostólica — 35
   D. — La Expansión del Cristianismo durante el Período Neotestamentario — 36

III. LAS MISIONES EN LA EDAD ANTIGUA — 41
   A. — Desde el fin del Período Neotestamentario hasta la Conversión de Constantino — 41
      1. Expansión Geográfica del Cristianismo — 42
         a) El Egipto — 42
         b) Africa del Norte — 43

      c) España   43

      d) Las Galias   44

      e) La Expansión del Cristianismo en los Territorios en que habían laborado los Apóstoles   45

  2. Un Gran Misionero de Este Período: Gregorio de Neocesarea   45

  3. Los Métodos Empleados durante este Período   49

      a) La Polémica contra el Judaísmo   50

      b) La Polémica contra el Culto Pagano   51

      c) El Encuentro con la Filosofía Pagana   52

      d) El Contacto Personal entre Intelectuales   55

      e) Las Escuelas Cristianas   55

      f) El Testimonio de los Cristianos Incultos   56

      g) Los Milagros   57

      h) El Martirio   57

      i) El Culto   58

      j) Los Misioneros   58

      k) Resumen: La Actitud de los Cristianos hacia el Paganismo   59

B. — El Imperio Cristiano y la Supresión del Paganismo   60

  1. La Conversión de Constantino   60

  2. Los Hijos de Constantino   65

  3. La Reacción Pagana: Juliano   66

  4. El Imperio Cristiano   67

  5. El Fin de la Edad Antigua   69

6. La Obra Misionera después de la Conversión
de Constantino 69

   a) Ulfilas 70

   b) Martín de Tours 71

C. — La Expansión del Cristianismo fuera del
Imperio Romano 73

1. El Cristianismo en Edesa 74

2. El Cristianismo en Armenia 74

3. El Cristianismo en Georgia 77

4. El Cristianismo en Mesopotamia y Persia 78

5. El Cristianismo en la India 79

6. El Cristianismo en Arabia 80

7. El Cristianismo en Abisinia 81

Consideraciones generales 82

IV. LAS MISIONES MEDIEVALES 85

A. — Desde la Irrupción de los Bárbaros hasta el
Avance del Islam 85

1. La Reconquista de lo que Había Sido el
Imperio Romano 85

   a) El Reto de los Bárbaros a la
   Romanitas Cristiana 86

   b) La Conversión de los Paganos 88

   c) La Conversión de los Arrianos 89

2. Las Misiones en las Islas Británicas 90

   a) Patricio 90

   b) Columba y la Comunidad de Iona 92

		c) Agustín de Canterbury	94
	3.	Las Misiones Orientales	96
		a) El Cristianismo Ortodoxo	96
		b) Los Nestorianos y Monofisitas	97
	4.	El Avance del Islam	98
B.—	Desde el Impulso Misionero Británico hasta las Cruzadas		101
	1.	Las Misiones en el Norte de Europa	102
		a) Las Primeras Misiones a los Países Bajos y a Alemania	102
		b) Carlomagno y la Conversión de los Sajones	104
		c) La Misión a los Escandinavos: Ansgar	105
		d) La Conversión de Escandinavia: Dinamarca	106
		e) La Conversión de Escandinavia: Noruega	107
		f) La Conversión de Escandinavia: Suecia	108
	2.	Las Misiones Occidentales hacia Europa Central	109
	3.	La Expansión del Cristianismo Bizantino	113
		a) La Conversión de Bulgaria	114
		b) La Conversión de Rusia	115
	4.	El Cristianismo en el Oriente	116
	5.	La Ofensiva contra el Islam	117
		a) La Reconquista de España	117

	b) El Reino Normando de Sicilia	119
	c) Las Cruzadas	120
C. — Desde el Renacimiento del Siglo XII hasta Fines de la Edad Media		122
	1. La Europa Occidental	122
	a) San Francisco y la Orden de Hermanos Menores	123
	b) Santo Domingo y la Orden de Predicadores	126
	c) La Continuación del Ideal de la Cruzada	128
	2. La Expansión del Cristianismo Oriental	128
	Consideraciones generales	130

V. LAS MISIONES EN LA EDAD MODERNA — 133

A. — Las Misiones Catolicorromanas — 135

  1. Las Razones de la Preponderancia de las Misiones Católicas — 135

    a) La Ventaja Geográfica del Catolicismo — 135

    b) La Ventaja Militar y Política — 135

    c) La Unidad Catolicorromana — 136

    d) La Continuación de Un Viejo Impulso — 137

    e) Las Ordenes Monásticas — 137

  2. Las Misiones Españolas — 137

    a) La Unificación Religiosa de España — 137

    b) La América — 138

    c) Las Islas Filipinas — 164

d) Otras Misiones Españolas　　　　　　　　166

　3. La Expansión Misionera a partir de Portugal　166

　　　a) La Colonización Portuguesa en
　　　　América　　　　　　　　　　　　　　　168

　　　b) La Expansión Portuguesa en el Africa　170

　　　c) El Oriente　　　　　　　　　　　　　171

　4. Las Misiones Francesas　　　　　　　　　179

　　　a) La Expansión Geográfica de Francia　180

　　　b) La Société des Missions Etrangères
　　　　de Paris　　　　　　　　　　　　　　181

　5. Los Comienzos de la Misionología Católica　182

B. — La Expansión del Cristianismo Ortodoxo　　183

C. — Los Comienzos de las Misiones Protestantes　184

　1. La Oposición de la Ortodoxia protestante
　　a las Misiones entre Paganos　　　　　　184

　　　a) Martín Lutero　　　　　　　　　　　185

　　　b) Melanchton　　　　　　　　　　　　185

　　　c) Zwinglio, Calvino y Bucero　　　　　185

　　　d) Adrián Saravia y la Respuesta de
　　　　Teodoro Beza　　　　　　　　　　　186

　　　e) Johan Gerhard　　　　　　　　　　　187

　　　f) Justiniano von Weltz　　　　　　　　188

　2. La Expansión del Protestantismo a Través
　　de la Expansión Política de las Naciones
　　Protestantes　　　　　　　　　　　　　189

　　　a) La Expansión Holandesa　　　　　　190

　　　b) La Expansión Inglesa　　　　　　　　191

CONTENIDO

        c) La Expansión Danesa   197

    3. Nuevos Movimientos dentro del Protestantismo y su Importancia para las Misiones   197

        a) El Pietismo de la Universidad de Halle   198

        b) Zinzendorf y los Moravos   200

        c) Los Hermanos Wesley y el Metodismo   201

        d) El "Great Awakening" en la América del Norte   202

    Consideraciones generales   203

VI. Las Misiones en la Epoca Contemporánea:

INTRODUCCIÓN GENERAL   207

A. — La Iglesia Católica Romana   209

B. — Las Iglesias Ortodoxas   211

C. — Las Misiones Protestantes   212

    1. El Precursor: Guillermo Carey   213

    2. Los Centros Misioneros durante este período   220

    3. Las Misiones y el Movimiento Ecuménico   224

Consideraciones generales   230

VII. EL LEJANO ORIENTE Y EL SUR DEL PACÍFICO   233

A. — Las Misiones en la India   234

    1. Los Cristianos de Santo Tomás durante los Siglos XIX y XX   234

    2. El Catolicismo Romano   237

3. Misiones Protestantes 239
4. El Movimiento Ecuménico y las Iglesias Unidas de la India 245
B. — El Cristianismo en Ceilán 247
C. — El Cristianismo en el Asia Sudoriental 249
D. — El Cristianismo en el Archipiélago Malayo 254
E. — El Cristianismo en las Filipinas 256
F. — El Cristianismo en el Japón y Corea 261
   1. El Cristianismo en el Japón 261
     a) Las Misiones Católicas 262
     b) La Misión Ortodoxa Rusa 263
     c) Las Misiones Protestantes 264
   2. El Cristianismo en la Península de Corea 268
G. — El Cristianismo en China 272
   1. Las Misiones Catolicorromanas 274
   2. Las Misiones Ortodoxas 277
   3. Las Misiones Protestantes 277
H. — El Cristianismo en Australia y las Islas del Pacífico 285
   1. Australia 285
   2. Nueva Zelandia 288
   3. Las Islas del Pacífico 289
Consideraciones generales 293

VIII. AFRICA Y EL MUNDO MUSULMÁN 295
   A. — El Mundo Musulmán 295

CONTENIDO

    1. Las Antiguas Iglesias Orientales   297
         a) La Iglesia Ortodoxa   297
         b) Las Iglesias Monofisitas   298
         c) Los Nestorianos   300
    2. Las Misiones Catolicorromanas   300
    3. Las Misiones Protestantes   303

B. — La Iglesia de Etiopía   306

C. — Las Misiones Protestantes en el Africa Negra   307
    1. La Fundación de Liberia y Sierra Leona   308
    2. La Colonización Europea en el Africa del Sur   310
    3. Las Misiones a partir de la Colonización en el Africa del Sur. — David Livingstone y su influencia   311

D. — Las Misiones Católicas en Africa   317

E. — El Cristianismo en Madagascar   322

    Consideraciones generales   324

IX. LA AMÉRICA LATINA   327

A. — Las Nuevas Condiciones   327

B. — El Cristianismo en la Argentina   330
    1. El Catolicismo Romano   330
    2. El Protestantismo   333
    3. El Cristianismo Ortodoxo   338

C. — El Cristianismo en el Uruguay   339
    1. El Catolicismo Romano   339

	2. El Protestantismo	340
D. —	El Cristianismo en el Paraguay	343
	1. El Catolicismo Romano	343
	2. El Protestantismo	344
E. —	El Cristianismo en Bolivia	346
	1. El Catolicismo Romano	346
	2. El Protestantismo	347
F. —	El Cristianismo en Chile	350
	1. El Catolicismo Romano	350
	2. El Protestantismo	351
G. —	El Cristianismo en el Perú	357
	1. El Catolicismo Romano	357
	2. El Protestantismo	358
H. —	El Cristianismo en el Ecuador	362
	1. El Catolicismo Romano	362
	2. El Protestantismo	363
I. —	El Cristianismo en Colombia y Panamá	364
	1. El Catolicismo Romano	365
	2. El Protestantismo	367
J. —	El Cristianismo en Venezuela	373
	1. El Catolicismo Romano	373
	2. El Protestantismo	374
K. —	El Cristianismo en el Brasil	375
	1. El Catolicismo Romano	375
	2. El Protestantismo	376

3. El Cristianismo Oriental — 385

L. — El Cristianismo en la América Central — 385

    1. El Catolicismo Romano — 385

    2. El Protestantismo — 390

M. — El Cristianismo en México — 398

    1. El Catolicismo Romano — 398

    2. El Protestantismo — 403

N. — El Cristianismo en las Antillas — 410

    1. El Catolicismo Romano — 410

    2. El Protestantismo — 415

    Consideraciones Generales — 437

X. Crisis y Promesa de la Misión — 441

Mapa I — La Expansión del Cristianismo en la Edad Antigua — 449

Mapa II — La Expansión del Cristianismo hacia el Oriente — 451

Mapa III — La conversión de los bárbaros — 453

Mapa IV — El Cristianismo y el Islam — 455

Indice de nombres de personas — 461

Indice de nombres de lugares — 465

ADVERTENCIA PRELIMINAR

Con profundo sentimiento de gratitud lanzamos al mundo esta humilde obra, rogando al Señor se sirva de ella según sus santos designios. Debemos, sin embargo, advertir al lector acerca del alcance del libro que tiene en sus manos, así como de algunas deudas de gratitud que al prepararlo hemos contraído.

En primer lugar, nos sentimos obligados a determinar los límites de esta obra. Por razón de una de esas tretas extrañas que el uso del lenguaje juega con el sentido de las palabras, se ha establecido tradicionalmente una distinción entre "misiones", en plural, y "misión", en singular. La *misión* es la tarea total de la iglesia; las *misiones* son aquel aspecto de esa tarea que se relaciona con su expansión geográfica. Este uso de los términos se presta a grandes equívocos que pueden tener consecuencias negativas en la vida de la iglesia. Así, por ejemplo, se puede entender que la *misión* de la iglesia, es decir, su tarea total, consiste en las *misiones*, es decir, su expansión. Tal interpretación produce una visión mutilada de la tarea total de la iglesia. Por otra parte, el uso corriente de los términos *misión* y *misiones* hace ambiguo el uso de vocablos tales como "misioneros", "misiología", "misional" y otros. Por último, este uso de los términos ha sido una de las razones por las que, con el énfasis contemporáneo en la *misión* total de la iglesia, las *misiones* han quedado relegadas a un segundo plano, y a veces hasta se ha pensado de ellas como un rival de la *misión*. Esto ha hecho que frecuentemente quede olvidado el hecho obvio de que la iglesia que hoy se preocupa por su *misión* es el resultado de las *misiones* de la iglesia del pasado.

Sin embargo, una vez que se ha aclarado la diferencia entre estos términos y los peligros que crea su aparente proximidad, es lícito continuar utilizándolos, aunque teniendo siempre presente su sentido propio. Este libro es una "Historia de las Misiones". No trata, por tanto, de la misión total de la iglesia, sino sólo de aquel aspecto de ella que la lleva a extenderse hacia nuevas regiones. Al definir así el alcance de esta obra, no pretendemos disminuir en modo alguno la importancia de la unidad de la *misión,* sino que intentamos más bien dar al lector una idea del modo en que a través de los siglos la iglesia se ha extendido por todo el mundo, cumpliendo así un aspecto de su tarea. Una "historia de la misión" sería toda una historia de la iglesia en su vida total, subrayando el modo en que ésta ha sido obediente o no al mandato divino. Una "historia de las misiones" se limita a la expansión geográfica del cristianismo. La última es sólo una parte de la primera.

En segundo lugar, este libro no pretende ser una interpretación original de la historia misionera. Naturalmente, nuestras propias presuposiciones pueden habernos llevado aquí y allá a valorar un acontecimiento por encima de algún otro, o a interpretar determinado movimiento de modo distinto a como podría hacerlo quien partiere de otras presuposiciones. Tal cosa es inevitable; y se equivoca el historiador que crea ser absolutamente objetivo. Empero sí podemos asegurar al lector que en ninguna ocasión hemos conscientemente torcido o desvirtuado los hechos.

Con especial cuidado hemos tratado de evitar que nuestra interpretación de la historia de las misiones se sujete a un plan preconcebido de lo que éstas deben ser. Excepto en casos muy raros y extremos, hemos tratado de juzgar cada período misionero por sus propias presuposiciones, pues nos parece que esta misma multiplicidad de juicios y actitudes puede ser una de las más importantes lecciones de esta Historia. Aun cuando estamos conscientes del impacto que las nuevas condiciones políticas y sociales han hecho sobre la tarea misionera, y sobre la interpretación de la historia de las misiones, hemos evitado dar a los acontecimientos recientes un valor normativo en nuestra interpretación de casi veinte siglos de historia. Nuestro juicio sobre lo que tales acontecimientos pueden significar para el futuro ha de encontrarse en el último capítulo de esta obra, pero no en nuestra interpretación de Agustín de Canterbury o de Guillermo Carey.

En tercer lugar, tampoco pretende esta obra sobrepasar, ni siquiera igualar, el trabajo monumental de mi buen amigo, a quien mucho admiro, el profesor Kenneth Scott Latourette. Sus siete volúmenes sobre la expansión del cristianismo seguirán siendo por mucho tiempo parada forzosa de quien intente adentrarse por los caminos de la misiología.[1]

---

[1] *A History of the Expansion of Christianity,* 7 vols. (New York, 1937-1945). De aquí en adelante nos referiremos a esta obra como H.E.C.

ADVERTENCIA PRELIMINAR

En más de una ocasión, tras dedicar largas horas a la investigación de algún punto, hemos descubierto que ya el profesor Latourette lo había estudiado e incluido en su obra.

Por otra parte, los capítulos y secciones sobre la América Latina han resultado en extremo difíciles. Faltan aún muchos trabajos monográficos que han de ser el fundamento necesario para una historia de las misiones en nuestro continente. Los que hay son difíciles de obtener. Las interpretaciones generales rara vez hacen uso de datos concretos. Las estadísticas procedentes de diversas fuentes no siempre concuerdan. Todo esto dificulta el trabajo de ofrecer un cuadro completo y una perspectiva equilibrada. Por ello rogamos a quienes se percaten de errores u omisiones, o conozcan algún material bibliográfico que no hayamos utilizado, que nos lo hagan saber. Algún día alguien deberá emprender con toda seriedad una historia del cristianismo en la América Latina, y entonces esos datos serán de gran utilidad.*

Por último, hemos limitado esta obra en lo que a su trasfondo se refiere. Puesto que la expansión del cristianismo ha tenido lugar en diversos contextos políticos, culturales y religiosos, la historia toda del mundo es el trasfondo propio dentro del cual ha de estudiarse la historia de las misiones. Esto requeriría que ofreciésemos, como trasfondo de esta obra, toda una historia religiosa, política y cultural del mundo. Claramente, tal cosa es imposible. Por tanto nos hemos limitado a ofrecer algunas referencias mediante las cuales el lector pueda relacionar lo que aquí se dice con lo que conoce por otras disciplinas tales como la historia universal, la historia de las religiones, etc. Dentro de los límites del espacio con que contamos, sólo hubiéramos podido dar mayor atención a este trasfondo de la expansión geográfica del cristianismo a expensas del contenido propio y específico de esta obra.

En resumen, el propósito de esta obra no es discutir la *misión* total de la iglesia, ni tampoco dar una interpretación nueva del desarrollo histórico de las *misiones*. Nuestro objetivo es más humilde: esperamos que este libro pueda dar al lector una idea del modo en que la Iglesia de Jesucristo ha quedado constituida en todo el mundo y cómo diversos problemas y retos le han dado distintas formas. Esperamos también

---

* Nota del editor. Cuando el autor escribiera esto, se estaba preparando la publicación de una obra que remedia en parte tal necesidad. Ver Daniel P. Monti, *Presencia del protestantismo en el Río de la Plata durante el siglo XIX*, Editorial La Aurora, (Buenos Aires, 1969).

que el lector pueda comprender más claramente dónde se coloca su propia iglesia dentro de este cuadro total de la Iglesia Universal. En esta era ecuménica, cuando miembros de diversas tradiciones que antes vivían aislados se encuentran frente a frente, es necesario que conozcamos y comprendamos cómo cada uno de nosotros ha venido a ser lo que es y a estar donde está, para allí, en lo que somos y donde estamos, ser fieles a nuestro Señor.

Ahora una palabra de gratitud. Si he podido escribir este libro, ello se debe a numerosos hermanos en la fe que me han prestado su apoyo. Desde el punto de vista económico, el Fondo de Educación Teológica, la Lilly Endowment, Inc. y el Seminario Evangélico de Puerto Rico han llevado la carga del trabajo. Los bibliotecarios de Yale Divinity School y del Seminario Evangélico de Puerto Rico, el Dr. Raymond P. Morris y la Srta. Wilma Mosholder, respectivamente, me han ofrecido sus servicios con gran amabilidad. Mi esposa me prestó su colaboración en diversas fases de la investigación y la presentación, y además tuvo que soportar mi adusto rostro las muchas veces en que mi trabajo no marchaba como yo lo hubiera deseado. Las Sras. Trinidad Coris de Montalvo y Ramonita Cortés de Brugueras han probado la virtud cristiana de la paciencia descifrando y copiando mi criptografía de zurdo. El Sr. José Ma. González ha leído pacientemente los manuscritos y las pruebas de imprenta y me ha librado de innumerables errores estilísticos y de contenido. Muchos otros colegas y amigos han hecho lo propio. A todos ellos dirijo ahora mi más sentida palabra de gratitud.

Todo esto, y mucho más, es testimonio del amor de Dios, que repetidamente se me ha manifestado mientras preparaba este libro. Sin ese amor, ni siquiera la primera letra pudiera haberse escrito. Sin su constante manifestación, cualquiera de las letras que ahora forman este volumen hubiera sido la última. Mas plugo al Señor revelarnos su amor y su misericordia, y a El sea la gloria por siempre jamás.

1 | INTRODUCCION

La historia de la Iglesia es la historia de su misión. Esto se debe a que la Iglesia *es* su misión. La Iglesia nace, no cuando el Señor llama a unos pescadores, sino cuando les llama para hacerles "pescadores de hombres"; [1] no cuando un grupo de cristianos se encierra en un aposento "por miedo a los judíos", sino cuando Jesucristo dice a esos cristianos "como el Padre me envió, yo os envío"; [2] no cuando los discípulos tienen la experiencia mística de ver lenguas de fuego sobre sus cabezas, sino cuando esa experiencia se traduce en un testimonio que traspasa todas las barreras de idiomas.[3]

Las *misiones* son un aspecto de la *misión* de la Iglesia. La Iglesia no está en el mundo sólo para realizar una obra misionera, pero esa obra es parte fundamental del propósito de su existencia. La Iglesia es señal y primicias del siglo venidero, y su *misión* es por tanto figura de ese siglo. Como señal del propósito de unidad que Dios ha de realizar en ese siglo, la misión de la Iglesia incluye su propio crecimiento en fe y amor.[4] Como señal del propósito de Dios para *todo* el mundo,[5]

[1] Mateo iv:18-22; Lucas v:1-11.
[2] Juan xx:19-23.
[3] Hechos ii:1-11.
[4] Efesios iv:13.
[5] Efesios i:9-10.

la misión de la Iglesia incluye el servicio a la totalidad de la criatura humana [6] y el testimonio a la totalidad de la raza humana.[7] Tradicionalmente se ha reservado el término "misiones" para este último aspecto de la *misión* de la Iglesia. Pero es necesario reconocer que siempre que las misiones se ajusten al mandato bíblico su sola existencia requiere los otros aspectos de la misión de la Iglesia. Cuando un misionero llega a una tierra virgen de predicación evangélica, no puede limitarse a la proclamación verbal del mensaje cristiano —eso sería una tergiversación de ese mensaje mismo— sino que tiene que darse en servicio a la comunidad, y uno de sus propósitos ha de ser establecer un cuerpo de creyentes que juntamente crezcan hacia "la medida de la estatura de la plenitud de Cristo". Así lo que antes llamábamos *misiones* desemboca de nuevo en la totalidad de la *misión* de la Iglesia.

Puesto que las *misiones* son un aspecto de la *misión* de la Iglesia, la Historia de las Misiones es un aspecto de la Historia Eclesiástica. La Historia de las Misiones es parte de la Historia Eclesiástica por cuanto es la historia del modo en que la Iglesia de cada época ha realizado su obra misionera. Pero la Historia de las Misiones desemboca en la Historia Eclesiástica por cuanto el trabajo misionero resulta en el establecimiento de la iglesia en nuevos territorios, y la iglesia allí establecida ha de ser objeto del estudio de la Historia Eclesiástica.

De lo que antecede se desprende cuán difícil resulta delimitar el campo de la Historia de las Misiones. ¿Hasta qué punto ha de tratar esta disciplina acerca de las iglesias que son fuentes del trabajo misionero, y hasta qué punto ha de limitarse a los territorios y lugares donde se realiza este trabajo? ¿Es posible establecer una distinción entre "iglesias establecidas" y "comunidades misioneras" —o aun entre "iglesias madres" e "iglesias jóvenes"? A primera vista parece fácil establecer tales distinciones. Algunos afirman que cuando una comunidad cristiana llega a tener su propia jerarquía eclesiástica debe ser considerada como una iglesia establecida. Otros utilizan criterios económicos y piensan que la distinción fundamental está en el origen de los fondos que una comunidad cristiana requiere para llevar a cabo su obra. Otros, en fin, insisten en que el factor determinante es la presencia de un personal autóctono en las principales posiciones de la comunidad. Todas

---

[6] Mateo xxv: 34-40.
[7] Mateo xxviii: 19-20.

estas respuestas, aunque sirven para medir el resultado del trabajo misionero en un lugar dado, son harto simplistas cuando se trata de determinar lo que constituye un campo misionero.

De hecho, el Nuevo Testamento da una respuesta más sencilla pero más profunda: Doquiera es confesado el nombre de Cristo, aunque se trate de un pequeñísimo grupo de conversos recientes, allí está la Iglesia —y no una "misión" en el sentido de una "cuasi-iglesia".[8] Doquiera no es confesado el nombre de Cristo —sea en ultramar o en la sala de nuestra propia casa— allí hay un campo misionero.

La Historia de las Misiones es la historia de cómo los diversos campos misioneros han sido penetrados por la Iglesia —y también de cuándo, cómo y por qué esa penetración no se ha producido. Luego la Historia de las Misiones, en su sentido más amplio, incluye tanto la expansión geográfica del cristianismo como su influencia en los distintos niveles de la cultura y la sociedad. Sin embargo, por razones pedagógicas, así como por las limitaciones del espacio y de la capacidad del autor, este libro trata principalmente del aspecto geográfico de las misiones cristianas.

Aun cuando así se le limita, la Historia de las Misiones, por el solo hecho de la inmensidad y variedad del mundo, linda con otras disciplinas que sólo es posible mencionar aquí: la Geografía y la Historia universales, que son imprescindibles para comprender la expansión del cristianismo; la Sociología y la Historia de las Religiones, necesarias para comprender el trasfondo del trabajo misionero en cada lugar; la Sicología, la Lingüística y otras ciencias relacionadas con la comunicación; la Teología y la Etica, que han de enfrentarse al difícil problema del modo y el grado de la adaptación del Evangelio a diversas culturas; etc., etc.

Es por razón de esta complejidad del tema que este libro no pretende ser más que una "Introducción a la Historia de las Misiones".

Una vez aclarado lo que entendemos aquí por "Historia de las Misiones" y lo que el lector puede esperar encontrar en las páginas que siguen, debemos decir algunas palabras acerca del propósito que

---

[8] Resulta sorprendente que algunas de las iglesias que más se precian de sus fundamentos bíblicos hayan llegado a semejante uso de los términos "iglesia" y "misión", que implica que lo que constituye a una iglesia como tal no es su fe y la presencia del Señor, sino su organización formal. De más está decir que semejante implicación contradice el testimonio del Nuevo Testamento.

nos ha dirigido al escribirlas, pues ese propósito explica mucho del contenido y la estructura del presente volumen.

Al escribir este libro nos ha guiado un triple propósito:

En primer lugar, hemos querido dar al lector una visión "ecuménica" de la Iglesia cristiana. Dentro de este contexto, nuestro propósito ha sido ampliar los horizontes del lector, a la vez geográfica y confesionalmente, haciéndole ver que tanto en el siglo primero como en el siglo quince, y tanto en la América Latina como en Ceilán o las Islas Fiji, hay quienes tienen el mismo Señor, la misma fe y el mismo bautismo.

En segundo lugar, hemos querido ayudar al lector a comprenderse a sí mismo. La fe cristiana nos ha llegado a través de una larga historia de empresas misioneras. Cada una de esas empresas, además de pasar la antorcha del cristianismo a la que habría de sucederle, ha dejado su huella sobre la fe que transmitía. De este modo, aunque no lo creamos así, la fe que hemos recibido lleva el sello de las generaciones que la hicieron llegar hasta nosotros. Para borrar ese sello no basta con "regresar a la Biblia", pues el modo en que leemos la Biblia también ha sido en cierta medida determinado por los que nos enseñaron a leerla. Aun más, ese sello no ha de tomarse por necesariamente malo, pues la fe cristiana, como su Señor Jesucristo, además de ser una realidad muy divina —y quizá precisamente por eso— es también una realidad muy humana.[9] Lo que sí es funesto es que se haga del modo en que el Evangelio nos ha sido transmitido la esencia misma del Evangelio, dándonos la impresión de que nuestros propios medios de comunicación serían una añadidura humana, y atándonos a medios obsoletos que en todo caso son tan humanos como los nuestros. Es aquí que resulta necesario que cada uno de nosotros se comprenda a sí mismo; que sepamos cómo y por qué medios nuestra fe nos ha llegado, y cuáles son otros medios por los que la obra misionera ha llegado a otras personas. De este modo nos sentiremos herederos de una tradición gloriosa, y al mismo tiempo nos sentiremos libres para enfrentarnos a nuestra tarea misionera en el día de hoy como lo requieran las circunstancias del mundo actual.

---

[9] Con esto no queremos en modo alguno regresar a la obliteración de la distinción entre lo divino y lo humano de que el liberalismo se hizo culpable, sino sólo subrayar el hecho de que cuando Dios habla lo hace en términos humanos.

INTRODUCCION

Por último, nuestro propósito al dar a la publicidad este libro ha sido ayudar al lector a enfrentarse a su responsabilidad presente y futura. Esperamos que el conocimiento de los principales métodos misioneros del pasado, así como de sus ventajas y desventajas, le ayude a enfrentarse sabiamente a los retos misioneros del nuevo mundo que nace en nuestro siglo.

Si este libro sirve para inspirar y ayudar a un solo cristiano a ser obediente a la Palabra de Dios, el autor dará por compensados todos sus esfuerzos.

2 | LAS MISIONES EN EL NUEVO TESTAMENTO

Paradójicamente, la historia de las misiones cristianas, como todo aspecto de la historia de la Iglesia, comienza precisamente con el fin de la historia, es decir, con el momento en que, con el advenimiento de Jesucristo, se cumplieron los tiempos. Este cumplimiento de los tiempos es el punto de partida y la esencia del mensaje misionero de la Iglesia. Es por esta razón que el testimonio bíblico ha de ser, no sólo el punto de partida de toda la historia de las misiones, sino también la regla por la que ha de medirse todo momento en esa historia. Por tanto, el Nuevo Testamento tiene para nosotros el carácter doble de primero y último capítulos, de punto de partida y de juicio final.

Por otra parte, el Nuevo Testamento no aparece aislado como un oasis en el desierto, sino que los acontecimientos que en él se relatan se presentan como la culminación del propósito inicial de Dios en la creación misma, y de una promesa dada repetidamente a los hombres. Es por esta razón que, a fin de colocar el Nuevo Testamento dentro de su propia perspectiva debemos comenzar por unos breves párrafos acerca de la importancia del Antiguo Testamento para la historia de las misiones.

A. EL TRASFONDO VETEROTESTAMENTARIO

El concepto de "misiones", tal como lo encontramos en el Nuevo Testamento, no aparece en el Viejo. Pero esto no quiere decir que no haya en el Antiguo Testamento un concepto universal del señorío de Jehová y un sentido de la misión de Israel.

1. La Universalidad del Antiguo Testamento.

A menudo se comete el error de interpretar el Antiguo Testamento en términos exclusivistas, como si se tratase sencillamente de la historia de un pueblo que se dio a sí mismo por favorito o preferido de Dios. Cuando se interpreta el Antiguo Testamento de este modo no hay lugar alguno para ver en él el punto de partida del concepto misionero del Nuevo Testamento.

Sin embargo, el Antiguo Testamento es mucho más universal en su visión de lo que por lo general se piensa. El libro de Génesis, cuyo punto culminante se encuentra en la elección de Abraham y de su simiente, comienza por un largo prólogo o introducción de once capítulos en los cuales se subraya el señorío universal del Creador por sobre toda la creación y todos los hombres. La historia de Israel, que comienza en el capítulo doce del Génesis, ha de entenderse dentro del contexto general de la historia de la humanidad, y especialmente de los propósitos de Dios para esa humanidad, que se encuentran en los primeros once capítulos del mismo libro.

La propia elección de Abraham, que aparece al principio del capítulo doce del Génesis, subraya el propósito universal de la elección divina: "Y en ti serán benditas todas las familias de la tierra".[1]

Todo esto quiere decir que, aunque Israel es el pueblo elegido de Dios, tal elección no es una marca de favoritismo, sino que es más bien una señal de obligación.[2]

---

[1] Génesis xii:3.
[2] Amós iii:2.

2. La Misión Universal de Israel.

A partir de lo ya dicho, resulta claro que en el Antiguo Testamento Israel tiene una misión que cumplir en el propósito de Dios. Pero esta misión no consiste en la predicación a todo el mundo —es decir, no consiste en lo que generalmente recibe el nombre de "misiones". Esta aseveración parece ser contradicha por los textos "misioneros" del Segundo Isaías y por todo el libro de Jonás. Sin embargo, un estudio detenido de tales textos muestra que su propósito no es llamar a Israel a salir al mundo a predicar el señorío de Jehová, sino que es más bien un llamamiento al propio Israel a reconocer que ese señorío es universal. No se trata por tanto de verdaderos textos misioneros, sino más bien de textos que afirman el carácter universal de los propósitos divinos, aunque sin abandonar jamás el concepto del lugar especialísimo que Israel ocupa en esos propósitos.

En el Antiguo Testamento se entiende la misión de Israel de una manera "centrípeta" más bien que "centrífuga". No se trata de que Israel vaya por todas las naciones del mundo predicando el mensaje de salvación, sino que se trata más bien de que todas las naciones del mundo encuentren en Israel su salvación. Según un intérprete del profeta Isaías, el mensaje de éste consiste en que

> al final de los tiempos, cuando Sión recibirá el homenaje de los pueblos, la Santa Ciudad manifestará el poder de Jehová sobre el mundo. Es por la mediación de su ciudad y de su pueblo que el dios de Israel espera ejercer su señorío sobre los paganos. La misión de Israel consiste en testificar ante los gentiles la realidad de la soberanía de su Dios sobre la tierra entera.[3]

3. El Carácter Escatológico de las Misiones.

Hay, sin embargo, ciertos textos en el Antiguo Testamento, y sobre todo en el Segundo Isaías, que tienen un carácter claramente misionero, es decir, que se refieren a la salvación de las naciones.[4] Pero lo más acertado parece ser interpretar estos textos en un sentido escatológico.

---

[3] R. Martin-Achard, *Israel et les nations: La perspective missionaire de l'Ancien Testament* (Neuchâtel, 1959), p. 65.
[4] Isaías xlii:4; xlv: 22-23; xlix: 6; liii:11.

No se trata de un llamamiento a Israel a ir y predicar a todas las naciones, sino de una promesa según la cual llegará el día en que la salvación alcance a todos los rincones de la tierra. Dentro del contexto del Antiguo Testamento no hay lugar para el concepto de una "evangelización" del mundo que ha de tener lugar por los esfuerzos de Israel; sino que esa "evangelización", en la cual el pueblo elegido ha de ser utilizado como instrumento de Dios, es de carácter escatológico, y ocurre sólo por la decisión soberana del Altísimo.

En el Antiguo Testamento, las misiones no son una obligación que le es impuesta a Israel a través de toda su historia como parte de su tarea de pueblo escogido, sino que son una de las señales de los tiempos escatológicos.[5]

4. Los Comienzos de las Misiones Judías en el Período Intertestamentario.

Si bien el antiguo Israel no consideró la predicación a las naciones como parte de su misión histórica, los judíos de los últimos siglos antes de nuestra era sí comenzaron trabajo misionero en el sentido estricto. El principal factor histórico que llevó a los judíos a realizar este tipo de trabajo fue la diáspora. La dispersión del pueblo de Israel por distintas partes del mundo le llevaba a establecer contacto con otras naciones, y era de esperarse que se comenzase entonces el intento de convertir a los paganos. Aunque la principal razón que llevó a los judíos de Alejandría a traducir el Antiguo Testamento al griego parece haber sido el hecho de que el conocimiento del hebreo comenzaba a hacerse cada vez más escaso entre los propios judíos, esta versión griega del Antiguo Testamento pronto vino a ser un instrumento misionero formidable. El mundo grecorromano, ansioso de recibir del Oriente algo de su antigua sabiduría, especialmente en materias religiosas, era un campo fértil para este tipo de misiones. En los comienzos mismos de nuestra era, en la obra de Filón de Alejandría, tenemos un testimonio de cómo algunos judíos trataban de hacer su fe más fácilmente aceptable a las personas cultas del mundo grecorromano mediante inter-

---

[5] Johannes Blauw, *The Missionary Nature of the Church* (London, 1962), pp. 38-41.

pretaciones alegóricas que servían para aproximar el mensaje del Antiguo Testamento a las enseñanzas de los viejos filósofos griegos. La labor proselitista del judaísmo se extendió aun después de los comienzos de la era cristiana, por espacio de cuatro o cinco siglos más, y hubo momentos y lugares en que el proselitismo judío fue uno de los grandes rivales de la expansión cristiana.[6]

Empero es necesario señalar siempre que el judaísmo, aun en el período de su mayor avance misionero, no pensaba en las misiones como un aspecto fundamental de su propia esencia. En esto consiste una de las diferencias fundamentales entre el Israel del Viejo Testamento y la Iglesia cristiana, en la que el impulso misionero es parte de su misma esencia.

B. JESUS Y LOS PAGANOS [7]

Al tratar de estudiar la posición de Jesús con respecto a los paganos y las misiones entre ellos, encontramos la paradoja de ciertos textos que parecen ser una negación de todo espíritu misionero frente a otros textos que pueden tomarse como el punto de partida del impulso misionero de la Iglesia. Por una parte, Jesús condena el espíritu del proselitismo judío;[8] su propia misión es para la casa de Israel;[9] aun sus propios discípulos no han de entrar en Samaria ni dirigirse a los paganos.[10] Por otra parte, Jesús no sólo afirma que la salvación es también para los paganos, sino que llega hasta a decir que en el día final éstos ocuparán el lugar de los hijos del Reino;[11] su misión es la de ser "luz para ser revelada a los gentiles".[12]

---

[6] G. F. Moore, *Judaism in the First Four Centuries of the Christian Era* (Cambridge, 1962), Vol. 1, pp. 323-353.
[7] En la exposición de este tema seguimos el bosquejo y las líneas generales de J. Jeremias, *Jésus et les païens* (Neuchâtel, 1956).
[8] Mateo xxiii:15.
[9] Mateo xv:24.
[10] Mateo x:5-6.
[11] Mateo viii:11-12.
[12] Lucas ii:32.

¿Cómo puede entenderse esta paradoja? Debido al carácter antiquísimo tanto de unos testimonios como de los otros, no es posible pretender que se trate sencillamente de un particularismo original de Jesús en el que la Iglesia posteriormente ha interpolado su sentido de misión universal. Se trata más bien de que Jesús concebía la misión universal y la revelación de la luz a los paganos como un acontecimiento escatológico. Dentro de la historia de la salvación, llegaría el momento en que Dios proveería para la salvación de los paganos. Pero durante la vida de Jesús ese momento no había llegado aún.

> Luego es así que Jesús entendía y anunciaba la incorporación, prometida por los profetas, de los paganos al reino de Dios —*como un acto escatológico del poder de Dios, como la última gran revelación de la gracia de Dios.* Por última vez, Dios crea la vida de la muerte, hijos de Abraham de las piedras, cuando en la hora de la revelación última llama a todos los pueblos a Sión y borra todas las diferencias terrestres en el seno del pueblo universal de Dios, donde se unen judíos y paganos.[13]

Antes de que llegase el momento de la predicación a los paganos, era necesario que se cumpliesen dos condiciones: que se ofreciese la salud primeramente a los judíos, y que se cumpliese a su hora sobre la cruz. Es por razón de esta última condición escatológica que Jesús se refiere a su propio sacrificio en términos universales.[14]

Es también por esta razón que el mandamiento de ir por todo el mundo y predicar el Evangelio no aparece sino después de la resurrección de Jesús. Los textos en que aparece un mandamiento misionero antes de la crucifixión y la resurrección limitan ese mandamiento a la casa de Israel. Es sólo después que se ha cumplido la hora de la cruz que los discípulos de Jesús han de ir y predicar la salvación a todas las naciones. El fundamento de la misión de los discípulos se encuentra en el hecho de que, a través de la crucifixión y la resurrección, toda potestad le ha sido dada a Jesús. Esta es la importancia del "por tanto" que aparece en el texto de la Gran Comisión: "Toda potestad me es dada en el cielo y en la tierra; *por tanto*, id y haced discípulos...".[15] Sin la primera cláusula, la segunda carece de sentido.

---

[13] Jeremias, *op. cit.*, p. 63.
[14] Marcos x:45; xiv:24.
[15] Mateo xxviii:18-19.

C. EL FUNDAMENTO TEOLOGICO DE LAS MISIONES EN LA IGLESIA APOSTOLICA

Al igual que Jesús, la Iglesia Apostólica ve el fundamento de su trabajo misionero en el comienzo del fin de los tiempos. La iglesia es una comunidad escatológica cuyo origen se encuentra en el comienzo de los últimos tiempos, y cuya esperanza se encuentra en la culminación de esos tiempos con el retorno de su Señor. En el día de Pentecostés, el apóstol Pedro interpreta lo que allí sucede como un acontecimiento escatológico.[16] De igual manera, el apóstol Pablo interpreta la dádiva del Espíritu como una señal escatológica.[17]

En el orden de los acontecimientos finales, la misión a los gentiles sigue a la dádiva del Espíritu [18] y antecede al fin de los tiempos.[19] Si Cullmann interpreta el texto correctamente, en Apocalipsis vi:1-8 el primero de los jinetes se refiere a la predicación por todo el mundo (véase el paralelismo con Apocalipsis XIX:11 y siguientes). Lo mismo se deriva del pasaje paulino de II Tesalonicenses ii:6-8, donde "lo que retiene al anti Cristo" parece ser la necesidad de que el Evangelio sea predicado a todas las naciones, y posiblemente se refiere al propio apóstol Pablo, cuya tarea escatológica aún no ha sido cumplida.[20]

Es dentro de este marco escatológico que ha de entenderse el conflicto entre Pedro y Pablo que se narra en el libro de Hechos y en la Epístola a los Gálatas. Frecuentemente, y siguiendo en esto a F. C. Baur y la escuela de Tubingia, se piensa que el conflicto entre Pedro y Pablo consiste en una divergencia acerca del carácter mismo del Evangelio. Según esta interpretación, Pedro viene a ser el representante del cristianismo que conserva aún sus antiguas raíces judaicas, mientras que Pablo tiende a hacer del cristianismo una religión universal. Tal interpretación no encuentra justificación alguna en el Nuevo Testamento.

---

[16] Hechos ii:16-21.
[17] Romanos viii:23 y II Corintios i:22.
[18] Hechos i:7-8.
[19] Marcos xiii:10 y Mateo xxiv:14.
[20] Cullmann, "Eschatology and Missions in the New Testament", en: Anderson, *The Theology of the Christian Mission*. (New York, 1961), pp. 48-53; un estudio más detallado: Cullmann, "Le caractère eschatologique du devoir missionaire et de la conscience apostolique de S. Paul", R. H. P. R., XVI (1936), pp. 210-245.

En el caso de Cornelio en el libro de Hechos se muestra claramente que Pedro tenía también una conciencia del carácter universal del cristianismo. Además, los capítulos nueve al once de la Epístola de Pablo a los Romanos muestran que este apóstol pensaba aún que el Evangelio era primeramente para los judíos. La divergencia entre estos dos apóstoles que fue resuelta en Jerusalén [21] no estribaba en diversas interpretaciones acerca de la universalidad del cristianismo, sino que giraba alrededor del modo en que se llegaría a la salvación final, primeramente de los judíos y luego de las naciones. Según el apóstol Pablo, la salvación no pertenece a los judíos como una propiedad inalienable que puedan reclamar para sí.[22] Puesto que Israel la ha rechazado, Dios ha decidido hacer llegar la salvación a los gentiles.[23] Por último, la salvación de los gentiles despertará el "celo" de los judíos y les llevará a aceptar la salvación.[24] Por tanto la misión de Pablo tiene como consecuencia final la conversión de Israel. En cuanto al cristianismo de Jerusalén, su objetivo era el mismo, aunque se dedicaba a lograrlo mediante la predicación directa a la casa de Israel.

No existía conflicto alguno entre el cristianismo judío y Pablo. Este último pensaba que era judío, que el cristianismo era el verdadero judaísmo y que la iglesia era el verdadero Israel. También creía que Jerusalén era el centro del mundo, y que la conversión de Israel sería el acontecimiento más importante en el breve tiempo que habría de transcurrir antes del regreso de Cristo.[25]

D. LA EXPANSION DEL CRISTIANISMO DURANTE EL PERIODO NEOTESTAMENTARIO

Como podría suponerse, es sumamente reducido el número de documentos que han llegado hasta nosotros referentes a los orígenes y la primera expansión del cristianismo. La mayoría de estos documentos

---

[21] Gálatas ii: 7-8.
[22] Romanos ix.
[23] Romanos x.
[24] Romanos xi.
[25] J. Munck, *Paul and the Salvation of Mankind* (Richmond, 1959), p. 279. De esta obra depende buena parte de la exposición que antecede.

trata acerca de la vida y obra misionera del apóstol Pablo, lo cual nos hace pensar que fue él el principal de entre los primeros misioneros cristianos. Sin embargo, conviene recordar que no hay garantía alguna de esto, y que no cabe duda alguna de que al mismo tiempo que el apóstol Pablo realizaba sus viajes misioneros había muchos otros cristianos que iban llevando su nueva fe de uno a otro lugar.

En el libro de Hechos se nos habla acerca del origen de la Iglesia cristiana en Jerusalén. Pero también se hace referencia a la existencia de cristianos en Galilea, Samaria y Damasco.[26] El propio libro de los Hechos afirma que Felipe bautizó a un eunuco de Etiopía, pero no sabemos si el eunuco en cuestión regresó a su país de origen, ni tampoco si el propio Felipe sirvió de instrumento para otras conversiones semejantes.[27]

Es acerca de la iglesia de Antioquía y de sus labores misioneras que tenemos datos más exactos. El origen de la iglesia antioqueña, al igual que el de otras de las principales iglesias cristianas, queda sumido en la penumbra de la historia. El libro de Hechos afirma que fueron los discípulos dispersos por causa de la persecución que surgió a la muerte de Esteban quienes llevaron el Evangelio a Chipre y Antioquía, aunque se afirma también que fueron chipriotas y cirenaicos quienes llevaron el Evangelio a la gran ciudad del Orontes.[28] En todo caso, la iglesia de Jerusalén recibió noticias de la naciente comunidad de Antioquía y envió a Bernabé para que trabajase en ella. Fue en Antioquía que los cristianos por primera vez recibieron ese nombre,[29] y fue también la iglesia de Antioquía la que envió en sus viajes misioneros a Pablo y sus acompañantes (y aquí es necesario señalar que el llamamiento misionero a Pablo y Bernabé no les llegó directamente, sino por el Espíritu a través de la Iglesia).[30]

Los viajes del apóstol Pablo son de todos conocidos, y no hay razón alguna para ofrecer aquí una reseña de ellos. Baste decir que el apóstol Pablo llevó el Evangelio a Chipre, a varias de las ciudades del Asia Menor, a Macedonia, a las principales ciudades de Grecia, a Roma y quizá hasta a España. Acerca de sus métodos, lo más notable es que,

---

[26] Hechos ix.
[27] Hechos viii:26-40.
[28] Hechos xi:19-20.
[29] Hechos xi:26.
[30] Hechos xiii:2.

aunque Pablo se consideraba apóstol a los gentiles, por lo general se acercaba primero a la sinagoga de cada ciudad y allí enseñaba y predicaba el Evangelio. En algunos casos, como en el de Atenas, trataba de encontrar puntos de contacto entre su mensaje y la cultura del lugar. Siempre se ocupaba de la edificación posterior de las iglesias que había fundado y muy especialmente de sanar las divisiones que en ellas aparecían. Su tendencia a viajar rápidamente de un lugar a otro, dejando pequeños núcleos de discípulos en cada ciudad, no se debía tanto a una supuesta estrategia misionera según la cual esos discípulos luego llevarían el Evangelio a las comarcas más apartadas de la región, sino que se debía más bien al concepto escatológico que Pablo tenía de su misión, y que le llevaba a predicar el Evangelio a todas las naciones. Dentro de este contexto, Pablo no pensaba tanto en términos de individuos como en términos de naciones. Una vez que el Evangelio había sido sembrado en una nación, su tarea era la de continuar hacia otro sitio a fin de cumplir con su misión escatológica.

Sabemos que Pablo no fue el único misionero cristiano de los tiempos neotestamentarios porque el libro de los Hechos y las epístolas paulinas mencionan diversos episodios en los que aparecen otros misioneros. Bernabé y Marcos fueron a la isla de Chipre.[31] La Primera Epístola de Pablo a los Corintios habla acerca del judío alejandrino Apolos, quien laboraba en Corinto.[32] Además, antes de que Pablo llegase a Roma, ya existía una iglesia cristiana en esa ciudad. Aun más, en el pequeño puerto italiano de Puteoli había ya cristianos que acudieron a recibir a Pablo cuando llegó de camino hacia Roma.[33] Todo esto ha de recordarnos que el apóstol Pablo es sólo uno —aunque quizá el más importante— de los muchos cristianos que durante el siglo I contribuyeron a hacer llegar su fe a distintas regiones del mundo.

Por último, debemos mencionar que existen leyendas según las cuales los apóstoles se dedicaron a predicar el Evangelio por distintas regiones de la tierra. La mayor parte de estas leyendas resultan completamente fantásticas, y aun en los casos en los cuales se podría suponer su veracidad no existen pruebas fidedignas que nos lleven a afirmarla.

---

[31] Hechos xv:39.
[32] I Corintios i:12; Hechos xvii:24-28.
[33] Hechos xxviii:13-14.

Solamente en el caso del apóstol Pedro podemos decir que existen razones para creer en la veracidad de la visita a Roma que la tradición le atribuye. De hecho, esta tradición es tan antigua que aparece reflejada ya en el Nuevo Testamento,[34] y la mayor parte de los antiguos escritores eclesiásticos se hace eco de ella.[35] Como parte de la misma tradición, el martirio de Pedro en Roma debe darse por cierto. Esto no quiere decir, sin embargo, que Pedro haya fundado la iglesia de Roma, pues la Epístola de Pablo a los Romanos parece implicar que hubo en Roma una iglesia cristiana aun antes de las visitas de Pedro y Pablo.

En todo caso, el hecho es que a fines del siglo I había cristianos en todas las principales regiones del nordeste del Mediterráneo, y que esta expansión se había llevado a cabo sin un plan o estrategia misionera prefijada.

---

[34] Juan xxi:18-19 parece referirse a la crucifixión de Pedro, y la "Babilonia" de I Pedro v:13 parece ser Roma.
[35] I Clemente v; toda la Pseudo-Clementina; tras ellos, casi toda la tradición patrística.

3 | LAS MISIONES EN LA EDAD ANTIGUA

A. DESDE EL FIN DEL PERIODO NEOTESTAMENTARIO HASTA LA CONVERSION DE CONSTANTINO

Si bien es poco lo que sabemos acerca de la expansión misionera del cristianismo durante el período apostólico, es mucho menos lo que sabemos acerca de ella en el período que sigue inmediatamente a los últimos libros del Nuevo Testamento. Esto era de esperarse, pues éste es precisamente el período de las grandes persecuciones, y a una iglesia perseguida se le hace difícil conservar y transmitir la historia de sus orígenes en cada región. Además, buena parte de la expansión del cristianismo durante este período tuvo lugar, no sólo a través de la obra de misioneros dedicados exclusivamente a la tarea de la evangelización, sino sobre todo a través del testimonio de comerciantes, soldados y esclavos que por una u otra razón viajaban entre las distintas regiones del Imperio. El cristianismo hacía su entrada en una nueva provincia de manera humilde y oscura, y cuando la Iglesia en esa provincia lograba suficiente madurez para producir literatura o algún otro monumento que pudiese quedar para la posteridad, ya sus orígenes habían sido olvidados. Además, la investigación de los orígenes del cristianismo se dificulta frecuentemente debido al modo en que las generaciones posteriores de cristianos, siguiendo la tendencia de la época a hacer de los apóstoles personajes ideales, buscaban el medio de atribuir los orígenes del cristianismo en su ciudad a algún varón apostólico, lo cual sirvió de génesis a más de una tradición legendaria que resulta difícil separar de la verdad histórica.

1. *Expansión Geográfica del Cristianismo.*

Aunque las razones arriba expuestas hacen imposible una narración sistemática y detallada de los nombres y métodos de los misioneros que llevaron el cristianismo a cada región del Imperio y a los países circundantes, sí es posible lograr una idea aproximada de la extensión geográfica que logró el cristianismo en los años que van del final de la era apostólica a la conversión de Constantino. De hecho, esta extensión es tan sorprendente que resulta doblemente desafortunado el carecer de datos exactos acerca de cómo la nueva fe fue llegando a cada provincia y ciudad del Imperio.

Al terminar el período neotestamentario, la Iglesia cristiana se extendía allende Palestina y Siria hacia el Asia Menor y hasta Grecia y Roma. Más allá de la capital imperial no llegan nuestros datos pues, aunque hay noticias de un viaje de Pablo a España, nada se sabe acerca de sus resultados, y es posible que tal viaje nunca se haya realizado. Sin embargo, a fines del siglo II —y sobre todo a mediados del III— aparecen en la historia repetidas pruebas de que la nueva fe se había extendido por toda la cuenca del Mediterráneo, y que lograba adeptos sobre todo en las grandes ciudades, donde pronto surgieron comunidades cristianas de importancia.

a) El Egipto. En el Egipto, y sobre todo en la ciudad de Alejandría, pronto apareció una iglesia floreciente que algunos dicen fue fundada por San Marcos,[1] aunque este dato carece por completo de confirmación histórica. En todo caso, a mediados del siglo II la comunidad cristiana de esa ciudad contaba ya con pensadores de la importancia de Panteno y, poco después, de Clemente y Orígenes. Además —y esto es señal de la pujanza del cristianismo en esa ciudad—

---

[1] H. E., ii:16.

fue en Alejandría que el gnosticismo hizo algunos de sus más serios esfuerzos por asimilar en su seno al cristianismo, sobre todo en los sistemas de Basilides y Valentín.

b) ÁFRICA DEL NORTE. En la parte occidental del norte de Africa —lo que los romanos llamaban Africa— y sobre todo en la ciudad de Cartago, aparece también el cristianismo a fines del siglo II.[2] Cuando este cristianismo cartaginés asoma por primera vez a las páginas de la historia tiene ya tal madurez que resulta necesario suponer que había sido fundado por lo menos varias décadas antes. De hecho, es en Cartago, y no en Roma, que surge la primera literatura cristiana en lengua latina —con Tertuliano— y fue también Cartago, con Tertuliano y Cipriano, el centro del pensamiento teológico occidental durante todo el período que nos ocupa —y años después con la persona cimera de San Agustín.

¿Cómo llegó el cristianismo al norte de Africa? ¿Quiénes lo llevaron? ¿De dónde venían? No lo sabemos. Tradicionalmente se ha pensado que fue de Roma que el cristianismo fue llevado a Cartago.[3] Sin embargo, un estudio más detenido de los datos que se hallan a nuestra disposición parece indicar que fue del Oriente —y quizá de Frigia.[4] Al parecer, fue más tarde que las circunstancias políticas y culturales llevaron a la Iglesia africana a establecer relaciones más estrechas con Roma, y a olvidar sus antiguos lazos con el mundo griego.[5]

c) ESPAÑA. Los orígenes del cristianismo en España, así como la historia de la Iglesia española en los primeros siglos, nos son totalmente desconocidos. Aparte de la posibilidad de que Pablo haya visitado la Península Ibérica, existen leyendas que afirman que el

---

[2] S. Chauleur, *Histoire des Coptes d'Egypte* (Paris, 1960), pp. 11-12. El dato más antiguo es el referente a los mártires de Scillio, en el año 180.
[3] Principalmente a base de Tertuliano: *De praescriptione haereticorum*, xxxii. Pero este pasaje no implica necesariamente el origen romano de la Iglesia de Cartago.
[4] W. Telfer, "The Origins of Christianity in Africa", S.P., IV, Part II, 512-517. Véase también: G. G. Lapeyre y A. Pellegrin, *Carthage Latine et Chrétienne* (Paris, 1950), pp. 197-203.
[5] La historia posterior de la iglesia cartaginesa puede verse en: B. Skard, *Kartagiske Skoledager, et Stykke oldkirkelig Missionshistorie fra omkring Aar 200 e. Kr.* (Oslo, 1947).

apóstol Santiago laboró en tierras de España,⁶ y que Pedro envió siete obispos a la misma región.⁷ El hecho es que la Iglesia española, si bien parece haber sido fundada por lo menos a fines del siglo II, no produjo durante todo este período monumento alguno —ya sea literario, artístico o de otra índole— que nos permita afirmar que haya existido en la Península Ibérica, y antes de la segunda mitad del siglo III, un cristianismo pujante. Sin embargo, el sínodo de Elvira —alrededor del año 300— muestra que el cristianismo se había extendido tan al norte como Asturias y tan al este como Zaragoza, aunque su fuerza mayor parece haberse concentrado en lo que hoy es Andalucía.⁸

d) Las Galias. Desde la segunda mitad del siglo II —y quizá desde antes— el cristianismo penetró en las Galias.⁹ En el año 177 se desató una persecución en las ciudades de Lyon y Vienne, lo cual prueba que ya en esa fecha existían comunidades cristianas en esas ciudades. Poco después, y en la ciudad de Lyon, el obispo Ireneo, quizá el más grande teólogo de este período, es testimonio de la fuerza del cristianismo en esta región, no sólo numérica, sino también intelectualmente. El hecho de que la literatura procedente de las ciudades de Lyon y Vienne haya sido escrita en griego, los nombres griegos de los mártires de esas ciudades, y el origen del propio Ireneo, que era oriundo del Asia Menor, hacen suponer que el cristianismo llegó a esta región traído por inmigrantes cristianos procedentes del Asia Menor o al menos del Oriente, y que durante algún tiempo su fuerza mayor estuvo entre los habitantes de lengua griega.¹⁰ Sin embargo, el propio Ireneo da a entender que los cristianos de Lyon —o al menos él mismo— se ocupaban también de evangelizar a los habitantes de origen celta.¹¹

---

⁶ El origen y desarrollo de las leyendas acerca de Santiago en España han sido estudiados por T. D. Hendrick, *St. James in Spain* (London, 1960).
⁷ H.E.C., I, 96-97.
⁸ C. J. Hefele, *A History of the Councils of the Church*, I (Edinburgh, 1872), pp. 131-172. Véase también F. X. Montalbán, *Manual de historia de las misiones* (Bilbao, 1961), pp. 115-117.
⁹ Las leyendas acerca del origen apostólico del cristianismo en las Galias pueden verse en: T. S. Holmes, *The Origin and Development of the Christian Church in Gaul during the First Six Centuries of the Christian Era* (London, 1911), pp. 1-33. Véase también Montalban, *op. cit.*, pp. 114-115.
¹⁰ E. Griffe, *La Gaule Chrétienne à l'Epoque Romaine* (Paris, 1947), pp. 11-44.
¹¹ *Adv. haer., praefatio*: 3.

Cuando en el año 314 se reunió un sínodo en Arlés, al sur de Francia, acudieron a él obispos, no sólo de toda la Galia, sino hasta de las Islas Británicas.

De este modo, antes de comenzar el siglo IV, ya el cristianismo había rodeado la cuenca del Mediterráneo, y se encontraba representado en todas las regiones principales del Imperio.

e) La Expansión del Cristianismo en los Territorios en que Habían Laborado los Apóstoles. Además, en las zonas a que los apóstoles y sus contemporáneos habían ya llevado el cristianismo en el siglo primero, la Iglesia continuó su labor misionera, dirigiéndose ahora sobre todo a ciertas ciudades y pueblos de menor importancia adonde el cristianismo no parece haber llegado antes. Así, por ejemplo, afirma Latourette que a mediados del siglo III parece haber habido en Italia unos cien obispos.[12]. En la península balcánica el progreso del cristianismo parece haber sido mucho más lento, y lo mismo puede decirse de la población semítica de Siria y Palestina. En Asia Menor, sin embargo, el progreso fue sorprendente, y pronto hubo, no sólo comunidades en sitios bastante apartados, sino también gran número de miembros en esas comunidades. Testimonio de ello es la correspondencia entre Plinio y Trajano, en la que aquél llega a afirmar que en Bitinia —adonde nunca llegó apóstol alguno— los templos paganos "estaban casi desiertos".[13] Afortunadamente, sabemos algo más acerca de la labor misionera en Asia Menor debido a los datos y obras que se conservan de Gregorio de Neocesarea.

2. Un Gran Misionero de Este Período: Gregorio de Neocesarea.

Si bien es poco o casi nada lo que sabemos acerca de la multitud de creyentes que deben haber contribuido a la sorprendente expansión del cristianismo que acabamos de señalar, hay algunos de éstos cuyas labores nos son más conocidas. Tales misioneros nos sirven por tanto de ventanas a través de las cuales logramos atisbos de los métodos y la teología del testimonio misionero en el período que estamos estu-

---

[12] H.E.C., I, 96.
[13] *Ep.* 10:96.

diando. Uno de estos varones cuya vida fue tal que sus discípulos y admiradores se sintieron obligados a escribirla fue Gregorio de Neocesarea, más conocido como Gregorio el Taumaturgo.[14]

Gregorio era natural del Ponto. Al parecer, su verdadero nombre era Teodoro, y vino a llamarse Gregorio sólo después de su bautismo. Sus padres eran paganos, y pusieron especial interés en que el joven Teodoro siguiera su religión. Sin embargo, la muerte de su padre y el interés de su madre por hacerle estudiar fueron la ocasión que abrió el camino por el cual —según el propio Gregorio diría más tarde— su ángel guardián le llevaría a conocer la verdad a través de la obra de Orígenes.

Teodoro contaba sólo catorce años al morir su padre, aunque esto no le impidió estudiar, pues su familia contaba con medios de subsistencia. Primero estudió sólo retórica, pero su maestro tenía gran interés en el latín y las leyes y pronto le hizo estudiar lo uno y lo otro. Fue entonces que su familia comenzó a pensar en una carrera de leyes para el joven Teodoro, y hasta se pensó en enviarle a Roma a proseguir sus estudios.

Sin embargo, "el ángel guardián" de Teodoro tenía otros planes. Teodoro tuvo que dirigirse con su hermano a la ciudad de Cesarea de Palestina, adonde debían escoltar a una hermana que iba a reunirse con su esposo. Esto no obstaculizaba grandemente su carrera legal, pues en la cercana ciudad de Berito —hoy Beirut— existía una floreciente escuela de leyes, honrada con nombres como los de Cayo, Papiniano y Ulpiano.

Por estas razones Gregorio y su hermano Atenodoro visitaron la ciudad de Cesarea en Palestina. Allí conocieron a Orígenes, quien les cautivó de tal modo con su ciencia que, tras algunos encuentros en

---

[14] Afortunadamente, el propio Gregorio, en su *Panegírico a Orígenes* (P. G., X, 1049-1104), y con el propósito de mostrar cómo la Providencia le había llevado hasta el gran maestro alejandrino, nos proporciona varios datos acerca de sus primeros años y de su propia conversión. Además de esto, se conserva un extenso discurso de Gregorio de Nisa (segunda mitad del siglo IV) acerca *De la vida de San Gregorio el Taumaturgo* (P. G. XLVI, 893-958). Ya esta vida incluye, junto a la historia, mucho que ha de ser tomado por legendario. Lo mismo puede decirse, aunque en mayor grado, de las "vidas de San Gregorio" que se conservan en latín, siríaco, armenio y georgiano. Otras fuentes son: Eusebio, H. E., vi:30 y vii: 14; Basilio *De Sp. Sancto* xxix:74 y varias epístolas; Jerónimo, *De viris ill.*, lxv y otros textos de menos importancia; Rufino, H. E., vii:27; Evagrio, H. E., iii:31; Suidas, *Lexicon, Gregorius*.

que les exhortó repetidamente a seguir la "vida filosófica", quedaron "como inmóviles" a sus pies. Entonces el maestro alejandrino les enseñó, además de lógica, física, geometría y astronomía, la "verdadera filosofía" del cristianismo.

Tras permanecer en Cesarea unos cinco años, Gregorio y Atenodoro regresaron al Ponto, donde pronto se les conoció por fervientes cristianos y propagadores activos de su nueva fe. Cuando Gregorio contaba sólo poco más de treinta años, el obispo Faidimo de Amasia le consagró obispo de Neocesarea.[15] También su hermano Atenodoro llegó a ser obispo de otra ciudad del Ponto, y contribuyó a la obra misionera de Gregorio.

El cargo que se había dado a Gregorio al consagrarle obispo de Neocesarea no parecía ser de demasiada responsabilidad, pues la comunidad cristiana en esa ciudad contaba sólo con diecisiete miembros.[16] Pero Gregorio tomó su nueva responsabilidad con toda seriedad, y se dedicó a sus labores misioneras en la ciudad y los campos con tal ahínco y éxito que se dice que a su muerte sólo quedaban diecisiete paganos en la región.

Los métodos misioneros de Gregorio —hasta donde nos son conocidos— son interesantes. Su personalidad, cautivadora y subyugante según todos los testimonios, contribuyó grandemente al éxito de sus trabajos apostólicos. Además, si su *Panegírico a Orígenes* fue sincero, debemos suponer que el propio Gregorio, siempre que las condiciones se lo permitiesen, usaría del método de la persuasión lógica que tan buenos resultados había dado en su propio caso. Para él, el cristianismo era una filosofía superior, pero no una simple filosofía especulativa, sino toda una filosofía práctica en la que la especulación debía unirse a la virtud.

Sin embargo, en la región del Ponto, apartada de las principales corrientes de pensamiento y estudio,[17] y sobre todo entre gentes incultas, el método que Orígenes había aplicado a Gregorio resultaba impracticable. Por esta razón, Gregorio intentó presentar el cristianismo del

---

[15] Se dice (Gregorio de Nisa, *Vida de San Gregorio*; P. G., XLVI, 908-9) que, puesto que Gregorio se ausentó para no ser consagrado, Faidimo le consagró en su ausencia.
[16] Basilio, *De Sp. Sancto*, xxix:74 (P. G., XXXII, 205).
[17] Véanse las exageraciones de Tertuliano acerca de la barbarie del Ponto: *Adv. Marcionem* i:1 (P. L., II, 246-247).

modo que más se adaptaba a la mentalidad de las personas con quienes trabajaba.

He aquí un rasgo de la gran sabiduría de este hombre: debía formar en masa para una nueva vida a toda una generación. Como cochero que sabe conducir la naturaleza, les sujetó firmemente con el freno de la fe y del conocimiento de Dios; pero al mismo tiempo les permitió tener, bajo el gobierno de la fe, un poco de alegría y libertad. Advirtió que este pueblo infantil e inculto quedaba apegado al culto idolátrico por los placeres del sentido; y, queriendo asegurar ante todo lo esencial, apartarlos de las vanas supersticiones y llevarlos a Dios, les permitió celebrar la memoria de los mártires con gozo y alegría. Sabía que con el tiempo su vida llegaría a ser espontáneamente más grave y más arreglada; pues la misma fe les llevaría a ello; y efectivamente, esto es lo que sucedió con la mayor parte: su gozo se trocó y, dejando los placeres del cuerpo, pasaron a los del espíritu.[18]

Este método de adaptar el mensaje a las condiciones intelectuales, morales y religiosas del pueblo fue utilizado ampliamente, no sólo por Gregorio, sino también por toda una larga serie de misioneros a través de todos los tiempos, y ha sido motivo de amargas y largas controversias.

Empero esto no quiere decir que Gregorio permitiese a sus conversos seguir su vieja vida y creencias, y que se contentase con la sola confesión oral de la fe cristiana. Al contrario, la persecución de Decio,[19] y luego la invasión del Ponto por parte de los godos y borados, le dieron ocasión de mostrar lo que se esperaba de los verdaderos cristianos. Sobre todo en esta última oportunidad, parece ser que muchos de los cristianos se dejaron llevar por las circunstancias y cometieron acciones que Gregorio se sentía obligado a condenar, como lo muestra su *Epístola Canónica*.[20] En esta epístola, Gregorio ordena excomulgar a quienes en medio de la invasión fueron "tan audaces que consideraron el tiempo

---

[18] Gregorio de Nisa, *Vida de San Gregorio*, citado por Jules Lebreton en: Fliche y Martin (ed.) *Historia de la Iglesia desde los orígenes hasta nuestros días*. (Buenos Aires, 1953), II, 291.
[19] Durante esta persecución, Gregorio huyó y se escondió, según se aconsejaba que hiciesen los cristianos, y sobre todo los obispos, a fin de que la Iglesia no quedase acéfala después de la persecución.
[20] ANF, VI, 18-20; P. G., X, 1019-1048.

que trajo destrucción a todos como el momento preciso para su propio lucro".[21] Quienes han tomado o encontrado lo que no es suyo deben devolverlo inmediatamente; quienes han retenido cautivos deben dejarles regresar a sus hogares; los traidores que se hicieron partidarios de los bárbaros, y se hicieron partícipes de sus crímenes, deben ser excomulgados hasta que un sínodo, bajo la dirección del Espíritu Santo, decida qué ha de hacerse con ellos; y quienes contribuyan a restaurar el orden devolviendo a las personas lo que les pertenece, no deben esperar recompensa alguna, ni cobrar el servicio prestado.

Como vemos, el método misionero y pastoral de Gregorio era una combinación de flexibilidad y rigidez: flexibilidad adaptándose a las costumbres del pueblo, y rigidez exigiendo que ese pueblo se comportase como cristiano.

Por último, y antes de pasar adelante,[22] debemos señalar que otro de los métodos misioneros de Gregorio parece haber sido el de los milagros, que le valió el título de "Taumaturgo". En las narraciones de estos milagros la historia y la leyenda se mezclan de tal modo que resulta imposible distinguirlas.[23]

3. Los Métodos Empleados Durante Este Período.

Al estudiar los métodos empleados durante este período, tropezamos con la misma dificultad que ya hemos encontrado al tratar de descubrir los orígenes del cristianismo en las distintas regiones del Imperio: nuestros materiales son harto escasos, y los que tenemos representan sólo un sector de la vida total de la Iglesia. En efecto, de este período se conservan extensas apologías en pro del cristianismo, así como varias obras por las que podemos saber acerca de ciertas conversiones particulares; pero la casi totalidad de estos testimonios nos sirve sólo para saber cómo las personas más cultas y los espíritus más refinados llegaban al cristianismo, y nada nos dice acerca de la inmensa mayoría

---

[21] Canon 2 (P. G., X, 1025).
[22] Nada hemos dicho aquí de la teología de Gregorio. Véase nuestra *Historia del Pensamiento Cristiano* (Buenos Aires, 1965), Vol. I, pp. ...
[23] Según afirman sus biógrafos, Gregorio sanaba enfermos, echaba fuera demonios, podía gobernar el cauce de un río desbordado, podía matar a un hombre con sólo cubrirlo con su capa, tenía visiones de María y los apóstoles, etc., etc. Véase: ANF, VI, 6, nota 3.

de los conversos —esclavos, artesanos y mujeres, de cuya conversión nada sabemos. Por esta razón, nuestra exposición será necesariamente más extensa en lo que se refiere a la expansión del cristianismo y su propaganda por medios intelectuales. Esto no ha de tomarse como un reflejo de la realidad histórica, en la que la polémica culta y el argumento filosófico eran sólo una pequeña fracción del testimonio cristiano.

Hecha esta aclaración, podemos discutir algunos de los métodos que los cristianos de este período empleaban para propagar su fe.

a) La Polémica contra el Judaísmo. El método que aparece una y otra vez en los documentos que han llegado hasta nosotros es el de la polémica y el argumento lógico. Este tipo de argumentación se empleaba ya en el período neotestamentario, sobre todo frente a los judíos, haciéndoles ver cómo Jesús era el cumplimiento de las promesas del Antiguo Testamento. Durante el período que se extiende entre el fin del siglo primero y la conversión de Constantino, continúa esta polémica anti-judía, pero la polémica frente a la religión y la filosofía paganas viene a ocupar el primer lugar. Esto es señal de que la Iglesia, convencida ya de que los judíos no habrían de convertirse, vuelve su ímpetu misionero hacia los gentiles. La Iglesia del siglo II es ya una Iglesia de gentiles, y buena parte de su polémica con los judíos no lleva ya el propósito de convencer, sino sólo de aplastar a una religión rival del cristianismo.

Como testimonio de la polémica con los judíos, tenemos obras tales como el *Diálogo con Trifón* de Justino,[24] el tratado *Contra los judíos* de Tertuliano,[25] y el sermón del mismo título atribuido a Cipriano,[26] además de la llamada Epístola de Bernabé.[27] De todas estas obras, sólo el *Diálogo de Trifón* parece basarse en un verdadero encuentro entre un judío y un cristiano, y en un esfuerzo de éste último por convencer a aquél. Las otras son ataques al judaísmo como doctrina, y no diálogos con los judíos.

En todo caso, el argumento fundamental de los cristianos frente a los judíos es el del cumplimiento de ciertas profecías en la persona

---

[24] B.A.C., CXVI, pp. 300-548 (trad. D. Ruiz Bueno).
[25] ANF, III, 151-173; P. L., II, 633-682. Los capítulos 9-14 son espurios.
[26] ANF, V, 219; CSEL, III, 133-144. Este sermón o tratado parece ser una traducción y revisión de la homilía *Sobre la Pasión* de Melitón de Sardis.
[27] B.A.C., Sec. III, pp. 771-810 (trad. D. Ruiz Bueno).

de Jesús, especialmente en lo relativo a su nacimiento y su muerte. Además —también al igual que ciertos escritores del Nuevo Testamento— los polemistas cristianos de este período apelan a la tipología, afirmando que ciertos acontecimientos del Antiguo Testamento eran señales, "tipos" o figuras de lo que habría de ocurrir en el Nuevo.[28] Por último, otros escritores cristianos, y muy especialmente los alejandrinos, apelan a la alegoría, negando a menudo el carácter histórico de las narraciones del Antiguo Testamento, y haciendo de ellas alegorías referentes a las enseñanzas del Nuevo.[29]

Algunos cristianos —como Marción— negaban la validez del Antiguo Testamento, y pretendían que el cristianismo era algo tan radicalmente nuevo que no podía ser el cumplimiento de las antiguas promesas hechas a los judíos. La inmensa mayoría de los cristianos rechazó tal posición, que pronto fue considerada herética.

b) La Polémica contra el Culto Pagano. Frente a los paganos, la polémica cristiana tenía que luchar en dos frentes: el del culto y el de la filosofía.

Frente al culto pagano, los cristianos enseñaban un monoteísmo moral, y con ello se hacían eco de los ataques que los propios filósofos paganos venían haciendo a la pluralidad de los dioses, y sobre todo a las historias inmorales que de ellos se contaban. Al aparecer el cristianismo en el Imperio Romano, ya hacía siglos que los más refinados entre los filósofos griegos habían comenzado a expresar dudas acerca de los dioses del Olimpo, y sobre todo acerca de las cosas que de ellos se contaban. Así, por ejemplo, Jenófanes de Colofón había dicho que "Homero y Hesíodo han atribuido a los dioses todo cuanto es vergonzoso y poco honesto entre los mortales, robos, adulterios y engaños",[30] y que "si los bueyes y caballos o leones tuviesen manos, y pudieran pintar con sus manos, y producir obras de arte como los hombres, los caballos pintarían a sus dioses como caballos, y los bueyes como bue-

---

[28] Sobre todo, la *Epístola de Bernabé* y el *Diálogo con Trifón*. Véanse las secciones correspondientes en nuestra *Historia del Pensamiento Cristiano*, Vol. I.

[29] Esto era algo que ya habían hecho los judíos alejandrinos a fin de mostrar que el Antiguo Testamento no era incompatible con la filosofía griega. Por tanto, esta interpretación alegórica del Antiguo Testamento, más que un medio de defensa frente a los judíos, lo es frente a los paganos cultos.

[30] Fragmento 11 (ed. Diels).

yes...".³¹ Sin embargo, este tipo de crítica, corriente entre los hombres cultos, no había llegado aún a las masas, y el culto a los dioses del Olimpo —y a otros de naturaleza semejante, pero de origen distinto— gozaba aún de suficiente arraigo para requerir su refutación por parte de los cristianos. De hecho, como veremos en la próxima sección de este capítulo, el culto pagano perduraba aún dentro del Imperio Romano cuando las invasiones de los bárbaros trajeron un nuevo influjo de paganismo.

Al igual que los filósofos paganos, los cristianos atacaban a estos dioses, primero, por su impotencia y su carácter de creación humana; y, segundo, por los hechos inmorales que se les atribuían. Como ejemplo de esto podemos tomar a Arístides, quien, a mediados del siglo II, escribió las siguientes palabras acerca de la impotencia de los dioses:

> Viendo a sus dioses aserrados por sus artífices, y desbastados, y acortados, y cortados, y quemados, y figurados, y por ello transformados en toda figura, y ora que envejecen consumidos por el largo tiempo, ora que se funden o se hacen pedazos, ¿cómo no comprendieron de ellos que no son dioses? Y aquellos que no han podido proveer a la salvación de sí mismos, ¿cómo pueden tener cuidado de los hombres?³²

Y, señalando la inmoralidad de los dioses griegos, dice:

> Mas he aquí que, habiendo los griegos establecido leyes, no han caído en la cuenta de que con sus leyes condenan a sus dioses. Si, en efecto, sus leyes son justas, son perversos sus dioses, los cuales han transgredido las leyes, porque matan unos a otros, y practican la magia, y cometen adulterio, y se dan a la rapiña y al robo y yacen con varones, con todas sus otras hazañas; que si sus dioses han hecho bien estas cosas, tal como lo escriben, son perversas las leyes de los griegos, porque no han sido establecidas según la voluntad de los dioses. Y en esto, todo el mundo ha errado.³³

c) El Encuentro con la Filosofía Pagana. En cuanto a su posición frente a la filosofía pagana, los cristianos de este período

---

[31] Fragmento 15 (ed. Diels).
[32] *Apología*, xiii:1 (trad. D. Ruiz Bueno, B.A.C., CXVI, p. 143).
[33] *Ibid.*, 7 (trad. D. Ruiz Bueno, B.A.C., CXVI, p. 144).

—como los de todas las épocas— no estaban de acuerdo entre sí. Todos veían en el cristianismo una verdad superior, revelada por Dios, y a la que ningún filósofo, por muy acertado que fuese su pensamiento, hubiera podido llegar. El punto de desacuerdo estaba en el valor que debía atribuirse a la filosofía, pues unos veían en ella el ayo que conducía a Cristo —Justino, Clemente, Orígenes— y otros veían sólo una oposición radical entre el pensamiento filosófico y la verdad cristiana —Taciano, Hermias, Tertuliano—; unos veían en la filosofía un instrumento necesario para la exégesis bíblica, y otros veían en ella el origen de toda herejía; unos afirmaban que Jesucristo era el Señor tanto de Atenas como de Jerusalén, y otros se preguntaban: "¿Qué tiene que ver Atenas con Jerusalén? ¿Qué la Academia con la Iglesia?" [34]

Quienes veían una oposición total entre la doctrina filosófica y la verdad revelada, tenían entre los propios filósofos el mejor medio de atacar la filosofía, pues ya los escépticos —especialmente los de la Academia— habían mostrado las contradicciones entre los diversos filósofos, y habían utilizado tales contradicciones como prueba de la imposibilidad de llegar a un conocimiento cierto. Siguiendo la pauta trazada por estos filósofos, algunos cristianos se dedicaron a desprestigiar la filosofía a base de sus contradicciones. Uno de éstos fue Hermias, quien en su *Escarnio de los filósofos paganos* se burla de ellos como sigue:

> Si han hallado la verdad, estén o pónganse de acuerdo y yo les creeré de mil amores; pero si me tiran del alma y me la arrastran unos a una naturaleza y otros a otra, unos a una sustancia y otros a otra, y me la transforman de materia en materia, confieso que me siento molesto por este fluctuar de las cosas. Hay un momento en que soy inmortal y me alegro; al poco rato me convierto en mortal y rompo en llanto; luego me disuelvo en átomos, me convierto en agua, me convierto en aire, me convierto en fuego.[35]

Sin embargo, la inmensa mayoría de los cristianos —o al menos de los cristianos cuyas opiniones nos son conocidas a través de sus obras— veía un valor positivo en la filosofía pagana.

---

[34] Tertuliano, *De praes, haer.*, vii (ANF, III, 246; P. L., II, 23).
[35] ii:4 (trad. D. Ruiz Bueno, B.A.C., CXVI, p. 880).

Como ejemplo de esta posición podemos tomar a Justino Mártir, autor cristiano de la segunda mitad del siglo II.[36] A fin de mostrar a las personas cultas entre los gentiles que el cristianismo no se opone a la civilización y filosofía helénicas, sino que las complementa y supera, Justino apela a la doctrina del *logos* o Verbo. Este término podía ser de gran valor, pues era uno de los temas fundamentales de la filosofía pagana, se aplicaba a Jesucristo en el Evangelio de Juan, y ya antes —con Filón de Alejandría— había servido de puente entre la filosofía griega y la religión judaica.

Siguiendo la tradición de los filósofos griegos, Justino afirma que todo conocimiento que los hombres poseen es producto del *logos* o principio racional del universo. Pero —apelando ahora al Cuarto Evangelio, y a su uso del término *logos*— Justino afirma también que ese *logos* que es el principio racional del universo es el mismo que se encarnó en Jesucristo. Luego, la verdad que los filósofos conocieron no es otra que la verdad cristiana, con la sola salvedad que Platón y sus colegas sólo conocieron al Verbo "en parte", mientras que los cristianos conocen al Verbo "entero". Los filósofos conocían sólo las verdades que el Verbo les revelaba, mientras que los cristianos conocen al Verbo mismo. Luego, todo cuanto hay de bueno en la cultura y filosofía paganas pertenece a los cristianos:

> ... quienes vivieron conforme al Verbo, son cristianos, aún cuando fueron tenidos por ateos, como sucedió entre los griegos con Sócrates y Heráclito y otros semejantes, y entre los bárbaros con Abrahán, Ananías, Azarías y Misael, y otros muchos cuyos hechos y nombres, que sería largo enumerar, omitimos por ahora. De suerte que también los que anteriormente vivieron sin razón, se hicieron inútiles y enemigos de Cristo y asesinos de quienes viven con razón; mas los que conforme a ésta han vivido y siguen viviendo son cristianos y no saben de miedo ni turbación.[37]

De este modo la polémica cristiana, tanto frente al judaísmo como frente al paganismo, busca rumbos que le permitan afirmar el señorío de Jesucristo sobre todo cuanto existe —en estos casos, el Antiguo Tes-

---

[36] Véase una exposición más detallada del pensamiento de Justino en nuestra *Historia del Pensamiento Cristiano*, Vol. I, pp. 125-132.
[37] I *Apol.*, xlvi:3-4 (trad. D. Ruiz Bueno, B.A.C., CXVI, pp. 232-233).

tamento y la cultura helenista— sin abandonar la afirmación fundamental de que el mismo que es el Señor eterno se ha llegado a los hombres de manera única y particular en Jesucristo.

d) El Contacto Personal entre Intelectuales. Resulta interesante notar, sin embargo, que toda esta argumentación servía de canal para la propagación del Evangelio sólo cuando iba acompañada por el testimonio personal del cristiano. No tenemos noticias de personas que se hayan convertido al cristianismo leyendo el *Diálogo con Trifón* o las *Apologías* de Justino —y esto resulta mucho más notable si recordamos el hecho de que tenemos noticias de conversiones filosóficas mediante la lectura de los libros de los filósofos— pero sí sabemos de varias ocasiones en que discusiones personales de esta índole llevaron a alguien a convertirse al cristianismo.

El propio Justino da fe de la importancia de este método de discusión y testimonio directo entre cristianos y paganos al afirmar que su conversión se debió a un encuentro de esta clase, cuando un anciano venerable, tras mostrarle la insuficiencia del platonismo, le mostró el camino de la "verdadera filosofía". Ya hemos visto el caso de Gregorio de Neocesarea y su hermano Atenodoro, cuya conversión tuvo lugar a través del contacto personal con Orígenes. Algo parecido parece haber sucedido en los casos de Clemente de Alejandría —gracias a la influencia personal de su maestro Panteno— y de Cipriano de Cartago —a través del sacerdote Ceciliano.[38] Y, si el Octavio de Minucio Félix narra un acontecimiento histórico, también allí tenemos un ejemplo de intento de lograr una conversión a través de la discusión directa y personal de los valores y doctrinas del cristianismo frente al paganismo.[39]

e) Las Escuelas Cristianas. Las más de las veces tales encuentros no se dejaban simplemente al azar, sino que los cristianos fundaban escuelas que tenían a menudo funciones catequéticas, pero a las que podían dirigirse los paganos cultos que querían saber más acerca del cristianismo, o que simplemente querían atacarlo disputando con sus más destacados portavoces. Como ejemplo de este tipo de es-

---

[38] Todos estos ejemplos, y otros, son discutidos en: Gustave Bardy, *La conversión al cristianismo en los primeros siglos* (Pamplona, 1961), pp. 295-303.
[39] ANF, IV, 173-198; CSEL, II, 1-71.

cuela, que seguía el molde de la antigua Academia de Atenas, tenemos la que fundó Justino en Roma y que luego dirigió su discípulo Taciano, y la famosísima de Alejandría, relacionada con los nombres de Panteno, Clemente, Orígenes, Heraclas y otros, y a la que acudía a veces lo más selecto de la nobleza y la intelectualidad paganas. Tales escuelas jugaron un papel importantísimo en la expansión del cristianismo, pues muchos paganos que acudían a ellas se convertían, además de que pronto se volvieron centros de donde salían cristianos preparados para llevar sobre sus hombros la responsabilidad de predicar y extender el conocimiento del Evangelio —de los cuales Gregorio de Neocesarea es un magnífico ejemplo. Por otra parte, la literatura que se producía en estas escuelas —y sobre todo en la de Alejandría— servía de fuente de conocimientos a cristianos menos ilustrados que debían enfrentarse con paganos que de otro modo hubieran podido vencerles en la controversia.

f) El testimonio de los Cristianos Incultos. Este tipo de testimonio directo y personal, en que la polémica se mezclaba con el ferviente deseo de ver la conversión del interlocutor, no siempre tenía lugar en el nivel elevado de los filósofos y rétores, sino que muchas veces —quizá las más— tenía lugar entre esclavos, mujeres y artesanos. Prueba de ello es el siguiente texto de Celso, quien veía en la pobreza e ignorancia de los cristianos un argumento en contra de la veracidad de su fe.

¿Qué hacen los feriantes, los saltimbanquis? ¿Se dirigen a los hombres sensatos para espetarles sus soflamas? No. Pero si divisan en alguna parte a un grupo de niños, de cargadores, de gentes groseras, allí es donde plantan sus tablados, exponen su industria y se hacen admirar. Lo mismo ocurre en el seno de las familias. Se ven pelaires, zapateros, bataneros, gentes de extrema ignorancia y desprovistas de toda educación que, en presencia de los maestros, se guardan muy bien de abrir la boca; pero si pillan privadamente a los hijos de la casa o mujeres que no tienen más inteligencia que ellos mismos, se ponen a decirles maravillas. Sólo a ellos hay que creer; los padres, los preceptores son unos locos que ignoran el verdadero bien y son incapaces de enseñar. Sólo ellos saben cómo hay que vivir; a los niños les irá bien si les siguen y por su medio la felicidad visitará a toda la familia. Si mientras están perorando, sobreviene alguna persona seria, uno de los preceptores o el padre mismo, los más tímidos se callan; los descarados no dejan de exhortar a los niños a que sacudan el yugo, insinuándoles calladamente que no quieren enseñarles nada ante el padre de ellos o ante el preceptor, para no exponerse a la brutalidad de esas gentes corrompidas que los harían castigar. Los que tienen interés en saber la verdad, abandonen a sus preceptores y a sus padres y vengan con las mujeres y la chiquillería al gineceo o al puesto del zapatero o a la tienda del batanero, para aprender allí la vida perfecta. Ved ahí cómo se las arreglan para ganar adeptos. No exagero y en mis acusaciones no salgo un ápice de la verdad.[40]

Es una verdadera desventura el que, dado su propio carácter, el trabajo de tales cristianos no nos sea mejor conocido, pues sin duda descubriríamos que su contribución a la expansión del cristianismo fue mucho mayor que lo que los textos parecen indicar, y hasta mayor que las de las escuelas y de los cristianos cultos.

g) Los Milagros. Entre estas personas —y también entre muchas de las personas más cultas del Imperio— los milagros eran un factor importante. Si bien no sabemos cuántos de los hechos prodigiosos que se cuentan de Gregorio de Neocesarea son acontecimientos históricos, resulta claro que todos cuantos se dedicaron a narrar su vida veían en sus milagros uno de los instrumentos más poderosos para lograr la conversión de los paganos. Durante los últimos años de este período aparecen en la literatura cristiana numerosos evangelios y libros de hechos de uno u otro apóstol, y casi todos subrayan lo milagroso como si esto fuera una de las principales garantías de la veracidad del cristianismo.

h) El Martirio. De todos los milagros, ninguno tan notable y tan fructífero en conversiones como el milagro del martirio, tan frecuente durante los siglos segundo y tercero. Niños y mujeres, ancianos cargados de años, y esclavos acostumbrados a doblegarse ante la voluntad de sus amos, ofrecían gozosos la vida descansando en la esperanza de una vida futura y regocijándose en la oportunidad de proclamar con sus actos su fe. Para un mundo en busca de realidades que

---

[40] Orígenes, *Contra Celsum*, iii:55 (citado por Bardy, *op. cit.*, pp. 307-308).

diesen sentido a la vida y la muerte, como era el mundo grecorromano, tales actos eran una prueba de heroísmo —o de locura— que no podía explicarse fácilmente. Muchos son los textos antiguos que dan fe del sacudimiento de una conciencia pagana ante los sufrimientos de algún mártir cristiano, y es por ello que Tertuliano podía decir que "mientras más se nos destruye más crecemos; la sangre de los cristianos es semilla".[41]

i) EL CULTO. Otro factor que es necesario mencionar, aunque por razón de su escasa importancia como instrumento directo para la expansión del cristianismo, es el culto divino. Como señala Bardy,[42] los cultos orientales que invadían el Imperio a principios de nuestra era —el de Atis y Cibele, el de Isis y Osiris, el de Dionisio, etc.— ofrecían una liturgia fascinante y conmovedora. Frente a esto, la liturgia cristiana —a la que en todo caso no se permitía a los paganos asistir— era en extremo sencilla. Resulta claro que, a diferencia de lo que ha llegado a ser costumbre en muchas iglesias del siglo XX, en la Iglesia primitiva el culto no tenía el más mínimo propósito de servir de ocasión para la conversión de los no cristianos. El trabajo que hoy llamamos "evangelístico" se realizaba fuera del culto, en los sitios donde la vida común llevaba a los cristianos a establecer contacto con los no creyentes.

j) LOS MISIONEROS. Algo semejante sucede con la práctica de enviar misioneros, aunque en este caso sí es cierto que la Iglesia de los primeros siglos tenía por costumbre enviar misioneros a otros sitios. Ya hemos mencionado el caso de la Iglesia de Antioquía, que envió a Pablo y sus acompañantes. En el período que estamos estudiando, merece la pena citarse el caso de Panteno, quien hizo un viaje hacia el Oriente —¿hasta Arabia o hasta la India?— como "heraldo del Evangelio de Cristo".[43] Además obras tales como la *Didajé* y el *Contra Celsum* de Orígenes, dan a entender que había un buen número de personas dedicadas exclusiva o casi exclusivamente a ir de lugar en lugar predicando el Evangelio, como antes lo había hecho Pablo. Sin embargo, al parecer una buena parte del trabajo de estas personas consistía en

---

[41] *Apol.*, 1 (P. L., I, 603).
[42] *Op. cit.*, pp. 328-341.
[43] H. E., v:10.

visitar sitios en que ya existían iglesias, y ayudarlas y fortalecerlas en su trabajo —o a veces crearles problemas que antes no tenían, como resulta claro al leer la *Didajé*.

La mayor parte de la expansión del cristianismo en los siglos que anteceden a Constantino tuvo lugar, no gracias a la obra de personas dedicadas exclusivamente a esa tarea, sino gracias al testimonio constante de cientos y miles de comerciantes, de esclavos y de cristianos condenados al exilio que iban dando testimonio de Jesucristo dondequiera que la vida les llevaba, y que iban creando así nuevas comunidades en sitios donde los misioneros "profesionales" no habían llegado aún. Y, una vez sembrada la semilla, el trabajo más digno de notarse no fue tampoco el de los predicadores que visitaban la comunidad para predicarle unos pocos días, sino el de hombres que, como Gregorio de Neocesarea, vivían junto a su pueblo y se sentían responsables, no sólo de su pequeña grey, sino también de toda la comunidad no cristiana en que ella había surgido.

k) Resumen: La Actitud de los Cristianos hacia el Paganismo. Podemos decir que el cristianismo avanzó a pasos agigantados por la cuenca del Mediterráneo gracias a los factores y métodos misioneros que acabamos de discutir. Pero todo esto de nada hubiera servido de no ser por el modo admirable en que la Iglesia y los cristianos combinaban una flexibilidad sorprendente con la más estricta rigidez. Si el cristianismo hubiese seguido el camino del sincretismo, acogiendo en su seno toda clase de doctrinas de diversos orígenes y con diversos sentidos, quizá hubiera parecido más atrayente a algunos —y en esto radicaba la gran atracción del gnosticismo cristiano— pero hubiera acabado por desaparecer como desaparecieron todos los sincretismos de la época: esfumado en la vaguedad de sus doctrinas. Si, por el contrario, el cristianismo se hubiese mostrado radicalmente inflexible, como si sólo la Iglesia y la tradición vetero-testamentaria poseyesen la verdad, y como si toda verdad pagana tuviese que ser necesariamente falsedad, se le hubiera hecho imposible a un pagano helenista hacerse cristiano sin al mismo tiempo abandonar todo rasgo de helenismo y aprender a pensar como un hebreo. Al colocarse en el justo medio entre estos dos extremos, siendo inflexible en lo esencial y acomodándose en lo periférico a la cultura y las tradiciones del mundo grecorromano, la Iglesia tomó la actitud que mejor podía servir a la expansión del cristianismo, y al mismo tiempo reflejaba, siquiera imperfectamente, el amor del Señor que aún "siendo en forma de Dios" tomó "forma de siervo" por amor de los hombres.

B. EL IMPERIO CRISTIANO Y LA SUPRESION DEL PAGANISMO

1. La Conversión de Constantino.

La conversión de Constantino es uno de esos pocos grandes acontecimientos que parecen ser como hitos gigantescos que se alzan en medio del camino de la historia, señalando nuevos rumbos y abriendo nuevas posibilidades. Quizá por eso mismo es también uno de los acontecimientos más discutidos en la historia de la Iglesia. Para unos, fue el comienzo de esa perversión del carácter del cristianismo que a la postre requeriría la Reforma del siglo XVI. Para otros, fue el triunfo de la Iglesia perseguida sobre sus persecutores, la rendición de la resistencia pagana y la máxima expresión de la pujanza de la Iglesia de los primeros siglos. Ambas interpretaciones son parcialmente correctas, pues un acontecimiento del orden de la conversión de Constantino no podía sino tener grandes consecuencias para la vida de la Iglesia —consecuencias tanto positivas como negativas, así como consecuencias positivas con inmensas potencialidades negativas.

Hay algo en lo que casi todos los historiadores más serios concuerdan: Constantino se convirtió —y se convirtió sinceramente— en el año 312.[44] La divergencia de opiniones gira alrededor del modo en que Constantino veía el cristianismo que había aceptado, y alrededor de las consecuencias que su conversión tuvo para la Iglesia.[45]

---

[44] J. Burckhardt, (*Die Zeit Konstantins des Grossen*, p. 334) juntamente con un buen número de historiadores del siglo XIX, pensaba que Constantino no se había convertido sino por razones de conveniencia política, y ponía en duda su sinceridad al proclamarse cristiano. Sin embargo, como afirma A. H. M. Jones, (*Constantine and the Conversion of Europe*, p. 73), "Constantino hubiera tenido que ser un prodigio intelectual para haber sido un racionalista en la época en que vivió, y el hecho es que, hasta donde es posible penetrar en su intelecto, parece haber sido un hombre de mente sencilla".

[45] Véanse los datos bibliográficos en: H. Doerries, *Constantine and Religious Liberty* (New Haven, 1960), pp. 133-134.

En todo caso, el hecho es que, hasta donde llegan nuestras noticias, Constantino siempre se sintió inclinado hacia el monoteísmo. Durante los primeros años después de su coronación por los soldados de su difunto padre, cuando aún era sólo César de las Galias, Constantino hizo acuñar sus monedas en honor al Sol Invicto.[46] Por otra parte, si el testimonio de los escritores cristianos del propio siglo IV —y especialmente Eusebio— es fidedigno, el padre de Constantino, Constancio Cloro, siempre trató a los cristianos con benevolencia, y hasta es posible que haya habido cristianos en su propia familia.[47] Eusebio, quizá llevado por su entusiasmo hacia Constantino, o tal vez basándose en hechos reales, afirma que Constancio Cloro acostumbraba rogar al Salvador.[48] Por último, todo parece indicar que aún antes de la visión celestial y la batalla del Puente Milvio, Constantino se hacía acompañar de algunos obispos, y sobre todo de Osio de Córdoba, quien más tarde se daría a conocer como uno de los consejeros favoritos del Emperador. Luego, aunque Constantino después diría que su conversión se debió a una visión celestial, y aunque sus biógrafos siempre trataron de subrayar el carácter repentino de esa conversión, no cabe duda de que muchos factores habían ido conduciendo al César de las Galias al punto en que estuvo preparado para su visión.[49]

---

[46] J. Maurice, *Numismatique constantinienne*, Vol. II, pp. xx-xxii. Este era uno de los dos focos principales alrededor de los cuales se cristalizaba la tendencia monoteísta de la época —el otro era el Salvador que proclamaba la Iglesia cristiana. Este monoteísmo que giraba alrededor del Sol Invicto, a diferencia del monoteísmo cristiano, no era absoluto, sino que toleraba la presencia de otros dioses junto al Sol, ya fuese como otras tantas manifestaciones del mismo dios, o como divinidades subordinadas —y así Constantino hacía acuñar en sus monedas, junto al Sol Invicto, la imagen de Marte, dios de la guerra.
[47] El principal argumento en pro de esta afirmación está en el nombre cristiano de una de las hijas de Constancio, Anastasia. Véase la bibliografía pertinente en: A. Alföldi, *The Conversion of Constantine and Pagan Rome* (Oxford, 1948), p. 6, notas 3 y 4.
[48] *Vita Const.*, ii:49.
[49] Si bien los dos escritores antiguos más dignos de crédito —Eusebio y Lactancio, ambos relacionados directamente con el Emperador— no concuerdan en todos los detalles de la conversión de Constantino, sí están de acuerdo en afirmar que, en vísperas de la batalla del Puente Milvio, Constantino tuvo una visión —ya sea en sueños, ya en el cielo— en la cual se le prometía que bajo el signo de Cristo sería vencedor. Al otro día, Constantino hizo confeccionar un estandarte adornado de piedras preciosas, y en el que resaltaba el monograma con la *chi* y la *rho*, representando las dos primeras letras del nombre de Cristo. Además, ordenó que sus soldados pintasen sobre sus escudos el mismo monograma. Como es sabido, las tropas de Constantino derrotaron decisivamente a las de Magencio, y éste murió ahogado al caer al río.

No cabe duda de que la conversión de Constantino fue algo radicalmente distinto de lo que generalmente entendemos por conversión, y muy especialmente de lo que sucedía en aquella época cuando alguien se convertía. En época de Constantino, era la Iglesia, o al menos algún cristiano estrechamente relacionado con la Iglesia, quien servía de agente para la conversión de un pagano; luego el converso se ponía a la disposición de la Iglesia, a fin de ser instruido en las cosas de la fe; por último, se unía a la Iglesia y se sometía a su jerarquía, que debía dirigir su vida cristiana. El caso de Constantino es distinto. Según Eusebio, él mismo decía que su conversión se debía, no tanto a una conversación o polémica con algún cristiano, como a una visión directa que Dios le había proporcionado. A la usanza de los antiguos emperadores, él tenía una misión, una misión dada por el Dios de la Iglesia y que por ello se relacionaba con la misión de ésta última; pero dada directamente, por lo que no dependía de, ni se sometía a, la organización de la Iglesia. Por otra parte, Constantino veía al Cristo a quien ahora servía, no tanto como un Salvador de los poderes del pecado y la muerte, sino más bien como el Vencedor que le daría la victoria, aquí en la tierra, sobre sus enemigos, primero Magencio y después Licinio. A cambio de esto, Constantino debía honrarle —sobre todo mediante el uso del símbolo que representaba su nombre —y contribuir al crecimiento de su Iglesia. "El cristianismo de Constantino no estaba envuelto en la gloria del verdadero espíritu cristiano, sino en la oscuridad de la superstición. Pero es un gran error negar la sinceridad y urgencia de sus convicciones religiosas".[50]

La vieja Roma fue siempre el principal obstáculo con que tropezó la política religiosa de Constantino a favor del cristianismo. En aquella ciudad las antiguas clases gobernantes veían con recelo todo intento de

---

[50] Alföldi, *The Conversion*..., p. 23. Naturalmente, esto no quiere decir que Constantino no fuese el genio calculador por el que siempre se le ha tomado. Si bien estaba convencido de que era a Cristo que debía la victoria del Puente Milvio, y por tanto la posesión de Roma, sabía también que le sería imposible gobernar si se declaraba cristiano inmediata y abiertamente. Era demasiado el odio que sus predecesores habían sembrado contra los cristianos; y el paganismo, decadente y todo como estaba, era aún una fuerza que debía tenerse en cuenta —sobre todo en Roma, donde los senadores y demás aristócratas veían en el paganismo una parte fundamental del viejo sistema de vida que ellos representaban y defendían. Por consiguiente, Constantino optó por una política lenta y moderada, que comenzó garantizando sólo la tolerancia a los cristianos, pero que terminó siendo una política de apoyo decidido y abierto a los propósitos de la Iglesia.

abandonar el culto a los dioses, que era parte de sus tradiciones ancestrales. Constantino siempre respetó el Senado y sus prerrogativas, y —aun después de haberse declarado cristiano abiertamente— no rechazó el título de *Pontifex Maximus* que ese cuerpo le daba. Por esta razón la política religiosa de Constantino, que en el Oriente era decididamente favorable a los cristianos, en el Occidente era más moderada y estaba dispuesta a hacer concesiones a los paganos.

Esta situación cambió radicalmente cuando, en el año 324, Constantino comenzó a construir una "Nueva Roma" junto al Bósforo, donde antes se alzaba la antigua Bizancio. A partir de este momento, y cada vez más con el progreso de la nueva capital y con el establecimiento en ella de un nuevo Senado, Constantino se siente libre de la obligación de ceder ante la presión del Senado romano. En el año 325, llega hasta el extremo de colocar la vieja capital bajo la autoridad de un gobernador cristiano —acción tan mal recibida que dos años después el Emperador juzgó conveniente nombrar un gobernador pagano. Durante este período la política de Constantino se hace cada vez más recia para con el paganismo. Los viejos templos son destruidos, y sus tesoros se incorporan a las arcas imperiales. Se establecen límites y exigencias a los cultos paganos. Se prohíbe el culto de Venus —quizá por motivos morales más que religiosos. Por otra parte, el culto al propio Emperador no desaparece del todo, sino que sólo se le priva de algunas de sus características más repugnantes a la conciencia cristiana, y a la muerte de Constantino en el año 337 sus hijos no se oponen a su apoteosis, decretada por el viejo Senado romano.[51]

¿Cuáles fueron las consecuencias de todo esto para la expansión del cristianismo? Es difícil saberlo a ciencia cierta. No cabe duda de que el prestigio que le prestaba la persona del Emperador debe haber despertado interés hacia el cristianismo. Los lugares de adoración se hacían cada vez más pequeños ante el influjo de los conversos. Al principio, la Iglesia mantuvo su antigua costumbre de preparar a los conversos para el bautismo a través de un largo período de prueba y de instrucción catequética. Con el correr de los años tal período se hizo cada vez más breve, y la instrucción más superficial, hasta llegar a las

---

[51] Alföldi, *The Conversion...*, pp. 30 y sig., presenta un estudio del desarrollo de la política religiosa de Constantino, y lo apoya con el resultado de la numismática histórica.

conversiones en masa de principios de la Edad Media. Como es de suponerse, esto no podía tener lugar sino en menoscabo de la dedicación personal de los cristianos, sobre todo en lo que a la vida ética se refiere, pues en el campo doctrinal la Iglesia desarrolló medios para mantener la adhesión casi absoluta de sus fieles.

Esto no quiere decir que el resultado de la conversión de Constantino haya sido puramente negativo. Por el contrario, el siglo que sigue a tal acontecimiento es el Siglo de Oro de la historia de la Iglesia. Personajes tales como Atanasio, Basilio el Grande, Ambrosio, Jerónimo y Agustín son testimonio de la pujanza literaria e intelectual de la Iglesia liberada del azote de las persecuciones. Las grandes basílicas y obras de arte son ejemplo del modo en que los cristianos tomaron lo mejor de la cultura conquistada y lo pusieron al servicio de su Señor. La organización eclesiástica que logró desarrollarse gracias a la protección imperial resultó ser el único poder capaz de rescatar la cultura greco-romana tras las invasiones de los bárbaros. Por último, el siglo que siguió a la conversión de Constantino vio misioneros tales como Ulfilas y Martín de Tours.

Naturalmente, la conversión del Emperador planteaba problemas que hasta entonces habían sido desconocidos para la Iglesia. ¿Debía el Emperador estar supeditado a la Iglesia, o viceversa? ¿Debía el Emperador utilizar su poder en pro de los principios cristianos? ¿Cómo se entendía la responsabilidad del Emperador para con sus súbditos paganos? ¿Debía la Iglesia utilizar su influencia sobre el Emperador para lograr un orden social más justo? ¿Podían los cristianos aceptar privilegios de parte del Estado? ¿Implicaría una traición a los principios evangélicos el dejar de ser la Iglesia perseguida para convertirse en la Iglesia apoyada en el poder imperial? Todos éstos son problemas a que la Iglesia de los siglos cuarto y siguientes tuvo que enfrentarse. Son también problemas harto difíciles, pues en cada caso existen fuertes argumentos en pro de soluciones contradictorias. Si el Emperador utilizaba su poder a favor de sus principios cristianos, se corría el peligro de que la Iglesia llegase a fundamentar su esperanza, no en Dios, sino en su poder político y económico. Si, por el contrario, el Emperador separaba su fe de su oficio de gobierno, esto implicaba que su fe quedaba reducida a un aspecto de su vida, que era una fe parcial que podía ser restringida a alguna fase de la vida humana, excluyéndola de las demás. Luego, ni una ni otra solución era adecuada, y se hacía difícil determinar qué debían hacer la Iglesia y el Estado ante la conversión del Emperador. Empero una cosa resultaba clara e indudable: la conversión del Emperador, como la conversión de todo ser humano, debía ser recibida con regocijo por los cristianos, a pesar de los problemas —a menudo insospechados— que tal conversión podría plantear.

2. *Los Hijos de Constantino.*

Si bien Constantino nunca se volvió intolerante para con el paganismo, sus tres hijos y sucesores —Constantino II, Constancio y Constante— siguieron frente a los viejos cultos una política cada vez más rígida. En el año 341 se prohibieron los sacrificios, y en el 354 Constancio ordenó que todos los templos paganos fuesen clausurados.[52] Aunque estas leyes no se cumplieron a cabalidad en todo el Imperio,[53] sí sirvieron para estimular acciones violentas contra los paganos por parte de algunos funcionarios civiles que —como el general Artemio en el Egipto— procuraban para sí el favor imperial. Además, bajo el amparo de tales leyes muchos dirigentes cristianos se dedicaron a destruir templos paganos y construir iglesias sobre sus ruinas.

Por otra parte, el gobierno de los hijos de Constantino, y sobre todo de Constancio cuando éste quedó como único emperador, no estuvo a la altura del de su padre. Constancio hizo asesinar a la mayoría de sus familiares, y cometió tantos crímenes como creyó necesarios para sostenerse en el poder. Los intelectuales paganos veían en el cristianismo, y sobre todo en la nueva política imperial, un peligro que amenazaba a la vieja cultura, que parecía desaparecer bajo el peso de la nueva religión. Las clases bajas veían con desagrado la desaparición de juegos, fiestas y representaciones que la Iglesia condenaba.[54] El propio cristianismo parecía haber perdido su pujanza, dividido como estaba a causa de las controversias donatista y arriana —además de otros cismas locales como el de Antioquía. Frente a tal situación, descrita en los más sombríos colores por los historiadores de la época, era de esperarse una reacción pagana.

---

[52] H. Lietzmann, *Geschichte der Alten Kirche* (Berlin, 1934-1944), III, 235.
[53] C.M.H., I, 97.
[54] *Ibid.*

3. *La Reacción Pagana: Juliano.*

Esta reacción —que ya se había vislumbrado en el intento de usurpar el trono por parte de Magencio— se hizo sentir con el advenimiento al trono del emperador Juliano. Aunque la historia —llevada por el excesivo celo de algunos cristianos— le conoce como "el Apóstata", lo cierto es que Juliano, aunque llegó a bautizarse y hasta era lector en el culto público, nunca parece haber sido cristiano de convicción. El único cristianismo que Juliano conoció fue el intelectualismo arriano, cargado de silogismos y carente del sentido del misterio de lo divino, y manchado además por el hecho de que su principal defensor, Constancio, había hecho asesinar a cuantos Juliano pudo haber amado.

Durante los años que precedieron a su rápido ascenso a la púrpura, Juliano se dedicó a estudiar las obras clásicas de la antigüedad y a iniciarse en las religiones de misterio que aún subsistían en el mundo mediterráneo. De este modo, y a través de repetidas experiencias místicas y revelaciones por medio de oráculos, Juliano llegó a una posición religiosa en la que lo mejor de la filosofía clásica se unía al misticismo de los misterios y a algunas enseñanzas morales tomadas del cristianismo. Para él, tal religión estaba íntimamente unida a los valores de la antigüedad clásica, y defendiendo la una creía defender los otros. Con este propósito, y llevado por la convicción de que había sido elegido por los dioses para restaurar su culto, Juliano promulgó toda una serie de leyes en contra del cristianismo, y se dedicó además a organizar el viejo culto pagano siguiendo el ejemplo de la Iglesia. Todos los privilegios que Constantino y sus hijos habían concedido a los cristianos, y especialmente al clero, fueron revocados. Se prohibió a los cristianos enseñar literatura y filosofía clásicas. Aunque no se ordenó persecución alguna, en varios lugares el populacho cometió atrocidades contra los cristianos. Por otra parte, Juliano reorganizó el paganismo y le dio un nuevo impulso. El mismo tomó de nuevo el viejo título imperial de *Pontifex Maximus*, y colocó en cada provincia un Sumo Sacerdote bajo cuya dirección estaba todo el culto pagano. Bajo él, todos los demás sacerdotes debían llevar vidas intachables y, además de celebrar el culto, debían dedicarse a enseñar al pueblo el amor entre los hombres. Por último, el propio Juliano se dedicó a escribir contra los cristianos, a quienes llamaba "galileos".

El proyecto de Juliano estaba destinado al fracaso. Si bien era cierto que el cristianismo no había arraigado aún en las conciencias del pueblo, no era menos cierto que el viejo paganismo, con sus sacrificios y su alto concepto de la naturaleza humana, estaba en franca decadencia. En Antioquía el populacho se burlaba no sólo de la religión de Juliano, sino también de su moral de carácter estoico. El ideal religioso de la época no era ya el hombre templado de Marco Aurelio y los estoicos, sino el asceta sufrido del monaquismo cristiano. En el campo de la liturgia, el culto cristiano tenía más atracción que los sacrificios que en todas partes se celebraban por orden de Juliano. Por último, la Iglesia produjo pensadores, escritores y predicadores muy superiores a los que Juliano pudo reclutar de entre los paganos.

Cuando en el año 363 Juliano cayó herido de muerte por una lanza persa, lo inevitable siguió su curso: a la breve reacción pagana siguió un período de ininterrumpido avance por parte de los cristianos frente al paganismo.[55]

4. *El Imperio Cristiano.*

Joviano y Valentiniano I, sucesores de Juliano, volvieron a la vieja política de apoyar a la Iglesia, aunque tolerando siempre la existencia y práctica de los cultos paganos.

Fue Graciano, debido en parte a la influencia de Ambrosio de Milán, quien dio nuevo ímpetu a la política de colocar al paganismo bajo condiciones cada vez más difíciles. Cuando se le ofreció —como era costumbre ofrecerlo a los emperadores— el título de *Pontifex Maximus*, lo rechazó. Más tarde hizo retirar del Senado el altar a la Victoria que Juliano había hecho reconstruir. A esto se opuso la inmensa mayoría del Senado, pero sus protestas fueron inútiles y ni siquiera se les concedió audiencia ante el Emperador.[56]

---

[55] Acerca de la vida de Juliano, véase: Bidez, *La vie de l'Empereur Julien* (Paris, 1930) y G. Ricciotti, *Julian the Apostate* (Milwaukee, 1959). Sobre su religión: R. Farney, *La religion de l'Empereur Julien et le mysticisme de son temps* (Paris, 1934). Acerca del tema específico que estamos discutiendo: F. A. Ridley, *Julian the Apostate and the Rise of Christianity: A Study in Cultural History* (London, 1937).

[56] J. Dudden, *Saint Ambrose: His Life and Times* (Oxford, 1935), Vol. I, pp. 256-269.

A la muerte de Graciano, los paganos apelaron a la justicia de Valentiniano II, pero Ambrosio intervino de nuevo y logró el fallo del Emperador en contra de los paganos.[57]

Con el advenimiento de Teodosio al trono imperial, el paganismo recibió un golpe de muerte. Teodosio se creía llamado a defender la ortodoxia frente a las herejías, y el cristianismo frente al paganismo.[58] En el año 391, el Emperador prohibió los sacrificios a los dioses paganos, y ordenó que los antiguos templos fuesen clausurados o dedicados a usos seculares.[59] Al año siguiente, otro edicto prohibió, no ya el culto público, sino hasta la práctica privada de la religión pagana, estableciendo penas para quienes se atreviesen a adorar a los genios y dioses domésticos.[60] Pero lo que más daño hizo al paganismo fue la tendencia de las autoridades a ver con complacencia, o al menos con indiferencia, los excesos que los cristianos cometían contra los paganos. En Alejandría el obispo Teófilo —conocido por su falta de escrúpulos y de caridad para con sus adversarios— provocó a los paganos a una lucha desigual cuyo resultado fue la destrucción del antiquísimo y monumental templo de Serapis.[61] En otras regiones del Imperio —y sobre todo en Siria— otros acontecimientos semejantes privaron al paganismo de algunos de sus más venerados templos. Cuando en el Occidente el pagano Arbogasto hizo coronar emperador a Eugenio, éste hizo ciertas concesiones a la aristocracia pagana de Roma, y hubo un breve despertar del paganismo, sobre todo en la capital. Tras la batalla del río Frígido, que resultó en la derrota aplastante de Arbogasto y Eugenio, Teodosio puso fin al efímero renacimiento pagano en Roma, aunque es necesario señalar que no se dieron en esa ciudad los actos de violencia que habían tenido lugar en algunas regiones del Oriente.[62]

---

[57] *Ibid.*

[58] Véase el edicto *Cunctos populos* del año 380, citado en: N. Q. King, *The Emperor Theodosius and the Establishment of Christianity* (London, 1961), p. 28. A esto siguió la convocación del Concilio de Constantinopla en el año 381.

[59] King, *op. cit.*, pp. 77-79.

[60] *Ibid.*, pp. 84-86.

[61] Este episodio se halla admirablemente resumido en: Dudden, *op. cit.*, Vol. II, pp. 404-408.

[62] H. Block, "The Pagan Revival in the West at the End of the Fourth Century", en: A. Momigliano (ed.), *Paganism and Christianity in the Fourth Century* (Oxford, 1963), pp. 193-218.

5. El Fin de la Edad Antigua.

Después de la muerte de Teodosio en el año 395, se nos hace necesario distinguir entre el Occidente y el Oriente en lo que al avance del cristianismo y la supresión del paganismo se refiere. En el Oriente, el Imperio Romano subsistió mil años más, y en él se estableció una unión estrecha entre Iglesia y Estado en la que aquélla quedaba sometida a éste. En lo que aquí nos concierne, podemos decir que en el Oriente el paganismo siguió decayendo por razones de su propia debilidad interna combinadas con la presión del Estado y la Iglesia. El último reducto importante del viejo paganismo fue la Academia de Atenas, clausurada en el año 529 por orden de Justiniano. A partir de esa fecha, el viejo culto pagano no parece haber subsistido sino en algunas pequeñas comunidades geográficamente aisladas del resto del mundo.

En el Occidente, el avance del cristianismo se vio detenido por las invasiones de los bárbaros, que irrumpieron en el Imperio aprovechando la decadencia que siguió a la muerte de Teodosio. La inmensa mayoría de esos bárbaros era pagana, y casi todos los que eran cristianos eran de convicción arriana. Como es de suponerse, esto planteó un gran reto para la Iglesia establecida en los territorios que los bárbaros conquistaban, pues tanto si éstos eran paganos como si eran arrianos era necesario traerles a la fe ortodoxa. El modo en que la Iglesia se enfrentó a este reto pertenece a otro capítulo de esta historia.

6. La Obra Misionera Después de la Conversión de Constantino.

Nuestra exposición a partir de la conversión de Constantino puede haber creado en la mente del lector la idea equivocada de que, una vez que los emperadores se declararon cristianos, la Iglesia dejó en manos del estado la tarea de forzar la conversión de los paganos. Es cierto que sabemos más acerca de las medidas oficiales para propiciar la "conversión" al cristianismo —o al menos para debilitar el culto pagano— que acerca de los cristianos que se dedicaron a propiciar la conversión de los paganos por medios menos espectaculares o menos violentos. Sabemos, sin embargo, que en la misma época en que los emperadores se esforzaban por destruir el paganismo mediante edictos y prohibiciones, había cristianos que se dedicaban al mismo fin por otros medios. Ambrosio de Milán, además de abogar por que se aplicase la presión imperial frente al paganismo, se dedicó a predicar a los paganos,[63] y tenemos noticias de varias conversiones que tuvieron lugar a través de él —entre otras, la de San Agustín, aunque el propio Ambrosio no parece haberse percatado de ello. Otros se dedicaron a continuar la larga tradición de apologías cristianas frente al paganismo, y entre ellos merecen citarse Lactancio,[64] Eusebio de Cesarea,[65] Agustín [66] y Juan Crisóstomo.[67] Otros, en fin, laboraban en lugares más apartados de los centros del pensamiento, y se dedicaban sobre todo a la predicación y la polémica directa y espontánea, a fin de lograr conversos para la fe cristiana. A modo de ejemplo, tomaremos, entre los arrianos, a Ulfilas, y entre los ortodoxos, a Martín de Tours.

a) ULFILAS. Es poco o nada lo que se sabe acerca de la infancia y la conversión de Ulfilas, pues los pocos datos que poseemos se hallan envueltos en la leyenda.[68] Sabemos que a la edad de treinta años se le consagró "obispo de los godos", y que después de algún tiempo, con el permiso imperial, se trasladó al sur del Danubio con un grupo de cristianos de origen godo. Su importancia para nuestra historia radica principalmente en el hecho de que, a fin de traducir la Biblia al godo, Ulfilas preparó un alfabeto capaz de simbolizar los distintos sonidos de esa lengua. Hasta el día de hoy se conservan fragmentos de una traducción de la Biblia al godo que bien puede ser la del propio Ulfilas.[69] En todo caso, es importante señalar que tenemos aquí una de las primeras muestras —si no la primera— de una labor que con-

---

[63] J. Mesot, *Die Heidenbekehrung bei Ambrosius von Mailand* (Friburg, Schweiz, 1958), especialmente las páginas 56-69.

[64] *De mortibus persecutorum* (ANF, VII, 301-322; P. L., VII, 189-276).

[65] Especialmente su *Praeparatio Evangelica* (P. G., XXI) y su *Demostratio Evangelica* (P. G., XXII, 13-794).

[66] *De civitate Dei*, obra de la que existen numerosas ediciones y versiones.

[67] *Contra Judaeos et Gentiles* (P. G., XLVIII, 813-838) y *De S. Babyla contra Julianum et Gentiles* (P. G., L, 533-572), que refleja las condiciones de la época de Juliano.

[68] Véase: Bessell, *Ueber das Leben des Ulfilas und die Bekehrung der Gothen zum Christentum* (Göttingen, 1860); Scott, *Ulfilas, Apostle of the Goths* (Cambridge, 1885). Nuestro resumen ha sido tomado principalmente de Latourette, H.E.C., I, 213-214.

[69] P. L., XVIII, 458-870.

tinuaría hasta el siglo veinte, es decir, la de reducir un idioma a la escritura a fin de poder traducir la Biblia a él.[70]

Por otra parte, la tradición concede especial importancia a Ulfilas porque se supone que fue a través de sus labores que los godos se convirtieron al cristianismo arriano.[71] Sin embargo, lo más probable es que —aunque Ulfilas ocupó un papel importante en ello— los godos se hayan convertido al arrianismo, no a través de la obra de un misionero particular, sino más bien a través de innumerables contactos con el Imperio en un período en que éste estaba dominado por el arrianismo —es decir, bajo Constancio. Durante el reinado de Constancio y después bajo Valentiniano II y su madre Justina, el arrianismo gozó de gran favor en la corte imperial, y fue precisamente durante esos períodos que los godos tuvieros más contacto con el Imperio.

b) Martín de Tours. De Martín de Tours se conservan numerosas biografías que, como es de suponerse, se hacen más legendarias a medida que se hacen más tardías. Ya la más antigua, escrita por Sulpicio Severo,[72] parece mezclar la leyenda con la historia. Todo esto, sin embargo, es testimonio de la importancia de Martín y del impacto que su vida hizo sobre sus contemporáneos y sus sucesores.[73]

Martín nació en Panonia alrededor del año 316, de padres paganos que pronto vieron con desagrado las inclinaciones de su hijo hacia el cristianismo. A fin de evitar que Martín se hiciera cristiano, su padre le hizo alistarse en el ejército a la edad de quince años. A los dieciocho, siendo aún soldado, Martín fue bautizado, y permaneció en el ejército dos años más.

Al abandonar el ejército, el joven Martín se dirigió a la ciudad de Poitiers, donde se adentró en los misterios del cristianismo bajo la hábil dirección del famoso obispo y teólogo Hilario.

---

[70] Estas y otras razones llevan a G. Haendler a declarar que, comparado con Ambrosio, el "hereje" Ulfilas es mucho más cristiano en sus métodos misioneros. Ambrosio es el hombre de política que usa del poder del Estado para el acrecentamiento de la Iglesia como institución, mientras que Ulfilas es el misionero que confía sobre todo en la predicación, la enseñanza y la divulgación de las Escrituras para lograr la conversión sincera de los hombres. *Wulfila und Ambrosius* (Stuttgart, 1961).
[71] Montalbán, *op. cit.*, pp. 138-139.
[72] *Vita Beati Martini* (NPNF, Second Series, XI, 3-17; P. L., XX, 159-176).
[73] Hay un buen resumen de las principales obras que en torno a Martín produjo la Edad Media en: C. H. van Rhijn, *Martinus van Tours* (Utrecht, 1912), pp. 112-119.

Tras ser ordenado exorcista por el propio Hilario, Martín decidió visitar a sus padres en Panonia. Al cruzar los Alpes fue atacado por bandidos, y se dice que su trato con ellos fue tal que el bandido que le guardaba se convirtió y abandonó su profesión. En Panonia, Martín logró la conversión de su madre, pero no la de su padre.

Debido a su cálida defensa de la fe nicena, Martín fue expulsado de su ciudad natal, donde dominaba el arrianismo. A esto siguió una larga serie de peregrinaciones, interrumpidas por breves períodos de quietud monástica. Por fin, al cambiar la situación política del Imperio, que había colocado la Iglesia en manos de los arrianos, Martín decidió regresar a Poitiers, a donde regresaba también el obispo Hilario, quien, como Martín, se encontraba en el exilio debido a su firme posición anti-arriana.[74]

Después de pasar algún tiempo en Poitiers, Martín fue consagrado al oficio episcopal en la ciudad de Tours. Puesto que su humildad le hubiera llevado a rechazar tal cargo, fue necesario recurrir a la astucia y la fuerza para obligarle a aceptarlo. Aun entonces Martín se negó a vivir en la ciudad, rodeado de comodidades y bullicio, y se retiró a las afueras, donde llevaba una vida reposada de la que sólo se apartaba para cumplir con sus deberes episcopales.

En Tours, Martín se hizo rodear de un grupo de monjes a quienes dirigió en una labor incesante de predicación y de destrucción de antiguos templos paganos. Sobre las ruinas de esos templos se construían entonces iglesias, a fin de que los demonios que antes habitaban tales lugares no pudiesen volver.[75] En ocasiones Martín lograba que los propios paganos accediesen a la destrucción de sus templos. Tal fue el caso de la comunidad que tenía por costumbre venerar, entre otras cosas, un viejo árbol. A fin de mostrar el poder de su Dios, Martín se hizo atar en el sitio preciso en que el árbol caería si se le cortaba, y

---

[74] Fue durante este período que se dio el episodio de la resurrección, mediante la oración de Martín, de un catecúmeno a quien todos daban por muerto. Sulpicio Severo, quien narra esta historia, dice haberla confirmado por el testimonio directo del catecúmeno en cuestión.

[75] Martín era un hombre en extremo supersticioso, aun para su época. Algunos de sus contemporáneos decían que sus "visiones" no eran más que las alucinaciones de un espíritu quebrantado por un ascetismo exagerado. Otros se burlaban de él apareciéndosele disfrazados de dioses antiguos, que él a veces tomaba por demonios. Cuando alguien irrumpió en su retiro cubierto con una piel y llevando un cuerno ensangrentado, Martín creyó haber visto al mismo Diablo.

retó a los propios paganos a hacer caer el árbol sobre él. Aguijoneados por tal osadía, los paganos echaron abajo su árbol sagrado, esperando que aplastara a Martín. De un modo inexplicable el árbol cayó en la dirección opuesta de aquélla en que estaba Martín. Ante tal milagro, varios paganos se convirtieron, y aun los que no lo hicieron no opusieron resistencia alguna cuando Martín echó abajo su templo y construyó una iglesia sobre sus ruinas.

No siempre los métodos de Martín eran violentos.[76] A menudo su arma principal fue un valor inquebrantable, como en el caso del bandido que ya hemos relatado o en la ocasión en que un grupo de paganos le atacó y el propio Martín ofreció su cuello para que le decapitasen. Ante tal prueba de valor, los paganos no se atrevieron a usar de violencia con él.

En todo caso, el hecho es que Martín, por uno u otro medio, contribuyó a la expansión del cristianismo en los alrededores de la ciudad de Tours. Cuando se le consagró obispo, es posible que no haya habido sino una comunidad cristiana de mediano tamaño en la ciudad misma, y no cabe duda de que en las regiones circundantes dominaba el paganismo. A su muerte, la Iglesia se había extendido hacia los campos, y el paganismo había perdido mucho de su arraigo.

Estos son sólo dos de los muchos misioneros que es de suponerse se dedicaron a la expansión del cristianismo entre los paganos al mismo tiempo que las autoridades civiles se esforzaban por completar la cristianización del Imperio. No cabe duda de que, si los documentos y demás pruebas históricas no se hubiesen perdido a través de los siglos, tendríamos noticias de centenares de cristianos que llevaron a cabo un trabajo semejante al de Ulfilas y Martín de Tours.

C. LA EXPANSION DEL CRISTIANISMO FUERA DEL IMPERIO ROMANO

También fuera del Imperio Romano se extendió el cristianismo en los siglos que siguen al período apostólico.

---

[76] Martín se opuso tenazmente al uso de la violencia contra los herejes, e hizo todo lo posible por evitar la ejecución de Prisciliano y los suyos por el emperador Máximo.

1. El Cristianismo en Edesa.

La ciudad de Edesa, en la frontera misma entre los imperios romano y persa, fue testigo de la primera conversión de un gobernante —posiblemente Abgaro IX—, quien gobernó a fines del siglo II y principios del III. Posteriormente, y a fin de establecer una conexión directa entre Jesucristo y el cristianismo de Edesa, se forjó la leyenda de una correspondencia entre Abgaro IV —contemporáneo de Jesús— y el Salvador.[77] Lo cierto parece ser que el cristianismo llegó a Edesa a mediados del siglo II procedente de Antioquía, de donde poco después obtuvo la sucesión apostólica a través del obispo Serapión.[78] En todo caso, al echar raíces en Edesa el cristianismo se desligó cada vez más del helenismo y se unió a la población y la cultura siríacas.[79] "Este era el centro de un tipo siríaco de cristianismo, en cierta manera diferente del que prevalecía en el mundo helenista, y que se extendió hacia Mesopotamia y las fronteras persas".[80]

2. El Cristianismo en Armenia.

De entre todos estos países, fue en Armenia, y sobre todo a través de la obra de Gregorio el Iluminador, que el cristianismo logró sus conquistas mayores y más permanentes. Durante siglos, la posición geográfica de Armenia, entre el Imperio Persa y el Imperio Romano, la hizo presa de repetidas invasiones, en las que uno u otro imperio hacía valer la superioridad de sus armas. En esta lucha constante, la política romana de conceder a Armenia cierta independencia, y de proteger a sus soberanos legítimos frente a las ambiciones persas, hizo que el sentimiento popular se inclinase más hacia Roma que hacia Persia.

Un episodio importante de esta agitada historia de Armenia es la lucha del rey Tiridates III (también llamado Tradt o Tirdat) por recu-

---

[77] Véase: Aurelio de Santos Otero, *Los Evangelios Apócrifos* (B.A.C., CXLVIII), pp. 703-711.
[78] Burkitt, *Early Christianity outside the Roman Empire*, p. 12 (citado en H.E.C., I, 101).
[79] Los documentos siríacos referentes a los orígenes del cristianismo en Edesa se encuentran en la obra monumental de W. Cureton, *Ancient Syriac Documents Relative to the Earliest Establishment of Christianity in Edessa and the Neighboring Countries* (London, 1864).
[80] H.E.C., I, 102.

perar el trono que le había sido arrebatado por las tropas persas de Sapor —episodio que nos interesa aquí por cuanto se relaciona estrechamente con la obra de Gregorio el Iluminador y la conversión de Armenia al cristianismo. Las tropas persas aprovecharon la muerte del rey Cosroes —asesinado por emisarios persas— para invadir a Armenia, y el pequeño heredero del trono, Tiridates, se vio forzado a pedir asilo allende las fronteras del Imperio Romano. El emperador Valeriano intentó detener los avances persas, pero fue derrotado y hecho prisionero, con lo cual Armenia quedó bajo el dominio de Persia hasta que años más tarde el joven Tiridates, con el apoyo del emperador Licinio, se presentó ante las fronteras de Armenia para reclamar el trono que le correspondía por herencia. El pueblo le recibió gozoso, pues el yugo persa era pesado, y en todo caso el Imperio Persa atravesaba momentos difíciles que no le permitían oponer resistencia efectiva a la reconquista de Armenia. Cuando los persas salieron de la guerra civil en que estaban envueltos, el nuevo rey, Narsés, invadió a Armenia e hizo huir de nuevo a Tiridates, quien volvió a refugiarse en la corte de los emperadores romanos. A esto siguió una guerra entre Roma y Persia en la que esta última se vio obligada a pedir un tratado de paz por el cual Roma ganó varias provincias y Tiridates recuperó su trono. A partir de esta última guerra, Armenia conservó su independencia hasta que, después de la muerte de Tiridates, Persia volvió a hacer de ella una provincia suya.[81]

Toda esta contienda en pos de un trono y de la independencia de una nación tiene enorme importancia para nuestra historia, pues a través de ella ocurrió la primera conversión al cristianismo de todo un estado —aparte, claro está, de la ciudad de Edesa. En efecto, durante los dos exilios de Tiridates fueron muchos los nobles y militares de Armenia que le acompañaron y que, en las regiones de Siria y Asia Menor, establecieron contacto con un cristianismo pujante. Muchos de ellos se convirtieron a la fe cristiana, y al regresar a su país de origen la llevaron consigo. Otros, aunque no se convirtieron de inmediato, lle-

---

[81] Gibbon, *The History of the Decline and Fall of the Roman Empire* (ed. Milman, 1850), Vol. I, 314-316; 419-431; II, 178-181; V. Huart y L. Delaporte, *El Irán Antiguo* ("La Evolución de la Humanidad", XXVIII), pp. 288-292. Las fuentes originales están en, V. Langlois, *Collection des historiens anciens et modernes de l'Arménie*, Vol. I.

varon por lo menos cierto conocimiento de lo que eran las doctrinas y la vida cristianas.

Entre los nobles de Armenia que se vieron obligados a acudir al asilo romano, había un joven pariente de Tiridates, de nombre Gregorio, y a quien la posteridad conoce como "El Iluminador" o "Lusarovich". Gregorio se convirtió al cristianismo en Cesarea de Capadocia, y cuando las condiciones políticas se lo permitieron regresó a su país de origen, donde se dedicó a propagar su fe cristiana. Al principio, Tiridates se opuso a su predicación, y hasta le encarceló por espacio de quince años —quizá no tanto por razones religiosas como por razones políticas. Pero a la larga aceptó la fe de su pariente, y tanto él como su familia y sus nobles fueron bautizados (alrededor del año 302).[82] A esto siguió una conversión en masa. Los antiguos templos paganos se convirtieron en iglesias cristianas. Muchos sacerdotes, o por lo menos sus hijos, se hicieron sacerdotes cristianos, con lo cual el carácter hereditario del sacerdocio pagano pasó al cristianismo de Armenia, a tal punto que a través de los siglos fueron los descendientes de Gregorio el Iluminador quienes gobernaron la Iglesia de Armenia.[83]

Naturalmente, los primeros años del cristianismo en Armenia fueron harto difíciles.[84] Pero ya a la muerte del rey Tiridates la nueva fe había logrado tal arraigo en el pueblo de Armenia que, aunque el país quedó sujeto de nuevo al poderío persa, y aunque éste hizo todo lo posible por implantar el zoroastrismo, el cristianismo siguió siendo la religión de Armenia. Además, lo que había comenzado como una conversión en masa pronto se hizo un movimiento profundo, sobre todo después que, gracias a la labor de Sahag —descendiente de Gregorio— y de Mesrob, el idioma de Armenia fue dotado de un alfabeto, y se comenzó a traducir literatura cristiana del griego y del siríaco.[85]

Debido a una guerra que Armenia libraba contra Persia, la Iglesia de Armenia no estuvo representada en el Concilio de Calcedonia [86] y

---

[82] Véase: Montalbán, *op. cit.*, p. 128.
[83] G. Garitte, *Documents pour l'étude du livre d'Agathange* (città del Vaticano, 1946); G. Garitte, *La Narratio de rebus Armeniae* (Louvain, 1952).
[84] Véase: A. Santos Hernández, *Iglesias de Oriente* (Santander, 1959), pp. 392-393.
[85] Duchesne, *Early History of the Christian Church* (New York, 1909), Vol. III, pp. 375-377.
[86] Al parecer, los armenios y los ortodoxos interpretan el Concilio de Calcedonia de diferentes maneras, y es muy posible que su doctrina les acerque mucho más de lo que su actitud ante la *Definición* calcedonense parecería indicar.

aceptó el valor dogmático del *Henoticon* de Zenón, con lo cual logró para sí el título de "monofisita" y se rompió su comunión con las iglesias ortodoxas, de modo que hasta el día de hoy existe una Iglesia de Armenia a la que la mayoría de quienes aceptan el Concilio de Calcedonia considera herética.

3. *El Cristianismo en Georgia.*

A partir de Armenia, el cristianismo se extendió hacia Georgia y toda la región del Cáucaso. Aunque es posible que haya habido cristianos en Georgia antes de esa fecha, la primera noticia que tenemos acerca de la llegada del cristianismo a esa región se encuentra en la Historia Eclesiástica de Rufino,[87] quien afirma que la conversión de Georgia tuvo lugar cuando el rey Miriam y su esposa se convirtieron al cristianismo, aproximadamente en la misma fecha en que Constantino dio un paso semejante. Según Rufino, la reina Nana se convirtió cuando las oraciones de una esclava cristiana —Santa Nino— lograron sanar, primero a su hijo, y después a ella. Poco después, y debido a otro milagro, su esposo el rey Miriam también se convirtió. A esto siguió una conversión en masa semejante a la que hemos visto ya en el caso de Armenia.[88] La nueva iglesia estableció relaciones con la iglesia constantinopolitana, de la que dependió por algún tiempo.

> Si esta historia es correcta, podemos suponer que, como en muchos otros casos, varios factores contribuyeron a la conversión del país —la fe sincera y sencilla de una cautiva cristiana, la creencia común en lo milagroso, el deseo del rey de establecer contactos culturales y políticos con el Imperio Romano (quizá porque creía que éste era menos de temer que Persia), el apoyo activo de la religión del Imperio por parte del rey, y el asentimiento de las masas.[89]

---

[87] i:10 (P. L., XXI, 480-482).
[88] La historia de Nino y otros episodios importantes de la historia de la iglesia en Georgia se encuentran traducidos en: D. M. Lang, *Lives and Legends of the Georgian Saints* (London, 1956). La porción de la vida de Santa Nino que se refiere a la conversión de Nana y Miriam se encuentra en las pp. 19-39.
[89] H.E.C., I, 225.

4. El Cristianismo en Mesopotamia y Persia.

Fue sobre todo a través de la cultura y lengua siríacas que el cristianismo logró su mayor expansión hacia el oriente durante este período. Primero en Antioquía, y luego en Edesa, se había ido forjando toda una literatura cristiana en lengua siríaca. Puesto que esta lengua era ampliamente utilizada para fines del comercio internacional en el Medio Oriente, el cristianismo encontró en ella un canal para su expansión. A través de mercaderes e inmigrantes de cultura siríaca, el cristianismo penetró en regiones tales como Mesopotamia.[90] Allí logró fuerte arraigo entre las personas de lengua siríaca, pero no parece haberse extendido allende las fronteras de esa cultura. En todo caso, pronto los cristianos de lengua siríaca en Mesopotamia lograron cierta madurez teológica, y se establecieron escuelas como la de Nisibis. Puesto que esta iglesia vivía dentro de los dominios del Imperio Persa, y puesto que la dinastía sasánida que a la sazón gobernaba ese imperio se oponía activamente al cristianismo, la iglesia en esa región se vio fuertemente perseguida.[91] A esto se unía el hecho de que los gobernantes persas, enemigos tradicionales del Imperio Romano, veían en los cristianos posibles aliados de éste último —de hecho, en más de una ocasión los emperadores romanos se proclamaron defensores de los cristianos que vivían dentro del Imperio Persa, con lo que sólo lograron hacer más difícil su situación. Debido a estas razones, y también a otras menos obvias, la Iglesia dentro del Imperio Persa tendía a subrayar su independencia frente a su congénere dentro del Imperio Romano. Esta independencia se hizo permanente cuando las iglesias de Mesopotamia y Persia adoptaron el nestorianismo.[92]

En Persia, el cristianismo se extendió también siguiendo los canales de la cultura siríaca. Entre los inmigrantes y comerciantes de origen siríaco en Seleucia-Ctesifón parece haber habido una fuerte iglesia en la que se utilizaba el siríaco. Esta iglesia logró hacer conversos entre las

---

[90] Es posible que el cristianismo haya penetrado primero en Mesopotamia a través de los judíos. Pero tal cristianismo judaico no ha dejado rastro alguno. J. Labourt, *Le Christianisme dans l'Empire Perse sous la Dynastie Sassanide* (Paris, 1901), pp. 16-17. Sozómenes (H.E., ii:8) afirma que el cristianismo llegó a Persia a partir de Edesa y Armenia.

[91] Labourt, *op. cit.*, pp. 43-82 y 104-130.

[92] *Ibid.*, pp. 131-161.

personas de lengua persa, y se establecieron pequeñas comunidades cristianas en las principales ciudades del Imperio y hasta en el Turquestán.[93] Se tradujeron obras cristianas del siríaco al pahlavi, y hasta se escribieron algunas obras originales en ese idioma. En Persia, como en Mesopotamia, los cristianos se vieron perseguidos por la dinastía de los Sasánidas, que pretendían utilizar el zoroastrismo para dar unidad a su Imperio, de igual modo que los emperadores romanos utilizaban el cristianismo. Los cristianos eran vistos como aliados de Roma y estaban por tanto sujetos a persecución cada vez que las relaciones entre ambos imperios se hacían tensas. Esta situación mejoró cuando la Iglesia persa se separó del resto de la Iglesia, primero en su organización y luego en su teología.

La Iglesia persa se organizó como iglesia independiente en el año 410, cuando un concilio reunido en Seleucia-Ctesifón dio al obispo de esa ciudad el título de Patriarca, y le hizo cabeza de toda la Iglesia dentro del imperio persa.

En su teología, la Iglesia persa se separó de la Iglesia dentro del Imperio Romano al adoptar la doctrina cristológica que corrientemente recibe el nombre de "nestorianismo". Puesto que esta doctrina tenía buen número de adherentes en Antioquía y Edesa, era de esperarse que, al ser rechazada por el concilio reunido en Efeso en el año 431, buena parte de estos adherentes buscara refugio entre los cristianos de lengua siríaca allende las fronteras del Imperio Romano, con quienes siempre habían tenido relaciones estrechas. Fue así que un buen número de "nestorianos" se estableció en la ciudad de Nisibis, a través de cuya escuela teológica hizo sentir su influencia en la Iglesia de todo el Imperio Persa. Algunos años después, esta iglesia se declaró en favor del "nestorianismo" y en contra de la cristología de la Iglesia cristiana dentro del Imperio Romano.[94]

5. *El Cristianismo en la India.*

Existe una tradición que afirma que el cristianismo fue llevado a la India por el Apóstol Tomás.[95] Esto no es totalmente imposible, pero

---

[93] *Ibid.*, p. 350.
[94] Véase la nota 92. Véase también: A. Santos Hernéndez, *op. cit.*, pp. 320-322.
[95] L. W. Brown, *The Indian Cristians of St. Thomas* (Cambridge, 1956), pp. 43-64; E. Tisserant, *Eastern Christianity in India* (Bombay, 1957), pp. 1-10; S. G. Pothan, *The Syrian Christians of Kerala* (New York, 1963), pp. 3-36.

la tendencia de las iglesias de siglos posteriores a atribuir sus orígenes a algún apóstol despierta dudas acerca de la veracidad de esta tradición. Además, otra tradición afirma que fue San Bartolomé quien llevó el cristianismo a la India.[96]

En todo caso, no cabe duda de que la nueva fe llegó al sur de la India desde muy temprano —quizá desde el siglo primero. Debido al hecho de que los más antiguos monumentos cristianos están escritos en pahlavi,[97] es dable suponer que el cristianismo del sur de la India tuvo desde sus orígenes relaciones estrechas con el cristianismo persa, y que algunos de sus primeros adherentes eran inmigrantes de origen persa —quizá refugiados que huían de las persecuciones de los Sasánidas. Además, sabemos de inmigrantes cristianos de origen siríaco.[98]

Nada sabemos acerca de los métodos misioneros de los primeros cristianos que llegaron a la India. El hecho de que muchos de los conversos pertenecían a la alta casta de los Nambudhiris hace suponer que se dirigieron especialmente a los niveles más elevados de la sociedad.[99]

6. El Cristianismo en Arabia.

También en Arabia se extendió el cristianismo durante este período.[100] Dada su posición entre esos tres estados, Arabia fue campo misionero para los cristianos del Imperio Romano, los del Imperio Persa

---

[96] Esta tradición aparece en las obras de Clemente de Alejandría, Eusebio de Cesarea, Sócrates y Jerónimo. K. K. Kurivilla, *A History of the Mar Thoma Church and Its Doctrines* (Madras, 1950), p. 1.
[97] A. C. Burnell, "On Some Pahlavi Inscriptions in South India", *The Indian Antiquary* (1874).
[98] Pothan, *op. cit.*, pp. 22-24.
[99] J. C. Panjikaran, "Christianity in Malabar with Special Reference to the St. Thomas Christians of the Syro-Malabar Rite", *Orientalia Christiana*, VI (1926), pp. 97-98.
[100] Se dice que Panteno, el maestro alejandrino, visitó "la India". Posiblemente esto se refiere, no a la India de hoy, sino a Arabia. Además, recientemente ha sido descubierto en el Cairo un documento que narra una disputa teológica entre Orígenes y el obispo de Arabia Heraclides. Dicha entrevista tuvo lugar alrededor del año 245, y muestra que, ya en el período anterior a Constantino, había en Arabia una iglesia que mantenía relaciones con las iglesias de Egipto y Palestina.

y los de Abisinia.[101] Sin embargo, el cristianismo en esa región no logró el arraigo, la extensión y la organización que logró en otras regiones del Oriente.

7. El Cristianismo en Abisinia.

Por último, debemos mencionar los orígenes del cristianismo en Abisinia, pues durante el período que estamos estudiando se fundó allí una iglesia que perduraría hasta nuestros días. En la primera mitad del siglo cuarto,[102] y como consecuencia de un naufragio, el joven cristiano Frumencio y su hermano Edesio llegaron al reino de Azum, a orillas del Mar Rojo.[103] Fueron hechos prisioneros por los habitantes de ese reino, pero pronto su inteligencia y su carácter les ganaron la libertad y la estima de los gobernantes del país. Frumencio comenzó su obra entre los comerciantes cristianos que llegaban a Axum, y pronto tuvo algunos conversos del país mismo. Edesio regresó a Tiro, pero Frumencio decidió continuar su obra de evangelización y fue a Alejandría, donde el famoso obispo Atanasio le consagró obispo de Axum. Unos cien años más tarde (año 450) los esfuerzos de Frumencio y sus sucesores fueron coronados con la conversión del rey Exana. A esto siguió la conversión en masa del país. Puesto que Exana fue un hábil político y guerrero —que además utilizó la fuerza para lograr la "conversión" al cristianismo de los más recalcitrantes de sus súbditos— el reino cristiano de Axum se extendió rápidamente hasta las márgenes del Nilo, y vino a ser así el núcleo de la Etiopía moderna. En ese país la iglesia fundada por Frumencio logró fuerte arraigo con la traducción de la Biblia al idioma nacional, la organización de una iglesia

---

[101] D. S. Attema, *Het oudste Christendom in Zuid-Arabië* (Amsterdam, 1949), p. 5. Las páginas siguientes resumen los principales testimonios antiguos (especialmente las crónicas de Amr, Mari y Seert) acerca del origen del cristianismo sudarábigo. Véase también: E. W. Nielsen, *Den Kaempes on Arabien* (Kobenhavn, 1950), especialmente el cap. VII: "Kristendom i Arabien for Muhammed", pp. 111-124.

[102] Rufino, H.E., i:9; Sócrates, H.E., i:15; Teodoreto, H.E., i:22; Sozómeno, H.E., ii:23.

[103] La historia de Abisinia prácticamente comienza con el reino de Axum, fundado por invasores semitas poco antes de los comienzos de nuestra era. Antes de esto, sólo tenemos los relatos legendarios de la crónica "Tarik Negushti".

autónoma, y la adopción del "monofisismo" por esa iglesia durante el siglo sexto, siguiendo el ejemplo de los coptos del Egipto.

CONSIDERACIONES GENERALES

A pesar de la escasez de datos que hace tan difícil su estudio, el período que acabamos de discutir es uno de los más interesantes en la historia de la expansión del cristianismo.

Es interesante, en primer lugar, por el inusitado alcance de esa expansión. Al terminar el período apostólico, la fe cristiana estaba representada sólo por pequeñas minorías en algunas de las principales ciudades de la cuenca oriental del Mediterráneo. Ahora, tras sólo cuatro siglos de historia, esa misma fe se ha adueñado del Imperio Romano y de los estados de Edesa y Armenia, y se ha extendido también hacia el Oriente —hasta la India— y hacia el sur —hasta Abisinia. Excepto en los siglos XVI y XIX, el cristianismo no ha gozado de otro período de expansión como el de aquellos primeros siglos.

En segundo lugar, el período que acabamos de estudiar es interesante por los métodos misioneros que en él se emplearon. Una de las características más notables de este período es la ausencia casi total de "misioneros" —es decir, de personas enviadas por la iglesia para propagar su fe. También es de notarse la poca importancia que tienen la predicación y el culto cristianos en la conversión de los paganos. Quizá estas dos características se deban a que la Iglesia genuinamente misionera no trata de descargar esa responsablidad concentrándola sobre unos pocos misioneros o sobre un momento particular de su vida, sino que se hace toda ella instrumento de su vocación misionera.

Por último, este período es interesante por el modo en que en él se plantea el problema de las relaciones entre la Iglesia y la sociedad civil, que es uno de los problemas cruciales que se plantea al siglo XX. La Iglesia no es una agencia de poder político o de presión social. Pero, si la Iglesia cree en el señorío de Jesucristo por sobre la totalidad del mundo, ha de esperar que ese señorío sea servido aun por las agencias del poder político y de la presión social. Estos dos polos en la vida de la Iglesia plantean una paradoja que se hace especialmente notable en períodos como el nuestro, cuando los cambios sociales y políticos se suceden con desconcertante rapidez. Antes del siglo XX, nunca se ha planteado este problema como en el siglo IV, cuando la conversión de Constantino lo presentó a la Iglesia de manera tan súbita que ésta apenas supo qué responder. Quizá el estudio y la reflexión acerca de la conversión de Constantino y de sus implicaciones para la Iglesia puedan servirnos para enfrentarnos a nuestra responsabilidad en un siglo en que estamos presenciando un proceso inverso en la vida de los estados.

4 | LAS MISIONES MEDIEVALES

A. DESDE LA IRRUPCION DE LOS BARBAROS HASTA EL AVANCE DEL ISLAM

1. La Reconquista de lo que Había Sido el Imperio Romano.

Desde sus orígenes el Imperio Romano se vio constantemente amenazado por la presencia de los "bárbaros" en sus fronteras. En Europa, el Danubio y el Rin servían de límites naturales que contenían el ímpetu de los germanos y eslavos. En las Islas Británicas, donde no había tales fronteras naturales, se construyeron fortificaciones para impedir la invasión del territorio romano por parte de los escotos y pictos. En Africa del Norte y Egipto se repetían los encuentros bélicos con los moros y nubios. En el Oriente, el gran enemigo de Roma era el Imperio Persa, al parecer más temible que los bárbaros, pero que en realidad lo era menos. Persia podía muy bien invadir el Imperio y arrebatarle tres o cuatro provincias, como lo hizo en repetidas ocasiones, pero no se trasladaría en masa hacia el territorio romano dejando detrás su lugar de origen, como tendían a hacerlo los bárbaros. Por estas razones, la porción oriental del Imperio Romano no se vería seriamente amenazada en tanto no apareciesen otros nómadas —los árabes— capaces de invadir y conquistar tanto el Imperio Persa como buena parte del Imperio

Romano. El Occidente, por el contrario, se veía amenazado por un enemigo harto volátil y cuyo objetivo final —aunque quizá inconscientemente— era establecerse dentro de los límites del Imperio.

Si bien desde tiempos de Marco Aurelio comenzó una serie de pequeñas guerras de fronteras que debilitaban el Imperio, no fue sino en el siglo IV —y sobre todo después de la muerte de Teodosio— que las legiones romanas se mostraron incapaces de contener las olas sucesivas de bárbaros que penetraron el Imperio a través de todas sus fronteras en la Europa occidental. Durante siglos de prosperidad y relativa seguridad, el Imperio y sus habitantes se habían acostumbrado a la vida muelle y carente de peligros. Puesto que los antiguos habitantes del Imperio no querían ir al campo de batalla, se acudió a la solución fácil —pero suicida— de colmar las legiones de bárbaros dispuestos a luchar por el Imperio. Pronto la defensa de Roma contra los bárbaros estuvo en manos de los propios bárbaros. Unos como defensores de Roma y otros como sus invasores —y muchos alternadamente a título de ambas cosas— los pueblos bárbaros fueron instalándose y estableciendo reinos propios dentro del territorio del Imperio. Este proceso fue lento y —aunque hubo momentos de gran significación histórica, como el saqueo de Roma por Alarico en el año 410, o la deposición del emperador Rómulo Augústulo por Odoacro en el 476— la mayor parte de las personas a quienes tocó vivir en esa época no se percató de la importancia de lo que estaba sucediendo.

a) El Reto de los Bárbaros a la Romanitas Cristiana. Desde el punto de vista de la historia de la civilización, las invasiones de los bárbaros presentaban un gran reto. A través de siglos de desarrollo cultural, había aparecido en el mundo lo que los contemporáneos llamaban *Romanitas* —esa herencia grecorromana que constituía la civilización más elevada que Europa había conocido. Era la propia *Romanitas* la que había hecho posible la riqueza que los bárbaros ambicionaban, y uno de los motivos que les impulsaban hacia el territorio romano era el de hacerse partícipes de ella. Sin embargo, esos mismos bárbaros, con sus costumbres distintas de las romanas y su falta de comprensión de los verdaderos fundamentos de la *Romanitas*, amenazaban de muerte aquello de que deseaban adueñarse.

Desde el punto de vista de la historia de las misiones, las invasiones de los bárbaros presentaban también un reto. La inmensa mayoría de los pueblos que se establecieron en los antiguos territorios imperiales era pagana; y los que eran cristianos habían sido convertidos a través de su contacto con los arrianos y seguían la doctrina arriana, que los demás cristianos consideraban herética. Algunas de las regiones en las que el cristianismo había logrado propagarse con más efectividad —las Galias, Italia, España, el Africa del Norte— se vieron ahora pobladas por nuevas gentes entre las que era necesario emprender de nuevo la obra misionera.

Para los cristianos de la época, el reto a la civilización y el reto al cristianismo eran una y la misma cosa. Para ellos, el Imperio Romano era obra de Dios mismo, que en su providencia lo había establecido como trasfondo y vehículo para la transmisión del Evangelio. Si ahora Dios permitía que ese imperio fuese amenazado por la barbarie, ello era también parte del plan divino para la redención del mundo, pues así los bárbaros podían encontrar acceso a la Iglesia. Pero era también parte del plan de Dios el que esos bárbaros encontraran acceso a la Iglesia haciéndose partícipes de la *Romanitas*. Es por esta razón que a través de todo este período la obra misionera de la Iglesia se une a su obra civilizadora, y a la par que se busca convertir a los bárbaros se busca romanizarlos.[1]

Empero esto no quiere decir que los cristianos viesen en su religión un modo de salvar la *Romanitas*, sino que por el contrario estaban dispuestos a que la propia estructura de la civilización fuese destruida si Dios decidía utilizar ese medio para la evangelización de los bárbaros. Así, Orosio, el español discípulo de Agustín, decía:

> Si sólo para esto los bárbaros fueron enviados dentro de las fronteras romanas, para que por todo el Oriente y el Occidente la Iglesia de Cristo se llenase de hunos y suevos, de vándalos y borgoñones, de diversos e innumerables pueblos de creyentes, loada y exaltada ha de ser la misericordia de Dios porque han llegado al conocimiento de la verdad tantas naciones que no hubieran podido hacerlo sin esta ocasión, aunque esto sea mediante nuestra propia destrucción.[2]

La reconquista por parte de la Iglesia del territorio perdido a causa de las invasiones de los bárbaros comenzó el mismo día en que se hizo

---

[1] Véase: A. Mandouze, "The Church and the Collapse of Roman Civilization" en: *History's Lesson for Tomorrow's Mission* (Geneva, s/f), pp. 39-50.
[2] Orosius, *Historia*, vii:41 (P.L., XXXI, 1168).

necesaria. Los pueblos paganos que se establecían en territorio romano pronto comenzaban a adaptarse a las costumbres y creencias de sus vecinos conquistados, de modo que la conversión de los bárbaros paganos avanzó rápidamente. Algo más lenta fue la conversión al catolicismo de los bárbaros que eran arrianos antes de atravesar las fronteras del Imperio —godos, lombardos y vándalos— pero también ésta era de esperarse debido a la tendencia de los bárbaros a aceptar las costumbres de los romanos.

b) La Conversión de los Paganos. Si bien la conversión de los bárbaros paganos comenzó a principios del siglo V, y pueblos como los suevos y borgoñones pronto contaron con gran número de cristianos, el paso decisivo, tanto por su importancia inmediata como por sus consecuencias a través de los siglos, fue la conversión de los francos, cuyo punto culminante fue el bautismo de Clodoveo en el año 496.[3]

Fue en el año 481 que Clodoveo llegó a ser rey de los francos salios. Este no era un reino de gran extensión o poderío, y durante cinco años el joven rey pareció contentarse con él. Pero en el año 486 Clodoveo emprendió una serie de campañas militares que rápidamente extendieron las fronteras de su reino.

En el año 493, Clodoveo tomó por esposa a una princesa católica, Clotilde, hija de Chilperico, rey de los borgoñones.[4] Aunque hacía ya años que el rey de los francos se había mostrado respetuoso hacia el cristianismo y sus obispos, al parecer fue Clotilde quien más influyó en su conversión. Primero Clodoveo consintió en que sus hijos fuesen bautizados, y fue sólo algún tiempo más tarde que él mismo recibió el bautismo. La ceremonia tuvo lugar en Rheims el día de Navidad del año 496, y varios nobles —y a la larga todo el pueblo— siguieron a su rey a la pila bautismal.[5]

Al parecer, los motivos que impulsaron a Clodoveo a aceptar el bautismo fueron más políticos que religiosos —aunque no debemos olvidar la influencia de Clotilde. En efecto, la Iglesia podía ser un

---

[3] Acerca del trasfondo de los francos antes de Clodoveo, véase: C.M.H., I, 292-303.
[4] Véase: Montalbán, *op. cit.*, pp. 156-157.
[5] A. F. Ozanam, *La civilisation chrétienne chez les francs* (Paris, 1872), pp. 60-192; R. P. Ruyssen, *France religieuse du Ve au XIIe siècle* (Tournai, 1958), pp. 23-29.

gran aliado en las conquistas que Clodoveo se proponía, y sobre todo en la organización del naciente imperio franco. Para ello era necesario que el Rey fuese cristiano y que sus acciones pudiesen interpretarse como inspiradas por su fe. Al aceptar el bautismo, y al instar a sus súbditos a seguir su ejemplo —aunque no por medios violentos— Clodoveo aceptaba e invitaba el apoyo que la Iglesia, y sobre todo sus obispos, podían prestar a sus propósitos políticos.[6]

Es necesario señalar que, aun sin el acontecimiento notable del bautismo de Clodoveo, los francos, como los demás pueblos bárbaros que habían invadido el Imperio, hubieran acabado por aceptar el cristianismo como parte de la cultura romana a que tendían a conformarse.

Por otra parte, sin embargo, el bautismo de Clodoveo es importante porque señala el comienzo del gran Reino Franco, que llegaría a constituir un nuevo imperio. En ese imperio los hombres del siglo IX creyeron ver un nuevo despertar del desaparecido Imperio Romano de Occidente, y fue a través de su influencia que el cristianismo logró algunos de sus más grandes avances geográficos. La historia de ese Imperio Franco y de su importancia para la expansión del cristianismo pertenece a otra sección de este capítulo.

c) La Conversión de los Arrianos. Aunque estaba destinado a desaparecer, el arrianismo se mostró más resistente ante la fe ortodoxa que los viejos cultos paganos. Aparte de los vándalos, que pronto atravesaron el estrecho de Gibraltar y se establecieron en el norte de Africa, y cuya persuasión arriana continuó hasta las conquistas musulmanas, los principales pueblos arrianos que se establecieron en los antiguos territorios del Imperio Occidental fueron los ostrogodos, los lombardos y los visigodos. Los ostrogodos dejaron de ser un reto para los cristianos ortodoxos cuando cedieron la hegemonía de Italia a los lombardos. Estos, por su parte, pronto comenzaron a recibir la influencia de sus vecinos católicos y de las princesas católicas que se casaban con sus reyes, y acabaron aceptando la fe nicena. En cuanto a los visigodos, al principio fueron tolerantes con los católicos —los ostrogodos también lo habían sido— aunque no por ello dejó de haber persecuciones y presión de diversas formas para inducir a los ortodoxos a

---

[6] C.M.H., II, 110-112.

hacerse arrianos. Sin embargo, todo esto terminó cuando, en el año 589 el rey Recaredo —cuyo difunto padre había perseguido a los ortodoxos— abrazó la fe nicena. Aun entonces el arrianismo no desapareció en España, sino que perduró hasta que la invasión musulmana puso fin al reino godo en la península.[7]

2. *Las Misiones en las Islas Británicas.*

Las misiones en las Islas Británicas durante este período merecen discusión aparte, pues en estas islas se fundó una iglesia pujante que pronto serviría de punto de partida para empresas misioneras al Continente. Además, en las Islas Británicas se dan tres fenómenos dignos de mención: la conquista para el cristianismo de territorios allende las fronteras del viejo Imperio, con la obra de Patricio y otros; la expansión del cristianismo a partir de Irlanda a través de instituciones monásticas como la de Iona; y la primera misión organizada por la sede romana de que tenemos noticias —la misión de Agustín a Inglaterra.

a) PATRICIO. Este misionero, a quien la posteridad conoce como San Patricio, y quien es hasta el día de hoy el santo patrón de Irlanda —nació a fines del siglo IV en lo que es hoy Inglaterra.[8] Su padre, un decurión romano, era de fe cristiana, como lo había sido también su abuelo. Para el joven Patricio, sin embargo, su fe no era cosa de gran importancia hasta que su propio infortunio le hizo volver a ella.

Siendo todavía adolescente, Patricio fue arrebatado de su hogar y llevado a Irlanda por un grupo de asaltantes de esa isla. En Irlanda, y como esclavo, Patricio pasó varios años pastoreando ganado. Haciendo arreglos con el capitán de un barco, logró escapar hacia el Continente. Pero aún allá tuvo dificultades para librarse, no ya de sus antiguos amos, sino ahora de quienes le habían ayudado a escapar. Por fin, y tras

---

[7] C.M.H., II, 159-193.
[8] La vida de Patricio se halla tan envuelta en penumbras que algunos hasta han pretendido que pertenece al siglo II. J. R. Ardill, *St. Patrick* (London, 1931). Hay una buena discusión acerca de las distintas "vidas" de San Patricio en: L. Bieler, *The Life and Legend of St. Patrick: Problems of Modern Scholarship* (Dublin, 1949). Véase también: Montalbán, *op. cit.*, pp. 127-128.

largos viajes que le llevaron hasta el Mediterráneo, Patricio regresó a su hogar, llevando en el ardor de su fe el resultado de sus muchos infortunios.

De regreso en la Gran Bretaña, Patricio recibió en sueños el llamamiento a ir como misionero a la tierra de su cautiverio.

> Vi, en una visión nocturna, un hombre que venía como de Irlanda, cuyo nombre era Victórico, con muchas cartas. Y me dio una. Y leí el principio de una carta que decía ser la "voz de los irlandeses", y mientras leía el principio de la carta me pareció que oía las voces de quienes vivían junto a mí en el bosque de Focluth, que está junto al mar occidental; y clamaban, como con una sola boca: "Te rogamos, santo joven, que vengas y de nuevo andes entre nosotros". Y mi corazón se conmovió; y no pude leer más; y desperté.[9]

En Irlanda, Patricio parece haber empleado diversos medios para lograr conversiones. Por lo general, se acercaba primero a los dirigentes de las comunidades, y luego, a través de la influencia de éstos, lograba la conversión —o al menos el baustismo— de las masas. A fin de llegar a los reyes y demás personas de influencia, Patricio no vacilaba en hacerles presentes. En ocasiones, ni siquiera esto le valía para ser bien recibido, y entonces Patricio veía peligrar su vida con el gozo de quien ve en el martirio la corona de su fe.

Por estos medios Patricio bautizó millares de personas, y es de suponerse que la fe de tales conversos debe haber sido harto superficial. Sin embargo, es notable que fue precisamente la Irlanda recién convertida la que sirvió de centro a un gran movimiento misionero que habría de extenderse por casi todo el norte de Europa. Quizá esto se deba a que, al mismo tiempo que se dedicaba a bautizar las multitudes, Patricio ordenaba sacerdotes irlandeses que se ocupasen en nutrirlas en la fe.[10] Al principio estos pastores deben haber sido casi tan igno-

---

[9] Citado en: W. M. Letts, *Saint Patrick the Travelling Man* (London, 1932), p. 47.
[10] No se sabe cuándo ni dónde Patricio fue consagrado obispo. Algunos pretenden que Patricio es la misma persona que el "Paladio" a quien Celestino consagró como "obispo de los escoceses" (Próspero de Aquitania, *Chron.*, P.L., LI, 695; Beda, H.E., i:13). Tal es la tesis de Zimmer, "Keltische Kirche", R.F.T.K., X, 207-221. La mayoría de los eruditos se niega a aceptar tal suposición. Otra versión de la misma teoría aparece en: T. F. O'Rahilly, *The Two Patricks* (Dublin, 1942).

rantes como su grey, pero pronto se hizo sentir la influencia de los monasterios que iban resultando de la obra de Patricio y que eran verdaderos centros de estudio y devoción.

A través de la obra de Patricio —y sin duda de muchos otros cuyos nombres la historia ha olvidado—[11] se estableció en Irlanda una iglesia autóctona que vino a formar parte de la sangre misma del pueblo irlandés. De algún modo que los historiadores no han podido descifrar,[12] esta iglesia llegó a tener ciertas características peculiares en cuanto a su organización, la fecha en que se celebraba la Pascua de Resurrección y otras cosas semejantes. Más adelante, esto sería motivo de conflictos entre los misioneros irlandeses y los que seguían las costumbres de Roma y del resto del cristianismo occidental.

b) COLUMBA Y LA COMUNIDAD DE IONA. Poco después de los primeros esfuerzos misioneros de Patricio, la isla de Irlanda era ya un centro misionero de importancia. Peregrinos irlandeses se paseaban por toda Europa, predicando y llamando a los cristianos a una vida más de acuerdo a los principios del Evangelio. Casi siempre iban de un sitio a otro estableciendo monasterios que luego abandonaban para proseguir su camino. A menudo sus costumbres e intereses entraban en conflicto con los de la jerarquía eclesiástica del lugar, y entonces proseguían su camino en busca de un lugar más adecuado a sus propósitos.[13]

Por lo general estos peregrinos no eran llevados de un ideal misionero, sino que veían en sus peregrinaciones un modo de hacer más estricta su vida monástica. Quienes habían abandonado sus posesiones y ambiciones para dedicarse a la vida ascética emprendían largas peregrinaciones como un modo más de renunciar a lo que más amaban: su patria y sus seres queridos.[14] A menudo sus peregrinaciones tenían lugar en territorios ya cristianos, y entonces los problemas que causaban hacían

---

[11] Es probable que haya habido cristianos en Irlanda antes de la llegada de Patricio. J. B. Bury, *The Life of St. Patrick* (London, 1905), pp. 349-352.
[12] Algunos piensan que tales características peculiares de la iglesia irlandesa provienen de Gales; otros, que vienen del monasticismo de las Galias; otros, en fin, atribuyen sus orígenes a influencias de los antiguos druidas. Ardill, *op. cit.*, pretende probar que se trata de reliquias del siglo II.
[13] J. L. G. Meissner, "The Mission Work and Expansion of Celtic Christianity" en: W. A. Phillips (ed.), *History of the Church of Ireland* (Oxford, 1933), pp. 222-232.
[14] J. T. Addison, *The Medieval Missionary* (New York, 1936), p. 4.

que las autoridades eclesiásticas les mirasen con recelo. En otras ocasiones sus viajes les llevaban a lugares en que la población no era cristiana, y entonces la peregrinación nacida de propósitos ascéticos culminaba en labor misionera.

Entre estos peregrinos irlandeses, el más destacado es sin lugar a dudas Columba.[15] Hijo de la aristocracia irlandesa, Columba se educó en el ambiente monástico que había conservado algo de la erudición de la antigüedad. En Irlanda, ya antes de partir en sus viajes misioneros, Columba fundó varios monasterios. A los cuarenta y dos años de edad, acompañado de doce discípulos, atravesó el mar y fue a establecerse en la pequeña isla de Iona, junto a la costa de Escocia. Era una pequeña isla de pocas millas de extensión y en la que, según un antiguo historiador,[16] sólo habitaban cinco familias. En Iona, Columba fundó un monasterio que más tarde sería de enorme importancia para la expansión del cristianismo.

Desde Iona, Columba hizo repetidos viajes a Escocia, donde, a través de la conversión del rey Bridio, hizo mucho por la conversión de los pictos del norte.[17]

Sin embargo, la influencia de Iona y de Columba no se limitó a Escocia y a su generación, sino que se extendió mucho más allá.[18] Fue a partir de Iona que el cristianismo echó sus más profundas raíces en Northumbria. Cuando el rey Osvaldo, que durante su exilio había recibido el bautismo, pidió a Iona que le enviase un obispo que pudiese instruir a sus súbditos en la fe cristiana, comenzó un movimiento de grandes consecuencias para toda Inglaterra. El segundo obispo que Iona envió fue Aidán, digno representante del espíritu de Columba.[19] Siguiendo el ejemplo del fundador de Iona, Aidán estableció un monasterio en la isla de Lindisfarne. A partir de allí el propio Aidán y sus acompañantes hacían viajes a pie en los que predicaban, enseñaban

---

[15] La principal fuente de nuestro conocimiento de la vida de Columba es la obra de Cuminio, luego aumentada por Adamnano, *Vita Sancti Columbae* (ed. A. O. Anderson y M. O. Anderson, London, 1961).
[16] Beda, H.E., iii:4.
[17] Además de la obra de Columba, debemos señalar que hubo otros misioneros —Kentigern y Niniano entre ellos— que contribuyeron a la conversión de lo que hoy es Escocia.
[18] E. C. Trenholme, *The Story of Iona* (Edinburgh, 1909), especialmente las pp. 53-81.
[19] Meissner, *op. cit.*, pp. 260-264.

y administraban los sacramentos. Debido a esta obra, cuando Osvaldo murió y siguió una reacción pagana, ésta no logró desarraigar el cristianismo del corazón de los nuevos creyentes. Aidán murió nueve años después, pero su sucesor Finán continuó su obra, de modo que a partir de Lindisfarne el cristianismo se extendió a los reinos de Mercia, Essex y Wessex.[20]

En la obra de Columba y de sus sucesores —tanto en Iona como en Lindisfarne y muchos otros lugares semejantes— tenemos un tipo de obra misionera que no hemos encontrado antes en nuestra historia. En los siglos anteriores hemos visto cómo el cristianismo se propagaba de diversas maneras —algunas veces las iglesias enviaban misioneros; otras, el propio obispo se ocupaba de visitar las comarcas cercanas a su ciudad; y otras, en fin, la nueva fe se propagaba a través de personas que viajaban por otras razones, tales como comerciantes, esclavos, etc. Por otra parte, en el siglo cuarto habían aparecido centros de vida comunitaria y monástica cuyos miembros se dedicaban a cultivar su fe cristiana. Ahora, en Iona, vemos una unión fructífera del ideal monástico con la tarea misionera. La comunidad de Iona es de carácter monástico, sí; pero es también una comunidad misionera. A través del estudio, la disciplina y la oración, los residentes de monasterios como Iona y Lindisfarne no procuran sólo fortalecer su propia vida espiritual, sino que además llevan a cabo tarea misionera. A partir de este momento, encontraremos en nuestra historia diversos modos en que los cristianos medievales intentaron poner lo mejor del ideal monástico al servicio de la obra misionera.

c) AGUSTÍN DE CANTERBURY. Cuenta la leyenda que —aproximadamente en la misma época en que Columba trabajaba entre los pictos de Escocia y echaba las bases de lo que llegaría a ser un gran movimiento misionero— un joven a quien más tarde la historia daría el nombre de Gregorio el Grande se paseaba por el mercado de esclavos de Roma cuando unos mancebos rubios que estaban a la venta atrajeron su atención. "¿A qué nación pertenecen estos jóvenes?" preguntó Gregorio, y cuando oyó que eran anglos comentó: "*Anglos* han de ser en verdad, pues tienen rostros de *ángeles*. ¿De qué provincia son?"

---

[20] *Ibid.*, pp. 264-284.

—"Son de la provincia llamada *Deiri*", le contestaron— "*De ira* son en verdad, pues han sido llamados de la ira a la misericordia de Dios. "¿Quién es su rey?" —"*Aella*"— "¡*Aleluya*! Es necesario que en ese lugar se alabe a Dios el Creador".[21]

Gregorio intentó partir como misionero al país de los anglos, pero la enfurecida plebe no se lo permitió y tuvo que permanecer en Roma. En el año 590 llegó a ser Papa, y nueve años más tarde plasmaba en acción su viejo interés por Inglaterra. De entre los miembros del monasterio que él mismo había fundado, Gregorio escogió un número de monjes a quienes encomendó la tarea de evangelizar a los anglos. Para dirigirles, nombró a un monje llamado Agustín, quien había sido abad del convento.

Agustín y los suyos desembarcaron en el reino de Kent,[22] donde fueron bien recibidos por el rey Etelberto, cuya esposa era cristiana. Durante algún tiempo, aunque Etelberto les permitía predicar y enseñar con toda libertad, Agustín y los suyos no vieron muchas conversiones. Por fin llegó el día en que el propio Rey —y buena parte de su reino tras él— recibió las aguas del bautismo. A partir de entonces los esfuerzos misioneros progresaron rápidamente. El propio Agustín, que había recibido ya el título de Arzobispo de Canterbury —la capital de Kent— nombró y consagró varios obispos que contribuyeron a propagar el Evangelio en distintas partes del reino. A su muerte, menos de diez años después de su llegada a Kent, la inmensa mayoría del país era cristiana.

Aunque a la muerte de Etelberto se produjo una breve reacción pagana, pronto el nuevo rey se convirtió al cristianismo, y esto puso fin a dicha reacción.[23]

A partir de ese momento, el cristianismo continuó propagándose por todo el sur de la Isla, extendiéndose a Northumbria a partir de Kent,[24] y luego a Anglia Oriental a través de Northumbria.[25]

---

[21] Beda, H.E., ii:1.
[22] Aunque no sin antes haber vacilado ante los peligros de su misión. Véase: E. L. Cutts, *Augustine of Canterbury* (London, 1895), pp. 26-32.
[23] *Ibid.*, pp. 157-160; W. Bright, *Chapters of Early English Church History* (Oxford, 1888), pp. 105-108.
[24] Cutts, *op. cit.*, pp. 161-183.
[25] Bright, *op. cit.*, pp. 129-132.

Naturalmente, no fueron Agustín y los suyos los únicos que laboraron en pro de la conversión de los anglos,[26] y es hasta probable que la comunidad de Iona haya sido más fructífera en su obra misionera.[27] Sin embargo, dejaron una huella indeleble en el cristianismo inglés al introducir en él las costumbres romanas y establecer la autoridad de la jerarquía romana.

Por otra parte, la misión de Agustín a Inglaterra fue la primera ocasión en que un Papa envió directa y oficialmente una misión a algún país lejano. Hasta este momento, la mayor parte de la extensión del cristianismo se había llevado a cabo por razón de circunstancias ajenas a la motivación misionera, y no obedeciendo a intereses religiosos de la jerarquía eclesiástica. En el caso de Agustín y Gregorio tenemos algo nuevo. Ahora la tarea misionera es asunto que concierne a la Iglesia toda, y muy especialmente a su jerarquía.

3. *Las Misiones Orientales.*

a) El Cristianismo Ortodoxo. Durante el período que va desde la caída de Roma hasta el avance del Islam, el Imperio Romano de Oriente es una de las grandes potencias del mundo, sin más rival verdaderamente temible que la vecina Persia. Este imperio incluye buena parte del norte de Africa, el Mediterráneo oriental y la porción sudoriental del continente europeo, y es él el principal foco de actividad misionera en el Oriente.

Fue durante el reinado de Justiniano que el Imperio recobró los territorios del norte de Africa que habían sido conquistados por los vándalos.[28] Inmediatamente comenzó la tarea de reconstruir la Iglesia ortodoxa de esa región, que había quedado sofocada debido a la fe arriana de los invasores vándalos.

---

[26] G. F. Browne, *The Christian Church in these Islands before the Coming of Augustine* (London, 1899).
[27] En el caso de Northumbria, el cristianismo penetró primero a partir de Kent, cuando el rey Edwin de Northumbria tomó por esposa a una princesa cristiana de Kent. Pero luego siguió una reacción pagana, y cuando el rey Osvaldo quiso introducir de nuevo la fe cristiana, apeló a la comunidad de Iona para que ésta le enviase misioneros (Addison, *op. cit.*, pp. 23-29).
[28] W. G. Holmes, *The Age of Justinian and Theodora* (London, 1912), II, pp. 489-528.

También durante el reinado de Justiniano, el cristianismo se extendió hacia el sur de Egipto, en la región de Nubia, donde laboraron varios misioneros tanto ortodoxos como monofisitas.[29]

En sus fronteras, Justiniano logró la conversión de algunos pueblos del Cáucaso y de numerosos hérulos.[30]

Por último, y siguiendo en ello la política establecida por sus predecesores, Justiniano promulgó e hizo aplicar leyes contra los paganos, con lo cual provocó numerosas pero superficiales conversiones a la fe cristiana.[31]

b) Los Nestorianos y Monofisitas. Aunque la expansión del cristianismo hacia el Oriente vio el establecimiento de algunas comunidades ortodoxas —melquitas— y armenias en territorio persa, los grupos más extendidos fuera de las fronteras del Imperio Romano eran los nestorianos y los jacobitas.

El cristianismo nestoriano se extendió principalmente entre personas de lengua siríaca que se hallaban diseminadas por el territorio persa y allende sus límites, en el Asia Central, India y Arabia. Debido a las relaciones históricas entre la teología antioqueña y su exponente Nestorio de una parte y la cultura siríaca de otra, era de esperarse que buena parte del cristianismo siríaco siguiese el camino del nestorianismo. A través de estos nestorianos de lengua siríaca, el cristianismo continuó extendiéndose, y hubo también algunas conversiones entre los persas. Entre estos, el más notable es quizá Mar Aba, quien llegó a ser Católicos de Seleucia-Ctesifón, y por tanto cabeza de la iglesia nestoriana en toda Persia.[32]

También los monofisitas jacobitas se extendieron por el Oriente durante este período. Aunque decían derivar su nombre de Jacobo el hermano del Señor (el mismo les fue dado especialmente después de la activísima labor misionera de Jacobo Baradeo, quien durante el siglo VI recorrió el Oriente, de Nisibis a Alejandría, fortaleciendo, organizando

---

[29] Krauss, *Die Anfänge der Christentum in Nubien* (Mödling bei Wien, 1931), pp. 138-148; U. Monneret de Villard, *Storia della Nubia cristiana* (Roma, 1938), pp. 61-70.
[30] H.E.C., II, pp. 235-236.
[31] *Ibid.*, pp. 227-228.
[32] Labourt, *op. cit.*, pp. 163-191.

y propagando el cristianismo monofisita.³³ Antes del avance del Islam, los jacobitas eran numerosos en Siria, Mesopotamia, Persia y Egipto.

La más notable y distante expansión misionera de este período fue la llegada del cristianismo nestoriano a la China en la persona del misionero Alopén, quien posiblemente provenía de Siria. Alopén fue bien recibido por la casa reinante y se dedicó a traducir las Escrituras y a fundar monasterios. Aunque el cristianismo introducido por Alopén pronto constituyó un grupo notable, es casi seguro que la mayor parte de los miembros de ese grupo haya sido extranjera, y que la influencia cristiana haya penetrado sólo muy superficialmente en algunos de los círculos intelectuales de la China. Si bien esto pertenece a otro período de la historia, debemos señalar aquí que el cristianismo nestoriano de China no logró resistir la persecución resultante de un cambio de dinastía y por tanto desapareció.³⁴

4. *El Avance del Islam.*

Los siglos VII y VIII marcan uno de los períodos más tristes en la historia de la expansión del cristianismo. Durante ellos se produjeron grandes pérdidas territoriales, y muchas de las más antiguas e importantes iglesias cristianas desaparecieron o quedaron enquistadas.

En el año 622 se produjo la Hégira o comienzo de la era musulmana.³⁵ A la muerte de Mahoma en el año 632, sus seguidores ocupaban una zona limitada en la costa occidental de Arabia, y no habían logrado extender su influencia allende los límites de dicha península. Su sucesor Omar (634-644), con la ayuda de su habilísimo general Calid y de la debilidad de los imperios bizantino y persa, guió la conquista de Siria, Mesopotamia, Egipto y buena parte de Media y Persia.

---

[33] A. Santos Hernández, *op. cit.*, p. 384.
[34] K. S. Latourette, *Los chinos: su historia y su cultura* (Buenos Aires, 1949), pp. 240-241. Véanse también los siguientes estudios detallados: J. Legge, *The Nestorian Monument of Hsi-an Fu in Shen-Hsi* (London, 1888); Y. Saeki, *The Nestorian Documents and Relics in China* (Tokyo, 1937). El texto del monumento en cuestión, con traducciones, puede verse en: G. Pauthier, *L'inscription syro-chinoise de Si-ngan-fou* (Paris, 1858); P. Carus, *The Nestorian Monument: An Ancient Record of Christianity in China* (Chicago, 1909).
[35] Véase: M. Gaudefroy-Demombynes, *Mahoma* (México, 1960), especialmente las pp. 82-92.

LAS MISIONES MEDIEVALES

La conquista de Siria fue facilitada por las disensiones producidas por la división teológica entre monofisitas y ortodoxos. Además, el pueblo siríaco era de origen semita y por tanto no vio con demasiado disgusto la llegada de los árabes. En el año 634 éstos invadieron a Siria, y en el 636 toda la región estaba en sus manos excepto las ciudades de Jerusalén y Cesarea, que capitularon en los años 638 y 640, respectivamente. Como consecuencia de la conquista de Siria, la porción romana de Mesopotamia, separada de la capital bizantina, no tardó en caer. En el año 634 los árabes invadieron la Mesopotamia persa y, aunque sufrieron algunas derrotas iniciales, en el año 637 Ctesifón capituló ante ellos. De allí continuaron hacia el oriente e invadieron primero a Media y después a Persia, pero la conquista de estos territorios no se completó sino en el año 649, después de la muerte de Omar. Aun entonces, la vieja cultura irania continuó existiendo y logró imprimir sobre la religión islámica de la región su sello particular. En el año 640 las tropas de Omar, bajo el mando del general Amr, invadieron el Egipto. La resistencia fue leve, pues el propio Ciro, a quien el Emperador había hecho patriarca y gobernador, mostró carecer de firmeza de carácter y de voluntad de resistir. En el año 642, al rendirse Alejandría, el Egipto quedó en manos musulmanas.

El califa Otman (644-655) no resultó ser un digno sucesor de Omar. Su nepotismo y sus políticas fiscales pronto sembraron el descontento, y las únicas conquistas notables de su califato fueron la del este de Persia y la de Chipre.

Tras el asesinato de Otman le sucedió Alí, pero éste no pudo retener el poder y pronto estalló la guerra civil. Se sucedieron numerosos pretendientes al califato hasta que en el año 692 quedó confirmado el califato de Damasco en la persona de Abd-al-Malik.

A pesar de la disensión interna, el Islam continuó avanzando, y en el año 698 todo el norte de Africa estaba en su poder. La conquista de esta región fue difícil debido a la resistencia de los bereberes. Sin embargo, pronto éstos adoptaron la religión de los conquistadores, de modo que en el año 711 la fuerza musulmana que invadió a España estaba formada mayormente por moros. La conquista de España fue fácil y toda la Península Ibérica, excepto Asturias, quedó en poder de los musulmanes. En el año 720, y luego en el 725, las fuerzas islámicas invadieron el reino franco, avanzando por el oeste hasta cerca de la ciudad de Tours, y por el Ródano hasta más al norte de Lyón.

La batalla de Tours en el año 732, cuando Carlos Martel logró una victoria aplastante sobre los musulmanes, detuvo el avance del Islam en el occidente de Europa.

Aunque en el oriente los musulmanes atacaron repetidamente diversas provincias de Anatolia, y hasta llegaron a amenazar la ciudad de Constantinopla en los años 716 y 717, la frontera entre el Islam y los diversos reinos cristianos quedó fijada alrededor del año 720. En esta fecha los musulmanes dominaban todo el antiguo Imperio Persa, Armenia, Mesopotamia, Siria, Arabia, todo el norte de Africa y la casi totalidad de la Península Ibérica.

El año 650 marca el advenimiento del califato Abasida, cuya capital luego fue Bagdad —fundada en el año 762. El califato Abasida no realizó grandes conquistas militares, pero sí logró desarrollar una civilización heredera al mismo tiempo de la ciencia y la filosofía occidentales y de la religión musulmana. Había terminado el período del primer impulso expansionista del Islam.[36]

En los países conquistados por los musulmanes el cristianismo continuó existiendo. El Corán concedía cierta categoría especial al cristianismo,[37] lo cual evitó que los musulmanes pretendiesen obligar a los cristianos a convertirse. Por regla general, aunque con serias excepciones, no hubo persecución contra los cristianos en los territorios musulmanes. Por otra parte, sí se colocaba al cristianismo y sus seguidores en condiciones desventajosas. Los cristianos debían pagar tributos especiales, vestir ciertas ropas características y evitar toda señal externa que pudiese servir de propaganda para el cristianismo —desde tocar las campanas de la iglesia hasta criar cerdos a la vista de los musulmanes. Además, si bien no se perseguía de muerte a quienes habían sido cristianos en tiempos de la conquista musulmana, ni tampoco a sus descendientes, sí existían penas severas —hasta la de muerte— para los musulmanes que se convirtiesen al cristianismo. En tales circunstancias, era de esperarse que este último desapareciese en algunas regiones y que en otras quedase reducido a una pequeña minoría conservadora.

En Persia, Siria y Egipto el cristianismo siguió existiendo, tanto en su rama ortodoxa como en la nestoriana y la monofisita. Sin embargo,

---

[36] C.M.H., II, pp. 329-390.
[37] J. Christensen, *Islam: Muhammedanisme og Muhammedanermission* (Kobenhavn, 1959), pp. 149-153; Gaudefroy-Demombynes, *op. cit.*, pp. 432-434.

ninguna de estas iglesias mostró una vitalidad capaz de reconquistar el terreno perdido.

Con la conquista de Egipto, las regiones de Nubia y Etiopía quedaron separadas del resto del cristianismo, y por esta razón la Iglesia en dicha zona tendió también a volverse conservadora y perder su empuje misionero.

En el norte de Africa el cristianismo continuó existiendo durante algún tiempo, pero unos pocos siglos después de la conquista musulmana había desaparecido por completo. Quizá esto se deba a que el cristianismo nunca logró conquistar el corazón de los más antiguos habitantes de la zona, y también a que buena parte de los cristianos emigraron hacia Italia y Francia.

En la Península Ibérica el cristianismo continuó existiendo, no sólo en Asturias, sino también en los territorios dominados por los musulmanes. Como es bien sabido, ésta fue la más importante región que el cristianismo logró recobrar de manos del Islam, y ello por fuerza de armas. La historia de esta reconquista pertenece a otra porción del presente capítulo.

B. DESDE EL IMPULSO MISIONERO BRITANICO HASTA LAS CRUZADAS

El avance del Islam y la conversión de las Islas Británicas, que hemos narrado en una sección anterior, cambiaron totalmente el cuadro de la distribución y expansión geográficas del cristianismo. Hasta entonces, éste había encontrado su eje central en la cuenca del Mediterráneo, en una ancha faja que se extendía desde Constantinopla, Antioquía y Alejandría al este hasta Roma y Cartago en el oeste. Con las conquistas musulmanas, Antioquía, Alejandría y Cartago perdieron su importancia como centros misioneros, y Constantinopla quedó limitada a extender sus esfuerzos hacia el norte, pues al sur la flanqueaba el Islam. Por otra parte, la conversión de las Islas Británicas fue tan completa que pronto éstas se volvieron un centro de misiones. Con el advenimiento al poder de los carolingios y el consiguiente florecimiento del reino franco, quedó establecido un nuevo eje de vitalidad cristiana en el Occidente, que iba desde Inglaterra al norte hasta Roma al sur, incluyendo en su centro el reino franco. Por otra parte, Constantinopla continuó existiendo como otro centro de misiones cristianas. Este eje europeo y el núcleo constantinopolitano serán los focos del impulso misionero durante el resto de la Edad Media.

1. Las Misiones en el Norte de Europa.

a) LAS PRIMERAS MISIONES A LOS PAÍSES BAJOS Y A ALEMANIA. Aunque los primeros intentos de llevar el Evangelio a los Países Bajos partieron del reino franco en las personas de Amando y Eligio, fueron los misioneros ingleses quienes lograron establecer firmemente el cristianismo en dichos países. El primero de estos misioneros fue Wilfrido, que visitó la región en dos ocasiones y bautizó a numerosos paganos convertidos.[38] Poco después —en el año 690— le siguió Wilibrordo, también inglés, quien llegó a Frisia con once compañeros a la manera de los viejos grupos irlandeses.[39] Al tener dificultades con el rey frisón Radbod, Wilibrordo se dirigió a Pipino de Horistal, quien le prestó su apoyo. De allí siguió a Roma, donde obtuvo la bendición del Papa. Debido a los avances de Pipino frente a Radbod, Wilibrordo logró llegar a los Países Bajos y establecerse en la ciudad de Utrecht, desde donde dirigió la expansión del cristianismo por todo el sur de los Países Bajos. Aunque a la muerte de Pipino de Heristal se siguieron desórdenes en el imperio franco que le permitieron a Radbod reconquistar algo del terreno perdido, pronto Carlos Martel logró unificar el poderío franco y obligar a Radbod a retirarse.[40]

El más importante de los misioneros ingleses que se dedicaron a la conversión de los frisones fue Bonifacio,[41] cuyo verdadero nombre era Winfrido, y en quien se conjugaban el espíritu aventurero característico

---

[38] F. Flaskamp, *Die Anfänge friesischen und sächsischen Christentums* (Hildesheim, 1929), pp. 4-7.
[39] *Ibid.*, pp. 10-21.
[40] J. Jung-Diefenbach, *Die Friesenbekehrung bis zum Martertode des hl. Bonifatius* (Mödling bei Wien, 1931), pp. 81-86.
[41] A pesar del tiempo que lleva de escrita, una de las monografías más completas parece ser: J. P. Müller, *Bonifacius en de beginselen van zijnen arbeid* (Amsterdam, 1869). Véase también: T. Schieffer, *Winfrid-Bonifatius und die christliche Grundlegung Europas* (Freiburg, 1954); Montalbán, *op. cit.*, pp. 172-175.

de los monjes británicos de su época y una ardiente pasión por la conversión de los paganos. Su primera visita a los Países Bajos tuvo poco éxito debido a que coincidió con el período de inestabilidad que siguió a la muerte de Pipino de Heristal; pero Bonifacio no cejó en sus empeños misioneros, y pronto regresó al continente europeo. En esta ocasión fue directamente a Roma donde, tras algunas vacilaciones, el papa Gregorio II le dio su bendición y le armó de reliquias que habrían de acompañarle en su misión y fortalecerle al realizarla. Esta misión, sin embargo, no consistía tanto en la predicación a los paganos como en la organización y reforma de iglesias ya existentes —tarea ésta que no se ajustaba del todo a los intereses de Bonifacio.[42] De Roma, Bonifacio pasó a Turingia, donde se dedicó a la tarea que le había sido encomendada por el Papa. Pero al saber de la muerte de Radbod, decidió regresar a Frisia, y allí trabajó durante algunos años bajo la dirección de Wilibrordo. Luego pasó de nuevo a Alemania, país en que transcurriría la mayor parte de su vida. En ese país, al igual que en Frisia, había habido antes misioneros francos e irlandeses, pero parece ser que Bonifacio fue quien más hizo por la conversión de la región. Tras laborar por algún tiempo en Baviera, Bonifacio pasó a Hesse, y luego regresó a Roma para ser consagrado obispo antes de volver a Turingia. En esta región los antiguos misioneros irlandeses habían establecido el mismo tipo de cristianismo distinto del romano que hemos visto ya al tratar de la conversión de las Islas Británicas. La obra principal de Bonifacio entonces fue establecer la uniformidad entre la iglesia de esa región y el resto de las iglesias relacionadas con Roma. Tras un tercer viaje a Roma, Bonifacio se dedicó a reformar la iglesia en el reino franco, con el apoyo de las autoridades. Por último, para coronar una vida de largas y fructíferas labores, Bonifacio regresó a su primer amor en Frisia, donde en el año 754, teniendo unos ochenta de edad, murió víctima de un ataque por parte de un grupo de paganos. Sin embargo, ya el cristianismo estaba firmemente afianzado en los Países Bajos y su avance no se detuvo tras la muerte de Bonifacio.[43]

---

[42] Addison, *op. cit.*, pp. 13-15.
[43] Aunque razones de espacio no nos permiten discutir los métodos misioneros de Bonifacio, referimos al lector a: F. Flaskamp, *Die Missionsmethode des hl. Bonifatius* (Hildesheim, 1929).

b) Carlomagno y la Conversión de los Sajones. Aunque sus antecesores habían utilizado la fuerza de las armas para apoyar el trabajo misionero, Carlomagno lo hizo en un grado y de una manera nunca antes vistos. Sus armas contribuyeron a completar la conversión de los frisones después de la muerte de Bonifacio. Pero fue sobre todo en el caso de los sajones que Carlomagno utilizó el poder de la espada despiadadamente. Las luchas de Carlomagno con los sajones ocupan todo el período que va desde su accesión al trono en el año 771 hasta su muerte en el 814. Mediante repetidas campañas, Carlomagno logró establecer su poderío y su religión en el territorio de los sajones. Las rebeliones fueron muchas, frecuentes y sangrientas, y Carlomagno las aplastó violentamente. Tras cada campaña entre los sajones, Carlomagno obligaba a los rendidos a aceptar el bautismo, con lo cual hacía de la fe cristiana un instrumento de sus propósitos políticos, y de su política un instrumento para la expansión del cristianismo. A cada victoria de Carlomagno seguían los misioneros, que se establecían en la región con el apoyo de las autoridades francas y allí se dedicaban a instruir en la fe a los recién bautizados.[44]

Si bien los sajones aceptaron el bautismo a la fuerza y no puede decirse que haya habido en ellos una genuina conversión antes de bautizarse, es interesante notar que pronto se contaron entre los más decididos adalides de la fe cristiana.[45] Algunos de los sajones que aceptaron el bautismo bajo la amenaza de las armas llegaron a ser cristianos decididos, y contribuyeron después a la expansión de su nueva fe entre sus compañeros de raza. Posiblemente esto se deba, en parte al menos, a un fenómeno que encontraremos repetidamente en la historia de la expansión del cristianismo. Los sajones, aun siendo paganos, creían que había cierto poder en el bautismo, de tal modo que una vez que eran bautizados quedaban abandonados por sus dioses y no les quedaba otra alternativa que ser fieles seguidores de Jesucristo, tal como ellos entendían lo que esto significaba. En todo caso, tenemos aquí una prueba sorprendente del hecho de que no siempre el uso de las armas lleva a una aceptación efímera del cristianismo.

[44] R. E. Sullivan, *Carolingian Missionary Activity* (Urbana, Illinois, 1949), p. 7.
[45] Aunque esto no quiere decir que no haya habido numerosas apostasías cada vez que se debilitaba el poder franco. Véase: Sullivan, *loc. cit.*

LAS MISIONES MEDIEVALES

c) La Misión a los Escandinavos: Ansgar. Poco después de la muerte de Carlomagno, aparece en la historia europea el fenómeno de una nueva serie de invasiones que otra vez amenazaban la civilización existente. Se trataba de las invasiones de los normandos o escandinavos, un pueblo guerrero de raza germánica que acostumbraba atacar las costas de los países vecinos a fin de apoderarse de sus riquezas. Al principio, estos normandos se limitaban a ataques momentáneos en los que saqueaban el territorio invadido, y especialmente sus iglesias y monasterios, para retirarse inmediatamente. Más tarde comenzaron a establecer colonias en algunos de los países que acostumbraban invadir, y así llegaron a establecerse en el este de Inglaterra, en Irlanda, en Islandia y en Groenlandia. Al establecerse en países cristianos, los normandos traían la ruina de las iglesias que allí existían, pero a la larga aceptaban la fe del pueblo conquistado y recibían el bautismo.

Puesto que las invasiones de los normandos coincidieron con el ocaso del poderío carolingio, no fue posible realizar entre ellos una misión semejante a la que antes había llevado a cabo Bonifacio entre los frisones. Al principio, los únicos cristianos que llegaban a Escandinavia eran los cautivos de los vikingos o alguno u otro normando que había aceptado la fe cristiana en uno de sus viajes.

A principios del siglo IX aparece en escena la figura de Ansgar o Askar,[46] monje sajón que dedicó toda su vida al trabajo misionero entre los escandinavos. Debido a circunstancias políticas, un rey danés y luego uno sueco pidieron misioneros a la corte de Ludovico Pío. Tras algunos esfuerzos infructuosos para conseguir personas interesadas en esa labor, Ludovico decidió enviar a Ansgar, monje que pertenecía a un monasterio de la vieja tradición de Iona. Ansgar estableció su centro de operaciones en la ciudad de Hamburgo, y de allí viajó repetidamente a Dinamarca y Suecia. A través de la influencia de Ludovico Pío, Roma estableció un arzobispado en Hamburgo y colocó a Ansgar en dicha sede. Además de viajar personalmente a los territorios de su misión, Ansgar envió sacerdotes a que predicasen entre los escandinavos, y compró niños daneses para adiestrarlos en el trabajo misionero. Al presen-

---

[46] Además de la *Vita Anskarii* de su discípulo Rimberto, véase: E. de Moreau, *Saint Anschaire* (Louvain, 1930); W. E. Kuhn, *Ansgar und sein Weg* (Stuttgart, 1956).

tar el Evangelio, Ansgar predicaba a Cristo como un dios poderoso capaz de dar a sus seguidores la victoria en la batalla. Puesto que este tipo de mensaje era afín al pensamiento de los escandinavos, no fueron pocos los que lo aceptaron. Aunque no tenemos noticias de que las comunidades cristianas establecidas por Ansgar y los suyos en los países escandinavos hayan continuado por largo tiempo, no cabe duda de que a través de ellas los escandinavos conocieron algo del carácter del cristianismo, y que de este modo se fue preparando el camino para las misiones futuras. Por otra parte, la sede de Hamburgo, fundada por Ansgar, constituyó uno de los centros de trabajo misionero en Escandinavia en los años por venir, y su papel en la conversión de la región no fue despreciable.

d) La Conversión de Escandinavia: Dinamarca. De igual manera que el poderío carolingio jugó un papel preponderante en la conversión de los sajones, así también el nuevo poderío sajón fue de primordial importancia para la conversión de Escandinavia. A principios del siglo X, con Enrique el Halconero, comenzó un período de expansión sajona que más tarde daría lugar al Sacro Imperio Romano Germánico, cuyo primer emperador fue Otón I, hijo de Enrique el Halconero. Debido al prestigio de este naciente imperio, ya convertido totalmente al cristianismo, sus vecinos daneses, y más tarde el resto de los escandinavos, comenzaron a sentir el impacto del cristianismo sobre sus fronteras. Repetidamente encontraremos reyes escandinavos que, por razones que no resultan del todo claras, aceptan el cristianismo y tratan de implantarlo en sus dominios.

El primero de estos reyes fue Harald Blaatand, (Haroldo Dienteazul) poderoso rey de Dinamarca y también de Noruega, que hizo todo lo posible por establecer el cristianismo en sus dominios.[47] Sin embargo, su hijo Svend I se opuso al gobierno y las medidas religiosas de su padre y dirigió una rebelión en la que le dio muerte y se apoderó de su trono. Como era de esperarse, a esto siguió una reacción pagana.[48]

Fue el nieto de Harald Blaatand e hijo de Svend, llamado Knud o Canuto,[49] quien logró restablecer el cristianismo en Dinamarca. Pri-

---

[47] H. Koch, *Den danske Kirkes Historie*, Bd. I (Kobenhavn, 1950), pp. 67-72.
[48] *Ibid.*, pp. 72-77.
[49] *Ibid.*, pp. 77-78.

mero Knud logró hacerse dueño de la parte de Inglaterra que estaba en manos danesas, y más tarde, con la muerte de su hermano el rey de Dinamarca, regresó a su país de origen para desde allí gobernar a Dinamarca, Inglaterra y Noruega. Knud era un cristiano convencido, que hizo todo cuanto estaba a su alcance para lograr el establecimiento de su fe en sus dominios, aunque no tenemos noticias de que haya pretendido imponer el bautismo a sus súbditos por la fuerza de las armas. Su profunda fe le impulsó a hacer un peregrinaje a Roma, a pedirle al arzobispo de Canterbury que consagrase tres obispos para Dinamarca —lo cual naturalmente disgustó al arzobispo de Hamburgo— y a interesarse por la instrucción cristiana de sus súbditos. Menos de setenta años después de la muerte de Knud, Dinamarca llegó a tener su jerarquía eclesiástica propia, con un arzobispo en la ciudad de Lund —que hoy pertenece a Suecia.[50]

e) La Conversión de Escandinavia: Noruega. Aunque antes hubo cristianos en Noruega, la conversión del país tuvo lugar mediante la presión que ejercieron algunos de sus reyes cristianos. El primero de éstos fue Haakon el Bueno,[51] hijo del fundador del reino noruego, quien había sido bautizado en Inglaterra. Haakon hizo todo lo posible por lograr la conversión de los noruegos, pero la mayoría de éstos se negó a aceptar el bautismo e insistió en que su rey debería participar de los viejos sacrificios paganos. Por fin, Haakon sucumbió a esta petición y participó de la carne y la bebida del sacrificio. Se dice que más tarde, poco antes de morir, dio muestras de arrepentimiento por su apostasía.

Tras la muerte de Haakon el Bueno se siguieron disturbios internos durante los cuales Harald Blaatand de Dinamarca logró hacerse dueño de Noruega. Sin embargo, los esfuerzos de Harald por lograr el establecimiento de su fe no resultaron fructíferos.

Los dos reyes noruegos que lograron implantar definitivamente el cristianismo en sus territorios fueron Olaf Tryggvason y Olaf Haraldsson.

Olaf Tryggvason,[52] que había nacido en el exilio y cuya juventud transcurrió en Rusia e Inglaterra, trató de implantar su fe cristiana

---

[50] *Ibid.*, pp. 121-124.
[51] I. Welle, *Norges Kirkehistorie* (Oslo, 1948), pp. 17-18.
[52] N. de Baumgarten, *Olaf Tryggwison Roi de Norvège* (Roma, 1931).

cuando, a fines del siglo décimo, logró hacerse dueño del reino noruego, que había sido fundado por su bisabuelo, Harald Haarfager. Sus métodos fueron violentos, y no vaciló en hacer uso del destierro y aun del castigo físico. En otras ocasiones, mediante diversas clases de concesiones, compraba el favor de la asamblea de dirigentes de una región y hacía que éstos decidiesen que la región se hiciera cristiana. Fue por sus esfuerzos que el cristianismo se extendió a la colonia escandinava de Islandia [53] y luego a la de Groenlandia, para por fin llegar con Leif Ericson a las costas de América del Norte —a la región que Leif llamó Vinland o tierra del vino. Sin embargo, no tardó en surgir un fuerte movimiento de oposición a la política de Olaf. Este movimiento contaba con el apoyo de Svend I de Dinamarca, y culminó en una batalla en la que Olaf perdió la vida y el reino. Noruega pasó a manos de Svend y de la reacción pagana.

Diecinueve años más tarde, Olaf Haraldsen logró reconquistar la independencia de Noruega y se dedicó a continuar la obra de conversión iniciada por Olaf Tryggvason.[54] Sus métodos no eran tan violentos como los de su homónimo, aunque no vacilaba en usar la fuerza cuando parecía necesario. Sus esfuerzos cesaron cuando de nuevo apareció un movimiento de oposición y Olaf perdió su trono y la independencia de su país, esta vez en provecho del rey Knud de Dinamarca.[55] Pero ya la obra de Olaf estaba hecha y, además del hecho de que el propio Knud era también cristiano, la conversión de los paganos que aún quedaban en Noruega continuaría sin detenerse.

f) La Conversión de Escandinavia: Suecia. Al igual que en los casos de Dinamarca y Noruega, la conversión de Suecia tuvo lugar mediante la adhesión de ciertos reyes a la fe cristiana. El primer rey cristiano acerca del cual tenemos noticias fidedignas es Olov Skötkonung, quien gobernó a principios del siglo XI.[56] Por otra parte, no debemos olvidar que mucho antes Ansgar había realizado sus viajes

---

[53] Acerca de la política de O. Tryggvason, véase el Prefacio de: G. Turville-Petre and E. S. Olszewska (ed.), *The Life of Gudmund the Good, Bishop of Holar* (Coventry, 1942). Olaf envió a Islandia a un sacerdote indigno que hizo más en contra que en pro de la expansión del cristianismo.
[54] Welle, *op. cit.*, pp. 19-24.
[55] Pronto surgió toda una leyenda alrededor de "San Olaf, rey y mártir", que se expandió por todo el país (Welle, *op. cit.*, p. 22).
[56] Westman och Sicard, *op. cit.*, p. 43.

misioneros a la región y que allí habían quedado comunidades cristianas de las cuales no tenemos noticias, pero cuya influencia debe haber persistido. En todo caso, los sucesores de Olov fueron en su mayoría cristianos quienes trataron de llevar a sus súbditos a aceptar su fe. Rara vez se utilizó la fuerza física para lograr este propósito. Puesto que la conversión de Suecia fue unos cien años más tarde que la de Dinamarca y Noruega, se vio favorecida por un movimiento de despertar religioso que existía en todo el cristianismo occidental y cuyos principales exponentes eran el monasticismo cisterciense e Hildebrando, que a la sazón ocupaba el trono papal bajo el título de Gregorio VII. Debido a esto, la conversión de Suecia fue en cierto sentido más rápida y más profunda.[57]

Es importante señalar que en la conversión de los países escandinavos se siguió un método que se ajustaba a la estructura sociológica de dichos países. Era costumbre de los escandinavos llevar todas las decisiones de importancia a una asamblea de los principales personajes de una región. En esta asamblea, que llevaba el nombre de *Thing*, se tomaban decisiones que luego serían adoptadas por todos. En repetidas ocasiones —y sobre todo en el caso de la conversión de Islandia, que no hemos discutido aquí, pero que tuvo lugar mediante una decisión de la asamblea general o *Althing* [58]— los reyes o misioneros que pretendían lograr la conversión de una comunidad planteaban la cuestión ante el *Thing*, y éste debatía y decidía por todos si debían o no aceptar el cristianismo. Aquí tenemos un ejemplo de un método misionero que se ha seguido en muchas partes del mundo y en distintos momentos de la historia, y en el que no se buscan conversiones individuales entre quienes no piensan en términos individualistas, sino que se acepta la estructura sociológica colectivista del pueblo cuya conversión se busca, y se plantea el Evangelio, no a individuos particulares, sino a la comunidad como un todo.

2. *Las Misiones Occidentales hacia Europa Central.*

Al aceptar los escandinavos la fe cristiana, quedaba prácticamente completada la conversión de los pueblos teutónicos que a fines de la

---

[57] *Ibid.*, pp. 44-45.
[58] Véase el prefacio a *The Life of Gudmund the Good, Bishop of Holar* (trad. Turville-Petre y Olszewska; Coventry, 1942).

edad antigua y principios del medioevo invadieron el occidente de Europa. Sin embargo, había en Europa central otros grupos no germánicos que habían llegado allí como parte de la gran migración que empujó a los bárbaros teutónicos hacia las fronteras romanas. Casi todos estos grupos eran esclavos, aunque había otros de cierta importancia, tales como los ávaros y los magiares o húngaros. Durante el período que estamos estudiando el cristianismo occidental comienza a extenderse hacia los territorios ocupados por estos pueblos. Como era de esperarse, esta expansión geográfica fue algo posterior y más lenta que la expansión en los territorios ocupados por los germanos, que estaban más cerca de la Europa occidental cristiana, tanto geográfica como culturalmente. Luego la conversión de estos pueblos no llegó, durante el período que estamos estudiando, al nivel a que llegó la conversión de los pueblos teutónicos. Por otra parte, las fronteras en la Europa central eran mucho más fluidas que las de Europa occidental, y esto dificulta el que hagamos un estudio detenido de la conversión en esos países. Además, el proceso de conversión en las distintas regiones de Europa central repite de tal manera las mismas características que basta con que hagamos algunos comentarios generales y digamos algo acerca de los más importantes misioneros que fueron a la región.

Las primeras misiones cristianas a los pueblos bárbaros establecidos en Europa central tienen lugar aproximadamente durante el gran florecimiento del poderío carolingio. Más tarde, el creciente poder de Sajonia y de su vástago, el Sacro Imperio Romano Germánico, vino a ocupar el vacío político que había dejado el desmembramiento del Imperio Carolingio. Por otra parte, debido a su posición entre Roma y Constantinopla, esta zona fue centro de tensión entre ambas sedes, que se disputaban la autoridad sobre los nuevos campos misioneros. Por esta razón, al estudiar la expansión del cristianismo en el centro de Europa, es necesario tener en cuenta tres factores: la presión política e imperialista, primero carolingia y luego del Sacro Imperio Romano Germánico; la sede romana y su rival en Constantinopla; y los intereses imperialistas pero limitados del Imperio Bizantino.

De todos los pueblos establecidos en el centro de Europa el más importante era el de los eslavos. Los primeros cristianos entre los eslavos aparecieron por razón del contacto con sus vecinos cristianos —los sajones al occidente y el Imperio Bizantino al sur.⁵⁹ Empero, el más notable esfuerzo misionero es el que llevaron a cabo dos hermanos, de nombre Constantino y Metodio, en el siglo IX. Debido a su importancia, y debido también al hecho de que en ella se descubren los diversos factores que hemos apuntado más arriba, narraremos la historia de estos dos hermanos. Antes de partir para Moravia, donde comenzarían su misión entre los eslavos, Constantino —a quien la historia conoce como Cirilo— y Metodio, tenían ya cierta experiencia como misioneros. Constantino había sostenido disputas con los musulmanes,⁶⁰ y tanto él como Metodio habían participado de una misión en Crimea.⁶¹ Por otra parte, es posible que ambos conociesen algo del idioma eslavo antes de partir para Moravia, pues se criaron en Tesalónica, donde había un fuerte número de habitantes de origen eslavo.⁶²

La misión de Constantino y Metodio comenzó cuando el príncipe moravo Ratislao pidió al emperador de Bizancio, Miguel III, que le enviase misioneros cristianos.⁶³ Es difícil saber las verdaderas razones de esta petición. Quizá Ratislao quería contrarrestar la influencia occidental que se hacía sentir a través de la unión entre el cristianismo y el imperialismo político que era característica de sus vecinos occidentales.⁶⁴ Quizá se dejó llevar sencillamente por el prestigio del patriarca Focio, uno de los hombres más sabios que haya jamás ocupado la sede constantinopolitana. En todo caso, el Emperador Miguel III decidió enviar a los dos hermanos, Constantino y Metodio,⁶⁵ en respuesta a la petición de Ratislao.

Aunque estos dos misioneros se dedicaron arduamente a la conversión e instrucción del pueblo al que habían sido enviados, el aspecto más importante de su obra está en la confección de un alfabeto mediante el cual fue posible reducir el idioma eslavo a la escritura y traducir los primeros libros cristianos a ese idioma. Al parecer, ya antes de partir

---

⁵⁹ M. Spinka, *A History of Christianity in the Balkans* (Chicago, 1933), pp. 11-17; L. Leger, *Cyrille et Méthode: Etude historique sur la conversion des slaves au christianisme* (Paris, 1868), pp. 49-54.
⁶⁰ F. Grivec, *Konstantin und Method: Lehrer der Slaven* (Wiesbaden, 1960), pp. 39-42; C. J. Potovek, *Saints Cyril and Methodius: Apostles to the Slavs* (New York, 1941), pp. 54-55.
⁶¹ Grivec, *op. cit.*, pp. 47-54.
⁶² *Ibid.*, pp. 17-19.
⁶³ Potovek, *op. cit.*, pp. 61-74.
⁶⁴ Leger, *op. cit.*, pp. 80-81.
⁶⁵ *Ibid.*, p. 83.

en su misión, Constantino había comenzado su versión de la Biblia al eslavo. Una vez en Moravia, tanto Constantino como Metodio se dedicaron a la labor de traducir al idioma eslavo los libros de la Biblia.[66] Este es un ejemplo más de los muchos casos en que el interés misionero llevó a los cristianos a crear los medios necesarios para reducir un idioma a la escritura.

Además de la Biblia, Cirilo y Metodio tradujeron al eslavo la liturgia de la Iglesia,[67] y esto es importante por el modo en que ilustra la tensión existente entre las fuerzas misioneras occidentales y las que provenían del oriente. En oriente era costumbre celebrar la liturgia en el idioma vernáculo de cada población. En el occidente, por el contrario, se había acostumbrado celebrar la liturgia solamente en griego y más tarde en latín. Por esta razón, además de por celos políticos, los obispos germánicos que ya comenzaban a trabajar entre los eslavos se opusieron decididamente a la obra de Cirilo y Metodio —y esto aun a pesar de que la propia Roma autorizó el uso de la liturgia traducida. Debido a esta tensión siguió una serie de vicisitudes que no es necesario relatar aquí, pero que muestran cómo la vida toda de Cirilo y Metodio transcurre en medio de un torbellino de celos entre cristianos de diversas tendencias que limitan la capacidad misionera de la Iglesia. En cuanto a los hermanos en cuestión, hicieron todo lo posible por destruir este tipo de tensión viajando repetidamente a Roma [68] y logrando el apoyo papal para una misión que en sus orígenes era oriental. Sin embargo, esto sirvió de poco y los obispos germánicos continuaron oponiéndose a la misión de Cirilo y Metodio, no sólo abiertamente, sino también con intrigas políticas.[69]

Como era de esperarse debido no sólo a la división entre los propios misioneros, sino también a la magnitud de la obra, Cirilo primero y Metodio después murieron sin ver completada la tarea de la conversión de los eslavos. Sin embargo, sus traducciones, y sobre todo el alfabeto eslavo que habían preparado, fueron a la postre el gran instrumento

---

[66] Grivec, *op. cit.*, pp. 57-63.
[67] *Ibid.*, pp. 179-184.
[68] Potovek, *op. cit.*, pp. 75-80; 92-97.
[69] Es por estas razones que J. Bujnoch da a su traducción de algunas de las antiguas leyendas acerca de Cirilo y Metodio el título de *Zwischen Rom und Byzanz* - "Entre Roma y Bizancio" (Graz, 1958).

que sirvió para llevar el cristianismo a los pueblos que hablaban esa lengua.

Tras la muerte de Cirilo y Metodio, el campo misionero entre los eslavos siguió estando dividido entre la iglesia bizantina y la occidental. Fue sobre todo en Rusia que la iglesia oriental llevó a cabo su labor misionera —pero esta historia corresponde a otra sección del presente capítulo. En la parte occidental del territorio eslavo —lo que es hoy Polonia, Estonia, Lituania y Latvia— fue el occidente, mediante el poder de las armas del Imperio Romano Germánico, el que llevó a cabo la conversión formal de la población.[70]

Es interesante notar que los sajones, quienes un siglo antes habían sido llevados al cristianismo por la fuerza de las armas de Carlomagno, ahora aplicaban el mismo método para llevar el cristianismo a sus vecinos orientales los eslavos. Ya desde tiempos de Enrique el Halconero, y sobre todo con el gran florecimiento del poderío sajón bajo Otón I, los distintos pueblos eslavos se vieron uno tras otro impelidos a aceptar el cristianismo por la fuerza superior de las armas germánicas. En diversas regiones, y especialmente en las costas del Báltico, la conversión se llevó a cabo de una manera que era una simple repetición de la conversión de los sajones bajo Carlomagno.

Hubo, sin embargo, otro factor que contribuyó a la conversión de los eslavos. Este fue la unión del sentimiento nacionalista con el cristianismo. Un caso típico de esto es el de Polonia, en cuya unificación el cristianismo jugó un papel preponderante.[71] Lo mismo puede decirse acerca de los húngaros, aunque éstos no son un pueblo eslavo. En la cristalización del sentimiento nacional húngaro, y sobre todo en la obra de sus reyes Geisa y Esteban, el cristianismo jugó un papel de primera magnitud.[72]

3. *La Expansión del Cristianismo Bizantino.*

Debido al avance del Islam, el cristianismo bizantino se vio limitado a extenderse hacia el noroeste —en la Península Balcánica— y hacia el norte, es decir, lo que es hoy Rusia.

---

[70] H.E.C., II, pp. 150-212.
[71] Al parecer, el cristianismo entró en Polonia a partir de los otros pueblos eslavos entre los que Cirilo y Metodio llevaron a cabo su obra. K. Lanckoronska, *Studies on the Roman-Slavonic Rite in Poland* (Roma, 1961), pp. 10-21.
[72] H.E.C., II, pp. 172-175.

a) La Conversión de Bulgaria. El primer episodio notable en la expansión del cristianismo bizantino en el período que nos ocupa fue la conversión de Bulgaria. Aunque antes había habido en este país misioneros tanto latinos como bizantinos, el cristianismo en Bulgaria recibió su mayor impulso cuando el rey Boris aceptó el bautismo. Tanto el cristianismo occidental como el bizantino buscaban la alianza de Bulgaria, que se encontraba en la frontera entre ambos.[73] Cuando en cierta ocasión las tropas búlgaras se encontraban luchando junto a las germánicas, los bizantinos aprovecharon para invadir a Bulgaria y exigir que el rey Boris aceptase el bautismo y se declarase súbdito del emperador bizantino Miguel III. Boris aceptó y desde entonces se dedicó a propagar la fe cristiana en sus territorios. Quizá lo que le llevó a esto fue el interés de utilizar el cristianismo como un medio para quebrantar el poder de los nobles, que se oponían a la centralización monárquica y que al mismo tiempo defendían las viejas costumbres paganas.[74] Como era de esperarse, surgió una reacción entre los nobles paganos, pero Boris la aplastó definitivamente.[75] A partir de entonces, los bautismos se multiplicaron, al mismo tiempo que Bizancio y Roma se disputaban la hegemonía sobre el nuevo territorio cristiano. Tras largas idas y venidas, Boris se decidió por el cristianismo oriental y éste correspondió a sus favores consagrando un arzobispo búlgaro, con lo cual quedó fijada una relación estrecha entre Bulgaria y Constantinopla.[76]

Cuando Boris renunció al trono para retirarse a un monasterio, le sucedió su hijo Simeón.[77] Aunque éste tuvo al principio algunas dificultades con una guerra civil, logró continuar la obra de la conversión de Bulgaria. Debido a que Simeón había sido monje y tenía una profunda comprensión del carácter del cristianismo, la conversión de Bulgaria fue más profunda que la de otros pueblos en los que hubo también una conversión en masa. Simeón se ocupó de que se tradujesen al búlgaro libros cristianos, y utilizó a algunos de los discípulos de Cirilo y Metodio para ayudar en la obra de conversión e instrucción de

---

[73] Spinka, *op. cit.*, p. 30.
[74] *Ibid.*, p. 32.
[75] *Ibid.*, p. 37.
[76] *Ibid.*, pp. 38-47.
[77] Boris había abdicado a favor de su hijo Vladimir, pero cuando éste comenzó a apoyar los viejos cultos, Boris abandonó el monasterio a que se había retirado y por la fuerza de las armas depuso a Vladimir y colocó a Simeón en el trono (*ibid.*, pp. 49-50).

sus súbditos eslavos. Además, Simeón se ocupó de establecer y defender la independencia de Bulgaria tomando para sí el título de Emperador y haciendo nombrar un patriarca búlgaro, de modo que la iglesia en ese país fuese autocefálica.[78]

b) La Conversión de Rusia. La más notable expansión bizantina durante el período que nos ocupa fue la que tuvo lugar hacia el norte, en lo que hoy es Rusia. Esta zona estaba habitada por eslavos, pero sobre ellos dominaban invasores escandinavos que se habían establecido primero en la ciudad de Novgorod y luego en la de Kiev. Al mismo tiempo que sus parientes en Escandinavia aceptaban la fe cristiana, los señores de Kiev aceptaban esa misma fe, aunque en su forma bizantina.

No sabemos cómo llegó el cristianismo por primera vez al reino de Kiev. Había en Constantinopla soldados rusos que servían bajo el Emperador, y es probable que algunos de éstos hayan aceptado el cristianismo en dicha ciudad y hayan regresado a su país natal llevando consigo su nueva fe. También el Patriarca Focio y, más tarde, el Emperador Basilio I enviaron misioneros al reino escandinavo que se extendía hacia el norte.

En todo caso, sabemos que a mediados del siglo X la reina Olga se convirtió al cristianismo e hizo todo cuanto estuvo a su alcance por extender su fe entre sus súbditos. Realizó la mayor parte de sus contactos con el Occidente, especialmente a través del emperador Otón I, y no parece que hayan tenido mayores consecuencias directas.[79]

Fue un nieto de Olga, Vladimir, quien verdaderamente hizo del reino de Kiev un reino cristiano.[80] Esto fue a fines del siglo X, pero no sabemos qué razones llevaron a Vladimir a aceptar la fe cristiana y mucho menos qué le hizo inclinarse hacia Bizancio más bien que hacia Roma.[81] Tampoco sabemos a ciencia cierta qué hizo Vladimir en favor

---

[78] Poco después de la muerte de Simeón, Constantinopla aceptó el hecho consumado y reconoció al Patriarca de Bulgaria (*ibid.*, p. 57).
[79] A. M. Ammann, *Storia della Chiesa Russa e dei paesi limitrofi* (Torino, 1948), pp. 8-9.
[80] *Ibid.*, pp. 11-16. Este autor trata de subrayar la influencia occidental en la naciente Iglesia Rusa: pp. 13-15. Véase también: H. Gómez, *La Iglesia Rusa* (Madrid, 1948), p. 232. Acerca de las relaciones entre la Iglesia Rusa y la Iglesia Romana después del cisma del siglo XI, véase esta última obra, pp. 259-314.
[81] La razón más probable parece ser su interés en contraer matrimonio con una princesa bizantina, con motivos políticos.

de la conversión de sus súbditos al cristianismo. Según algunas fuentes, Vladimir, al igual que los reyes escandinavos de Noruega, hizo uso de la fuerza para obligar a sus súbditos a aceptar el bautismo. Según otras versiones, su obra fue más pacífica, y consistió sobre todo en fundar monasterios y estimular la obra misionera. Más tarde su hijo Yaroslav continuó su obra, tomando especial interés en la producción de literatura cristiana en lengua eslava.[82]

Aunque la conversión de Rusia parece haber sido muy superficial, es notable que el cristianismo en ese país resistió las invasiones de los tártaros en el siglo XIII,[83] y que salió de esas dificultades aun más pujante de lo que antes había sido.

A su debido tiempo, el cristianismo ruso llegaría a tener tanta o más importancia que su iglesia madre en Bizancio.

4. El Cristianismo en el Oriente.

Durante el período que estamos estudiando, el cristianismo en las regiones conquistadas por el Islam no logró escapar al enquistamiento en que había caído. Sabemos, sin embargo, que el cristianismo nestoriano continuó extendiéndose lentamente hacia el norte del Asia central. Tenemos noticias de cierto rey turco que a fines del siglo VIII aceptó la fe cristiana,[84] y también de la expansión de esa fe a principios del siglo XI entre los pueblos nómadas del Turquestán chino.[85]

En la China, un emperador que favorecía el taoísmo ordenó una persecución que destruyó las pequeñas comunidades cristianas que habían aparecido a través de la obra de Alopén y quizá otros misioneros.[86]

En todo caso, la escasez de datos concretos acerca de la expansión cristiana en estas regiones muestra que, si hubo tal expansión, ésta no fue lo suficientemente duradera como para dejar un testimonio de su existencia.

---

[82] H.E.C., II, p. 255.
[83] Ammann, *op. cit.*, pp. 44-47.
[84] Esto afirma el Patriarca nestoriano de Constantinopla: *Ep. prima* (citado en A. Mingana, *The Early Spread of Christianity in Central Asia and the Far East: A New Document*, Manchester, 1925, p. 12).
[85] Mingana, *op. cit.*, *passim*.
[86] El texto del decreto que marcó el comienzo de la persecución se encuentra en: J. Foster, *The Church of the T'ang Dynasty* (London, 1939), pp. 121-126.

5. La Ofensiva contra el Islam.

Durante el período que nos ocupa, los cristianos hicieron pocos intentos de lograr la conversión de los musulmanes por medios pacíficos y por la persuasión verbal. Hubo, sin embargo, tres intentos notables de reconquistar militarmente la tierra que había sido tomada por los musulmanes. Estos tres son: la reconquista de España, el establecimiento del reino normando de Sicilia y las Cruzadas.

a) LA RECONQUISTA DE ESPAÑA.[87] Aunque las hordas musulmanas lograron conquistar la casi totalidad de la Península Ibérica, siempre quedaron ciertos focos de resistencia en los montes Cantábricos y en los Pirineos. El primero de estos dos focos de resistencia estaba formado por cristianos descendientes de los antiguos visigodos. De hecho, sólo diez años después de la invasión, Asturias aparece en la historia como un centro de resistencia al poderío musulmán.[88] En los Pirineos, la oposición a los musulmanes se debió sobre todo a la influencia del cercano reino franco. De las montañas asturianas, los cristianos descendieron a León, donde establecieron su nuevo centro de resistencia. Más tarde, al separarse Castilla de la monarquía leonesa, aparecería el más importante estado español. En las laderas de los Pirineos, el origen de Navarra, Aragón y Cataluña muestra la influencia franca.

Las primeras batallas de la reconquista tuvieron lugar al norte del río Duero. Al parecer, todas estas batallas fueron de mucha menor importancia de lo que podrían hacernos suponer los cronistas cristianos. La primera fue la batalla de Covadonga, que tuvo lugar a principios del siglo VIII y de la que los cronistas árabes hacen caso omiso. Poco después comenzaron las disensiones entre los musulmanes, y los cristianos aprovecharon esta coyuntura para avanzar hacia el sur. Por su parte, impulsados por razones políticas complejas, los franceses atravesaron los Pirineos en la campaña que la historia recuerda a causa de

---

[87] Acerca de este tema, como de todos los que se refieren a la historia de España, existe gran cantidad de material en castellano. Véanse las excelentes bibliografías que a partir del año 1928 viene publicando la revista *Analecta sacra Tarraconensis*, además de la de J. Vives: "Bibliografía hispánica de ciencias histórico-eclesiásticas", *Hispania sacra*, VI (1953), pp. 243-346. Entrambas incluyen más de 20,000 títulos.
[88] A. C. Floriano, *Restauración del culto cristiano en Asturias en la iniciación de la reconquista* (Oviedo, 1949).

la terrible matanza de Roncesvalles, en que los franceses cayeron en una emboscada vasca.

Es a partir del siglo XI que comienzan las más importantes batallas de la reconquista. En el año 1085 los cristianos tomaron la vieja capital de Toledo. Tras este desastre, los musulmanes fueron reforzados por los almoravides, procedentes de Africa, que derrotaron repetidamente a los ejércitos cristianos. Pero sus propias disensiones internas les impidieron detener definitivamente la reconquista de España. Cuando, a fines del siglo XII, la nueva invasión africana de los almohades puso en peligro la independencia de los reinos cristianos, el rey Alfonso VIII de Castilla respondió organizando una gran cruzada contra el poderío musulmán. Aunque fueron pocos los caballeros extranjeros que acudieron al llamado de Alfonso, éste logró la alianza de los reinos de Castilla, Navarra y Aragón para enfrentarse a la amenaza musulmana. El 16 de julio de 1212, en la batalla de las Navas de Tolosa, los musulmanes fueron completamente derrotados. De entonces en adelante las victorias se seguirían una a otra, interrumpidas sólo por las desavenencias interiores entre los cristianos. Córdoba fue tomada por el rey San Fernando en el año 1236, y Sevilla en el 1248. Empero no fue hasta el 2 de enero de 1492 que Granada capituló ante las fuerzas de los reyes Fernando e Isabel, con lo cual quedó terminada la reconquista de la Península Ibérica.[89]

Aunque más tarde España se hizo famosa por la intolerancia de sus ciudadanos, durante el período de la reconquista tanto cristianos como musulmanes mostraron una tolerancia asombrosa. Había cristianos que vivían entre los moros —los mozárabes— así como moros que vivían entre cristianos —los mudéjares.[90] En la mayor parte de los territorios que los cristianos reconquistaron se permitió a los musulmanes conservar sus mezquitas y sus antiguas costumbres. Con respecto a los judíos se siguió una política semejante.[91] A pesar de tales concesiones, cada vez fue mayor el número de moros y judíos que abandonaban su

---

[89] Ya para esa fecha se había desarrollado la teoría de la cruzada, y se aplicaba a la reconquista española. Véase: J. Goñi Gaztambide, "La Santa Sede y la reconquista del reino de Granada", *Hispania sacra*, IV (1951), pp. 43-80.
[90] I. de las Cajigas, "Problemas de minoría y el caso de nuestro Medievo", *Hispania*, X (1950), pp. 506-538. Véase también: M. Gual Camerana, "Mudéjares valencianos: Aportaciones para su estudio", *Saitabi*, VII (1949), pp. 165-189.
[91] Como ejemplo de esto, véase: M. Vallecillo Avila, "Los judíos de Castilla en la Alta Edad Media", *Cuadernos de Historia de España*, XIV (1950), pp. 17-110.

antigua fe y aceptaban el bautismo. Fue sólo a fines del siglo XV, en época de los Reyes Católicos y del cardenal Jiménez de Cisneros, que España se volvió intolerante en materia de religión y que se decretó la expulsión de moros y judíos.[92] Ya para esa fecha buena parte de los musulmanes que habían aceptado el bautismo —los llamados moriscos— había quedado completamente asimilada en la población española y había venido a ser uno de los elementos constituyentes de la misma.[93]

b) El Reino Normando de Sicilia. Durante la primera mitad del siglo IX Sicilia había caído en manos de musulmanes procedentes de Tunisia. En el siglo XI fue reconquistada para el cristianismo, aunque ése no fue el propósito de quienes llevaron a cabo tal reconquista. El impulso de exploración y conquista de los normandos les había llevado a establecerse en el sur de Italia, en la región de Calabria, donde habían establecido un condado escandinavo. Durante el siglo XI los emires musulmanes de Sicilia estaban divididos entre sí, y el conde normando Rogelio I aprovechó la oportunidad para invadir desde Calabria la vecina isla de Sicilia. Luego de la campaña, que duró once años y culminó con la caída de Palermo, Rogelio se hizo dueño de la isla. Su sucesor Rogelio II, aprovechando un cisma papal, se hizo coronar rey por uno de los pretendientes a la sede romana. De este modo quedó constituido el Reino de las Dos Sicilias, que subsistiría hasta la Edad Moderna.[94] Los normandos no invadieron a Sicilia con el propósito de imponer en ella el cristianismo, y durante más de cien años convivieron en ella, en relativa armonía, cristianos occidentales y bizantinos, además de musulmanes y judíos. En el siglo XIII, Sicilia quedó en manos del emperador Federico II de Alemania, y con ello comenzó la intolerancia religiosa y la decadencia política. Poco más de un siglo después, el cristianismo romano había quedado implantado como la religión de la población siciliana.[95]

---

[92] A. Jiménez Soler, "Los judíos españoles a fines del siglo XIV y principios del XV", *Universidad* (Zaragoza), XXVII (1950), pp. 37-90.
[93] A menudo quedaban vestigios de las antiguas costumbres. Esta fue una de las pretendidas justificaciones de la inquisición española. Véase: N. López Martínez, "El peligro de los conversos: Notas para la introducción al estudio de la inquisición española", *Hispania sacra*, III (1950), pp. 3-63.
[94] H. B. Cotterill, *Medieval Italy during a Thousand Years: 305-1313.* (New York, s.f.), pp. 399-412.
[95] A partir del año 1410, Sicilia perteneció a la corona de Aragón, y luego a la de España.

c) Las Cruzadas. De todos los intentos de reconquistar mediante las armas el territorio conquistado por los musulmanes, el más notable fue el de las Cruzadas, aunque no tanto por sus resultados directos, que fueron efímeros, como por la permanencia de sus ideales a través de los siglos.

Si bien muchos otros incidentes y tendencias de la época constituyen el trasfondo de las Cruzadas, por lo general se da como punto de partida de este nuevo fenómeno en la historia el llamamiento que en la ciudad de Clermont hizo el papa Urbano II para que un ejército cristiano marchase hacia el Oriente con el fin de arrebatar de los musulmanes los santos lugares: [96] "Lo digo a los presentes; lo hago decir a los ausentes: Cristo manda." Este elocuente llamamiento tuvo lugar en el año 1095. Llegaba como la culminación de una serie de acontecimientos y movimientos que habían despertado el interés de la Europa occidental hacia el Oriente. Los peregrinos se deleitaban trayendo historias y reliquias de los lugares santos.[97] La devoción se inclinaba hacia la contemplación de la humanidad de Cristo, humanidad que había vivido en Tierra Santa.[98] Constantinopla, el viejo baluarte cristiano en el Oriente, se hallaba amenazada por los turcos selyúcidas.[99] En el Occidente, los jóvenes desahogaban su espíritu guerrero en pequeñas guerras intestinas.[100] ¿Por qué no volcar este impulso y esta mística hacia el Oriente? En todo esto, el verdadero impulso misionero estaba totalmente ausente.

El llamamiento de Urbano pareció confirmarse por una multitud de señales maravillosas,[101] y pronto el fuego de las Cruzadas incendió a Europa. Hubo primero una serie de cruzadas populares [102] en las que multitudes de personas sin organización ni otro propósito que el de llegar a Jerusalén partieron hacia el Oriente. La mayor parte de

---

[96] S. Runciman, *Historia de las Cruzadas*, 3 Vols. (Madrid, 1956-1958), Vol. I, pp. 105-107; P. Alphandéry y A. Dupront, *La Cristiandad y el concepto de Cruzada* (México, 1959), pp. 22-30.
[97] Alphandéry, *op. cit.*, pp. 6-22.
[98] Véanse, por ejemplo, las obras de San Bernardo de Claraval, publicadas en dos volúmenes por la B.A.C. (Madrid, 1953-1955).
[99] Runciman, *op. cit.*, Vol. I, pp. 64-78.
[100] Véase el testimonio de Foucher de Chartres, *Gesta Francorum*, en: *Recueil des historiens des Croisades*, série I: *Hist. Occidentaux*, Vol. III (Paris, 1866), p. 321.
[101] Alphandéry, *op. cit.*, pp. 32-40.
[102] *Ibid.*, pp. 41-57.

estos grupos desapareció antes de llegar a Constantinopla, víctima de su propio desorden y de las dificultades del terreno que debían atravesar. El residuo de este primer impulso se unió a la Primera Cruzada, que partió algo después y que contaba con la dirección de varios nobles europeos.

No es necesario repetir aquí la historia de las Cruzadas. Baste decir que la Primera Cruzada [103] reunió sus fuerzas en Constantinopla, donde atravesó el Bósforo para tomar la vecina ciudad de Nicea, que se rindió tras un sitio de seis semanas. Durante el largo camino a través de Asia Menor, las diversas ambiciones de los nobles que dirigían las Cruzadas se hicieron cada vez más patentes, hasta que por fin Balduino se separó del grueso de la expedición y marchó sobre Edesa, donde fundó un estado cristiano en el año 1098. En ese mismo año, tras un difícil sitio y mediante la traición de un armenio residente de la ciudad, Antioquía cayó en manos de los cruzados. Un año después llegaron a Jerusalén, que cayó tras un sitio de poco más de un mes. Con la toma de esta ciudad y el consiguiente establecimiento del Reino Cristiano de Jerusalén en la persona de Godofredo de Bouillon, la Primera Cruzada lograba su propósito. En el camino que había seguido, quedaron establecidos estados cristianos como los de Edesa, Antioquía y Trípoli.

El éxito de la Primera Cruzada se debió en parte a la debilidad interna de los seléucidas y en parte a la rivalidad que existía entre éstos y los fatimitas. Sin embargo, la cristiandad quedó convencida de que era posible conquistar el territorio perdido al poderío musulmán mediante la fuerza de las armas. Esta fue la razón por la que el concepto de la cruzada ejerció gran poder sobre la mentalidad medieval. Y también por esta razón Europa continuó enviando nuevas expediciones hacia el Oriente, aunque ninguna de ellas tuvo el éxito de la primera. La caída de Edesa en el año 1144 fue la ocasión del inicio de las Cruzadas Segunda y Tercera. La Segunda terminó en un desastre total.[104] La Tercera sólo logró reconquistar a Acre.[105] La Cuarta Cruzada fue desastrosa, pues en lugar de luchar contra los musulmanes —su propósito inicial había sido atacar a Saladino en sus cuarteles generales en Egipto— se dedicó a la conquista y el saqueo de Constantinopla.[106]

---

[103] *Ibid.*, pp. 58-97; Runciman, *op. cit.*, Vol. I, pp. 169-317.
[104] Runciman, *op. cit.*, Vol. II, pp. 233-273.
[105] *Ibid.*, Vol. III, pp. 1-73.
[106] *Ibid.*, pp. 105-129.

Con esto pareció haber quedado subsanado el cisma entre Roma y Constantinopla, pero sólo se logró debilitar aun más al imperio Bizantino, baluarte de Europa frente a las invasiones orientales. Cuando Constantinopla logró reconquistar su independencia de Roma, la distancia que la separaba de la sede papal se había hecho aun mayor, y su poderío político, económico y militar había sufrido una pérdida irreparable cuya consecuencia final sería la desaparición del Imperio Bizantino.

Aunque el ideal de las Cruzadas continuó ejerciendo una fuerte atracción sobre la mente medieval, sólo la Primera Cruzada, y en cierta medida la Tercera, lograron sus objetivos. Por otra parte, como medios para la expansión del cristianismo en territorio musulmán, las Cruzadas fracasaron rotundamente. Todos los estados establecidos en el Oriente por las Cruzadas sucumbieron ante el poderío del Islam. Tampoco se logró la conversión de los musulmanes, sino que, por el contrario, el odio de éstos hacia el cristianismo se hizo más violento.

Sin embargo, en otras regiones del globo el ideal de las Cruzadas contribuyó en buena medida a la cristianización de territorios antes paganos. Tales fueron los casos de Finlandia, España y, en cierta medida, nuestra América. Pero estos acontecimientos pertenecen a otras secciones de nuestra historia.

C. DESDE EL RENACIMIENTO DEL SIGLO XII HASTA FINES DE LA EDAD MEDIA

1. La Europa Occidental.

Por razones que no es necesario ni posible discutir aquí, el siglo XII vio un renacimiento en la cultura y la vida toda de la Europa occidental.[107] Los contactos con los musulmanes de España y del Oriente a través de las Cruzadas abrieron nuevos horizontes a los cristianos occidentales. El comercio aumentó, y con él las grandes ciudades y la movilidad de la población. Nuevas corrientes de pensamiento penetra-

---

[107] C. H. Haskins, *The Renaissance of the Twelfth Century* (Cambridge, 1939).

ban en el mundo cristiano —sobre todo la filosofía de Aristóteles a través de su comentarista Averroes. Era la época del florecimiento de la arquitectura gótica y de los primeros escolásticos. El poderío del Papa iba en aumento. Y a esto se unía la piedad profunda que encontramos en una persona como San Bernardo de Claraval.

La culminación de todo esto llegó en el siglo XIII. Este es el siglo de oro de la Edad Media. Es la época de los grandes escolásticos y de Inocencio III. Es la época del florecimiento de las universidades de París, Oxford y Bolonia. Pero sobre todo es la época de las Ordenes Mendicantes de San Francisco de Asís y de Santo Domingo de Guzmán.

a) SAN FRANCISCO Y LA ORDEN DE HERMANOS MENORES. San Francisco,[108] cuyo verdadero nombre era Juan, nació a fines del siglo XII en la población italiana de Asís. Desde su juventud, Francisco mostró su sensibilidad religiosa. Su devoción se dirigía principalmente hacia la contemplación de los sufrimientos de Jesucristo. Fue cuando tenía casi treinta años que Francisco se sintió llamado a contraer matrimonio con "la señora pobreza" y a dedicarse a la predicación de lugar en lugar. En su propio pueblo de Asís comenzó San Francisco su tarea, y es interesante que en su caso no se cumplió el dicho según el cual "nadie es profeta en su tierra", pues pronto algunos de sus compañeros de infancia se unieron a él. Estos también vendían todo cuanto tenían y lo daban a los pobres a fin de estar libres para la tarea de la predicación que estaba por delante. Poco después Francisco y un grupo de los suyos fueron a Roma, donde obtuvieron la aprobación de Inocencio III y con ello quedaron constituidos en la Orden de Hermanos Menores.

En la nueva situación europea, con ciudades cuyo crecimiento hacía perder eficacia al antiguo sistema eclesiástico de división parroquial, la Orden de Hermanos Menores vino a llenar una verdadera necesidad. Su flexibilidad y su celo le permitían llenar necesidades que la estructura jerárquica y territorial de la Iglesia no podía satisfacer. A los

---

[108] La edición crítica de las obras de San Francisco fue publicada en el año 1904 por los franciscanos del Colegio de San Buenaventura en Quaracchi. Las biografías y ensayos acerca de San Francisco son tantos que no podemos aquí hacer referencia a ellos. Véase la bibliografía que aparece en el volumen de la B.A.C.: *San Francisco de Asís* (Madrid, 1956).

quince años de su fundación, la nueva orden había alcanzado a todas las regiones de Europa y aun más allá de los límites de dicho continente.

La predicación en tierra de infieles fue siempre una de las principales preocupaciones de San Francisco. El mismo visitó repetidamente los territorios musulmanes, y el último capítulo de su Regla trata acerca de "los que van entre los sarracenos y otros infieles".[109]

En unos pocos años había misioneros franciscanos desde Marruecos en el occidente hasta Pekín en el oriente. Entre los musulmanes, los franciscanos se ocuparon de continuar el trabajo misionero en Tierra Santa aun después del fracaso de las Cruzadas. En esta obra ha habido a través de los siglos más de dos mil mártires.[110] También en Marruecos y en el sur de España, que en esa época era territorio musulmán, fueron muchos los franciscanos que derramaron su sangre dando testimonio de su Señor. Hacia el oriente fueron franciscanos como Juan de Plano Carpino, Odorico de Udine, y, sobre todo, Juan de Montecorvino.[111]

En el año 1275 Juan de Montecorvino comenzó una vida de misiones en el Oriente que continuaría hasta su muerte. Fue delegado papal ante el Ilkán de Persia, que después de la invasión mongólica gobernaba los territorios que antes habían pertenecido a los califas abasidas de Bagdad, y ante el Emperador de Etiopía. Más tarde fue a la India, donde en la región de Madrás logró fundar una comunidad cristiana. Siguió camino hacia Pekín, en la China, que fue el escenario del resto de su vida como misionero. En Pekín Juan de Montecorvino logró cierta libertad de acción y respeto por parte de los funcionarios civiles de la población. Su obra tuvo tal éxito que pronto otros le si-

---

[109] *Segunda regla,* cap. xii.
[110] Los documentos pertinentes se hallan recogidos en la obra monumental de G. Golubovicj, *Biblioteca Bio-bibliografica della Terra Santa e dell'Oriente Francescano* (Quaracchi, 1906-1954). Tras la muerte de Golubovich, esta obra ha sido continuada por Zanella y Roncaglia.
[111] O. van der Vat, *Die Anfänge der Franziskanermissionen und ihre Weiterentwicklung im nahen Orient und in den mohammedanischen Ländern wärend des 13. Jahrhunderts* (Werl in Westf., 1934); M. A. Habig, *In Journeyings Often: Franciscan Pioneers in the Orient* (St. Bonaventure, New York, 1953); C. Dawson, *The Mongol Mission: Narratives and Letters of the Franciscan Missionaries in Mongolia and China in the Thirteenth and Fourteenth Centuries* (London, 1955); A. Goetz, *Heilige, Märtyrer und Helden aus der Missionsgeschichte des Ordens des heiligen Franziskus* (Aschaffenburg, 1957). Un buen estudio sistemático es: L. Lemmens, *Geschichte der Franziskanermissionen* (Münster in Westf., 1929).

guieron —entre ellos Arnoldo de Colonia— y el propio Papa fundó un Arzobispado de Pekín en el cual colocó a Juan de Montecorvino. Luego llegaron otros misioneros, la mayor parte de ellos franciscanos con la categoría de obispos, y Juan extendió su trabajo a otras regiones de la China. Su obra llevó tal sello de amor y de respeto que a su muerte fue venerado tanto por los cristianos como por quienes no lo eran.

Aunque no pertenecía a la Orden de los Hermanos Menores, es éste el sitio donde debemos señalar la obra y el interés misioneros de Ramón Lull,[112] conocido también como Raimundo Lulio. Lull nunca llegó a ser franciscano, pero el espíritu de San Francisco fue uno de los principales motivos propulsores de su vida. Separando la leyenda de la realidad histórica, podemos decir que Ramón Lull nació en Mallorca alrededor del año 1235. Su juventud transcurrió entre la aristocracia del país. Cuando tenía poco más de veinte años contrajo matrimonio. Aún después de casarse, Ramón Lull continuó llevando una vida disoluta, en lo que a amores se refiere, según él mismo cuenta en su *Liber de contemplació en Deu*, hasta que, a los treinta años de edad se produjo su conversión: estaba escribiendo ciertos versos amorosos cuando repetidamente tuvo una visión del Cristo crucificado.[113] Esto le hizo arrepentirse de sus caminos y emprender una nueva vida cuyos propósitos serían el trabajo misionero entre los infieles, la producción de libros rebatiendo sus errores, y la fundación de monasterios donde se prepararían misioneros para ir a ellos. Durante nueve años estuvo estudiando latín y árabe, preparándose para su misión. Después fue al monte Randa, donde se dice que recibió por una iluminación buena parte de su sabiduría —razón por la cual se le da el título de *Doctor Iluminado*. Siguieron repetidos viajes por las principales capitales de Europa, especialmente París y Roma, tratando de que las autoridades estableciesen centros de estudios de lenguas orientales donde pudieran prepararse quienes habrían de ser misioneros. Todo el resto de su vida transcurrió en gestiones de este tipo, con paréntesis durante los cuales visitó distintas regiones del norte de Africa para predicar a los musulmanes. En dos ocasiones fue expulsado, y la tercera fue apedreado antes

---

[112] Véase la extensa bibliografía que aparece en: Ramón Lull, *Obras literarias*, B.A.C., XXXI (Madrid, 1948), pp. 81-93. Después de esta bibliografía se publicó la valiosa edición catalana: Ramón Lull, *Obres essenciales*, 2 Vols. (Barcelona, 1957).
[113] *Vita beati Raymundi Lulli*, ii; B.A.C., XXXI, 46.

de enviarle de regreso a Mallorca. Se dice que murió a consecuencia de sus heridas en el barco que le llevaba a su patria. Aunque Lull no llegó a ver el establecimiento de los centros de estudio que fueron su principal interés, su obra no dejaría de dar frutos, y pronto se fundaron en Europa centros de estudio de lenguas no cristianas, principalmente el árabe y el hebreo.

b) Santo Domingo y la Orden de Predicadores. Aunque durante el período que estamos estudiando fue la orden de San Francisco la que más extensión geográfica alcanzó, la Orden de Predicadores, fundada por Santo Domingo de Guzmán, hizo también una gran contribución al trabajo misionero.

Santo Domingo era castellano de nacimiento,[114] y fue agustino antes de sentirse llamado a fundar la orden que corrientemente se conoce por su nombre. Santo Domingo sintió este llamamiento cuando, en compañía de su obispo Don Diego de Acevedo, atravesaba el sur de Francia. La herejía de los cátaros florecía en la región, y para detenerla la Iglesia y los estados del norte habían decretado una cruzada. La crueldad de los cruzados, cuyos motivos eran más políticos que religiosos, hacía poco para lograr la conversión de los cátaros. En esta situación, Don Diego y Domingo se percataron de que el único modo de enfrentarse eficazmente a la herejía era el de la persuasión, y que ésta debía ser emprendida por monjes de total dedicación y amplia erudición. Cuando Don Diego regresó a su diócesis en Francia, Domingo quedó a cargo de esta obra y se dedicó a organizarla y extenderla hasta que, en el año 1215, el papa Inocencio III la reconoció como una orden legítima de la Iglesia.

A diferencia de los franciscanos, los dominicos —que así se llama corrientemente a los miembros de la Orden de Predicadores de Santo Domingo— subrayaron desde sus mismos comienzos la necesidad del estudio profundo para llevar a cabo su misión. Por esta razón, se distinguieron en el trabajo que llevaron a cabo en las universidades —aunque es necesario notar que también los franciscanos se establecieron desde muy temprano en dichos centros de educación. A esta orden pertenecieron algunos de los más distinguidos teólogos del siglo XIII,

---

[114] Véase: F. Fernández y Alvarez, *Santo Domingo de Guzmán* (Buenos Aires, 1946).

como Alberto el Grande y Santo Tomás de Aquino. Sin embargo, a pesar de su interés en la erudición, los dominicos no perdieron de vista su propósito misionero. Así, por ejemplo, se dice que la *Suma contra Gentiles* de Santo Tomás de Aquino fue escrita con el propósito de servir de manual de teología a los misioneros en tierras musulmanas.

Los dominicos se destacaron sobre todo por su trabajo misionero entre judíos y musulmanes.[115] Como es de suponerse, este tipo de trabajo requería una preparación intelectual mucho más amplia de la que requería el que se llevaba a cabo entre paganos de cultura inferior. En la obra de conversión de los musulmanes, se distinguió Guillermo de Trípoli, quien en esa ciudad, e indudablemente ayudado por la presencia de los cruzados, logró la conversión de gran número de musulmanes.[116]

Fue entre los judíos, y particularmente en España,[117] que los dominicos lograron sus más espectaculares conversiones. Dentro de este contexto debemos mencionar a Raimundo de Peñaforte, y sobre todo a San Vicente Ferrer.[118] Vicente nació en Valencia en el año 1350, y se unió a la Orden de Predicadores cuando tenía apenas dieciocho años. Pronto se destacó por sus dotes de predicador y de estudioso, y en el año 1385 llegó a ocupar la cátedra del Cabildo Central de Valencia. Su gran trabajo de predicación a los judíos comenzó en el año 1390 cuando el cardenal Pedro de Luna, que más tarde llegaría a ser Papa, le llevó consigo en un recorrido por la Península. Desde entonces se dedicó San Vicente a una obra de predicación en la que logró la conversión de miles de judíos, incluso un rabino que más tarde llegó a ser obispo.

La vida toda de San Vicente estuvo llena de visiones que le hacían sentir nuevos llamamientos de Dios. Por el año 1398 tuvo una visión en la cual Jesucristo le ordenaba que se dedicase a predicar la proximidad del juicio final. Esta visión le llevó por toda Europa hasta su

---

[115] También estuvieron representados en la obra del Oriente: J. M. Coll, "Participación española en las misiones de la Tartaria durante el siglo XIV", *Missionalia Hispanica*, VII (1950), pp. 163-191.
[116] B. Altaner, *Die Dominikanermissionen des 13. Jahrhunderts* (Habelschwe rdt., 1924), pp. 85-88.
[117] Acerca de las misiones de los dominicos entre los musulmanes de España, véase: Altaner, *op. cit.*, pp. 89-98.
[118] Véase la documentación bibliográfica que aparece en: M.-M. Gorce, *Saint Vincent Ferrier* (Paris, 1924).

muerte, en el año 1419. Fue canonizado poco después, y por su labor entre los judíos se le conoce como "el Apóstol de los Judíos".

c) La Continuación del Ideal de la Cruzada. El ideal de la Cruzada siguió ocupando un lugar de importancia en la vida europea a través de todo el resto de la Edad Media y hasta bien entrada la Edad Moderna. De las verdaderas Cruzadas, es decir, las dirigidas hacia la conquista de la Tierra Santa, sólo la primera logró un éxito notable. Pero el ideal de las Cruzadas había quedado sembrado en el espíritu medieval y renacería en diversas ocasiones. Ya hemos visto cómo en España se le dio el carácter de cruzada a la guerra de reconquista, aunque ésta era anterior a las expediciones a Tierra Santa. También en Francia se promulgó una cruzada, no ya contra los musulmanes, sino contra los herejes cátaros del sur del país. Durante el período que estamos estudiando, el método de las cruzadas se usó especialmente para extender el cristianismo hacia la región del centro de Europa, sobre todo en las costas del Báltico y en lo que hoy es Finlandia. Mediante una cruzada fue conquistada Livonia y luego Prusia, Lituania y parte de Estonia. Para estas cruzadas se utilizó la orden monástico-militar de los Caballeros Teutónicos. Aunque esta orden tenía ciertas características monásticas, estaba formada por soldados que invadían una región, la conquistaban en el nombre de Cristo y luego la gobernaban y explotaban en su propio provecho y sin prestar gran atención a los intereses de los habitantes.[119] Hacia Finlandia, el rey Eric el Bueno de Suecia llevó otra cruzada que subyugó la región.[120] Además, hubo cruzadas que fueron dirigidas contra otros cristianos, unas sin premeditación, como en el caso de la que tomó a Constantinopla, y otras con toda intención, como la que fue dirigida contra Federico II.

2. *La Expansión del Cristianismo Oriental.*

Como era de esperarse, la toma de Constantinopla por los cruzados, y después la constante presión de los turcos, no permitieron a esa antigua metrópoli cristiana hacer una amplia tarea misionera. Además, Cons-

---

[119] H.E.C., II, pp. 199-211.
[120] Westman och Sicard, *op. cit.*, p. 55.

tantinopla había quedado rodeada por los musulmanes a un lado y por otros cristianos al otro. Por lo tanto, corresponde a la Iglesia Rusa la tarea de continuar extendiendo el cristianismo ortodoxo. Aunque al principio la conversión de Rusia fue bastante superficial, poco a poco fue haciéndose más profunda y llegando a penetrar en la vida del pueblo. Cuando en el siglo XIII los mongoles invadieron la región, el cristianismo vino a ser símbolo de unidad nacional para los rusos. Puesto que los mongoles eran tolerantes con el cristianismo, éste pudo extenderse bajo el ala de la relativa calma que los nuevos conquistadores habían impuesto en la región circundante. Hacia el oriente, el cristianismo ruso se extendió hasta la ciudad de Sarai, capital de los mongoles. Además, hacia el norte se extendió entre los finlandeses y lapones. Al principio esta expansión no fue el resultado de un impulso de expansión misionera. Se trataba sencillamente de algunos cristianos rusos que, por no vivir bajo el dominio de los mongoles, emigraban hacia el norte y allí establecían ermitas que luego se convertían en monasterios y por último daban lugar a pequeñas poblaciones. Esto puso a los rusos en contacto con pueblos no cristianos, y por esta razón les dio un nuevo impulso misionero.[121]

El más importante de los misioneros entre los finlandeses fue San Esteban de Pema.[122] Esteban era un erudito que abandonó sus libros con el propósito de ir a llevar las nuevas del Evangelio a los finlandeses que vivían al norte de Rusia. Al igual que tantos otros antes y después, Esteban redujo a la escritura el idioma de aquéllos entre quienes trabajaba. Además se dedicó a la obra social entre su rebaño, defendiéndole frente a los invasores extranjeros y ayudándole a obtener el alimento en tiempo de escasez. Su prestigio aumentó a través de algunos milagros, y pronto logró bautizar a buen número de finlandeses, entre quienes fundó monasterios y se dedicó a adiestrar y establecer un clero nativo. A su muerte, sus discípulos San Jerónimo y San Pitirim continuaron su obra, que sellaron con el martirio. Pero el cris-

---

[121] E. Smirnoff, *A Short Account of the Historical Development and Present Position of Russian Orthodox Missions* (London, 1903), pp. 3-4; J. Glazik, *Die russisch-orthodoxe Heidenmission seit Peter dem Grossen* (Münster, 1954), pp. 7-13.
[122] S. Bolshakoff, *The Foreign Missions of the Russian Orthodox Church* (London, 1943), pp. 29-30; Smirnoff, *op. cit.*, pp. 4-5; Glazik, *op. cit.*, pp. 19-21; N. Struve, "The Orthodox Church and Mission", en: *History's Lessons for Tomorrow's Mission*, pp. 106-108.

tianismo siguió extendiéndose en la región gracias al recuerdo y al impulso de la obra de Esteban.

También entre los lapones y hacia el Mar Blanco se extendió la obra misionera del cristianismo ruso, mas no tenemos noticias exactas y fidedignas acerca de esta obra. En Lituania se estableció el cristianismo ortodoxo a través de las conquistas rusas de los siglos XIII y XIV, pero cuando los lituanos vinieron a formar parte del Reino de Polonia la iglesia ortodoxa que allí existía se unió al cristianismo romano.[123]

CONSIDERACIONES GENERALES

Al terminar nuestro estudio de la expansión del cristianismo durante la Edad Media, debemos detenernos a hacer algunas consideraciones generales acerca de esa expansión. Fue durante la Edad Media que el cristianismo logró arraigarse en el norte de Europa, y que se extendió además hacia la China y Rusia. Por otra parte, fue también durante este período que el cristianismo sufrió ante el Islam algunas de sus pérdidas territoriales más notables. Todo esto da testimonio del carácter complejo de los mil años que reciben el nombre de Medioevo, y que no conviene simplificar como si se tratase de una realidad monolítica, sin variaciones y vacilaciones de ninguna clase.

Sin embargo, es posible extraer de las páginas que anteceden ciertas generalidades que pueden ayudarnos a comprender el carácter de la expansión del cristianismo durante la Edad Media.

En primer lugar, resulta interesante notar que la conversión en masa de todo un pueblo o una nación, lejos de ser un fenómeno fuera de lo común, fue durante toda la Edad Media el modo de conversión más frecuente. Naturalmente, esto redundaba casi siempre en perjuicio de la comprensión del Evangelio por parte de los nuevos conversos, y para hacerles comprender algo del carácter de su nueva fe era necesario un largo proceso de educación que a menudo no se siguió. La mente moderna, acostumbrada como está a pensar en términos individualistas,

[123] Bolshakoff, *op. cit.*, pp. 26-29.

siente cierta repugnancia hacia tales conversiones en las que no se le permitía al individuo decidir acerca de su propia religión. Pero es necesario recordar que en la sociedad medieval se acostumbraba hacer las decisiones colectivamente, y que hubiera sido poco realista esperar la conversión de personas individuales aparte de sus comunidades.

En segundo lugar, estas conversiones en masa ocurrían a menudo mediante la acción de un rey, que bien podía ser el de la propia nación —como en el caso de los reyes de Inglaterra— o bien podía ser un invasor que veía en el cristianismo un apoyo para su política expansionista —como en el caso de Carlomagno y los sajones. Las más de las veces la función del rey en la conversión se limitaba a prestar el patrocinio de su prestigio a la nueva fe, pero fueron frecuentes los casos en que el rey apeló a la fuerza para llevar a sus súbditos a las aguas bautismales. Además hubo ocasiones en las que, con el fin de proteger sus fronteras, un gobernante envió misioneros a los países vecinos —como en el caso de la protección prestada a Bonifacio por parte de Carlos Martel.

En tercer lugar, ha de señalarse la importancia del monaquismo en la expansión de la fe cristiana. Son frecuentes los casos de monjes que abandonaban sus antiguos lares en busca de soledad y resultaban ser, sin ellos proponérselo, precursores y fundadores del cristianismo en regiones a donde éste no había llegado aún. En otros casos —como en el de muchos monjes irlandeses— quienes se lanzaban a tierras de paganos lo hacían conscientes de su responsabilidad misionera, pero con el propósito primordial de hacer de su obra entre los paganos un acto más de renunciación. Por otra parte, aun en casos como el de los franciscanos y dominicos, para quienes la tarea misionera constituía el primer interés, la disciplina monástica fue uno de los pilares de su obra.

En cuarto lugar, conviene notar que el Papa y la jerarquía romana no tuvieron en la expansión del cristianismo medieval la preponderancia que podría suponerse. De hecho, antes de la misión de Agustín a Inglaterra, no tenemos noticias fidedignas de caso alguno en que el Papa se haya ocupado de enviar misioneros, y luego de dirigirles en su labor. Más tarde Bonifacio y Willibrordo establecieron relaciones con Roma, pero no fue ésta la que los envió en primera instancia. Si bien las Cruzadas recibieron de Roma parte de su impulso inicial, no puede decirse que su propósito haya sido misionero en el sentido estricto. Las órdenes de San Francisco y Santo Domingo tampoco surgieron por iniciativa papal, aunque sí se colocaron a las órdenes de la sede romana, y consideraron que un aspecto fundamental de su misión consistía en traer a todo el mundo a la obediencia de esa sede. Esto no quiere decir que Roma no haya gozado de gran prestigio, influencia y autoridad, especialmente durante los mejores siglos de la Edad Media, pero sí señala el hecho de que, a pesar de esa preponderancia, su papel en la expansión del cristianismo no fue tan central como lo sería más tarde. De hecho, no fue sino en la Edad Moderna que se comenzó a organizar el trabajo misionero católico de tal modo que todo fuese supervisado y dirigido desde Roma.

Por último, debemos decir algo acerca del mensaje de los misioneros medievales. El punto de partida de la mayoría de los sermones misioneros de la Edad Media que se conservan es un ataque a los dioses paganos. Unas veces se les acusa de impotencia y otras se dice que en ellos habita el diablo o alguno de sus representantes. Pero siempre se invita a los oyentes a abandonarles e ir en pos del solo Dios verdadero. Este ha enviado a su Hijo Jesucristo para salvar al mundo, pero quien no le siga sufrirá los tormentos del fuego eterno. Por otra parte, los misioneros señalan la prosperidad de los países cristianos, y prometen a sus oyentes bendiciones semejantes. Si el rey ha de presentar batalla al enemigo, o si hay peligro de que la cosecha se pierda, el misionero promete que su Dios ha de ayudar a sus seguidores. En última instancia, si esto no basta, algunos misioneros recurren a las amenazas y hasta a la fuerza.

Tal era el mensaje y tales los métodos de los misioneros cristianos de la Edad Media y, por muy errados que puedan parecer a un cristiano del siglo XX, nadie puede negar que tuvieron buen éxito, y que los pueblos que a través de ellos aceptaron el cristianismo fueron fieles a su fe durante siglos. En más de una ocasión los pueblos convertidos por los métodos menos adecuados dieron origen a fuertes movimientos misioneros, si bien es necesario notar que algunos de ellos —como los sajones— pronto comenzaron a utilizar métodos tan poco cristianos como los que habían sido empleados para su propia conversión.

5 | LAS MISIONES EN LA EDAD MODERNA

La segunda mitad del siglo quince y la primera parte del dieciséis se caracterizan por una serie de cambios que venían gestándose desde siglos antes, pero que culminan todos en este período de tal manera que puede decirse que comienza entonces una nueva etapa en la historia de Europa. En el año 1453 los turcos otomanos tomaron la ciudad de Constantinopla y con ello dieron fin a la larga historia del Imperio Bizantino. Aunque desde algunos siglos antes Constantinopla había ido perdiendo su importancia como centro misionero, a partir de esta fecha esa importancia será casi nula. Al mismo tiempo, los exploradores de Europa occidental, sobre todo de España y Portugal, comienzan a descubrir nuevas tierras y nuevos caminos a territorios ya conocidos. En el año 1492 Cristóbal Colón descubre la América. En 1497 y 1498 Vasco da Gama rodea el Africa y llega hasta la India. Sólo veinticuatro años más tarde Magallanes y su sucesor El Cano le dan la vuelta al mundo. Estos viajes abren nuevos horizontes al cristianismo europeo, y muy especialmente al de España y Portugal. Los descubrimientos y la caída de Constantinopla se conjugan para cambiar totalmente el cuadro geográfico de la expansión del cristianismo, que ahora partirá principalmente del extremo occidental de Europa hacia la América por una parte, y hacia el Oriente, por otra.

En la propia Europa, aparecen en este período y en los siglos inmediatamente anteriores movimientos y condiciones que pudieran haber hecho suponer que el cristianismo no estaría en condiciones de emprender la vasta labor misionera que los nuevos descubrimientos colocaban frente a él. La antigua unidad política se iba perdiendo debido al creciente nacionalismo. La unidad filosófica de la alta escolástica había desaparecido ante los embates del nominalismo. La propia unidad eclesiástica había sufrido las consecuencias de una serie de hechos que tendían a debilitar la autoridad del Papa. Primero fue el período del papado en Avignon, luego el Gran Cisma de Occidente y por último el movimiento conciliarista. La moral de los altos dirigentes de la Iglesia era dudosa, como lo hacían entender las muchas voces que en el siglo XV se alzaron para protestar contra ella. Además, había quienes en las universidades y demás centros de estudio se preguntaban si la Iglesia estaba siendo verdaderamente fiel al mensaje de las Escrituras, o si su teología lo había pervertido.

Todo esto culminó en la Reforma del siglo XVI, cuando hombres como Lutero y muchos otros protestaron enérgicamente contra la teología y las prácticas de la Iglesia Romana. La división que se siguió es de todos conocida, y podemos preguntarnos si no debilitó el impulso misionero del cristianismo europeo hacia las tierras recién descubiertas.

Era la época de la culminación del Renacimiento en Italia y del desarrollo del humanismo en el norte de Europa. El Renacimiento italiano, muy especialmente, tendía a centrar su interés en la antigüedad clásica, de tal modo que el período cristiano de la historia de Europa era visto con cierto desprecio. Por su parte, el humanismo mostraba cómo a través de la historia los antiguos documentos cristianos, y muy especialmente las Escrituras, habían sido tergiversados y mal interpretados. Con la invención de la imprenta de tipos movibles, era fácil hacer llegar estas ideas a círculos donde antes no hubiesen penetrado.

Todos estos cambios en la condición europea planteaban un gran reto para el cristianismo. Desde el punto de vista de nuestra historia, planteaban la pregunta de si éste sería capaz de enfrentarse a las oportunidades que los nuevos descubrimientos geográficos abrían o si sencillamente quedaría estancado en el viejo continente europeo.

Durante la primera parte del período que nos ocupa, casi todas las misiones cristianas fueron llevadas a cabo por católicos romanos. Más tarde aparecen en escena las misiones protestantes. Pero no es inexacto decir que el período que va del siglo XVI al XVIII se caracteriza por una expansión geográfica del catolicismo mucho más rápida y amplia que la del protestantismo. En cuanto al cristianismo oriental, éste continuó existiendo en los mismos lugares donde antes había estado representado, y fue sólo el cristianismo ruso el que logró extenderse hacia nuevas regiones.

A. LAS MISIONES CATOLICORROMANAS

1. Las Razones de la Preponderancia de las Misiones Católicas.

Aunque las razones que hicieron que el catolicismo romano se extendiera más que el cristianismo protestante durante el período que nos ocupa son en cierta medida objeto de conjeturas, podemos señalar las siguientes:

a) La Ventaja Geográfica del Catolicismo. El protestantismo nació en el centro de Europa, en regiones carentes de costas o al menos de gran poderío marítimo. Cuando logró conquistar naciones como Holanda, Inglaterra y los países escandinavos, éstas no eran potencias navales. La gran época de expansión marítima de los escandinavos había pasado, y la de los ingleses y holandeses no había llegado aún. El catolicismo romano, por el contrario, logró conquistar para sí a España y Portugal, que eran por ese entonces las dos grandes potencias marítimas. Cuando estos países comenzaron a perder importancia, su lugar en el avance misionero católico fue ocupado por Francia. Como era de esperarse, en los países que tenían comercio constante con las distantes regiones de América y del Lejano Oriente sería mucho más vivo el interés misionero, además de que esos países contribuirían a extender el cristianismo romano mediante sus conquistas militares y económicas.

b) La Ventaja Militar y Política. Durante sus primeros años, el protestantismo se vio amenazado de muerte por la presión militar y política que ejercían sobre él las grandes potencias de Europa. Alemania y Suiza, que fueron los dos focos iniciales del movimiento protestante, no eran aún naciones unificadas, y al principio de la Reforma el emperador que gobernaba los territorios donde el nuevo movimiento nació era Su Majestad Católica Carlos I de España, Carlos V de Alemania. Holanda pertenecía a la corona española. Los países escandinavos estaban demasiado lejos para intervenir activamente en la contienda, y sólo Suecia, bajo el rey Gustavo Vasa, logró hacer sentir su poderío militar de una manera decisiva. En cuanto a Inglaterra, la supervivencia del protestantismo en ella estuvo en duda durante algún tiempo, y en todo caso, durante los primeros años del período que nos ocupa, no era aún una de las grandes potencias europeas. Debido a estas razones, el protestantismo se vio repetidamente amenazado por las guerras de religión, mientras que el catolicismo siempre tuvo fuerzas que utilizar para el trabajo misionero en tierras lejanas.

c) La Unidad Catolicorromana. No cabe duda de que otra de las ventajas de que gozó la Iglesia Romana frente al protestantismo en lo que a las misiones concierne fue su propia unidad interna. Durante siglos las divisiones internas del protestantismo le impidieron enfrentarse coordinadamente al reto misionero. El catolicismo, por su parte, aunque no era la masa monolítica que a menudo algunos protestantes suponen, sí tenía cierta capacidad de coordinar su acción. Así, por ejemplo, en diversas ocasiones Roma sirvió de árbitro entre distintas potencias católicas que pretendían establecerse en algunos de los nuevos territorios. Además, aunque la expansión misionera se llevó a cabo a través de las diversas órdenes religiosas y de las conquistas de los países católicos, Roma pudo ofrecer ciertas directrices generales y establecer instituciones como la *Sacra Congregatio de Propaganda Fide*. La Propaganda, cuya sede estaba en Roma y que continúa existiendo hasta el presente, fue fundada en el año 1622. Su función era la de servir de instrumento para la preparación y supervisión del trabajo misionero, no sólo entre no cristianos, sino también entre protestantes y otros no católicos. Pronto contó con un colegio en el que se educaban jóvenes de distintas nacionalidades, y con una magnífica imprenta en la que se producían libros en diversos idiomas. Como es de suponerse, esta organización contribuyó grandemente al trabajo misionero de la Iglesia Romana.[1]

---

[1] K. Pieper, *Die Propaganda: Ihre Entstehung und religiöse Bedeutung* (Aachen, 1922).

d) La Continuación de un Viejo Impulso. Para la Iglesia Romana, el trabajo misionero era la continuación de un viejo impulso que había existido a través de toda su historia y que había cobrado una preponderancia notable a partir de la fundación de las órdenes mendicantes en el siglo XIII. Había amplios tratados que mostraban la necesidad del trabajo misionero, y algunos que versaban sobre sus métodos. El protestantismo, por el contrario, en su afán por regresar a la Biblia, se veía a menudo obligado a poner en tela de juicio cuanto había recibido de la tradición, y a construir de nuevo toda su teología desde sus propias bases. Como consecuencia de esto, los viejos argumentos en pro de las misiones fueron puestos en duda, y el propio Lutero llegó a afirmar que el mandamiento de Jesús enviando a sus discípulos a ir por todo el mundo y predicar el Evangelio se limitaba a los apóstoles, que ya lo habían cumplido. Por tanto, según Lutero, no era necesario que los cristianos continuasen tomando este mandamiento como una obligación. Como es de suponerse, esto detuvo en gran manera el avance misionero del protestantismo, hasta que los propios protestantes comenzaron a percatarse del error de esta interpretación.

e) Las Ordenes Monásticas. Lutero y la inmensa mayoría de los protestantes rechazaron el monaquismo como una perversión del Evangelio. Naturalmente, les llevaban a ello los muchos abusos y tergiversaciones que del ideal monástico se habían hecho, además de los conceptos errados de la justificación que habían dado origen al ideal monástico mismo. Sin embargo, al rechazar de plano el monaquismo, la Reforma se deshizo de uno de los más útiles y antiguos instrumentos misioneros. A través de toda la historia de la Iglesia, y sobre todo en la Edad Media, los monjes eran quienes más se habían distinguido en la expansión del Evangelio. Aun cuando el cristianismo se imponía en alguna zona por la fuerza de las armas, siempre eran los monjes quienes seguían a los soldados, y con su labor de instrucción y predicación hacían sincera la conversión que antes había sido forzada. Al deshacerse del monaquismo, el protestantismo quedó obligado a descubrir y crear nuevos instrumentos misioneros, y era de esperarse que esto tomaría siglos.

2. *Las Misiones Españolas.*

a) La Unificación Religiosa de España. Si bien el último foco que escapaba a la dominación política por parte de los cristianos en España desapareció en el año 1492 con la rendición de Granada, esto no quiere decir que a partir de esa fecha toda la población española haya sido cristiana. Al contrario, quedaban fuertes minorías judías y musulmanas.[2] En el mismo año de 1492 los Reyes Católicos ordenaron que todo judío que rechazase el bautismo tendría que abandonar España. Aunque fueron muchos los que aceptaron el bautismo, se planteaba la cuestión de la sinceridad de su conversión. Esto a su vez hacía necesarios los oficios de la Inquisición, fundada por un proceso gradual que culminó en el siglo XIII, y cuya función en España y en la época que nos ocupa era en parte la de descubrir entre los "nuevos cristianos" a aquéllos que en realidad continuaban siendo judíos. El odio del pueblo español a los "marranos" —que así llamaban a los judíos en señal de desprecio— se hizo cada vez mayor, y fueron muchos los que emigraron hacia otros países de Europa o hacia el norte de Africa.

Los musulmanes se encontraban sobre todo en el sur del país. Según los términos de la capitulación de Granada en el año 1492, se toleraría la religión de los musulmanes. Durante algún tiempo este principio se aplicó, pero el cardenal Jiménez de Cisneros, pensando que esto reflejaba una debilidad imperdonable, trató de exigir la conversión de los musulmanes. Hubo rebeliones que fueron aplastadas sin misericordia. Por fin, en el año 1524, Carlos V expulsó de España a todo musulmán que no estuviese dispuesto a aceptar el bautismo. Aun así, los "moriscos" —que así se llamaba a los musulmanes convertidos— plantearon el mismo problema que los judíos conversos, y pronto la Inquisición comenzó a vérselas con ellos. En el año 1567 Felipe II prohibió que los moriscos conservasen sus costumbres, vestimentas y lengua peculiares y les ordenó que se adaptasen a las costumbres españolas. Tras las consiguientes rebeliones y matanzas, en el año 1609 los moriscos que aún conservaban sus costumbres fueron expulsados de España. De este modo quedaba unificado el reino, no sólo en su religión propiamente dicha, sino también en sus costumbres e idioma.

b) La América. Es sorprendente el hecho de que, aun antes de lograr la total asimilación de los residuos musulmanes y judíos que en ella quedaban, España se lanzó a llevar su poderío, su fe y su cul-

---

[2] M. Menéndez Pelayo, *Historia de los heterodoxos españoles*, 2 Vols. (Madrid, 1956), Vol. II, pp. 710-734.

tura a territorios muchas veces más extensos que ella misma. La primera mitad del siglo XVI fue testigo de un desbordamiento sin precedentes en el que España se derramó sobre el Nuevo Mundo. Las razones que dieron lugar a ese fenómeno son objeto de conjeturas y especulación, pero podemos decir al menos que España se lanzó al Nuevo Mundo impulsada por tres móviles capaces de unir en una aventura común a los espíritus más disímiles: la gloria, el oro y la religión. Para aquellos cuya ambición era alcanzar gloria y renombre, el Nuevo Mundo prestaba la ocasión de conquistar tierras nunca antes soñadas. Para quienes sólo deseaban enriquecerse, las "Indias" ofrecían sus leyendas de grandes tesoros, que algunas veces resultaron ser ciertas. Por último, la existencia de amplios territorios no evangelizados atraía a quienes hacían de la religión el motivo central de sus vidas, y sobre todo a los miembros de las órdenes regulares.

La expansión de España en el Nuevo Mundo durante el siglo XVI es sorprendente. En el año 1492 Colón llegó por primera vez a estas tierras. En el 1496 fundó la ciudad de Santo Domingo de Guzmán en la isla a que dio el nombre de La Española. Ya en el año 1500 Juan de la Cosa daba a conocer el primer mapa de las nuevas tierras. Por la misma época se exploraba la costa norte de Sudamérica y buena parte de la América del Norte. En el año 1508 Sebastián de Ocampo bojeó la isla de Cuba, y con ello probó que no formaba parte de un continente. La expedición de Vasco Núñez de Balboa, en los años 1509 a 1515, descubrió el océano Pacífico. En el 1513 don Juan Ponce de León desembarcó en la Florida, y dos años más tarde Juan Díaz de Solís llegó al Río de la Plata. Las expediciones a las costas de Norteamérica y a través del continente fueron muchísimas, pero entre ellas se destaca la de Alvar Núñez Cabeza de Vaca, quien en los años 1528 a 1536 atravesó el continente desde Tejas hasta el océano Pacífico. Hernando de Soto llegó desde la Florida hasta el Misisipí en los años 1539 a 1541. Al mismo tiempo, Francisco de Orellana exploraba la cuenca del Amazonas. El propósito principal de estos viajes era buscar un camino hacia el Oriente y descubrir los ricos tesoros que se suponía los indios tenían. Además, no cabe duda de que tales exploraciones se debieron también al espíritu de aventura que se adueñó del alma española durante el siglo XVI.

A los exploradores siguieron los conquistadores. Las Antillas Mayores no ofrecieron gran resistencia al impulso español, y pronto todos los aborígenes quedaron sometidos a sus nuevos amos. Como centros de operaciones para viajes y conquistas futuras, los españoles fundaron ciudades que perduran hasta el día de hoy. Además de la ciudad de Santo Domingo, que ya hemos mencionado, fundaron en el año 1508 la ciudad de Puerto Rico (hoy San Juan), en el 1514 la ciudad de Santiago de Cuba, y en el 1515 La Habana. En 1519 Hernán Cortés desembarcó en México, y dos años más tarde la conquista del Imperio Azteca quedó completada. Tras algunos intentos fallidos, Francisco Pizarro y Diego de Almagro emprendieron la conquista definitiva del Perú. Dos años más tarde, los españoles se adueñaban de Cuzco. Aunque pronto siguió la guerra civil entre los bandos de Pizarro y Almagro, la conquista del Imperio Inca se había realizado. A partir de este momento los principales centros de la cultura y civilización precolombinas, excepto Yucatán, quedaron en manos españolas. La conquista de la América Central y Yucatán comenzó en el año 1523 y tomó menos de veinte años. Con esto, y con otras conquistas menores en el Río de la Plata, el Paraguay y Norteamérica, se completan las grandes conquistas españolas en el continente americano.

Como era de esperarse, tras los descubridores y conquistadores vinieron los colonizadores. El principal propósito de éstos no era descubrir nuevas tierras, sino establecerse en centros de población donde pudieran lograr ciertas ganancias con el comercio, la agricultura y sobre todo la explotación de las minas. Fue la colonización española lo que le dio permanencia a las grandes conquistas del siglo XVI. Si Hernán Cortés o Francisco Pizarro no hubiesen sido seguidos por numerosos hombres —y más tarde por mujeres— que estaban dispuestos a establecerse permanentemente en las tierras conquistadas, es de suponerse que bien pronto los aborígenes, sobre todo los de gran civilización como los aztecas, los mayas y los quechuas, habrían logrado arrojar el yugo español.

La colonización del Nuevo Mundo por parte de los españoles fue uno de los acontecimientos de mayor importancia en toda la historia de la expansión del cristianismo.

Ya en el segundo viaje de Colón la Iglesia estaba representada.[3] Desde entonces —como era de esperarse dado el carácter religioso de

---

[3] Algunos han pretendido que en su primer viaje acompañaba a Colón el sacerdote Pedro de Arenas. Este dato es puesto en duda por los historiadores. Montalbán, *op. cit.*, p. 332. En el segundo viaje de Colón le acompañaron varios franciscanos y jerónimos.

la corona y el pueblo españoles— hubo siempre sacerdotes en las expediciones de exploración y conquista, así como en las nuevas colonias.⁴ Algunos de estos sacerdotes —especialmente los seculares— consideraban que su misión se limitaba a ministrar a las necesidades espirituales de los españoles.⁵ Algunos españoles hasta llegaban a preguntarse si era posible convertir a los indios.⁶ Pero bien temprano aparecieron otros que contestaban a esta pregunta diciendo que no sólo era posible, sino que era la obligación de la iglesia y la corona españolas, y que el principal propósito de la conquista y colonización del Nuevo Mundo era precisamente la conversión de los aborígenes.⁷

Para llevar a cabo su tarea, España contaba ante todo con un profundo espíritu religioso que, combinado con el afán de conquista y aventura de la época, se prestaba maravillosamente para la obra misionera. A principios del siglo XVI, florecían en España las Ordenes Mendicantes, sobre todo la de los franciscanos ⁸ y la de los dominicos.⁹ Además, España era la cuna de Ignacio de Loyola y, por esa razón y

---

⁴ En el año 1516 se hizo obligatorio que toda embarcación que partiera hacia las Indias llevase consigo a lo menos un misionero. Montalbán, *op. cit.*, p. 334. La lista de los que partieron para el Nuevo Mundo es casi interminable. Véase: F. de Lejarza, "Contenido Misional del *Catálogo de Pasajeros a Indias*", *Missionalia Hispanica*, I (1944), pp. 571-582, así como el "Avivamiento y catálogo de misiones y misioneros que en el siglo XVI pasaron de España a Indias y Filipinas según los libros de la Contratación", que viene publicándose en *Missionalia Hispanica*.
⁵ Acerca de los seculares en América, véase: C. Bayle, *El clero secular y la evangelización de América* (Madrid, 1950).
⁶ Berg, *Die katholische Heidenmission als Kulturträger*, Vol. i, pp. 79-80 (citado en H.E.C., III, p. 90).
⁷ Fernando el Católico escribió: "Según la obligación y cargo con que somos señor de las Indias y estados del mar océano, ninguna cosa deseamos más que la publicación y ampliación de la ley evangélica y la conversión de los indios a nuestra santa fe católica". Citado por C. Bayle, "El campo propio del sacerdote secular en la evangelización americana", *Missionalia Hispánica*, III (1946), pp. 469-470. Véase además: C. Bayle, "Ideales misioneros de los Reyes Católicos, *Missionalia Hispanica*, IX (1952), pp. 209-231.
⁸ Acerca de los franciscanos en la América española existe una bibliografía inmensa. Recomendamos se consulten las notas bibliográficas que aparecen en P. Borges, *Métodos Misionales en la Cristianización de América, siglo XVI* (Madrid, 1960), pp. 13-23. Véase también "Avivamiento y catálogo..." a que hacemos referencia en la nota 4.
⁹ Además de las fuentes bio-bibliográficas indicadas en la nota 4, véase: A. Figueras, "Principios de la expansión dominicana en Indias", *Missionalia Hispanica*, I (1944), pp. 303-340. Este artículo debía continuar en otro número de la misma revista, pero parece haber quedado incompleto.

muchas otras, la Sociedad de Jesús había logrado gran arraigo y alcance en el país.[10] Estas órdenes —y los mercedarios [11]— serían el principal instrumento del trabajo misionero en el Nuevo Mundo.

Por otra parte, desde los comienzos mismos de la conquista [12] la corona española contó con el poder de dominio casi absoluto que se conoce como el *Patronato o Vicariato Real*. En una serie de cinco bulas, todas del año 1493,[13] Alejandro VI concedió a los reyes de España autoridad política y religiosa sobre todas las tierras descubiertas o por descubrir más allá de una línea de demarcación al oeste de las Azores —a una distancia de cien leguas [14]— y siempre que se navegara hacia el occidente y que los territorios en cuestión no perteneciesen a algún otro príncipe cristiano. Esto no era sólo un privilegio que se concedía a los Reyes Católicos —y, naturalmente, a los reyes de Portugal— sino que era además una obligación misionera que se colocaba sobre ellos.[15] De hecho, era el modo fácil mediante el cual los Papas del Renacimiento, más interesados en las artes que en la religión, descargaban su

---

[10] Además de lo indicado en la nota 4, véase: F. Mateos, "Antecedentes de la entrada de los Jesuitas españoles en las misiones de América: 1538-1565", *Missionalia Hispanica*, I (1944), pp. 109-166; F. Mateos, "Primera expedición de misioneros jesuitas al Perú", *Missionalia Hispanica*, II (1945), pp. 41-108.

[11] J. Castro Seoane, "La expansión de la Merced en la América colonial", *Missionalia Hispanica*, I (1944), pp. 73-108; II (1945), pp. 231-290; del mismo autor: "La Merced en el Perú", *Missionalia Hispanica*, III (1946), pp. 243-320; IV (1947), pp. 137-169 y 383-401; VII (1950), pp. 55-80. Además: H. Sancho de Sopranis, "Irradiación misionera del Convento de la Merced de Jerez", *Missionalia Hispanica*, XI (1954), pp. 5-54.

[12] Acerca de los antecedentes de las bulas pontificias por las que se estableció el Patronato, véase: F. Mateos, "Bulas portuguesas y españolas sobre descubrimientos geográficos", *Missionalia Hispanica*, XIX (1962), pp. 5-34, 129-168. Naturalmente, puesto que los portugueses comenzaron sus viajes de exploración antes que los españoles, los antecedentes tanto del *Patronato* español como del *Padroado* portugués se encuentran en bulas relativas a Portugal. En ellas, como en la conquista de América, se hacía sentir el espíritu de las Cruzadas (Mateos, p. 8).

[13] *Inter caetera, Eximae devotionis*, segunda *Inter caetera, Piis fidelium* y *Duum siquidem*. Estas bulas se encuentran en la monumental obra de F. J. Hernáez, *Colección de Bulas, Breves y otros documentos relativos a la Iglesia de América y Filipinas*, 2 Vols. (Bruselas, 1879). Esta obra ha sido reimpresa en el año 1964, y debe figurar en toda buena biblioteca que se interese en los orígenes del cristianismo en las Américas.

[14] El asunto de las líneas de demarcación entre España y Portugal queda para cuando discutamos la expansión portuguesa.

[15] Véase la nota 7.

responsabilidad sobre los reyes de España y Portugal.[16] Por lo menos a partir del año 1501, la corona recibía el beneficio de los diezmos de las nuevas iglesias,[17] pero al mismo tiempo tenía la responsabilidad de sufragar todos los gastos de la empresa misionera.[18] Cuando se establecieron las primeras sedes episcopales, el papa Julio II concedió a los reyes de España el derecho de proponer los nombres de las personas que a su juicio debían ocupar ésos y otros cargos eclesiásticos.[19] Aunque las bulas pontificias limitaban a un patronato la función de la corona española, pronto se desarrolló entre los teólogos españoles —tanto en América como en la Península— la teoría del *Vicariato Regio*, según la cual el Rey era el vicario del Papa en el Nuevo Mundo.[20]

Esta unión entre los intereses del Estado y los de la expansión del cristianismo pudo haber sido funesta, y sin duda lo fue en ciertos aspectos y ocasiones. Las misiones fueron utilizadas como un medio de extender la cultura y el poderío españoles.[21] En más de una ocasión, el propósito de la fundación de alguna misión no fue tanto la conversión de los indios como la prevención del establecimiento en la región de

[16] Acerca de las relaciones existentes entre Fernando y Alejandro VI, y por tanto del trasfondo de las bulas del año 1493, hay opiniones muy divergentes. Véase, por una parte: M. Giménez Fernández "Nuevas consideraciones sobre la historia y sentido de las letras alejandrinas de 1493 referentes a las Indias", *Anuario de Estudios Americanos*, I (Sevilla, 1944) y, del mismo autor, "Todavía más sobre las letras alejandrinas de 1493 referentes a las Indias", *Anales de la Universidad Hispalense*, XIV (1953), pp. 241-301. Frente a este autor, véase: V. D. Sierra, "En torno a las bulas alejandrinas de 1493", *Missionalia Hispanica*, X (1953), pp. 73-122 y, del mismo autor, "Y nada más sobre las bulas alejandrinas de 1493", *Missionalia Hispanica*, XII (1955), pp. 403-428. En buena medida, la controversia gira alrededor de las verdaderas razones de las bulas en cuestión y de la rectitud de la conducta de Fernando y del Papa y su curia, así como alrededor de las relaciones entre Fernando y Cristóbal Colón.
[17] Bula de Alejandro VI, *Eximiae devotionis*, de 1501. Texto en Hernáez, *op. cit.*, Vol. 1, pp. 20-21.
[18] Esto resultaba costoso para el tesoro real, que dedicaba dos terceras partes de los diezmos a dotar las parroquias y diócesis establecidas, y el resto a obras de caridad. Montalbán, *op. cit.*, pp. 256-258.
[19] Bula *Universalis Ecclesiae*, 1508 (Hernáez, *op. cit.*, pp. 24-25).
[20] A. de Egaña, *La teoría del Regio Vicariato español en Indias* (Romae, 1958).
[21] Legalmente, era lo contrario. Según la ley, los españoles debían "requerir" de los indios que se sometieran pacíficamente al trabajo misionero —que en todo caso era también de carácter político— y sólo si se negaban debía acudirse a las armas. En la práctica el *Requerimiento* se utilizaba como una excusa para la conquista armada. Véase: B. Biermann, "Das Requerimiento in der spanishchen Conquista", *Neue Zeitschrift für Missionswissenschaft*, VI (1950), pp. 94-114.

alguna otra potencia europea.²² Pero a pesar de todo esto es necesario recordar que la propia corona española veía con tal naturalidad esta unión entre Iglesia y Estado que no tendía a pensar, como la mentalidad moderna a veces se imagina la situación, en términos de un estado haciendo uso de la Iglesia, o viceversa. Para los Reyes Católicos y para sus seguidores la cultura europea —especialmente la española— era sinónimo de la fe cristiana. Luego, la españolización de los aborígenes americanos era para ellos lo mismo que su cristianización. Tampoco debemos olvidar que los reyes estuvieron siempre de parte de los indios frente a los muchos intentos de explotarles y esclavizarles.²³ Si tales intentos tuvieron éxito, y si hubo matanzas de indígenas que quedaron sin castigo, esto no se debió a la voluntad de los reyes, sino a la enorme distancia que les impedía hacer que esa voluntad se cumpliese a cabalidad. Al estudiar sin prejuicios la historia de la colonización española de América, se descubre que en términos generales la corona estaba junto al clero regular frente a las explotaciones de que los españoles hacían objeto a los indios. Frecuentemente era el clero secular el que prestaba apoyo a las prácticas inhumanas de los conquistadores. Estas aserciones quedarán comprobadas al estudiar más adelante la vida y obra de personas tales como Fray Bartolomé de las Casas y Fray Antonio Montesinos.

Algunos de los más grandes abusos fueron cometidos contra los indios de cultura primitiva que habitaban las Antillas Mayores. Los españoles no venían a estas tierras con el propósito de cultivarlas o explotarlas con sus propias manos, y por ello era necesario hacer uso del trabajo de los indígenas. Esto se hacía difícil por medios pacíficos, pues los aborígenes de las Antillas Mayores no estaban acostumbrados al trabajo continuo y organizado que los españoles exigían de ellos. Luego, el nuevo régimen resultó para ellos una verdadera tragedia que sólo puede calificarse de esclavitud. Todo esto se cubría con el manto del propósito misionero, y los indios se "encomendaban" a los colonizadores con el propósito de que, al tiempo que trabajaban para ellos, se les

---

²² Tal parece haber sido el caso de las misiones en California —frente a los rusos— y en el sudeste de Norteamérica —frente a los ingleses y franceses.
²³ Los principales documentos que prueban esta aseveración pueden verse en: Hernáez, *op. cit.*, pp. 28-49, además de muchas otras pruebas dispersas en toda esta colección. Recomendamos la obra de L. Hanke, *The Spanish Struggle for Justice in the Conquest of America* (Philadelphia, 1949).

instruyese en la fe cristiana. Naturalmente, lo que de hecho sucedía era que los españoles ni siquiera se ocupaban de aprender los dialectos indígenas, y sí se dedicaban con denuedo a obligar a los indios a producir el máximo.[24]

Aunque las encomiendas se hacían con el beneplácito de la corte española, ésta no estaba al tanto del uso que de ellas se hacía.[25] Hasta donde sabemos, el primero en protestar contra ellas fue el Padre Antonio Montesinos, de la Orden de Santo Domingo. Al ver que su predicación en el Nuevo Mundo no hacía efecto, Montesinos hizo llegar sus quejas a la corte misma.[26] El resultado fue que en el año 1512 se proclamó la llamada Ley de Burgos, que pretendía garantizar el justo trato de los indígenas. Según esta ley, no se permitía esclavizar a los indígenas, los que quedaban encomendados a un colono español no podían ser vendidos ni traspasados, y su trabajo debía serles pagado a un precio justo.[27]

Como era de esperarse, la Ley de Burgos nunca se aplicó fielmente en América. Pero sirve de testimonio del apoyo que la corona prestaba a los esfuerzos de los frailes por la humanización del régimen colonial, y no dejó de tener algún efecto en el Nuevo Mundo.[28]

Otro defensor de los indios, mucho más conocido que el Padre Montesinos, fue Fray Bartolomé de Las Casas.[29] Tras renunciar a su encomienda en la isla de Cuba, vendió sus propiedades en América y regresó a España con el propósito de lograr leyes más justas en favor de los indios. En España se le dio el título de Protector General de los

---

[24] Fr. Bartolomé de Las Casas, *Apologética historia de las Indias* (edición de Madrid, 1909), II, pp. 476-477; 479.
[25] La verdad es que la Corona no instituyó las encomiendas, sino que se plegó a los intereses de los colonizadores. El primero en establecer en América el sistema de encomiendas fue Colón, quien hizo nuevos repartimientos de indios aun después que la Corona se lo había prohibido. En el año 1523 Carlos V prohibió las encomiendas en México, pero Cortés suspendió la orden y convenció al rey de la imposibilidad de hacerla cumplir. Por último, las *Nuevas Leyes* de 1542 fueron derogadas en el año 1545, vista la imposibilidad de aplicarlas tanto en México como en el Perú. Véase: S. A. Zavala, *La encomienda indiana* (Madrid, 1935), *passim*; R. Gómez Hoyos, *La Iglesia de América en las Leyes de Indias* (Madrid, 1961), pp. 130-142.
[26] Montalbán, *op. cit.*, pp. 334-335.
[27] R. Altamira, "El texto de las Leyes de Burgos de 1512", *Revista de Historia de América*, I (1938), pp. 5-77.
[28] Borges, *op. cit.*, p. 500.
[29] M. Giménez Fernández, *Bartolomé de Las Casas* (Sevilla, 1953).

Indios, y con él regresó a las Antillas. Allí se le trató como un iluso que creía que los indígenas eran personas como las demás y que podían ser pacificados con sólo el amor.³⁰ Debido a la imposibilidad de hacer cumplir ias leyes en favor de los indios, Las Casas regresó a España, y con ello comenzó una vida de idas y venidas con breves paréntesis en el Nuevo Mundo durante los cuales trataba de hacer más llevadera la condición de los indios. Sus viajes en América le llevaron desde México al Perú, siempre interviniendo en favor de los indios. Por fin, en el año 1542, sus esfuerzos se vieron recompensados con las "Nuevas Leyes", en las que se garantizaban algunos derechos de los indios y se veía la influencia de Las Casas. Tras ser consagrado Obispo de Chiapas, donde llevó a cabo un ministerio ejemplar, Las Casas regresó a España para morir en su tierra natal en el año 1576.

El caso de Las Casas no es único en la historia de América, sino que es más bien típico. En la ciudad de México, el obispo Zumárraga,³¹ hombre de una extensa cultura humanista, ³² se distinguió por su trabajo en pro de la educación e instrucción religiosa de los indios.³³ Gracias a su interés, se estableció la primera imprenta en el Nuevo Mundo.³⁴ Además, los nombres de Bartolomé de Olmedo,³⁵ de Eusebio Kino,³⁶

---

³⁰ Véase la posición de Las Casas en: *Del único modo de atraer a todos los pueblos a la verdadera religión* (edición de México, 1942).
³¹ C. Bayle, "El IV centenario de Don Fray Juan de Zumárraga", *Missionalia Hispanica*, V (1948), pp. 209-260; Fidel de Chauvet, *Zumárraga* (México, 1948); J. Ruiz de Larrinaga, *Don Fray Juan de Zumárraga* (Bilbao, 1948); La biografía clásica de Zumárraga es la de García Icazbalceta, *Don Fray Juan de Zumárraga, primer Obispo y Arzobispo de México*, (México, 1881).
³² R. Richard, "F. Juan de Zumárraga, discípulo de Cisneros", *Estudios Menéndez Pidal*, I (1950), pp. 555-562.
³³ L. Hanke, "The Contribution of Bishop Juan de Zumárraga to Mexican Culture", *Americas*, V (1949-50), pp. 275-282; A. M. Carreño, "Don Fray Juan de Zumárraga Pioneer of European Culture in America", *Americas*, VI (1950-51), pp. 56-71; I. Dávila Garibi, "Zumárraga, propulsor de la cultura en Nueva España", *Memorias de la Academia Mexicana de la Historia*, VII, pp. 287-295.
³⁴ A. M. Carreño, "Los libros de Fray Juan de Zumárraga", *Abside*, XII (1948), pp. 427-50. En esta imprenta se imprimió el primer libro por un protestante jamás publicado en el Nuevo Mundo.
³⁵ Este fue acompañante de Cortés. Su nombre y hechos aparecen repetidamente en la *Conquista de la Nueva España* de Díaz del Castillo.
³⁶ H. E. Bolton, *Rim of Christendom: A Biography of Eusebio Francisco Kino, Pacific Pioneer* (New York, 1936).

de Luis Cancer,³⁷ de Luis Beltrán ³⁸ y de Francisco Solano ³⁹ no son sino unos pocos que han llegado a nosotros de entre los cientos y cientos de hombres que se dedicaron a hacer más llevadera la condición de los indios. Además, es necesario señalas que hubo también autoridades civiles que tomaron muy a pecho el bienestar de los aborígenes —entre ellos, el célebre Cabeza de Vaca.⁴⁰

Aunque las encomiendas continuaron siendo utilizadas en el Nuevo Mundo, el principal método para la expansión del cristianismo entre los indígenas de poca civilización fue el de las llamadas "reducciones". La mayor parte de los aborígenes americanos de baja civilización vivía esparcida por las selvas en pequeñas comunidades que pocas veces pasaban de ser una extensa familia. Tal condición hacía difícil evangelizarles, y mucho más difícil regular y supervisar sus costumbres. Por estas razones,⁴¹ y con el apoyo de la corona,⁴² los frailes tendían a

---

³⁷ Como muestra de la originalidad de este misionero, merece citarse el siguiente párrafo: "Los indios identificaron el concepto de cristiano con el de español, y como este último nombre lo asociaban... con toda clase de crímenes, la palabra de cristiano les repugnaba. Tanto era así, que Fray Luis Cancer y sus compañeros creyeron oportuno comenzar su predicación haciéndoles ver a los nativos que ellos, los religiosos, no eran solamente cristianos sino padres de los cristianos y que, por lo tanto, estaban exentos de las inculpaciones que dirigían a los españoles. La conclusión que los indígenas dedujeron fue que los religiosos, al no ser cristianos, no eran tampoco españoles, y desde entonces no tuvieron dificultad en acatar la religión que les predicaban". (Borges, *op. cit.*, p. 198); acerca de Cancer, véase: V. F. O'Daniel, *Dominicans in Early Florida* (New York, 1930).
³⁸ Aunque hay abundantes referencias a San Luis Beltrán en las diversas obras históricas acerca de Nueva Granada, no conozco una buena biografía que pueda recomendar.
³⁹ I. Hellinghaus, *Der heilige Franziskus Solanus, Apostel von Peru und Tucuman (1549-1610)*, (Trier, 1912); F. Royer, *Saint Francis Solanus, Apostle to America* (Paterson, N. J., 1955).
⁴⁰ P. F. J. de Charlevoix, *Historia del Paraguay*, Vol. I (Madrid, 1910), pp. 104-191. Véase además la sección en que tratamos acerca del cristianismo en el Paraguay, *infra*, pp. 337 y sigts.
⁴¹ En la *Recopilación de las Leyes de Indias* aparece el siguiente texto que sirve de ejemplo de las razones que dieron origen a las reducciones. Se trata de una decisión del Consejo de Indias en el año 1546, en la que "resolvieron que los indios fuesen reducidos a pueblos, y no viviesen divididos, y separados por las sierras y los montes, privándose de todo beneficio espiritual y temporal, sin socorro de nuestros Ministros". Citado por M. Merino, "La reducción de los indios a pueblos: medio de evangelización", *Missionalia Hispanica*, III (1946), p. 184. Borges, *op. cit.*, pp. 216-219, subraya la motivación evangelizadora de los orígenes de las reducciones.
⁴² A partir del año 1503 la corona española comenzó a legislar en pro de las reducciones. Borges, *op. cit.*, p. 219.

reunir a estas familias dispersas en una comunidad algo mayor, a la que daban el nombre de "reducción" o "misión". La reducción era una pequeña aldea cuyo centro era la iglesia y la plaza que junto a ella había. El trabajo cotidiano estaba supervisado por los frailes, que enseñaban a los aborígenes nuevos métodos de cultivo y artesanía. Al mismo tiempo, se les instruía en la fe cristiana y se supervisaba sus costumbres para hacerlas más acordes a las que los frailes tenían por cristianas. Estas misiones eran indudablemente mejores que las encomiendas, cuyo único resultado verdadero era la explotación de los indios. Pero las misiones también tenían sus defectos, especialmente el de su excesivo paternalismo, que, tras arrancar a los indígenas de sus viejos medios de vida, no les preparaba verdaderamente para valerse por sí mismos en la nueva civilización y costumbres que habían adoptado.[43] Por esta razón, muchas de las misiones desaparecieron cuando por uno u otro motivo los frailes tuvieron que abandonarlas. Esto sucedió sobre todo en el Paraguay, donde los jesuitas habían establecido una red extensísima de misiones que alcanzaba desde el norte de Argentina hasta algunos estados del sur de Brasil. Cuando en el año 1567 los jesuitas fueron expulsados de todos los territorios españoles, y los franciscanos, dominicos y demás frailes resultaron insuficientes para ocupar el vacío que ellos dejaron, la inmensa mayoría de las misiones del Paraguay desapareció. Además de hacerlo en el Paraguay, los frailes de diversas órdenes —franciscanos, dominicos y jesuitas— establecieron misiones en todos los territorios donde había indígenas cuya cultura no era aún sedentaria. En ocasiones, los misioneros iban escoltados por pequeños núcleos de soldados que protegían sus vidas. Pero en muchas otras ocasiones iban allende las fronteras del poderío militar español, al que servían de avanzada. Muchos de tales misioneros murieron como mártires, por mano bien de los propios aborígenes a quienes trataban de servir, bien de otros que invadían y tomaban sus misiones.

En teoría, una vez que las misiones quedasen debidamente establecidas, el clero regular las pasaría a manos del clero secular, y seguiría más adelante, a fin de fundar nuevas misiones. En la práctica esto sucedía sólo en raras ocasiones, pues los regulares no estaban dispuestos a abandonar sus misiones, y al mismo tiempo los seculares no se sentían inclinados a ocupar parroquias cuyos beneficios eran pequeñísimos.

[43] Sin embargo, este paternalismo no ha de exagerarse, como lo muestran los ejemplos señalados por Borges, *op. cit.*, pp. 229-230 y 233-234.

Al conquistar países de alta civilización como México y el Perú, los españoles seguían una política misionera algo diferente. La conquista consistía en suplantar a los viejos amos del territorio —quienes, al igual que los españoles, eran conquistadores que oprimían y explotaban a la población— y seguir administrando el imperio de manera semejante a la que habían seguido sus antiguos dueños. Para los propósitos políticos y económicos, este tipo de conquista tenía la inmensa ventaja de no perturbar los medios de producción y administración que los propios indios habían establecido. Para los propósitos misioneros, tenía también la ventaja —quizá superficial y engañosa— de que los pueblos conquistados, acostumbrados como estaban a seguir las órdenes de sus superiores, se mostraban dispuestos a recibir el bautismo sin grandes dificultades. Primero en México, y luego en el Perú, fueron cientos de miles los indios que recibieron el bautismo sin tener una noción, siquiera ligera, del sentido de este rito. Al principio pocos españoles se interesaron por aprender los idiomas de estos pueblos. Pero a partir de la obra del obispo Zumárraga en México y del obispo Toribio Alfonso de Mongrovejo en Lima,[44] el cristianismo comenzó a echar raíces más profundas entre los viejos habitantes de estos dos grandes imperios. En la imprenta de Zumárraga se publicaron libros en las lenguas maternas de los aborígenes para de este modo hacerles conocer algo más del sentido del cristianismo. También se fundaron universidades en Lima y México, además de varios seminarios para preparar obreros entre los nativos. Pero todo esto no pudo hacer que desaparecieran del todo los vestigios de las antiguas religiones, que subsistirían por lo menos hasta el siglo XX.

Además de los indios, había en América negros procedentes del Africa. Estos eran traídos al Nuevo Mundo como esclavos a fin de proveer la mano de obra que los propios españoles no estaban dispuestos a prestar. No es necesario señalar aquí la tragedia que implicaba esta vida en esclavitud para hombres y mujeres que habían sido arrancados de sus propias tierras y llevados allende los mares a condiciones que les eran totalmente extrañas, para allí trabajar según el capricho de sus nuevos amos. Es notable el hecho de que, a pesar del creciente número de esclavos africanos traídos al Nuevo Mundo, la Iglesia no parece haberse percatado de la importancia del trabajo misionero entre ellos.

---

[44] V. Rodríguez Valencia, *Santo Toribio de Mongrovejo: Organizador y Apóstol de Sur-América*, 2 Vols. (Madrid, 1956-1957).

Rara vez hubo quien se dedicó a predicarles el Evangelio. Quizá esto se deba al concepto puramente geográfico de las misiones que se tenía entonces y que hacía que se pensara en el trabajo misionero en términos de ir a tierras aún no evangelizadas. En todo caso, hubo algunos cristianos que por motivo de su fe trabajaron especialmente entre los esclavos negros. En este sentido merecen citarse Alfonso de Sandoval [45] y, muy especialmente, Pedro Claver.[46] Este último era un jesuita de origen catalán que en la ciudad de Cartagena de Indias se dedicó a visitar a los esclavos que llegaban del Africa. Su trabajo, además de la predicación e instrucción, incluía el cuidado físico y la alimentación de los esclavos recién llegados, que a menudo venían enfermos por razón del viaje y las angustias. Es notable el hecho de que su trabajo no partía de un sentimiento de condescendencia hacia seres inferiores, sino que estaba convencido de que los negros debían ser considerados como personas en todo sentido iguales a los blancos, y capaces de ocupar en la Iglesia el mismo lugar que los blancos ocupaban. No cabe duda de que su obra mitigó muchos sufrimientos. Pero tampoco cabe duda de que él y el puñado de hombres que se interesaron en la suerte de los esclavos africanos se encontraban aislados en un mar de falta de interés y comprensión.[47] Si a la larga los descendientes de los esclavos aceptaron la fe cristiana, esto se debió, no a un interés misionero marcado, sino a la tendencia de los esclavos a adoptar las costumbres y la fe de sus amos. Y aun entonces no dejó de haber en la religión de muchos de ellos abundantes vestigios de los viejos cultos africanos.

Si bien ya hemos resumido lo principal de los métodos misioneros que los españoles aplicaron en el Nuevo Mundo, parece aconsejable hacer ahora un breve recuento del desarrollo del cristianismo en cada una de las principales regiones de la América hispana en el período que nos ocupa. Esto nos obligará sin duda a repetir mucho de lo que acabamos de decir, pero por razones de claridad de exposición nos parece

---

[45] Véase su obra *De instauranda Æthiopum salute* (Madrid, 1947); J. M. Pacheco, *Los jesuitas en Colombia*, Vol. I (Bogotá, 1959), pp. 247-268.

[46] *Ibid.*; pp. 269-299. Hay una buena bibliografía en las páginas 269-270. Véase especialmente: A. Valtierra, *El santo que libertó una raza: San Pedro Claver* (Bogotá, 1954).

[47] A Sandoval se le llegó a prohibir que bautizara a los esclavos (*Ibid.*, p. 263). Pedro Claver, aunque tuvo también oposición, logró tal fama de santidad que las autoridades, si bien no hacían gran cosa en pro de los esclavos, a lo menos no se oponían a la obra de Claver (*Ibid.*, pp. 293-296).

necesario incluir en esta *Historia de las Misiones*, además de la discusión general de los métodos misioneros que se aplicaron en nuestra América, un breve bosquejo dividido en zonas geográficas.[48]

Las *Antillas* fueron las primeras tierras americanas descubiertas por Colón, y por tanto fue también en ellas que comenzó la colonización y la evangelización de nuestro continente. La consecuencia natural de tales circunstancias fue que los aborígenes de las Antillas sufrieron los desmanes de los conquistadores en mayor grado que los del resto del Continente, y que fue en las Antillas que primero y más crudamente se implantó el régimen de encomiendas. Puesto que los indios no estaban acostumbrados a tal vida, y puesto que los españoles hicieron poco por hacérsela más llevadera, el resultado fue la casi total extinción de la raza indígena, que sobrevivió de manera casi exclusiva en los hijos mestizos de los españoles y las indias con que se amancebaban.[49] Por estas razones, la obra de los españoles en las Antillas, más que en cualquiera otra parte de América, fue de colonización más bien que de evangelización y aculturación. En términos generales, los esclavos africanos que comenzaron a llegar tan pronto comenzó a disminuir la población indígena plantearon un problema mucho mayor que el de la conversión de los indios. Pero ya para entonces el dominio de las islas por parte de los españoles era tal que los esclavos se convirtieron por simple adaptación cultural —lo cual no impidió que quedaran en la fe de muchos de ellos restos de sus viejas religiones africanas.

En un territorio tan totalmente colonizado como lo fueron las Antillas Mayores, la jerarquía eclesiástica pudo establecerse bien pronto. En el año 1508 se fundaron las primeras tres diócesis en La Española.[50] En el 1511 se estableció la jerarquía de Puerto Rico,[51] y en el 1517 la de Cuba.[52]

---

[48] Puesto que las limitaciones del espacio nos impedirán discutir detalladamente cada región, rogamos al lector se sirva prestar especial interés a la bibliografía que aparece en las notas al calce.

[49] A diferencia de los colonizadores ingleses en Norteamérica, los colonizadores españoles venían casi siempre sin sus mujeres —sobre todo a principios de la conquista— y luego se unían, las más de las veces de manera ilícita, con las mujeres indias.

[50] Hernáez, *op. cit.*, pp. 24-25 (Bula de Julio II, *Universalis Ecclesiae*).
[51] Montalbán, *op. cit.*, p. 338.
[52] *Ibid.*

Desde las Antillas, los conquistadores —y con ellos los misioneros— pasaron a la *Florida*, descubierta por Ponce de León en el año 1513.[53] Los primeros intentos de conquista resultaron infructuosos, y no fue sino ya bien avanzado el siglo, cuando la presencia de los franceses en la Florida llevó a los españoles de México a actuar, que se comenzó la conquista efectiva de la región. En el entretanto, y aún después, fueron muchos los frailes, tanto dominicos[54] como jesuitas[55] y franciscanos,[56] que intentaron penetrar en la región por medios pacíficos y cuya osadía culminó en el martirio. A partir de la Florida, y como parte de la misma misión, los frailes penetraron en lo que hoy es *Georgia*[57] y *Virginia*.[58] En todos estos territorios el trabajo misionero fue difícil, y terminó cuando en el año 1763 la Florida pasó a manos de los ingleses.

También a través de las Antillas llegó el cristianismo a *México*.[59] Cortés, el conquistador de México, era un hombre de profunda convicción cristiana —como entendían el cristianismo los españoles de su tiempo [60]— que se ocupó en cierta medida del bienestar de los indios

---

[53] La fecha correcta es 1513, y no 1512, como frecuentemente se afirma. F. Davis, "The Record of Ponce de León's Discovery of Florida, 1513". *The Florida Historial Society Quarterly*, XI (1932), pp. 14-15.

[54] J. T. Lanning, *The Spanish Missions of Florida* (Chapel Hill, N. C., 1940), pp. 6-8.

[55] Luis Gerónimo de Oré, *The Martyrs of Florida: 1513-1616* (Traducción inglesa de la escasísima obra *Relación de los mártires que ha habido en las provincias de la Florida*, de principios del siglo XVII; New York, 1936), pp. 20-25; de esta obra existe también una edición castellana, publicada en Madrid en 1931, a la que no hemos tenido acceso; Lanning, pp. 19-20; *op. cit.*, 197-222; F. Zubillaga, *La Florida: la misión jesuítica (1566-1572) y la colonización española* (Roma, 1541); F. Zubillaga, *Monumenta Antiquae Floridae: 1566-1572* (Vol. III de *Monumenta missionum Societatis Iesu*, Romae, 1946).

[56] Oré, *op. cit.*, pp. 66-78; Keegan, *op. cit.*, pp. 273-282.

[57] J. T. Lanning, *The Spanish Missions of Georgia* (Chapel Hill, N. C., 1935); I. Omaechevarría, "Mártires franciscanos de Georgia", *Missionalia Hispanica*, XII (1955), pp. 291-370.

[58] C. M. Lewis and A. J. Loomie, *The Spanish Jesuit Mission in Virginia: 1570-1572* (Chapel Hill, N. C., 1953).

[59] M. Cuevas, *Historia de la Iglesia en México*, 5 Vols. (México, 1946-1947). Esta obra tiene una magnífica bibliografía al comienzo de cada volumen.

[60] C. Bayle, "El alma cristiana de Cortés", *Razón y Fe*, XLVIII, pp. 102-117; *Estudios cortesianos recopilados con motivo del IV centenario de la muerte de Hernán Cortés* (Madrid, 1948); J. Muriel, "Reflexiones sobre Hernán Cortés", *Revista de Indias*, IX, pp. 229-245.

y de su evangelización.⁶¹ En su expedición le acompañaban varios clérigos y religiosos que tan pronto se logró la victoria militar se dedicaron a bautizar a los indios por millares.⁶²

Los primeros misioneros activos en Nueva España fueron los franciscanos, que desde el año 1524 se establecieron en México y Puebla. A partir de estos dos centros, y durante los próximos cuarenta años, las misiones franciscanas se extendieron hacia el oeste y luego hacia el norte, llegando hasta Durango.⁶³

Los dominicos llegaron en el año 1526 y se establecieron también en México y Puebla, pero de allí tendieron a extenderse hacia el sur, alrededor de Oaxaca.⁶⁴

Los agustinos llegaron siete años después que los dominicos (1533), y se establecieron en México, a partir de donde se extendieron hacia el norte y el oeste, emplazándose sobre todo en los enormes espacios vacíos que quedaban entre los distintos establecimientos franciscanos y dominicos.⁶⁵

Los jesuitas, que fueron la otra gran orden que estableció trabajo misionero en México, no llegaron hasta el año 1572.⁶⁶ Entonces se

---

⁶¹ C. Bayle, "Cortés y la Evangelización de Nueva España", *Missionalia Hispanica*, V, pp. 5-42; C. Bayle, "Cortés, padre de los indios", en *Estudios hispanoamericanos: Homenaje a Hernán Cortés* (Badajoz, 1948); M. Ballesteros Gaibrois, "Hernán Cortés y los indígenas", *Revista de Indias*, X, pp. 25-37; R. Konetzke, "Hernán Cortés como poblador de la Nueva España", *Revista de Indias*, IX, pp. 341-381.
⁶² Esto llegó a tal extremo que costó fuertes críticas a los franciscanos, que eran quienes más lo hacían. Véase el artículo de C. Ceccherelli, "El bautismo y los franciscanos en México (1524-1539)", *Missionalia Hispanica*, XII (1955), pp. 209-289, que intenta defender el proceder de los franciscanos. Véase también: R. Ricard, *La conquête spirituelle du Mexique* (Paris, 1933), pp. 103-109. Esta última obra también incluye magníficas bibliografías, tanto de fuentes primarias como de estudios posteriores.
⁶³ Ricard, *op. cit.*, pp. 82-87; A. M. Carreño, *Misioneros en México* (México, 1961), pp. 24-36; A. del Valle-Arizpe, *Leyendas franciscanas de México* (México, 1960).
⁶⁴ Ricard, *op. cit.*, pp. 88-92; Carreño, *op. cit.*, pp. 101-106.
⁶⁵ Ricard, *op. cit.*, pp. 92-95.
⁶⁶ G. Decorme, *La obra de los jesuitas mexicanos durante la época colonial: 1572-1767*, 2 Vols. (México, 1941); F. González de Cossio, editor, *Relación breve de la venida de los de la Compañía de Jesús a la Nueva España* (Obra anónima del año 1602, publicada en México, 1945); F. J. Alegre, *Memorias para la historia de la provincia que tuvo la Compañía de Jesús en Nueva España*, 4 Vols. (Roma, 1956-1960). Se trata de una obra escrita entre 1769 y 1771. El primer volumen incluye una bibliografía acerca del tema. Véase también: F. Zubillaga, *Monumenta Mexicana* (Vols. VIII y sig. de *Monumenta Missionum Societatis Iesu*, Romae, 1956...).

distinguieron por la fundación de instituciones educativas [67] y por sus misiones en el norte del país.[68] Al igual que en otras partes del mundo, los jesuitas fueron expulsados en el siglo XVIII.[69]

La jerarquía mexicana [70] se constituyó cuando, en el año 1530, Fray Juan de Zumárraga fue nombrado primer obispo de México.[71] En el 1534 se fundó la sede de Antequera (Oaxaca), y poco después las de Michoacán, Chiapas, Guadalajara y Cozumel.[72]

Para completar el trasplante de la iglesia española a la Nueva España, en el año 1569, y por Real Cédula, se establecía en México y Perú el Santo Oficio de la Inquisición.[73] Aunque desde antes había habido procesos inquisitoriales,[74] el establecimiento del Santo Oficio trajo consigo una nueva época de represión, tanto para los indios como para los españoles, y muy especialmente para los extranjeros. Tres años después de su establecimiento, el Santo Oficio tenía bajo proceso a más de cuatrocientas personas.[75] Pero a pesar de la Inquisición, y a veces con la anuencia de las autoridades eclesiásticas, los viejos cultos indianos subsistieron bajo el manto del cristianismo. El caso más notable de esto

---

[67] Decorme, *op. cit.*, Vol. I, pp. 5-28; 34; 72-75; 85-90, etc.
[68] P. M. Dunne, *Pioneer Jesuits in Northern Mexico* (Berkeley, 1944); *Early Jesuit Missions in Tarahumara* (Berkeley, 1948); *Black Robes in Lower California* (Berkeley, 1952); C. Bayle, *Historia de los descubrimientos y colonización de los Padres de la Compañía de Jesús en la Baja California* (Madrid, 1933).
[69] V. Rico González, *Documentos sobre la expulsión de los jesuitas y ocupación de sus temporalidades en Nueva España: 1772-1783* (México, 1949); A. F. Pradeau, *La expulsión de los jesuitas de las provincias de Sonora, Ostimuri y Sinaloa en 1767* (México, 1959); Decorme, *op. cit.*, Vol. I, pp. 439-496.
[70] Antes se había establecido una diócesis para Yucatán, pero esto fue antes de la conquista de la región, y aquella antigua diócesis (1518) no guarda continuidad con la otra que se estableció en la península después de la conquista. Cuevas, *op. cit.*, Vol. I, pp. 332-336.
[71] Zumárraga ejercía de obispo —aunque sin el título— a partir del año 1528, pero la tensión de las relaciones entre Roma y Carlos V impidió que fuese nombrado oficialmente. Zumárraga no fue consagrado hasta el año 1533. Cuevas, *op. cit.*, pp. 339-341. F. Sosa, *El episcopado mexicano* (México, 1962).
[72] Cuevas, *op. cit.*, pp. 341-343.
[73] J. T. Medina, *Historia del Tribunal del Santo Oficio de la Inquisición en México* (México, 1951; hay otra edición de Santiago de Chile, 1905), pp. 33-36.
[74] Zumárraga recibió en el año 1535 el título de Inquisidor Apostólico, y lo empleó especialmente contra los indios que decían ser cristianos y continuaban escondiendo ídolos en sus casas. Pero nunca llegó a los extremos a que llegaba el llamado Santo Oficio. R. E. Greenleaf, *Zumárraga and the Mexican Inquisition: 1536-1543* (Washington, 1961).
[75] Medina, *op. cit.*, pp. 48-49.

es el culto de la Virgen de Guadalupe, que en sus orígenes no fue otra cosa que el culto a la antigua diosa de la fertilidad Tonantzin.[76]

A partir de México, y sólo dos años después de la conquista del imperio de Moctezuma, los españoles, bajo el mando de Don Pedro de Alvarado, emprendieron la conquista de la *América Central*. Esta se organizó en una Capitanía General con sede en Guatemala y de la que dependían las provincias de Chiapas, Salvador, Honduras, Nicaragua y Costa Rica, además de la propia Guatemala. En esta región laboraron los franciscanos,[77] dominicos, mercedarios y jesuitas.[78] Los primeros obispados fueron los de Guatemala,[79] Nicaragua,[80] Comayagua,[81] San Salvador [82] y Verapaz.[83] En la América Central, la Inquisición funcionó bajo la jurisdicción del Santo Oficio de México, bajo el cual existían numerosos comisarios en los principales poblados de Centroamérica.[84] En términos generales, la conversión de los indios marchó muy lentamente, y todavía en el siglo XX un antropólogo podía encontrar en Guatemala aldeas en las que se continuaba practicando la antigua religión y se seguía el calendario maya.[85]

Las primeras regiones conquistadas de lo que después llegó a ser el *Virreinato de Nueva Granada* fueron Darién —hoy Panamá— y Urabá. Ya las expediciones de Ojeda y Nicuesa llevaban consigo frailes franciscanos.[86] La primera colonia fue la de San Sebastián de Urabá, que luego se trasladó al Darién,[87] donde en el año 1513 se fundó la

---

[76] Los documentos del siglo XVI que prueban esta aseveración se hallan recopilados en F. de la Maza, *El guadalupanismo mexicano* (México, 1953), pp. 9-28.
[77] E. Vázquez, *Crónica de la Provincia del Santísimo Nombre de Jesús en Guatemala, de la Orden de N. Seráfico Padre Francisco en el Reino de la Nueva España* (Primera edición: 1708; Segunda edicion: Guatemala, 1937, 2 Vols.).
[78] H.E.C., III, p. 134.
[79] Hernáez, *op. cit.*, Vol. II, pp. 89-102.
[80] *Ibid.*, pp. 102-108.
[81] *Ibid.*, pp. 108-110. Esta sede luego se trasladó a Valladolid.
[82] *Ibid.*, pp. 110-114; R. López Jiménez, *Mitras salvadoreñas* (San Salvador, 1960).
[83] Hernáez, *op. cit.*, p. 114. Esta sede fue suprimida en 1605. La sede de San José de Costa Rica no se fundó sino en 1850 (Hernáez, *op. cit.*, p. 114; L. F. González, *El gobierno eclesiástico de Costa Rica durante el régimen colonial*, San José, 1957).
[84] E. Chincilla Aguilar, *La Inquisición en Guatemala* (Guatemala, 1953).
[85] M. Oakes, *The Two Crosses of Todos Santos* (New York, 1951).
[86] Severino de Santa Teresa, *Historia documentada de la Iglesia en Urabá y Darién*, 5 Vols. (Bogotá, 1956-1957), Vol. II, pp. 22-27.
[87] *Ibid.*, Vol. II, pp. 37-83.

sede episcopal Santa María del Darién.[88] A partir de allí, se procedió a la labor misionera entre los indios, que a veces consistía sencillamente en que los soldados conquistadores, sin esperar siquiera la llegada de los sacerdotes, bautizaran a los "conversos".[89] A través de todo el período colonial trabajaron en el Darién y Urabá los misioneros católicos, tanto franciscanos[90] como dominicos,[91] recoletos,[92] capuchinos,[93] y jesuitas.[94] Sin embargo, aun en el siglo XX quedaba por hacer un extenso trabajo misionero en Urabá.[95]

Colombia fue el centro del Virreinato de Nueva Granada. Además de Urabá, los españoles se establecieron en la zona de Cartagena, conquistada por el Adelantado Don Pedro de Heredia en el 1533.[96] En el año 1534, llegó a Cartagena el dominico Fray Tomás del Toro, primer obispo de la ciudad.[97] A partir de entonces, y con el apoyo del obispo Don Tomás y sus sucesores, se comenzó una intensa actividad misionera en la que se destacaron los dominicos[98] y los franciscanos.[99] Los jesuitas no llegaron hasta el año 1598, pero entonces comenzaron un extenso trabajo misionero.[100]

---

[88] *Ibid.*, Vol. II, p. 333. Esta sede se trasladó a Panamá seis años más tarde. P. Mega, *Compendio biográfico de los ilmos. y exmos. Monseñores Obispos y Arzobispos de Panamá* (Panamá, 1958).
[89] Severino de Santa Teresa, *op. cit.*, Vol. II, p. 517.
[90] *Ibid.*, Vol. IV, pp. 144-160.
[91] *Ibid.*, Vol. IV, pp. 27-101.
[92] *Ibid.*, Vol. IV, pp. 103-141.
[93] *Ibid.*, Vol. IV, pp. 175-244.
[94] *Ibid.*, Vol. IV, pp. 162-174. Entre éstos, debemos destacar de nuevo a San Pedro Claver, cuya obra entre los esclavos negros ya hemos señalado.
[95] Severino de Santa Teresa, *op. cit.*, Vol. V, *passim*.
[96] J. M. Groot, *Historia eclesiástica y civil de Nueva Granada*, Vol. I (3ª edición, Bogotá, 1953; las otras dos ediciones son del siglo XIX), pp. 119-123. En la p. 123, aparecen las siguientes líneas, dignas de citarse: "No es necesario advertir que los españoles aquí se mostraron muy celosos cristianos quitando aquellos objetos de idolatría, como en efecto los quitaron a los indios; mas no sabemos que se escandalizasen con igual cristiandad al ver el obsequio de las lindas mozas."
[97] *Ibid.*, Vol. I, p. 127.
[98] Muy especialmente San Luis Beltrán, a quien ya hemos hecho referencia.
[99] G. Arcila Robledo, *Las misiones franciscanas en Colombia* (Bogotá, 1950). El primer arzobispo de Bogotá parece haber sido franciscano: M. G. Romero, *Fray Juan de los Barrios y la Evangelización del Nuevo Reino de Granada* (Bogotá, 1960).
[100] P. de Mercado, *Historia de la Provincia del Nuevo Reino y Quito de la Compañía de Jesús* (Obra de la segunda mitad del siglo XVII, impresa en Bogotá, 1957, en 4 Vols.); J. M. Pacheco, *Los jesuitas en Colombia* (Bogotá, 1959); D. Restrepo, *La Compañía de Jesús en Colombia* (Bogotá, 1940).

A partir de Cartagena, los españoles se dirigieron hacia el sur, donde fundaron la ciudad de Santa Fe de Bogotá, ciudad que en el año 1562 vino a ser sede episcopal, y cabecera de arquidiócesis en el 1564.[101] Desde muy temprano, la iglesia colombiana comenzó a producir su propio clero,[102] con lo cual daba fe de la profundidad de su arraigo en la región. Sin embargo, este clero se reclutaba sólo entre los criollos y mestizos, y pasaron largos años antes de que fuese ordenado el primer indio.

También *Venezuela* formaba parte de Nueva Granada. En esta región, los primeros intentos de establecer misiones culminaron en martirios.[103] Fue en el siglo XVII, gracias a la osadía de Francisco de Pamplona, que los capuchinos lograron establecerse en Venezuela.[104] Seis años más tarde se establecieron los observantes, al tiempo que por la región adyacente a Colombia penetraban los jesuitas.[105] Estos últimos tuvieron gran éxito, pero cuando fueron expulsados de la región los demás religiosos no tuvieron los recursos necesarios para continuar su obra. En el 1530 se erigió la sede episcopal de Caracas.[106]

Aunque el *Ecuador* formaba también parte de Nueva Granada,[107] su conquista fue emprendida a partir de Guatemala —por Don Pedro de Alvarado— y del Perú —por Don Diego de Almagro. Aunque al principio hubo rivalidades entre ambos grupos por ver quién se posesionaba de los soñados tesoros de Quito, a la postre se reconciliaron y entrambos tomaron la ciudad. Desde ese momento se estableció en Quito un convento franciscano, y en el año 1537 otro mercedario; cuatro

---

[101] J. Restrepo Posada, *Arquidiócesis de Bogotá: Datos biográficos de sus prelados* (Bogotá, 1961), p. 2. Estas fechas no concuerdan con las que da Latourette, H.E.C., III, p. 143.
[102] A. Lee López, *Clero indígena en el Arzobispado de Santa Fe en el siglo XVI* (Bogotá, 1962); J. A. Salazar, *Los estudios eclesiásticos superiores en el Nuevo Reino de Granada* (Madrid, 1946).
[103] H.E.C., III, pp. 136-137.
[104] M. Serrano y Sans, *Relaciones históricas de las misiones de padres capuchinos de Venezuela* (Madrid, 1928).
[105] Véase la nota 100.
[106] Hernáez, *op. cit.*, p. 115.
[107] Esto depende, naturalmente, de la fecha y la medida que se tomen para determinar el sentido de términos geográficos muy imprecisos. Cuando se estableció el virreinato de Nueva Granada en el año 1717, éste incluía el Ecuador. Sin embargo, desde 1563 existía la Audiencia de Quito, independiente de y colindante con las de Nueva Granada, Panamá y los Reyes. El título oficial de la región, en todo caso, era el de "Reino de Quito".

años más tarde se establecieron también en ella los dominicos.[108] Como en toda la América hispana, los sacerdotes seculares acompañaron también a los conquistadores y desde muy temprano establecieron parroquias, pero los clérigos no se ocuparon del trabajo misionero como lo hacían los mendicantes. En el "Reino de Quito", como en todo el antiguo Imperio Inca, el trabajo misionero se vio obstaculizado por la conducta de los conquistadores en más alto grado que en el resto de América. La destrucción del Imperio Inca mediante la mentira y la traición, seguida de las guerras civiles entre españoles, sembró en los indios un profundo odio y desprecio hacia todo lo que se relacionase con los invasores. Este sentimiento existía especialmente en la nobleza del viejo Imperio, pues los súbditos eran en su mayoría pueblos conquistados por los incas antes de la llegada de los españoles, y para los cuales este último acontecimiento era poco más que un nuevo cambio de amos. En esta situación, las órdenes mendicantes hicieron mucho por llevar el cristianismo a los indios del interior del país. Uno de los más notables de estos esfuerzos misioneros fue el de los jesuitas en la región de Mainas, que perduró a través de siglos.[109] En cuanto a su organización eclesiástica, Quito dependió originalmente del Perú, hasta que en el año 1545 se estableció el Obispado de Quito.[110] Al igual que en el resto de las colonias españolas, la Iglesia erigió hospitales y escuelas que, si bien eran insuficientes, eran el único intento de asistencia social que existía.[111]

La conquista del *Perú* es una de las páginas más negras en la historia de la colonización de América. La destrucción por parte de España del viejo Imperio Inca y de su elevadísima civilización [112] no tiene justificación posible. Francisco Pizarro, el extremeño criador de cerdos

---

[108] J. M. Vargas, *Historia de la Iglesia en el Ecuador durante el Patronato Español* (Quito, 1962), pp. 10-11.

[109] *Ibid.*, pp. 250-252; acerca de estas misiones en el siglo XVIII, véase: M. J. Uriarte, *Diario de un misionero de Mainas* (Publicado por C. Bayle, Madrid, 1952).

[110] Vargas, *op. cit.*, p. 26. El primer obispo de Quito, García Díaz Arias, fue nombrado en el año 1540, pero la Bula de Erección de su diócesis es del año 1545. Hernáez, *op. cit.*, pp. 242-243.

[111] J. Tobar Donoso, *La Iglesia, modeladora de la nacionalidad* (Quito, 1953). Esta obra tiende a ser demasiado apologética en pro de la Iglesia y su actuación en el Ecuador.

[112] M. de Morúa, *Historia del Origen y Genealogía Real de los Reyes Incas del Perú* (1590; publicado por C. Bayle, Madrid, 1946).

convertido en caballero y conquistador, ha de llevar buena parte de la responsabilidad,[113] pero no poca corresponde también a la Iglesia, muy especialmente a su representante Valverde, cuya famosa lectura del "Requerimiento" a Atahualpa en Cajamarca ha quedado en la historia como un ejemplo notable, si no de traición, al menos de fanatismo religioso. Y a la traición de Cajamarca se añade aquella otra por la que Pizarro, tras haber prometido la libertad de Atahualpa, le hizo matar —¡aunque por razón de haber aceptado el bautismo le concedió la gracia de estrangularle en vez de quemarle vivo! A la muerte de Atahualpa siguió la guerra civil entre los españoles, que no se contentaban con los tesoros robados a los indios y querían ahora despojarse mutuamente de su poder y sus riquezas. Por tanto, no ha de sorprendernos que en medio de todo esto, y aun hasta en el siglo XVIII —bajo Túpac Amaru— los indios se rebelaran contra los españoles, y por ende contra el cristianismo que representaban.

A pesar de las dificultades surgidas a causa de la conducta de los españoles, y a pesar también de la actuación del primer dominico en el Perú —Fray Vicente Valverde— las órdenes mendicantes hicieron en el Perú un trabajo misionero sorprendente.[114] La primera orden en establecerse en el Perú fue la de Santo Domingo, que llegó con los conquistadores y que en el año 1539 se constituía ya en una provincia independiente de la de México bajo el título de Provincia de San Juan Bautista del Perú.[115] Poco después de los dominicos llegaron los franciscanos [116] y mercedarios,[117] y en el año 1567 los jesuitas. Al princi-

---

[113] A pesar de los intentos de reivindicarle: R. Porras Barrenechea, "Francisco Pizarro", *Revista de Indias*, III (1942). Citado en F. de Armas Medina, *Cristianización del Perú: 1532-1600* (Sevilla, 1953), p. 16.

[114] Es posible que la actuación de Valverde haya sido algo distinta de la que tradicionalmente se le atribuye. Véase, Armas Medina, *op. cit.*, pp. 23-26. En todo caso, buena parte de la culpa por el episodio de Cajamarca cae sobre las autoridades en España, que al establecer el principio del "Requerimiento" proveyeron una excusa a cuanto conquistador sediento de sangre y oro quisiera atacar a los indios.

[115] Armas Medina, *op. cit.*, p. 27.

[116] D. de Córdova Salinas, *Crónica franciscana de las provincias del Perú* (Lima, 1651; segunda edición: México, 1957); A. Tibesar, *Franciscan Beginnings in Colonial Peru* (Washington, 1953).

[117] Véanse los artículos de J. Castro Seoane a que hemos hecho referencia en la nota 11.

pio estos misioneros [118] se limitaron a la evangelización de los antiguos territorios del Imperio Inca, pero ya a principios del siglo XVII,[119] en lo que fue una historia mucho más heroica que la anterior, los misioneros españoles comenzaron a cruzar las fronteras de aquel antiguo imperio.[120] Entre los misioneros que en los siglos XVII y XVIII contribuyeron a esta heroica expansión del cristianismo hacia las selvas orientales, son dignos de mención Fray Francisco de San José,[121] Fray Pedro González de Agüero,[122] Fray Manuel de Sobreviela [123] y Fray Narciso Girbal y Barceló.[124]

La primera sede episcopal establecida en el Perú fue la de Túmbez, cuya erección estaba estipulada en las Capitulaciones de Toledo,[125] y poco después se estableció la del Cuzco. No fue hasta el año 1543 que Lima recibió su primer obispo,[126] y tres años más tarde se hacía de ella sede metropolitana.[127] El más ilustre arzobispo de Lima en el siglo XVI fue Toribio de Mongrovejo.[128]

---

[118] A. de Egaña, *Monumenta Peruana* (Romae, 1954); L. A. Equiguren, *Las huellas de la Compañía de Jesús en el Perú* (Lima, 1956); *Historia General de la Compañía de Jesús en la Provincia del Perú* (crónica anónima del año 1600, publicada por F. Mateos, Madrid, 1944, 2 Vols.); F. Mateos, "Primera expedición de misioneros jesuitas al Perú: 1565-1568", *Missionalia Hispanica*, II (1945), pp. 41-108.

[119] Existe una interesante crónica pictórica que da a entender el estado de las misiones por entonces en el Perú incaico. Se trata de la *Nueva crónica* de Felipe Guzmán Poma de Ayala. Hay reproducciones de algunos de los grabados en: L. Kilger, *Die Mission in Peru am 1600* (Schöneck-Beckenried, 1948).

[120] Aunque trata sólo de las misiones franciscanas a partir del año 1619, véase la obra de B. Izaguirre, *Historia de las misiones franciscanas y narración de los progresos de la geografía en el oriente del Perú*, 14 Vols. (Lima, 1922). Los primeros ocho volúmenes tratan sobre el período que nos ocupa. Los tomos 13 y 14 incluyen manuales sobre los idiomas quechua, pano y otros.

[121] Izaguirre, *op. cit.*, Vol. II.

[122] *Ibid.*, Vol. IV.

[123] *Ibid.*, Vol. III.

[124] *Ibid.*, Vol. VIII.

[125] R. Vargas Ugarte, *Historia de la Iglesia en el Perú*, Vol. I (Lima, 1953), p. 132.

[126] *Ibid.*, p. 142. La bula correspondiente se encuentra en Hernáez, *op. cit.*, II, pp. 155-165.

[127] Hernáez, *op. cit.*, p. 165.

[128] V. Rodríguez Valencia, *Santo Toribio de Mongrovejo, organizador y apóstol de Sur-América*, 2 Vols. (Madrid, 1956-1957).

LAS MISIONES EN LA EDAD MODERNA

La Inquisición fue introducida en el Perú en el año 1529, y continuó operando hasta 1820, un año antes de que se jurase la independencia del país.[129]

La conquista de *Chile*, en la que Almagro fracasó y Valdivia perdió la vida, fue mucho más lenta que la del Perú, pues el valor de los araucanos obligó a los españoles a conformarse con la región al norte del río Bío-Bío. No fue sino en el siglo XVIII, tras haber sido precedido por los misioneros, que el poderío español se extendió hacia el sur del país. En el entretanto, en el año 1561, se erigió la sede episcopal de Santiago de Chile,[130] que en el siglo XIX vendría a ser sede metropolitana, y la de La Imperial en el año 1567.[131] También se establecieron en la región conventos de dominicos, franciscanos y mercedarios.[132] Fueron, empero, los jesuitas quienes más arduamente se ocuparon de penetrar en el territorio de los araucanos y de aprender su lengua y establecer misiones entre ellos.[133] También en Chile se implantó la Inquisición, que no fue abolida sino en el año 1820.[134]

El primer establecimiento permanente de los españoles en lo que después vino a ser el *Virreinato de La Plata* fue el de Asunción, en el año 1537. A partir de esta plaza, así como del Perú, tendría lugar la conquista del resto del futuro virreinato. Durante la segunda mitad del siglo XVI fuerzas procedentes del Perú y de Asunción fundaron las ciudades de Santiago del Estero, Tucumán, Córdoba y Buenos Aires —esta última por segunda vez.

Aunque hubo otras órdenes que laboraron en la región,[135] quienes más se distinguieron en el trabajo misionero en el *Paraguay* fueron los

---

[129] J. T. Medina, *Historia del Tribunal del Santo Oficio de la Inquisición de Lima*, 2 Vols. (Santiago, 1887).
[130] Hernáez, *op. cit.*, pp. 292-293.
[131] *Ibid.*, II, pp. 299-301.
[132] H.E.C., III, p. 152.
[133] F. Enrich, *Historia de la Compañía de Jesús en Chile*, 2 Vols. (Barcelona, 1891), Vol. I, pp. 55-56.
[134] J. T. Medina, *Historia del Tribunal del Santo Oficio de la Inquisición en Chile*, 2 Vols. (Santiago, 1890).
[135] R. A. Molina, "La obra franciscana en el Paraguay y Río de la Plata", *Missionalia Hispanica*, XI (1954), pp. 329-400; 485-522.

jesuitas.[136] Estos se constituyeron en Provincia del Paraguay en el año 1607, y en esa fecha estaban presentes, además de en Asunción, en Santiago del Estero, en Tucumán y Córdoba,[137] Su obra consistió principalmente —además del trabajo de escuelas que siempre les ha caracterizado— en el establecimiento de "reducciones" de indios, muy especialmente de guaraníes. Estas reducciones eran semejantes a las que se organizaron en otras regiones del Continente, con la salvedad de que no se encontraban en ellas guarniciones de soldados españoles,[138] sino que los propios indios, y hasta los sacerdotes, se armaban para defenderlas.[139] Su número llegó a 57 reducciones, en las que había más de 113.000 indios.[140] Por su número y por su grado de independencia, estas misiones resultaban ser motivo de recelos por parte de los funcionarios civiles, cuya suspicacia era alentada por los colonizadores que veían en los jesuitas un obstáculo a sus designios expansionistas. Esta oposición llegó a su punto máximo cuando, tras la firma del Tratado de Límites entre España y Portugal en el año 1750, los indios se sublevaron en oposición al desplazamiento a que dicho tratado les obligaba. Hubo quien, culpando a los jesuitas de la rebelión, le llamó la "guerra de los jesuitas", contribuyendo así a la campaña que desde hacía años se libraba en Europa contra la Sociedad de Jesús. En el año 1761 se anuló el Tratado de Límites y los indios pudieron regresar a sus antiguas reducciones. Pero el mal ya estaba hecho. Todavía estaban los indios tratando de reparar los males causados en las reducciones durante su ausencia cuando llegó la orden de expulsión de los misioneros jesuitas

---

[136] La historia más completa de estas misiones —que es en realidad un magnífico catálogo de fuentes —es: P. Pastells, *Historia de la Compañía de Jesús en la Provincia del Paraguay*, 8 Tomos (Madrid, 1912-1949). Además, véase: C. Eguia Ruiz, *España y sus misioneros en los países del Plata* (Madrid, 1953); M. Mörner, *The Political and Economic Activities of the Jesuits in the La Plata Region: The Hapsburg Era* (Stockholm, 1953); F. Mateos, "El tratado de límites entre España y Portugal de 1750 y las misiones del Paraguay: 1751-1753", *Missionalia Hispanica*, VI (1949), pp. 319-378; F. Mateos, "La Guerra Guaranítica y las misiones del Paraguay. Primera Campaña: 1753-1754", *Missionalia Hispanica*, VIII (1951), pp. 241-316; del mismo autor: "La Guerra... Segunda campaña: 1755-1756", *Missionalia Hispanica*, IX (1952), pp. 75-121; del mismo autor: "Nuevos incidentes en las misiones del Paraguay hasta el final de la demarcación de los límites: 1757-1760", *Missionalia Hispanica*, XI (1954), pp. 135-192.
[137] Pastells, *op. cit.*, I, p. 132.
[138] Mörner, *op. cit.*, pp. 198-201.
[139] Eguia Ruiz, *op. cit.*, p. 467.
[140] G. Kratz, *El tratado hispano-portugués de límites de 1750 y sus consecuencias* (Roma, 1954), p. 6.

—año 1767. Aunque religiosos de otras órdenes trataron de llenar el vacío dejado por los jesuitas, la obra era demasiado grande para sus fuerzas y su decadencia no pudo detenerse. Así desapareció aquel experimento misionero que, a pesar de su paternalismo —que no fue peor que el tratamiento de que otros "cristianos" hacían objeto a los indios— fue el intento más serio y duradero por parte de los misioneros católicos en América de organizar a los indios en comunidades cristianas.

En *Bolivia*, se establecieron conventos en las principales ciudades casi al tiempo de su fundación,[141] y se organizaron reducciones, no sólo por los jesuitas del Paraguay, sino también por los franciscanos.[142] La diócesis de Charcas —hoy Sucre— se estableció en el año 1551.[143]

El cristianismo penetró en el *Río de la Plata* tanto por mar como por el norte. Los primeros intentos de establecerse directamente en las orillas del estuario fracasaron, y los colonizadores que habían venido por mar para fundar a Buenos Aires se vieron obligados a unirse a los de Asunción. A partir del Perú, llegaron a Tucumán los primeros misioneros franciscanos, entre los cuales se cuentan Fray Juan de Rivadeneyra y San Francisco Solano, a quien ya nos hemos referido,[144] y que fue el primer gran misionero entre los indios del norte de la Argentina. Los mercedarios contribuyeron también en la obra misionera, llevando a cabo un trabajo de tal índole que varios de ellos fueron muertos por los indios.[145] El trabajo de los dominicos dependía de Chile, y su progreso no parece haber sido tan rápido como el de los franciscanos. Los jesuitas llegaron en el año 1585, y en el 1587 otro contingente llegó a Buenos Aires procedente del Brasil,[146] pero su trabajo más permanente tuvo lugar en el norte del país, en las misiones que ya hemos estudiado y cuyo centro estaba en el Paraguay. En el año 1570 se estableció la sede de Tucumán,[147] y en 1620 la de Buenos Aires.[148]

---

[141] En Arequipa, por ejemplo, había en el año 1552 un convento dominico, uno mercedario y uno franciscano. R. Mariategui Oliva, *La ciudad de Arequipa del siglo XVII en el Monasterio de Santa Catalina* (Lima, 1952), p. 29.
[142] A. Barrado Manzano, *Las misiones franciscanas en Bolivia* (Sevilla, 1945), pp. 10-11.
[143] Hernáez, *op. cit.*, II, p. 280.
[144] J. C. Zuretti, *Historia eclesiástica argentina* (Buenos Aires, 1945), pp. 43-46.
[145] *Ibid.*, pp. 46-47.
[146] *Ibid.*, p. 51.
[147] Hernáez, *op. cit.*, II, pp. 320-321. Esta sede luego pasó a Córdoba: Zuretti, *op. cit.*, pp. 67-68.
[148] Hernáez, *op. cit.*, II, p. 309; Zuretti, *op. cit.*, pp. 68-72.

En resumen, podemos decir que la conquista de la América hispana por parte del catolicismo romano se debió a una combinación de factores y circunstancias. Debido a la multiplicidad de tales factores, la evangelización de nuestra América fue a la vez una historia de abusos, injusticias, envidias y ambiciones desmedidas y una historia de grandes aventuras de fe que no pocas veces fueron coronadas con el martirio. La presencia de los colonizadores españoles fue siempre una amenaza para el bienestar de los aborígenes. Junto a los colonizadores, y a veces antes que ellos, vinieron los misioneros, una de cuyas funciones fue la de combatir y limitar los abusos por parte de los colonizadores. En algunos casos la fuerza de las armas se empleó para proteger a los misioneros y hasta para obligar a los indios a aceptar el bautismo. Pero en la mayoría de los casos la distinción entre misionero y soldado se mantuvo más claramente que en los últimos siglos de la Edad Media europea.

También es necesario señalar el hecho de que la cristianización de la América española quedó incompleta, no sólo en lo que a su extensión geográfica se refiere, sino también y sobre todo en cuanto a la penetración por parte del cristianismo en la totalidad de las costumbres y las creencias del pueblo. Aquí también hay que reconocer que esto es lo mismo que sucedió desde los primeros siglos de la historia de la Iglesia, cuando eran pocos los nuevos conversos que dejaban atrás todo vestigio de su antigua religión. Quizá en el caso de la América hispana esto sucedió con más frecuencia y alcance que en otros países, pero no se trata en modo alguno de un fenómeno nuevo en la historia de las misiones cristianas.

c) Las Islas Filipinas. Estas islas, que reciben su nombre en honor de Felipe II de España, fueron visitadas por Magallanes en el año 1521. Como es sabido, el gran navegante portugués, que viajaba bajo órdenes de España, perdió la vida en ellas. Fue medio siglo más tarde que se comenzó la conquista de las Filipinas. A partir de entonces fueron muchas las personas que, procedentes de México, llegaban a estas islas. La mayor parte no venía con los mismos propósitos con que los conquistadores y colonizadores habían llegado a América. Las Filipinas estaban demasiado lejos de España —a la que se viajaba siguiendo la ruta del Pacífico, México y el Atlántico— para llamar la atención como centro de comercio. Para los españoles en las Filipinas, éstas fueron durante mucho tiempo punto de partida para el establecimiento de colonias y misiones en el Oriente.[149] Por esta razón los misioneros jugaron allí un papel mucho más preponderante que en América. Y también por ello no se dieron los mismos abusos, ni en el mismo grado, que se habían dado en dicho continente.[150] Puesto que los habitantes de estas islas estaban poco civilizados, se siguió en ellas el viejo procedimiento de las encomiendas, que no parecen haber sido tan abusivas como en el continente americano. A fines del siglo XVI los agustinos, franciscanos, dominicos, jesuitas y recoletos llegaron en gran cantidad.[151] Al igual que en la América, estos frailes se dedicaron sobre todo a establecer "misiones" o centros comunitarios en los cuales se enseñaba la fe cristiana y algunas de las costumbres europeas.[152] Estas misiones alcanzaron cierto éxito, y a fines del período que estudiamos la inmensa mayoría de la población filipina se consideraba cristiana.

El trabajo misionero en las Filipinas tropezó con varios inconvenientes. El primero de ellos fue la presencia de algunos musulmanes en la región del sur.[153] Entre ellos los misioneros españoles sólo pudieron lograr unos pocos conversos. Había además japoneses y chinos que habían llegado antes que los españoles, y aunque no parecen haber opuesto gran resistencia a la predicación de los frailes y muchos hasta la aceptaron gustosos, los españoles temían su número creciente, lo cual dio lugar a tristes episodios de matanzas de chinos.[154] Los holandeses

---

[149] F. J. Montalbán, *El patronato español y la conquista de Filipinas* (Burgos, 1930), p. 103. Este es el mejor estudio en español acerca de los orígenes del cristianismo en las Filipinas. Tiende empero a subrayar en demasía los aspectos positivos de la conquista en "la creación de nuevas razas sobre los elementos indígenas degenerados" (p. 140).
[150] De hecho, antes de llegar los españoles a las Filipinas, existía la esclavitud en ellas. El rey de España prohibió a sus súbditos esclavizar a los habitantes o comprar esclavos a los naturales que los poseyesen. Sólo se permitió a los colonizadores esclavizar a los "moros" que se introdujesen en el territorio español con el propósito de convertir a los habitantes al Islam (Montalbán, *El patronato*..., pp. 90-91).
[151] Los agustinos llegaron con Legaspi en el 1564; los franciscanos, en el 1577; los dominicos, en el 1581, después de una travesía trágica; los jesuitas, en el mismo año; los recoletos parecen haber llegado poco después (E. Bazaco, *The Church in the Philippines*, 1953, pp. 46-49).
[152] M. Merino, "La reducción de los indios a pueblos, medio de evangelización", *Missionalia Hispanica*, III (1946), pp. 184-194.
[153] N. M. Saleeby, *Studies in Moro History, Law, and Religion* (Manila, 1905); J. Montero y Vidal, *Historia de las Filipinas*, 3 Vols. (Madrid, 1887-1895), Vol. I, pp. 180-254.
[154] Montero, *op. cit.*, Vol. I, pp. 145-147, 256-257.

disputaban el derecho de España a gobernar en Filipinas.[155] En la segunda mitad del siglo XVIII la expulsión de los jesuitas causó graves daños a las misiones que ellos habían emprendido.

Pero no hubo obstáculo mayor al trabajo misionero en estas islas que el de las divisiones entre los propios cristianos. Las autoridades civiles pugnaban con las eclesiásticas. El clero secular trataba de hacerse cargo de las misiones fundadas por los regulares, y éstos se resistían a ello. Las diversas órdenes competían entre sí a pesar de ordenanzas reales que prohibían que dos órdenes trabajasen en la misma provincia. Esto, combinado con el carácter paternalista y condescendiente de los dirigentes eclesiásticos y civiles para con los filipinos, evitó que las Islas Filipinas se convirtiesen verdaderamente en un centro de misiones hacia el Lejano Oriente, con una iglesia autóctona capaz de contribuir a ese trabajo misionero.[156]

d) Otras Misiones Españolas. A partir de las Filipinas, los españoles emprendieron trabajo misionero hacia el continente asiático. Aunque hubo misioneros españoles en las Indias Orientales, en el Japón, en el Asia sudoriental y en China, su obra no tuvo la profundidad ni la permanencia que tuvo la obra de sus compatriotas en la América y en las Filipinas.[157]

3. *La Expansión Misionera a partir de Portugal.*

Limitado como estaba en su expansión en la Península Ibérica por su vecina España, Portugal comenzó su expansión marítima aún antes que la propia España. Bajo Enrique el Navegante (1394-1460) la navegación vino a ser una de las principales ocupaciones del reino portugués. En la primera mitad del siglo XV fueron descubiertas las Azores y las Islas de Cabo Verde. Cuando a partir de 1453, con la caída de Constantinopla, se hicieron cada vez más difíciles las comunicaciones

---

[155] *Ibid.*, Vol. I, *passim.*
[156] H.E.C., III, 314-316. Para más información acerca de las Filipinas, consúltese: *Selected Bibliography of the Philippines* (New Haven, 1956).
[157] M. Ares, "Los primeros misioneros españoles de China", *España Misionera*, V, pp. 199-218; M. Hernández y Sánchez-Barba, "La cristiandad japonesa bajo el shogunato de los Tokugawa", *Saitabí*, VII (1949), pp. 200-205.

con el Oriente a través de esa ruta, era natural que los portugueses se lanzasen a buscar un camino hacia las Indias bordeando el Africa. En el año 1486 Bartolomé Díaz llegó al cabo de Buena Esperanza, y once años más tarde Vasco de Gama llegaba a la India. Sobre la base de estos descubrimientos, los soberanos portugueses lograron que en repetidas bulas pontificias se les concediese la soberanía de todas las tierras por descubrir.[158] Cuando los viajes de Colón introdujeron a España en la lid en pos de nuevas tierras, el Sumo Pontífice se vio en la obligación de determinar qué territorios corresponderían a cada uno de los dos reinos. A la sazón, ocupaba la sede romana el Papa de triste memoria Alejandro VI, español. Tras largas negociaciones y repetidas protestas por parte de los portugueses, el Papa dividió la tierra mediante una línea imaginaria que corría 370 leguas al oeste de las Islas de Cabo Verde.[159] De esta manera, tocaban a Portugal territorios que incluían el extremo oriental de la América del Sur, todo el continente africano, y el Oriente. A España le correspondía el resto de América y la casi totalidad del Océano Pacífico. Aunque las Filipinas quedaban en territorio portugués, más tarde se llegó a un acuerdo por el cual pasaron a manos de España.

Tras los viajes de exploración, y a veces junto a ellos, surgió el intento de colonizar los nuevos territorios. La base de la colonización del Oriente fue establecida por Alfonso de Albuquerque en los años que van del 1510 al 1516. A fin de dominar el comercio con las Indias, Albuquerque se adueñó de diversos puntos estratégicos en las rutas marítimas. En el Mar de Arabia, los portugueses ocuparon Socotra, Ormuz y Adén, con lo cual se hacían dueños de las rutas hacia el noroeste. En la India tomaron y fortificaron la plaza de Goa, y en Ceilán la de Colombo. Haciéndose dueños de Malaca, cerraron el paso hacia el Lejano Oriente a todas las demás naciones, al tiempo que ellos mismos se establecían en Macao y otros puntos de China. Puesto que en estos países existían vastas poblaciones que no era posible someter totalmente, los portugueses se contentaron con tomar estos puntos estratégicos que

---

[158] Hernáez, *op. cit.*, Vol. II, pp. 823-839.
[159] En realidad, la demarcación inicial se hizo en el sentido de que los españoles debían navegar sólo hacia el occidente, y los portugueses hacia el oriente. Luego se trazó la línea a cien leguas al occidente de las Islas de Cabo Verde, y por último, en el Tratado de Tordesillas, se corrió 270 leguas más hacia el occidente. El papa León X confirmó este acuerdo.

les permitían obtener el beneficio del comercio del Oriente sin la necesidad de conquistar todo el territorio.

En la América del Sur y Africa, por el contrario, la población aborigen era escasa y su civilización rudimentaria, de modo que les fue posible a los portugueses seguir una política semejante a la que adoptaron los españoles en la colonización de América y las Filipinas.

A pesar de que las bulas papales le conferían un territorio tan extenso como el que conferían a España, Portugal nunca logró el éxito colonizador que tuvo esta última nación. Esto se debió, por una parte, a que muchos de los territorios que debían ser colonizados y evangelizados por Portugal estaban ocupados por poblaciones de un alto desarrollo cultural y cuyas religiones ofrecían más resistencia al cristianismo que las religiones primitivas de los pueblos colonizados por los españoles. Por otra parte, en las regiones de América y Africa que tocaron en suerte a los portugueses y donde había poblaciones cuya cultura y religión primitivas les hacía susceptibles a una colonización semejante a la que llevaba a cabo España, las dificultades del clima, la vegetación y las comunicaciones eran mayores que en buena parte de la América hispana.

a) La Colonización Portuguesa en América.[160] Si bien las bulas papales, y luego el Tratado de Tordesillas, sólo conferían a Portugal una pequeña porción del extremo oriental de la costa sudamericana, pronto la expansión de los colonos que allí se establecieron conquistó para la civilización portuguesa un área mucho más extensa que la que legalmente le correspondía. A esta zona se le dio el nombre de "Brasil" por razón de un árbol de ese nombre que allí crecía y que era codiciado como fuente para un tinte que se utilizaba en la industria textil.

La colonización definitiva del Brasil fue emprendida sin gran prisa, pues la monarquía portuguesa estaba mucho más interesada en sus territorios en el Oriente. En todo caso, se establecieron en el Brasil "capitanías" que no eran más que un trasplante al Nuevo Mundo del viejo sistema feudal. Dichas capitanías eran puestas en manos de algún hidalgo pobre de Portugal que buscaba tierras que colonizar. Por lo

---

[160] Véase la obra monumental de J. C. de Macedo Soares, *Fontes da historia da Igreja Católica no Brasil* (Río de Janeiro, 1954).

general, comprendían unas cincuenta o cien leguas de costas, y su posesión era hereditaria. De las doce capitanías que fueron establecidas originalmente, sólo dos tuvieron buen éxito. Por esta razón en el año 1549, sólo quince años después del establecimiento de la primera capitanía, el rey de Portugal decidió establecer una "capitanía general" en la ciudad de Bahía.

Las poblaciones indígenas que los portugueses encontraron en las costas de Brasil fueron sometidas a la esclavitud, a veces bajo un subterfugio semejante al de las encomiendas españolas, y a veces sin subterfugio alguno. Según las leyes, los indios aprehendidos en "guerra santa" podían ser hechos esclavos. Hacia el interior, los frailes, y sobre todo los jesuitas y franciscanos, establecieron algunas misiones semejantes a las de los españoles, a las que daban el nombre de "doutrinas".[161] Estas misiones se vieron a menudo atacadas por los propios colonizadores blancos que buscaban esclavos para sus plantaciones. A pesar de las labores de misioneros tales como José de Anchieta [162] y Antonio Vieira,[163] que dedicaron sus vidas a mejorar las condiciones de los indios, no fue sino en el año 1755 que se prohibió esclavizar a los indígenas americanos.[164] Aunque la corona portuguesa no estaba en favor del mal trato de los indios, tampoco se ocupó de evitarlo, siquiera en el grado limitado en que lo hizo la corona española.

En términos generales, el trabajo misionero en el Brasil no llegó a tener el mismo desarrollo que tuvo en la América española. Si bien los jesuitas fundaron escuelas, siempre hubo necesidad de una universidad, y quienes querían seguir estudios superiores se veían obligados a ir a la de Coimbra en Europa. Tampoco hubo en Brasil quien se ocu-

---

[161] Acerca de los jesuitas en el Brasil, véanse las obras de S. Leite: *História da Companhia de Jesus no Brasil*, 10 Vols. (Lisboa, 1938-1950); *Monumenta Brasiliae*, 4 Vols. (Roma, 1956-1960); *Artes e oficios dos Jesuítas no Brasil* (Lisboa, 1953). Acerca de los franciscanos: B. Röwer, *Páginas de História Franciscana no Brasil* (Petrópolis, 1941); por varios autores *Provincia Franciscana de Santo Antonio do Brasil* (Recife, 1957).
[162] H. G. Dominian, *Apostle of Brazil: The Biography of Padre José de Anchieta* (New York, 1958); P. Calmon, *José de Anchieta, O Santo do Brasil* (São Paulo, 1930); J. de Lima, *Anchieta* (Rio de Janeiro, 1937); S. Vasconcelos, *Vida do Veneravel Padre José de Anchieta*, 2 Vols. (Rio de Janeiro, 1943).
[163] J. L. de Azevedo, *História de Antonio Vieira*, 2 Vols. (Lisboa, 1931). Véanse los siguientes estudios críticos: I. Lins, *Aspectos do Padre Antonio Vieira* (Rio de Janeiro, 1956); R. Cantel, *Prophétisme et messianisme dans l'œuvre d'Antonio Vieira* (Paris, 1960). Esta última obra incluye una extensa bibliografía.
[164] H.E.C., III, 165.

pase de traer la imprenta desde una fecha temprana, como lo había hecho en México el obispo Zumárraga. En mucho mayor grado que en la América española, en el Brasil la Iglesia Católica fracasó en la total asimilación de la población negra que fue traída del Africa cuando comenzaron a escasear los brazos indios, de modo que las viejas religiones africanas persistieron.[165] Quizá esto se deba, en parte al menos, al hecho de que Portugal tenía otras colonias que atraían a lo mejor de sus aventureros y misioneros, de manera que los que llegaron al Brasil no representaban lo mejor de la gran expansión portuguesa.

En el año 1551 ó 1552 se erigió el primer episcopado del Brasil, que fue el de San Salvador de Bahía. En 1575 se hizo de San Sebastián de Río de Janeiro un vicariato apostólico, y en el año 1676 se le dio el título de diócesis bajo la sede metropolitana de Bahía. La sede de Pernambuco, también bajo la jurisdicción de Bahía, fue creada en el mismo año que la de Río de Janeiro. Al año siguiente se erigió el episcopado de San Luis de Marañón, y en el siglo XVIII los de Belén, Sao Paulo y Mariana.[166]

b) La Expansión Portuguesa en el Africa. Como ya hemos señalado, Portugal había comenzado a explorar las costas del continente africano mucho antes de los descubrimientos de Cristóbal Colón. Durante el siglo XV los portugueses se habían establecido en varias de las islas del lado occidental de Africa, especialmente las de Cabo Verde y la de Fernando Poo. A partir de estas islas se hizo algún trabajo misionero en la tierra firme africana. Pero fue en el siglo XVI que comenzó la verdadera expansión portuguesa en la costa de Africa. El primer interés de los portugueses era establecer allí centros que les sirviesen como base en su camino hacia las Indias. Pero a los colonizadores que se establecían en dichas bases seguían los sacerdotes, y pronto se comenzaba el trabajo misionero.[167] Este trabajo se extendió primero por la costa occidental de Africa, sobre todo en la región de Angola y en el reino del Congo, cuya capital, Baji, se encontraba a unos

---

[165] R. Bastide, *Les religions africaines au Brésil* (Paris, 1960).
[166] Hernáez, *op. cit.*, Vol. II, pp. 676-700.
[167] Los documentos pontificios referentes a la colonización portuguesa en Africa y el Oriente pueden verse en: Paiva Manso, *Bullarium Patronatus Portugalliae Regum in Ecclesiis Africae, Asiae atque Oceaniae*, 3 Vols. y apéndices (Olisipone, 1870 et seq.).

pocos kilómetros de la desembocadura del río del mismo nombre.[168] En esta última zona el trabajo misionero logró éxitos notables, aunque efímeros. Se dice que un rey del Congo, a quien los portugueses llamaban Alfonso, aceptó el bautismo, y que de esa manera se introdujo el cristianismo en esa región. Poco después un hijo de Alfonso fue consagrado obispo de Baji, con lo cual le cupo la distinción de ser el primer obispo de raza negra consagrado por la Iglesia Romana. Al parecer, algunos años después las condiciones cambiaron, y la iglesia del Congo desapareció. La de Angola continuó existiendo hasta nuestros días, cuando dicha región es aún una colonia portuguesa.

Tras la colonización de la costa occidental de Africa, los portugueses se dedicaron a establecer bases en la costa oriental.[169] El Islam había penetrado en esta región algún tiempo antes, y por tanto el trabajo misionero se hizo más difícil. A pesar de esto los portugueses, y con ellos la iglesia que representaban, lograron fuerte arraigo en lugares como Mozambique y Mombasa.

Las misiones en el Africa fueron las más pobres de todas las portuguesas. Esto se debe en parte a que el interés de Portugal se centraba en el Oriente, y no en el continente africano, que venía a ser para ellos un obstáculo más bien que una oportunidad misionera. Además, los portugueses se dedicaron a llevar esclavos del Africa al continente americano y, como era de esperarse, esto hizo mucho daño al trabajo misionero en esta región. Por último, antes de que los portugueses tuvieran la ocasión de penetrar hacia el interior de Africa, aparecieron otras potencias europeas que se disputaban con ellos el derecho a conquistar y colonizar ese continente. El resultado de todo esto fue que, al final del período que estudiamos, Africa seguía siendo para los europeos un continente desconocido, y para la Iglesia un vasto campo misionero apenas labrado.

c) EL ORIENTE.[170] Como hemos dicho anteriormente, buena parte del territorio que el Papa había colocado bajo la responsabi-

---

[168] E. Weber, *Die portugiesische Reichsmission im Königreich Congo* (Aachen, 1924).
[169] El primer establecimiento portugués en la costa oriental del Africa data del año 1507: A. Ribeiro, *Missions et explorations portugaises* (Lisbonne, 1900), p. 14.
[170] Existe una magnífica selección de fuentes para el estudio de las misiones portuguesas en el Oriente: A. da Silva Rego, *Documentação para a História das Missoes do Padroado Portugues de Oriente* (Lisboa, 1947 y sig.). En el año 1958 se habían publicado 12 volúmenes, todos sobre la India.

lidad de la corona portuguesa pertenecía al Oriente asiático. Fue en esta región que Portugal se mostró más incapaz de realizar la tarea que le había sido encomendada. Es fácil comprender esto si se tiene en cuenta que se trataba de la región más densamente poblada del globo y que existían en ella las más antiguas culturas. Como es de suponerse, las viejas culturas orientales, con sus religiones altamente desarrolladas, opondrían a la cultura europea y al cristianismo que con ella venía una resistencia mucho más tenaz que la que podían haber ofrecido las culturas americanas y africanas. Como veremos más adelante, tales culturas requerían un método misionero algo distinto del que se empleaba en las demás colonias españolas y portuguesas.

En el Oriente, Portugal nunca pudo hacer más que establecer pequeñas colonias costeras que le servían para lograr el dominio de los mares y del comercio, pero no de la totalidad de los países en que se establecían. Haciéndose fuertes en la costa occidental de la India —especialmente en Goa— en Ceilán y en el estrecho de Malaca, los portugueses tenían en sus manos las principales rutas de acceso al comercio del Oriente. En China, la pequeña factoría de Macao les permitía comerciar con ese inmenso país.

Naturalmente, las primeras iglesias cristianas establecidas por los portugueses en el Oriente coincidían con estas pequeñas colonias que allí habían fundado. Su ministerio se ocupaba principalmente de los portugueses mismos, aunque se buscaba también la conversión de los nativos del lugar que quedaban bajo el dominio o la influencia de los colonizadores. En tales casos, se confundía el cristianismo con la cultura de Portugal, y se obligaba al converso a aceptar, junto con el bautismo todos los modos de vida y hasta el nombre de un portugués. Como es de suponerse, este método no lograba sino enajenar a aquellos asiáticos que amaban su cultura y que creían que era necesario abandonarla para aceptar la fe cristiana.[171]

Debido a limitaciones de espacio, no podemos narrar aquí la manera en que el cristianismo fue extendiéndose en los distintos países del Oriente. Nos limitaremos por tanto a narrar la obra del más grande

---

[171] G. H. Dunne, *Generation of Giants* (Notre Dame, Indiana, 1962). pp. 7-11.

de los misioneros portugueses del siglo XVI, San Francisco Javier,[172] y a mostrar cómo los misioneros de la segunda generación, tales como Roberto de Nobili y Mateo Ricci, intentaron métodos más atrevidos que los de sus antecesores.

San Francisco Javier nació en Navarra en el año 1506. Cuando aún no tenía veinte años, pasó a la Universidad de París, donde estudió hasta el año 1530. Poco después estableció amistad con Ignacio de Loyola. Francisco, Ignacio y un grupo de cinco compañeros más fueron el núcleo que dio origen a la Compañía de Jesús, que fue aprobada por el papa Paulo III en el año 1539.

Desde sus orígenes, la Compañía de Jesús estuvo interesada en el trabajo misionero. Uno de los primeros en emprender esta obra fue el propio Francisco Javier, quien partió en el año 1541 rumbo a la India, llevando consigo cartas de recomendación del rey de Portugal, Juan III, así como el título de Nuncio de la India Oriental. Comenzaba así una vida de idas y venidas por el Oriente, predicando el Evangelio, organizando y fortaleciendo iglesias e instruyendo a portugueses e indígenas.

Tras pasar unos cuatro meses en Goa, San Francisco Javier se dirigió al sur de la India, a la zona corrientemente llamada Pesquería, donde unos seis o siete años antes se habían bautizado más de veinte mil personas. Allí centró su esfuerzo misionero hasta el año 1545, aunque esto no le impidió hacer otros viajes a Goa y Cochín. Fue en el año 1544 que, mediante su intervención en una pequeña guerra local, Javier logró que diez mil personas aceptasen el bautismo.

En el año 1545 Francisco Javier emprendió viaje hacia Malaca, donde permaneció unos pocos meses antes de pasar a la ciudad de Amboina, en las Molucas. En estas islas encontró siete aldeas que habían recibido el bautismo algún tiempo antes, pero en las que ningún sacerdote trabajaba. Allí también se dedicó a dar a estos cristianos la instrucción y el cuidado de que carecían. Cuatro meses después siguió hacia la capital de las Molucas, Ternate, donde continuó su labor de evangelismo y catequesis, y donde además escribió cartas pidiendo que

---

[172] Las obras de San Francisco Javier han sido publicadas por la B.A.C., CI (1953). En ese volumen hay una excelente bibliografía. Después de la fecha de esa bibliografía comenzó a aparecer la obra magna de G. Schurhanner, *Franz Xaver: Sein Leben und seine Zeit* (Freiburg, 1955 und folg.).

viniesen a trabajar en las Molucas otros miembros de la Compañía de Jesús.

En el año 1547 Javier partió de las islas Molucas con el propósito de regresar a la India, donde su presencia era necesaria para supervisar y organizar el trabajo de los jesuitas en la región. Al detenerse en Malaca, conoció a tres japoneses, y comenzó así a soñar con la posibilidad de emprender trabajo misionero en el Japón. Sin embargo, continuó su viaje a la India, donde visitó de nuevo la ciudad de Cochín, la Pesquería y la propia Goa. En todos estos lugares se dedicó a reorganizar el trabajo de los jesuitas, que estaba a su cargo. En el año 1549 los misioneros que trabajaban bajo la dirección de Francisco Javier eran ya más de treinta.

Por fin Javier se sintió libre para emprender la misión que había soñado en el Japón. Acompañado de los tres japoneses que había conocido en Malaca y de dos jesuitas, Javier emprendió la misión al Japón, y estuvo en ese país durante más de dos años. Al retirarse, todo parecía indicar que la naciente iglesia llegaría a ser una de las más notables en todo el Oriente. No podía suponer Javier que poco tiempo después de su muerte, por razones que no son del todo claras, habría de desatarse en ese país una persecución tal que el cristianismo desaparecería casi por completo.

Al regresar a Malaca, Javier recibió noticias de que había sido fundada una nueva provincia de la Compañía de Jesús, que esta provincia comprendía todo cuanto se encontraba al este del Cabo de Buena Esperanza —excepto Etiopía— y que él había sido nombrado su Superior. Esto interrumpió por algún tiempo el sueño de Javier de emprender la evangelización de la China, pues tuvo que dedicarse a la reorganización y supervisión del trabajo misionero en todos los lugares donde éste estaba en manos de los jesuitas. De nuevo sus viajes le llevaron a Cochín y a Goa, de donde partió rumbo a China en el año 1552. Pero el gobierno chino se oponía a la entrada de elementos foráneos, y por esa razón Javier tuvo que permanecer en la isla de Sanchón esperando la ocasión oportuna para trasladarse al continente. Fue allí, soñando aún con la misión a la China, que le encontró la muerte en el año 1552.

Los métodos misioneros de San Francisco Javier dejan mucho que desear. Su costumbre —que fue también la de muchos otros jesuitas— de bautizar en masa a los adultos convertidos sin apenas darles instrucción cristiana se opone a las prácticas y reglas establecidas en todas las iglesias. Su interés en viajar siempre hacia nuevos territorios le impidió establecer verdaderos contactos con las culturas en las cuales trabajaba, de modo que casi siempre se veía obligado a depender de intérpretes para su trabajo misionero. Este método, aceptable quizá cuando se aplica entre quienes están dispuestos a reconocer la superioridad de la cultura europea y a adaptarse a ella, es del todo erróneo cuando se aplica en medio de culturas cuyo desarrollo es por lo menos tan elevado como el de la europea. Sin embargo, a fin de hacerle justicia a San Francisco Javier, debemos decir que esto no era una característica suya, sino que era lo corriente en su tiempo. Para los misioneros portugueses, la conversión de un pagano cualquiera quería decir que éste quedaba convertido en súbdito de la corona portuguesa; se le daba un nombre portugués y se esperaba que se vistiese y se comportase de igual manera que sus nuevos conciudadanos.[173]

Fueron los misioneros jesuitas de fines del siglo XVI y principios del XVII quienes primero comenzaron a tomar en serio las culturas dentro de las que trabajaban, y a intentar hacer surgir un cristianismo que no fuese ajeno a su propio medio ambiente. Entre estos misioneros se destacan, en la India, Roberto de Nobili y, en China, Mateo Ricci.

Aunque de origen italiano, Roberto de Nobili [174] fue enviado a la India por la Compañía de Jesús con la aprobación de la corona portuguesa. Tras algunas experiencias en Pesquería, pasó a Madura, donde emprendió su experimento en el trabajo misionero. Nobili hizo todo lo posible por adaptarse a las costumbres de la India. Se dedicó a estudiar los idiomas de la región, y también el sánscrito, en el que pensó que debía celebrarse la liturgia cristiana. Adoptó la dieta vegetariana de los hindúes, y tomó para sí el título de "Maestro". Su adaptación a la cultura de la India llegó a tal punto que aceptó la práctica de la separación de castas como un fenómeno de carácter sociológico más bien que religioso, y que por tanto podía ser aceptado por los cristianos. En su propia iglesia sólo podían entrar las personas de las castas superiores. Para los demás, creía Nobili que debían establecerse iglesias especiales. Siguiendo sus consejos, los jesuitas siguieron la práctica de utilizar misioneros distintos para trabajar entre las diversas castas.

---

[173] Acerca de la "lusitanización" de Javier, véase: L. García Arroyo, *Españolización de San Francisco Javier* (Pamplona, 1953), pp. 65-67.
[174] M. E. Modaelli, *De Nobili* (Brescia, 1950); P. Dahmen, *Un Jésuite Brahme: Robert de Nobili* (Louvain, 1924); V. Cronin, *A Pearl to India: The Life of Roberto de Nobili* (New York, 1959).

Como era de esperarse, los métodos de Nobili fueron duramente criticados.[175] De estas críticas surgió la llamada "Controversia de los Ritos Malabares". Más adelante veremos que en la China, Mateo Ricci siguió un método semejante, y que esto también provocó una controversia aun más acalorada que la que giraba alrededor de Nobili. En el año 1704, tras largas vacilaciones, Roma se declaró en contra de las prácticas jesuíticas. Al parecer, esta decisión fue tomada a base de información poco exacta. En todo caso, la disputa continuó durante cuarenta años más, hasta que una bula papal prohibió la continuación de los métodos introducidos por Nobili. Como es de suponerse, toda esta controversia, y especialmente la decisión papal, hizo mucho daño a la labor misionera en la India.[176]

Aun más notable que Roberto Nobili es Mateo Ricci.[177] Como hemos dicho anteriormente, San Francisco Javier murió buscando acceso a la China. Algunos años después un español afirmaba que "con o sin soldados, querer entrar en la China es querer alcanzar la Luna".[178] Alessandro Valignano, quien a partir del año 1573 fue Superior de las misiones jesuíticas en las Indias Orientales, parece haber sido el primero en percatarse de la necesidad de un nuevo método misionero a fin de poder penetrar en la China. Fue Valignano quien le ordenó a Michele Ruggieri que se dedicase al estudio del chino a fin de algún día poder llevar a cabo el trabajo misionero en ese país.[179] Comprendiendo exac-

---

[175] Véase la defensa de Nobili: *Responsio ad quae contra modum quo nova Missio Madurensis utitur ad ethnicis Christo convertendos obiecta sunt*, publicada por P. Dahmen en París, 1931.

[176] H.E.C., III, 269-271.

[177] En el año 1942, comenzó a publicarse en Roma la edición crítica de las *Fonti Ricciane*. Hasta el presente han aparecido tres volúmenes. Véase además: F. Bortone, *Il saggio d'Occidente* (Roma, 1953); V. Cronin, *The Wise Man from the West* (London, 1955); R. P. Millot, *La Chine découvre le Christ* (Paris, 1957).

[178] Citado en Dunne, *op. cit.*, p. 17.

[179] En su *Historia del principio y progreso de la Compañía de Jesús en las Indias Orientales* (publicada en Roma en 1944 por J. Wicki), Valignano escribe: "Mas están por otra parte tan cerradas las puertas de la China y sus mesmos entendimientos dellos para las cosas de Dios, y son tan intratables, inconversables e incomunicables (digámoslo así) estos mandarines, especialmente con los estrangeros, y hazen tan poco caso de todas las naciones, que no se ve manera cómo poderse entrar con ellos... Mas con todo esto, como lo que es imposible a los hombres sea posible a Dios, están dos Padres de los nuestros ya de algunos años

tamente la intención de Valignano, Ruggieri se dedicó a estudiar, no sólo el idioma, sino también las costumbres de la China. Su conocimiento de tales costumbres hizo que los chinos de Cantón, y luego los de la capital provincial de Chaochín, le tuviesen en alta estima. Tras un primer intento que quedó trunco debido a un cambio político, Ruggieri logró establecerse en la ciudad de Chaochín y le fue asignado para acompañarle el sacerdote jesuita Mateo Ricci.

Al igual que Nobili, Valignano y Ruggieri, Ricci era de origen italiano. En el año 1571 había ingresado a la Compañía de Jesús. Tras hacer estudios en la Universidad de Coimbra, partió hacia el Oriente, con la aprobación de la corona portuguesa, en el año 1578. Sus primeras experiencias en Goa hicieron que Valignano pensase en él como el acompañante adecuado para Ruggieri. Una vez dedicado a las misiones en la China, Ricci hizo todo lo posible por comprender y apreciar la civilización en la cual debería trabajar.

A la sazón la China estaba gobernada por una casta de eruditos. Convencido de que le sería imposible llevar a cabo un trabajo permanente entre las clases bajas, Ricci se dedicó a hacer todo lo posible por penetrar las filas de estos eruditos.[180] Para esto le fueron utilísimos los conocimientos de matemáticas, astronomía y geografía que había obtenido en Europa. Los relojes europeos eran motivo de admiración por parte de los visitantes que Ricci recibía en su casa. Su mapa del mundo pronto logró gran renombre en toda China, con mucho provecho para su autor y para la causa que éste representaba. Además, el respeto e interés con que Ricci se acercaba a la cultura china le sirvieron para que otras personas también se acercasen a él y a su mensaje con el mismo respeto e interés. Ricci se dedicó a estudiar los clásicos chinos, y escribió en chino un *Tratado Acerca de la Amistad* que pronto circuló entre los filósofos del país, probándoles que también en el Occidente y entre cristianos se admiraba esta virtud que ocupaba un lugar tan especial en el pensamiento chino.

---

aprendiendo esta lengua mandarín y van aprovechando en ella... porque este es el camino, por donde debemos esperar (quanto a lo que a nosotros toca) que aya alguna entrada en la China..." (Parte primera, cap. xxviii; pp. 255-256 de la edición de Wicki).

[180] J. Bettray, *Die Akommodationsmethode des P. Matteo Ricci S. I. in China* (Romae, 1955).

Ricci nunca estableció iglesias abiertas en territorio chino. Esto se debió en parte a la cautela que era necesario tener para no despertar la sospecha de las autoridades, y también en parte al temor que tenía Ricci de que el populacho siguiera la costumbre que se aplicaba a los templos budistas tomándolos como centros de diversiones y de banquetes públicos. Tampoco intentó Ricci lograr un gran número de conversiones, sino que se limitó a un trabajo personal entre los eruditos que gobernaban el país. El mismo no pretendía ser otra cosa que un sabio del Occidente y por tanto colega de los sabios con quienes trataba.

El éxito de Ricci estuvo en la manera en que logró introducirse en un país totalmente cerrado como la China. De Chaochín, Ricci pasó a Nankín, y de allí a Pekín, donde laboró durante nueve años, hasta su muerte en el 1615.

Aunque Ricci no logró un gran número de conversos, en cada lugar donde estuvo establecido dejó a otros misioneros jesuitas que continuaron su labor, y en la ciudad de Pekín logró tal respeto para los miembros de su orden que se les colocó a cargo de las investigaciones astronómicas.[181]

Cuando, a mediados del siglo XVII, la dinastía Ming se vio obligada a replegarse hacia el sur debido al creciente poderío manchú, los jesuitas gozaban de tal prestigio que les fue posible continuar su trabajo misionero tanto en la corte Ming como en la manchú. También entonces sus conocimientos científicos les resultaron útiles, pues los jesuitas lograron gran influencia entre los manchúes gracias a la ayuda que les prestaron en la fundición de cañones para la guerra contra la dinastía Ming.

Poco menos de un siglo después de la muerte de Ricci los cristianos en la China se contaban por cientos de miles.

Al igual que en el caso de Nobili en la India, la obra de Ricci y sus sucesores en la China se vio debilitada por la oposición de otros misioneros católicos —especialmente franciscanos y dominicos— que se oponían a las prácticas acomodaticias de Ricci y los suyos. Los jesuitas decían que la veneración de Confucio y de los antepasados no era de carácter religioso, sino social, y que por tanto podría continuarse aun después del bautismo. Además, los términos chinos que utilizaban para

---

[181] H. Bernard, *Matteo Ricci's Scientific Contribution to China* (Peiping, 1935); P. M. D'Elia, *Galileo in China* (Romae, 1947).

referirse a Dios tenían ciertas connotaciones que podían hacer pensar que se trataba de un ser impersonal y no del Dios bíblico. La controversia con respecto a estas prácticas fue mucho más acalorada que la controversia semejante que ya hemos discutido con relación a la India. A la larga, Roma tomó la misma posición que en el caso de la India, prohibiendo la veneración a los antepasados y a Confucio y declarando que el término que se estaba empleando para referirse a Dios no era adecuado. Como era de esperarse, tal gesto provocó la ira de los chinos que se interesaban en la cuestión, y sobre todo del Emperador, que se preguntó cómo un "bárbaro" que no tenía la más mínima idea del idioma chino se atrevía a juzgar acerca de si una palabra era o no adecuada. A partir de entonces las dificultades para el trabajo misionero en China se hicieron cada vez mayores.[182]

La historia de las misiones portuguesas en el Oriente sirve para plantearnos uno de los más serios problemas del trabajo misionero: ¿cómo ha de determinarse el justo grado y los medios adecuados de adaptación a una cultura dada? Dos cosas resultan claras: por una parte, el intento de llevar el mensaje misionero sin adaptación alguna resulta en una confusión indeseable entre el mensaje cristiano y la cultura de quienes lo proclaman; por otra parte, se corre siempre el riesgo de que en el intento de adaptarse a una nueva cultura se pierda algo que sea esencial al mensaje cristiano. Además resulta interesante notar que no fueron los portugueses, sino los misioneros italianos bajo auspicios portugueses, quienes más rápidamente se percataron de la necesidad de establecer la distinción entre la cultura y el poderío portugueses y la fe cristiana. Quizá su carácter de no portugueses les hacía ver algo de la sinrazón del intento de "portugalizar" a los conversos.

4. *Las Misiones Francesas.*

Aunque no en la misma medida en que lo hicieron España y Portugal, Francia también contribuyó a la expansión del catolicismo romano durante el período que nos ocupa. Una parte de esta obra fue llevada a cabo por la simple conquista y colonización, mientras que otra fue el resultado de la *Société des Missions Etrangères de Paris*.

---

[182] H.E.C., III, pp. 349-355.

a) La Expansión Geográfica de Francia. Al igual que España y Portugal, Francia se lanzó durante la Edad Moderna a la conquista y colonización de nuevas tierras. En esta empresa se vio obstaculizada por las condiciones internas del país y además por las bulas papales que distribuían los nuevos territorios a descubrirse entre España y Portugal.[183] Sin embargo, durante la Edad Moderna Francia logró establecer colonias en la América del Norte (donde ocupó buena parte de la costa oriental de lo que hoy es Canadá, además de la cuenca del Misisipí), en algunas de las islas del mar Caribe, y en el norte de Sudamérica —en lo que se conoce como la Guayana Francesa. En todos estos territorios la población indígena era escasa y su civilización rudimentaria. Por esa razón los franceses no pudieron llevar a cabo entre ellos un trabajo semejante al que realizaron los españoles en los viejos imperios azteca e inca. El más importante trabajo misionero que en este período realizaron los franceses en América fue el que se llevó a cabo entre los indios hurones en la cuenca del San Lorenzo. Aunque dio buenos resultados, este trabajo desapareció cuando, a mediados del siglo XVII, la coalición de los indios iroqueses invadió y destruyó a los hurones.[184]

Desde el punto de vista de nuestra historia, lo que más nos interesa es el establecimiento en la América de nuevas comunidades cristianas, formadas en su mayor parte por inmigrantes europeos y por africanos que a la postre se convertían al cristianismo. Puesto que en el siglo XVIII Francia se vio obligada a ceder a Inglaterra y España buena parte de sus territorios en Norteamérica, su establecimiento permanente en dicho continente se limitaría a la región de Quebec. Aunque este territorio pasó después a manos británicas, la influencia del catolicismo francés no desapareció, sino que se hizo aun más marcada. En cuanto a la cuenca del Misisipí, la influencia francesa siguió haciéndose sentir cerca de la desembocadura de este río, especialmente en la ciudad de Nueva Orleáns. En las Antillas y en la Guayana Francesa se añadió a la población de origen europeo un fuerte contingente de esclavos traídos del Africa. Puesto que la iglesia francesa, especialmente el clero regular, estaba profundamente interesada en la conversión de estas personas, se logró establecer comunidades permanentes de cristianos catolicorromanos.

---

[183] H. Folmer, *Franco-Spanish Rivalry in North America: 1524-1763* (Glendale, Calif., 1953), *passim*.
[184] H.E.C., III, pp. 175-177.

b) La Société des Missions Etrangères de Paris. Esta sociedad tenía el propósito de hacer surgir en tierras misioneras un clero nativo.[185] Según los fundadores de esta sociedad, mientras las iglesias fundadas en tierras de paganos tuviesen que continuar recibiendo la totalidad de su clero de Europa carecerían de vida propia, y no podrían ellas mismas emprender nuevo trabajo misionero. Por esta razón la *Société des Missions Etrangères* se interesaba sobre todo en el envío de clérigos seculares a tierras de misiones para allí contribuir a la preparación de un clero secular nativo. Entre sus dirigentes y fundadores se contaban misioneros y clérigos distinguidos, tales como François Pallu [186] y François Xavier de Laval-Montmorency,[187] quien fue obispo de Quebec y en el año 1668 fundó en dicha ciudad un seminario para la preparación del clero secular según los principios de la *Société*.

Buena parte del trabajo de esta sociedad de misiones extranjeras tuvo lugar en el Oriente, especialmente en la India, el Asia sudoriental y China. En estos territorios, la presencia de la *Société des Missions Etrangères* resultó en extremo valiosa, especialmente después de la expulsión de los jesuitas de todos los territorios portugueses en el año 1759. El desastre que esto significó para el trabajo misionero pudo haber sido mayor de no haber intervenido el clero secular enviado por la *Société* de París. En el año 1662 se estableció en Siam el francés La Motte Lambert,[188] a quien dos años más tarde se unió el propio Pallu. Desde allí se dedicaron a la preparación de un clero secular indígena para la Cochinchina y otras regiones del Asia sudoriental.[189] Más tarde este centro de preparación de sacerdotes se trasladó a la India.

La participación de la *Société des Missions Etrangères* en el trabajo misionero del Oriente trajo ciertas fricciones con las autoridades portuguesas y españolas,[190] que creían que las bulas papales les concedían el monopolio del trabajo misionero en esas regiones. Además, los

---

[185] G. Goyau, *Les prêtres des Missions Etrangères* (Paris, 1932), pp. 78-80.
[186] L. Baudiment, *François Pallu, principal fondateur de la Société de Missions Etrangères* (Paris, 1934); D. Jenks, *Six Great Missionaries of the Sixteenth and Seventeenth Centuries* (London, 1930), pp. 184-218.
[187] H.E.C., III, p. 174.
[188] A. Launay, *Mémorial de la Société des Missions Etrangères*, 2 Vols. (Paris, 1912, 1916), Vol. II, pp. 350-354.
[189] A. Launay, *Histoire de la Mission de Siam: 1662-1811*, 3 Vols. (Paris, 1920), Vol. I, pp. 13-14, 16-18.
[190] Goyau, *op. cit.*, pp. 27-32.

representantes de los imperios portugués y español temían que los misioneros franceses sirviesen de punto de apoyo para la expansión colonial francesa. De hecho, esto fue lo que sucedió, aunque también es necesario señalar que, de no haber sido por los misioneros franceses, el trabajo católico romano en buena parte del Oriente habría desaparecido juntamente con el poderío portugués y español.

5. *Los Comienzos de la Misionología Católica.*

El gran auge de las misiones del catolicismo romano durante la Edad Moderna provocó en los círculos teológicos de esa confesión un nuevo interés misionológico. Este interés se reflejó tanto entre los teólogos que permanecían en Europa [191] como entre los misioneros. El dominico español Francisco de Vitoria, que estableció las bases del derecho internacional moderno, se dedicó al estudio del Derecho de Indias.[192] El carmelita Tomás de Jesús, también español, que al principio se opuso a la participación de su orden en el trabajo misionero, a la postre escribió su *De procuranda salute omnium gentium*,[193] que intentaba reunir en una obra lo principal de la ciencia misionológica de su época. Pero, a pesar de que muchos colocan a Tomás de Jesús por encima de él, lo cierto parece ser que el gran teólogo de las misiones durante el período que estudiamos es el jesuita español José de Acosta.

José de Acosta combinaba en su experiencia largos años de labor académica y docente con un conocimiento directo de las misiones entre los indios de América —especialmente del Perú, donde laboró durante dieciséis años.[194] Su principal obra es *De procuranda Indorum salute*, publicada en 1588.[195] En esta obra en seis libros, Acosta trata de justi-

---

[191] El Cardenal Brancati de Laurea, por ejemplo, que fue Prefecto de Estudios del Colegio Urbano de la Propaganda, incluyó un tratado misionológico en su comentario al *Tercer Libro de las Sentencias de Pedro Lombardo*: R. Hoffman, *Pioneer Theories of Missiology* (Washington, 1960), *passim.*
[192] *Relecciones teológicas* (edición crítica publicada en Madrid, 1933-35); J. B. Scott, *The Catholic Conception of International Law* (Washington, 1934), pp. 59-64.
[193] Antuerpiae, 1613.
[194] El mejor estudio acerca de Acosta es: L. Lopetegui, *El Padre José de Acosta, S. I. y las misiones* (Madrid, 1942).
[195] Nuestros comentarios se basan en la edición de Colonia del año 1596. No parece haber gran diferencia entre esta edición y la de 1588. L. Lopetegui, "Labor misional del P. José de Acosta", *Studia Missionalia*, I (1943), pp. 124-125.

ficar el trabajo de evangelización de los indios, pero ofrece también abundantes consideraciones de carácter metodológico general, así como de carácter teológico.

Para Acosta la razón de las misiones es la voluntad salvífica de Dios, que no desea que los indios se pierdan.[196] Su propósito es la predicación del Evangelio y la salvación de las almas —a diferencia de muchos teólogos catolicorromanos del siglo XX, para los cuales el objeto de las misiones era la fundación de la Iglesia.[197]

Por otra parte, aunque Acosta sostiene la posibilidad de la conversión de los indios, los considera seres inferiores, que por deficiencias intelectuales y morales no deben ocupar el sacerdocio.[198]

B. LA EXPANSION DEL CRISTIANISMO ORTODOXO

Durante el período que estamos estudiando, el cristianismo ortodoxo no pudo lograr gran expansión a partir de su centro en Constantinopla debido a la constante presión de los turcos. Sin embargo, el cristianismo ortodoxo ruso sí logró extenderse hacia el Oriente al mismo tiempo que el imperio ruso se expandía en esa dirección. En el siglo XVI, Rusia se extendió hacia el este de los Urales, y ya en el XVII sus fronteras llegaban hasta el Océano Pacífico. Durante los comienzos del siglo XVIII los rusos comenzaron a colonizar las Islas Aleutianas y Alaska. Esta expansión política por parte de Rusia iba acompañada de una expansión religiosa por parte de la iglesia que estaba unida al estado ruso. No toda esta expansión se limitó a la población rusa que emigraba hacia el Oriente, sino que hubo también misioneros que se dedicaron a llevar el Evangelio a los nuevos pueblos que quedaban bajo el dominio del zar. Entre estos misioneros es necesario mencionar a Filoteo Leszcynskij, metropolitano de Tobolsk, quien dedicó buena parte de su vida a organizar el trabajo misionero en las nuevas regiones adonde se extendía el imperio ruso.[199] Además, poco después de la muerte de Leszcynskij

---

[196] *Liber* i, cap. vi (pp. 138-144).
[197] Lopetegui, *El Padre José de Acosta*..., pp. 264-272.
[198] *Liber* vi, cap. xix (pp. 565-567).
[199] Glazic, *op. cit.*, pp. 84-85.

se fundó en la ciudad de Irkutsk un seminario para la preparación de misioneros, en el cual se enseñaban los idiomas de algunos de los pueblos subyugados, así como también el chino.[200] También durante este período existió una misión rusa en Pekín, aunque su trabajo se limitó al cuidado eclesiástico de la pequeñísima colonia rusa y a la representación diplomática de los intereses rusos.[201]

Además de la predicación de sacerdotes y monjes, el principal instrumento que utilizaban los misioneros rusos para lograr que los paganos aceptasen el bautismo era el ofrecimiento por parte del gobierno de eximir de impuestos a quienes se convirtiesen al cristianismo. Buen número de los conversos así logrados no tenían una idea muy clara ni una convicción muy profunda acerca del sentido del paso que daban. Sin embargo, es notable el hecho de que, excepto en los territorios rusos de la América del Norte, la Iglesia Ortodoxa Rusa logró echar raíces que perdurarían por lo menos hasta bien avanzado el siglo XX.

C. LOS COMIENZOS DE LAS MISIONES PROTESTANTES

1. La Oposición de la Ortodoxia Protestante a las Misiones entre Paganos.

Ya hemos dicho que durante el período que estamos estudiando, la expansión catolicorromana eclipsa a la protestante. Esto se debe a una conjunción de factores políticos y teológicos. Era de esperarse que los primeros reformadores, que vivían en países carentes de contacto con las tierras recién descubiertas, no sintiesen el mismo interés misionero que sentían los cristianos de España y Portugal. Además, los reformadores de las primeras generaciones justificaron con argumentos teológicos su falta de interés misionero, y por esta razón muchos de sus sucesores se sintieron obligados a tomar la misma posición.

---

[200] Bolshakoff, *op. cit.*, p. 58; H.E.C., III, 369.
[201] *Ibid.*, pp. 63-66. El origen de esta misión fue una guerra fronteriza en la que China hizo unos pocos prisioneros rusos, a los que después siguieron algunos cosacos que voluntariamente se unieron a la Guardia Imperial China. Más tarde un tratado ruso-chino estableció la misión-embajada rusa en Pekín.

a) Martín Lutero. El interés de Lutero en las misiones fue siempre marginal. Esto no se debía a una oposición al trabajo misionero, sino más bien al hecho de que la tarea de reformar la Iglesia y convertir a los "paganos" que seguían las viejas costumbres y doctrinas ocupaba todo su tiempo y atención. Llevado por el impulso de la controversia, Lutero llegó a afirmar que la comisión de ir por todo el mundo predicando el Evangelio fue dada solamente a los apóstoles, y que los cristianos del día de hoy no tienen semejante mandamiento, sino más bien el de permanecer cada uno en el lugar donde ha sido colocado para trabajar por la causa del Evangelio. En todo caso, sostiene el Reformador, siempre hay cristianos que son llevados a tierras de paganos en cautiverio u otra condición semejante, y tales personas son utilizadas por Dios para allí dar un testimonio de su mensaje.[202]

Esto no quiere decir, sin embargo, que Lutero rechazase de plano el trabajo misionero. Por el contrario, hay entre sus obras abundantes textos que se refieren a la esperanza de la conversión de los paganos y los musulmanes.[203] Además, debemos señalar que ciertos aspectos de la teología de Lutero, especialmente la doctrina del sacerdocio de todos los creyentes, posteriormente darían un gran empuje misionero al protestantismo.

b) Melanchton. Felipe Melanchton toma frente a las misiones una posición semejante a la de Lutero. Para él, la Gran Comisión fue dada solamente a los apóstoles, que ya la han cumplido. Por esta razón la Iglesia no ha de ocuparse del trabajo misionero. Por otra parte, Melanchton sí piensa que las autoridades civiles han de ocuparse de la propagación del mensaje cristiano.[204]

c) Zwinglio, Calvino y Bucero. Estos tres reformadores toman una posición semejante a la de Lutero y Melanchton, aunque están dispuestos a aceptar el hecho de que la propagación del Evangelio no se ha cumplido aún. Calvino[205] piensa que el apostolado fue un

---

[202] G. Warneck, *Abriss einer Geschichte der protestantischen Missionen* (Berlín, 1905), pp. 8-16.
[203] Los principales textos al respecto pueden verse en: E. W. Plass, ed., *What Luther Says*, Vol. II (Saint Louis, 1959), 957-959.
[204] Warneck, *op. cit.*, pp. 16-17.
[205] *Ibid.*, pp. 18-19; *Inst.*, IV, iii, 4-7.

oficio extraordinario confiado solamente a los primeros discípulos del Señor, y que la expansión del Evangelio ha de llevarse a cabo ahora mediante la intervención de las autoridades civiles. Bucero [206] y Zwinglio,[207] por otra parte, sí piensan que el oficio apostólico continúa a través de la historia de la Iglesia. Dios llama a personas a las que envía a distintas partes del mundo a fin de que el Evangelio sea predicado. Pero este llamamiento es dado sólo a un escasísimo número de personas, y quien pretenda cumplir el oficio apostólico debe primeramente asegurarse de que ha sido llamado por Dios para ello. En cuanto a la responsabilidad de la Iglesia y la necesidad de proyectar y organizar un programa misionero, ninguno de estos reformadores tiene palabra alguna que decir.

d) Adrián Saravia y la Respuesta de Teodoro Beza.[208]
De entre los teólogos protestantes del siglo XVI, sólo Adrián Saravia hizo una defensa abierta y decisiva del esfuerzo misionero. Aunque de origen holandés, Saravia pasó buena parte de su vida en Inglaterra, donde en el año 1590 publicó una obra en la que, entre otras cosas, trataba acerca de las misiones y el ministerio apostólico —*De diversis ministrorum gradibus, sic ut a Domino fuerunt instituti*.

En esta obra Saravia afirma que, de igual manera que la promesa "He aquí yo estoy con vosotros todos los días hasta el fin del mundo" fue dada no sólo a los apóstoles, sino a toda la Iglesia, así también el mandato de ir por todo el mundo y predicar el Evangelio ha sido dado a todos los cristianos. Además, los propios apóstoles, al nombrar compañeros y sucesores, dieron a entender que su obra debía ser continuada después de su muerte, y así lo ha hecho la Iglesia a través de toda su historia. Finalmente, sería absurdo pensar que la gran obra de evangelización del mundo pudiera ser realizada por el pequeño número de apóstoles durante los pocos años de su ministerio. Por estas razones es necesario que la Iglesia se ocupe de la proclamación del Evangelio en todo el mundo, pues es para esto que le ha sido dado el poder de las llaves del Reino.

A esto respondió en el año 1592 Teodoro Beza, el sucesor de Calvino en Ginebra, con el tratado *Ad tractationem de ministrorum evan-*

---

[206] *Ibid.*, pp. 17-18.
[207] *Ibid.*, p. 18.
[208] *Ibid.*, pp. 19-21.

gelii gradibus ab Hadriano Saravia. En esta obra, Beza refuta las diversas doctrinas de Saravia, especialmente en lo que se refiere a las órdenes eclesiásticas. En lo que concierne a las misiones, toma una posición semejante a la de Calvino, aunque establece una distinción entre dos aspectos del mandato "Id por todo el mundo y predicad el Evangelio". Según Beza, la primera parte de este mandato —es decir, la que se refiere a ir por todo el mundo— se aplica únicamente a los apóstoles, mientras que la segunda parte —la obligación de predicar el Evangelio— ha de tomarse como referente a toda la Iglesia a través de todos los tiempos. Sin embargo, es necesario decir en toda justicia que Beza acepta el principio de Saravia según el cual las iglesias tienen la obligación de laborar por la expansión del Reino de Dios, aunque no ofrece proyecto alguno al respecto y el lector recibe la impresión de que no se trata de enviar misioneros a tierras de paganos.

e) JOHAN GERHARD. Este famoso teólogo de Jena publicó a principios del siglo XVII sus *Loci theologici*, en los que desarrolla toda una dogmática evangélica. Su posición ante la tarea misionera es la misma de los reformadores. Según Gerhard, los apóstoles predicaron a todas las naciones, aunque algunas no recibieron el mensaje que se les predicó. De las naciones a que predicaron los apóstoles descienden todas las demás naciones de la tierra, y por tanto el hecho de que algunos no conozcan el Evangelio en el día de hoy se debe, no a la negligencia de la Iglesia ni a una injusticia por parte de Dios, sino al hecho de que en tiempos antiguos los antecesores de los hombres de hoy no aceptaron la predicación apostólica. Esto es cierto, según Gerhard, no sólo de las naciones de la cuenca del Mediterráneo, sino aun de los indígenas de América, puesto que tanto en México como en Brasil y Perú los colonizadores europeos han encontrado vestigios de un cristianismo desaparecido. Lo mismo afirma este ilustre teólogo con respecto a las viejas culturas orientales.

En cuanto al ministerio apostólico, afirma Gerhard que los ministros de la Iglesia tienen autoridad para la predicación del Evangelio y la administración de los sacramentos, pero que su ministerio difiere del apostólico porque no tienen un llamamiento directo, porque no pueden hacer milagros, porque no son infalibles, porque no han visto a Cristo en la carne y *porque su ministerio está restringido a un lugar determinado*. A esto sigue una refutación detallada de todas las razones que parecen militar en favor de la tesis según la cual la Iglesia tiene siempre una obligación misionera. Estas secciones están dedicadas especialmente a refutar la obra de Saravia.[209]

f) JUSTINIANO VON WELTZ.[210] En la segunda mitad del siglo XVII este notable noble austríaco tomó sobre sí la tarea de hacer ver a la Iglesia Luterana su obligación misionera. En el año 1664 publicó su primer tratado en defensa de las misiones, y a éste pronto siguieron otros dos. En estos tratados von Weltz es el primero en tomar seriamente la acusación de que los catolicorromanos hacían objeto al protestantismo al argüir que la falta de interés en las misiones por parte de éste probaba que no se trataba de una iglesia católica y apostólica. Los teólogos protestantes anteriores a von Weltz acostumbraban responder a esta acusación refutando la idea de que las misiones fuesen parte de la tarea de la Iglesia. Von Weltz, por su parte, ve la justicia de la acusación que se hace al protestantismo y se propone responder a ella, no mediante simples argumentos en contra de la necesidad de misiones, sino llamando a "todos los cristianos de recta fe de la Confesión de Augsburgo" a formar una sociedad para llevar a cabo la obra misionera. Esta sociedad estaría formada por un grupo de personas cuya tarea sería recolectar los fondos necesarios para el trabajo misionero, otras que se dedicarían a la dirección de la sociedad, y otras finalmente que irían a los paganos para predicarles el Evangelio. Para preparar a estas últimas debería instituirse un *"Collegium de propaganda fide"*, puesto que, según von Weltz, era necesario que los misioneros conociesen debidamente el lenguaje y las costumbres de los países adonde irían a trabajar.

El llamado de von Weltz no fue bien recibido por las autoridades eclesiásticas. Pero él mismo selló sus enseñanzas con su vida dando esta última como misionero en la Guayana Holandesa.

Como ejemplo de la reacción del protestantismo ortodoxo a las propuestas de von Weltz, podemos citar las siguientes palabras del teólogo de Ratisbona, Ursinus, según el cual, para realizar el proyecto de von Weltz,

> Sería necesario que los paganos no fuesen positivamente salvajes, carentes de toda característica humana. Además, sería

---

[209] *Locus* xxiv, cap. 5, secciones 221-225.
[210] Warneck, *op. cit.*, pp. 30-36.

necesario que no fuesen feroces y trágicos, personas que no permiten que viva entre ellos extranjero alguno. En tercer lugar, sería necesario que no fuesen blasfemos obstinados, persecutores de los cristianos, destructores de la religión cristiana que sus antecesores perdieron por razón de su odiosa ingratitud... Las cosas santas de Dios no han de echarse a tales perros y cerdos.[211]

2. *La Expansión del Protestantismo a través de la Expansión Política de las Naciones Protestantes.*

Como hemos visto, la mayor parte de los primeros teólogos protestantes afirmaba que la tarea misionera debía quedar en manos de la autoridad civil. Sin embargo, es de consignar el hecho de que, salvo notables excepciones, la mayor parte de los gobiernos protestantes tomó menos interés en la expansión del Evangelio que los gobiernos católicos. En todo caso, los comienzos de la expansión de las naciones protestantes fueron una de las causas principales de que surgiesen dentro de las iglesias de la Reforma movimientos que tenían en cuenta la existencia de pueblos fuera del ámbito de la cristiandad a los cuales era necesario llevar el Evangelio. Aparte del intento fallido por parte de los hugonotes de establecer una colonia en el Brasil bajo la dirección de Villegaignon,[212] y de la obra del rey de Suecia Gustavo Vasa en pro del establecimiento y la reforma de la Iglesia entre los lapones,[213] la expansión colonial protestante tuvo lugar a través del poderío de Inglaterra, Holanda y Dinamarca. Esto sucedió especialmente en los siglos XVII y XVIII, al mismo tiempo que decaía el poderío español y portugués. En el año 1588, con la destrucción de la Armada Invencible de Felipe II por Inglaterra, ésta, juntamente con las otras potencias protestantes, comenzó a disputar seriamente el poderío marítimo que hasta entonces había pertenecido sólo a España y Portugal. De esta manera se iba gestando la gran expansión protestante de los siglos XIX y XX.

---

[211] *Ibid.*, pp. 36-37.
[212] T. E. V. Smith, *Villegaignon: Founder and Destroyer of the First Huguenot Settlement in the New World* (New York, 1891), *passim*; J. Crespin, *Los Mártires de Río de Janeiro* (México, 1955) es una impresión aparte de la porción de las *Actes des Martyrs* de Crespin que trata acerca de este episodio.
[213] K. B. Westman och H. von Sicard, *Den Kristna Missionens Historia* (Stockholm, 1960), pp. 68-71.

a) La Expansión Holandesa. Tan pronto como logró independizarse de la corona española, Holanda apareció en la escena europea como una pujante potencia marítima. Sus marinos comenzaron a surcar los mares compitiendo por el comercio que antes había estado exclusivamente en manos portuguesas y españolas. Esto dio origen a la Compañía de las Indias Orientales. La Compañía de las Indias Orientales tuvo desde el principio un propósito misionero. Siguiendo las antiguas teorías de los reformadores, las misiones debían estar a cargo del poder civil, y por esta razón fue la Compañía y no la Iglesia la que se ocupó de organizar el trabajo misionero. Aunque era la Iglesia quien ordenaba a los misioneros, su trabajo era dirigido y contratado por la Compañía de las Indias. Debido a la escasez de personas preparadas para este tipo de trabajo, se fundó en la ciudad de Leiden, en el año 1622, un *"Seminarium Indicum"* que se dedicó a la preparación de misioneros para las Indias; pero esta institución no tuvo más de una docena de años de vida.[214] La mayoría de los misioneros contratados por la Compañía de Indias no se dedicaba tanto a la predicación a los no creyentes como a la edificación y el cuidado espiritual de los colonos holandeses. Pero aún así hubo lugares en los que los misioneros holandeses lograron gran número de conversos.

La zona del globo donde las misiones holandesas tuvieron mayor permanencia fue el Oriente. En Java, Ceilán, las Molucas y Formosa los misioneros holandeses lograron establecer fuertes comunidades evangélicas. En estos lugares se siguió el procedimiento de conversiones en masa que hemos encontrado repetidamente en nuestra historia. Se cuenta, por ejemplo, que un rey de Timor se unió a la Iglesia con todos sus súbditos. Además, se pagaba a los misioneros una cantidad por cada bautismo realizado, y por esa razón algunos de los menos escrupulosos tendían a administrar el bautismo sin preparar en modo alguno a quienes lo recibían. Es importante tener en cuenta este hecho para percatarse de que, en sus orígenes, las misiones protestantes no buscaban siempre la conversión de individuos, ni insistían en la instrucción catequética antes del bautismo.

Los holandeses también se establecieron en la América del Sur. Además de una breve incursión a Bahía, establecieron en el año 1630

---

[214] H. D. J. Boissevain, *De Zending in Oost en West*, 2 Vol. (Amsterdam, 1934, 1943), Vol. I, pp. 37-39.

una colonia en Pernambuco que duró poco más de treinta años. En ninguno de estos dos casos hubo resultados permanentes en lo que a misiones se refiere. En cuanto a la colonia holandesa de Surinam, los propios holandeses no parecen haberle prestado gran importancia al trabajo misionero entre los indios y los esclavos negros, y fue necesario el impulso moravo para que se comenzaran misiones vigorosas entre ellos. La obra de Justiniano von Weltz en la región no parece haber tenido gran éxito.

En la América del Norte, las colonias holandeses tuvieron repercusiones mucho más amplias. Fueron los holandeses quienes fundaron Nueva Holanda, que vino después a ser la colonia inglesa de Nueva York. El propósito de la misma fue más bien comercial que religioso, y por esta razón no se hizo en ella un trabajo misionero amplio.[215] El más destacado misionero en esta colonia holandesa fue Johannes Megapolensis, quien en el año 1643 comenzó a trabajar entre los indios Mohawk, cuyo idioma aprendió a fin de poder predicarles.[216] Aunque la mayoría de los colonos de Nueva Holanda pertenecía a la Iglesia Reformada Holandesa, hubo casi siempre un alto grado de tolerancia religiosa que permitió que se estableciesen allí protestantes de diversas confesiones. Cuando Nueva Holanda pasó a manos inglesas, la influencia de los holandeses comenzó a declinar.

Quizá lo más importante en esta expansión colonial por parte de Holanda fue el hecho de que comenzó a aparecer en ese país un verdadero interés misionero, tal como se ve en la obra de Justus Heurnius *De legatione evangelica ad Indos capessenda admonitio.*[217] Esta obra pronto fue seguida por otras de diversos escritores holandeses en las que se ve la influencia del contacto con el Lejano Oriente y América. Este nuevo interés daría frutos en el siglo XIX, con el gran despertar misionero protestante.

b) La Expansión Inglesa. Al mismo tiempo que Holanda, y también a expensas de España y Portugal, Inglaterra comenzó a

---

[215] F. J. Zwierlein, *Religion in New Netherland* (Rochester, N. Y., 1910); A. Eekhof, *Jonas Michäelius, Founder of the Church in New Netherland* (Leyden, 1926).
[216] O. W. Elsbree, *The Rise of the Missionary Spirit in America: 1790-1815* (Williamsport, Pa., 1928), p. 13.
[217] J. R. Callenbach, *Justus Heurnius: eene bijdrage tot de de geschiedenis des christendoms in Nederlandsch Oost-Indië* (Nijkerk, 1897).

desarrollar su poderío marítimo y a fundar colonias, especialmente en la América del Norte. A fines del siglo XVI se dieron los primeros intentos por parte de los ingleses de establecerse en dicho continente, y desde el principio uno de los propósitos explícitos de tales intentos fue la propagación de la fe cristiana, aunque en realidad otros motivos económicos y políticos jugaron un papel mucho más importante que el interés misionero. En todo caso, cuando Sir Walter Raleigh estableció la colonia de Virginia, se comenzó en ella la predicación del Evangelio a los indios de la comarca, y se dice que en el año 1587 recibió el bautismo quien fue con toda probabilidad el primer indio americano convertido al protestantismo.[218] El propio Sir Walter Raleigh proveyó fondos para que la organización comercial conocida como "Compañía de Virginia" se ocupase de la predicación del Evangelio a los nativos.[219]

En el año 1607 la Compañía de Virginia fundó la ciudad de Jamestown,[220] en cuya carta patente aparece como uno de los principales propósitos de la Compañía la propagación de la religión cristiana a quienes "todavía viven en la oscuridad y en una ignorancia miserable del verdadero conocimiento y adoración de Dios".[221] El más importante misionero en esta colonia fue Alexander Whitaker, quien se dedicó a predicar el Evangelio y a instruir a los indios de la región, entre ellos la famosa Pocahontas. Su trabajo quedó deshecho cuando en el año 1622 se produjo una matanza de indios. Más tarde se continuó el esfuerzo de evangelizar y educar a los habitantes de Virginia con la fundación del *William and Mary College,* cuyo propósito era educar tanto a indios como a blancos. Sin embargo, fueron pocos los indios que estudiaron en dicha institución.[222]

Entre los peregrinos de Nueva Inglaterra hubo también un vivo interés misionero. Estos peregrinos habían abandonado Inglaterra y habían marchado a Holanda en busca de alivio a la persecución de que eran objeto, a causa de que se resistían a someterse a las normas eclesiásticas que regían en Inglaterra. Más tarde, las mismas razones los

---

[218] M. P. Andrews, *The Soul of a Nation: The Founding of Virginia and the Projection of New England* (New York, 1943), p. 19.
[219] Elsbree, *op. cit.*, p. 8.
[220] M. C. Miller, *Spiritual Planting in Virginia: The Emphasis on Religion in the Jamestown Colony* (Bridgewater, Va., 1957).
[221] Elsbree, *op. cit.*, p. 8.
[222] *Ibid.*

llevaron a abandonar Holanda y venir a establecerse en el Nuevo Mundo. El propósito misionero de convertir a los habitantes de sus nuevas tierras no jugaba un papel predominante en su pensamiento, pero sí estaba presente. Entre estos peregrinos se distinguió Roger Williams,[223] uno de los primeros protestantes en predicar el Evangelio a los indios. Además, los sucesivos pastores de la congregación de Plymouth se ocuparon de predicar a los indios y de fundar congregaciones entre ellos.

El más conocido de entre los misioneros de Nueva Inglaterra fue John Eliot,[224] quien en el año 1646 y bajo los auspicios de la Massachusetts Bay Company comenzó a trabajar entre los mohicanos. Su labor misionera se extendió durante un período de casi medio siglo, durante el cual Eliot se dedicó, no sólo a predicar el Evangelio a los mohicanos, sino también a traducir la Biblia a su idioma y a enseñarles a leer.[225] Su motivación teológica tenía una dimensión escatológica, pues Eliot pensaba que quizá los indios de América fuesen las diez tribus perdidas de Israel, y su conversión sería entonces un cumplimiento de las antiguas profecías. Quizá fue también esta conjetura lo que le llevó a aplicar la ley mosaica entre quienes recibían el Evangelio.

> Su método consistía en organizar aldeas de indios, quienes desde entonces se gobernaban según el código mosaico. En cada aldea una casa común servía de escuela e iglesia. En las escuelas se catequizaba en la fe tanto a niños como a adultos. Se enseñaba la agricultura y las artes mecánicas con la esperanza de que los indios abandonasen permanentemente su modo de vida primitivo. En total, se fundaron catorce aldeas.[226]

Aunque los esfuerzos de Eliot resultaron fútiles debido a los estragos de la guerra, dieron fruto en el modo en que despertaron en Inglaterra un nuevo interés hacia las misiones. Las noticias que llegaban a Inglaterra acerca del trabajo de Eliot fueron una de las principales razones que llevaron al Parlamento a crear en el año 1649 la *Society for the Propagation of the Gospel in New England*. Esta sociedad tuvo una

---

[223] J. E. Ernst, *Roger Williams: New England Firebrand* (New York, 1932).
[224] C. Beals, *John Eliot: The Man Who Loved the Indians* (New York, 1957).
[225] Véase su interesantísima obra: *The Indian Primer*, publicada por primera vez en el 1669, y reimpresa repetidas veces.
[226] Elsbree, *op. cit.*, pp. 10-11.

larga historia de servicio misionero, y fue precursora de otras instituciones semejantes, a las que hemos de referirnos más adelante.

Otro experimento interesante fue el de los Mayhew, en la zona de Nueva Inglaterra conocida como *Martha's Vineyard*. A partir del año 1642 estas tierras fueron concedidas a la familia Mayhew, que tomó especial interés en la evangelización y educación de los indios que vivían en sus territorios. Este trabajo pasó de padres a hijos durante cinco generaciones, hasta que en el año 1806 murió Zacarías Mayhew, el último de esta ilustre familia.[227]

Como señal del interés misionero de los primeros colonizadores, podemos señalar el hecho de que la Universidad de Harvard, fundada en el año 1650, contaba entre sus propósitos "la educación de los jóvenes ingleses e indios del país en el conocimiento y la piedad".[228]

A través de las noticias que iban llegando del Nuevo Mundo, y muy especialmente de la obra del Dr. Thomas Bray, comisario eclesiástico de Maryland a partir del año 1696, surgió entre los anglicanos de Inglaterra un nuevo interés misionero. Esto se reflejó en la fundación de varias sociedades para apoyar el trabajo misionero. En el año 1698 se fundó la *Society for Promoting Christian Knowledge*; en el 1701 la *Society for the Propagation of the Gospel in Foreign Parts*; y en el 1723 la agrupación de "Socios del Dr. Bray". Todos estos grupos, especialmente el segundo, se dedicaron a apoyar las misiones entre los indios y entre los negros de América. Sin embargo, por razón del hecho de que muchos de los colonizadores blancos en el Nuevo Mundo temían que el trabajo de los misioneros enviados o apoyados por estas sociedades anglicanas sirviese para fortalecer a la iglesia oficial de Inglaterra en América, el trabajo de tales misioneros resultó ser en extremo difícil y a menudo poco fructífero.

Fue en el año 1709 que se fundó la *Society in Scotland for Propagating Christian Knowledge*.[229] Esta sociedad era semejante a las que en Inglaterra habían fundado los anglicanos, pero tenía la ventaja de que la iglesia escocesa gozaba de más simpatía entre los colonos del

---

[227] W. A. Hallock, *The Venerable Mayhews and the Aboriginal Indians of Martha's Vineyard* (New York, 1874).
[228] Josiah Quincy, *History of Harvard College*, I, p. 46, citado en: Elsbree, *op. cit.*, p. 13.
[229] Elsbree, *op. cit.*, pp. 16-17.

Nuevo Mundo. La sociedad escocesa organizó juntas de corresponsales en la América, entre ellas una en la ciudad de Nueva York que fue de gran importancia para el desarrollo misionero en las colonias de Nueva York, Nueva Jersey y Pennsylvania. El más notable de los misioneros que trabajaron bajo la dirección de la sociedad escocesa fue David Brainerd,[230] quien trabajó entre los indios en diversas colonias. Brainerd contó con muy pocos años de servicio misionero, pues murió a la edad de 29 años a causa de su incesante trabajo por la expansión del Evangelio. Su método consistía sobre todo en fundar escuelas y en agrupar a los indios en lugares donde era posible darles instrucción religiosa. La principal razón de la importancia de Brainerd está en que en el año 1749 Jonathan Edwards publicó una "Vida de Brainerd", que se basaba en el diario del fallecido misionero.[231] La influencia de esta obra fue inmensa, y es posible descubrirla en personajes de tanta importancia para la historia misionera como Guillermo Carey y Francisco Asbury.

Nos hemos referido sólo a unos pocos de los muchos misioneros que trabajaron entre los indios y los negros en la América inglesa, pero bastan para mostrar que hubo desde los comienzos de la colonización británica en América un verdadero interés por la conversión de los aborígenes en las regiones colonizadas —aunque por lo general ese interés no fue tanto de la Iglesia en su totalidad como de grupos de cristianos individuales que de una manera o de otra se organizaban para el trabajo misionero.

Además de las trece colonias que dieron origen a los Estados Unidos de Norteamérica y de los territorios de Canadá, Inglaterra ocupó varias islas del Atlántico y especialmente del Caribe, así como también parte de la costa oriental de la América Central —en las regiones de Honduras y Mosquitia.[232] En estos territorios los ingleses se dedicaron al cultivo de la caña de azúcar, para lo cual trajeron gran número de esclavos africanos. En casi todas estas colonias los indios llegaron a formar sólo una pequeña parte de la población. Luego, el principal reto misionero era el de la evangelización de los esclavos. La mayor parte de este trabajo fue llevado a cabo al principio por la Iglesia An-

---

[230] D. Wynbeek, *David Brainerd* (Grand Rapids, Mich., 1961), *passim*.
[231] La última reimpresión de que tenemos noticias es de Chicago, 1958.
[232] H.E.C., III, 232-236.

glicana, aunque con la oposición tenaz de los colonos, que temían las consecuencias de la evangelización y sobre todo de la educación de los esclavos. Una de las soluciones que la *Society for the Propagation of the Gospel in Foreign Parts* trató de utilizar fue la de adquirir plantaciones con esclavos y dedicarse a la evangelización de los que quedaban bajo su propiedad. Entre otras desventajas, este método presentaba el gran obstáculo de ser practicable sólo para la evangelización de una pequeñísima porción de la totalidad de los esclavos. No fue sino con la llegada de los moravos [233] y metodistas,[234] en la segunda mitad del siglo XVIII, que se comenzó verdaderamente un intenso trabajo de evangelización en las colonias inglesas del Caribe. También los cuáqueros [235] y los "hermanos de Schwenkfeld" [236] se establecieron en la región.

En términos generales, la colonización británica en América dio origen a comunidades cristianas de inmigrantes tanto europeos como africanos, pero en sus territorios la población indígena tendió a desaparecer en mucho mayor grado que en los colonizados por los españoles. Esto parece deberse en parte a que en los territorios británicos la población india fue siempre más escasa, a que su carácter seminómada hacía que sufrieran mucho más al perder grandes extensiones de terreno, y a que la Iglesia no tenía para detener los abusos de los blancos el mismo poder con que contaba la Iglesia Católica, apoyada por la corona española.

Por último, es necesario señalar que los ingleses se dedicaron también a viajes de exploración y comercio hacia el Oriente, aunque en esa región del globo y durante el período que estamos estudiando su influencia no fue tan amplia ni tan permanente como en el Nuevo Mundo.

---

[233] Hutton, *A History of the Moravian Missions*, pp. 50-56 citado en H.E.C., III, p. 234.
[234] J. A. Parker, *A Church in the Sun: The Story of the Rise of Methodism in the Island of Grenada* (London, 1959).
[235] C. F. Jenkins, *Tortola: A Quaker Experiment of Long Ago in the Tropics* (London, 1923).
[236] A. S. Berky (ed.), *The Mosquito Coast and the Story of the First Schwenckfelder Missionary Enterprise Among the Indians of Honduras from 1768 to 1775* (Norristown, Pa., 1953).

c) La Expansión Danesa. A principios del siglo XVII Dinamarca comenzó su expansión colonial hacia el Oriente,[237] y en la segunda mitad del mismo siglo se instaló en las Indias Occidentales y en Africa. Los colonos daneses mostraron aun menos interés por la tarea misionera que los holandeses e ingleses. Fue el rey de Dinamarca, Federico IV, quien por primera vez se ocupó de la evangelización de los pueblos no cristianos a través de las colonias danesas. Sin embargo, aun entonces, cuando el rey le pidió al predicador de la corte que buscase personas a quienes enviar como misioneros a las colonias danesas, éste no pudo encontrar en Dinamarca alguien a quien recomendar y por tanto se vio obligado a recurrir al naciente movimiento pietista de Alemania. Este fue el origen de la famosa misión de Tranquebar, en la India.[238] Esta misión, aunque sostenida económicamente por la corona danesa, fue llevada a cabo por misioneros pietistas alemanes, y por ello la discutiremos al estudiar ese movimiento. Además, es necesario señalar que, a pesar de la falta de interés de los primeros colonos daneses en la obra misionera, sus establecimientos fueron más tarde utilizados por misioneros moravos y pietistas para la expansión del Evangelio.

3. Nuevos Movimientos dentro del Protestantismo y su Importancia para las Misiones.

A fines del siglo XVII y a través de todo el XVIII aparece en la historia del protestantismo un despertar de la religiosidad individual que va aparejado a un nuevo interés en las misiones. Los dirigentes de este nuevo despertar protestaban contra la rigidez de la vieja ortodoxia protestante, y aunque ellos mismos eran por lo general teólogos debidamente adiestrados, tendían a subrayar por encima de las fórmulas teológicas la importancia de la vida cristiana práctica. Esta vida cristiana se entendía por lo general en términos individualistas, de modo que se subrayaba la experiencia personal del cristiano y su obediencia como individuo ante los mandatos divinos. En términos generales, estos movimientos no pretendían constituirse en nuevas sectas o iglesias, sino

---

[237] K. Larsen, *De dansk-ostindiske koloniers historie*, 2 Vols. (Kobenhavn, 1908).
[238] J. Pedersen, *Pietismes Tid: 1699-1746*, Bind V af: H. Koch og Bjorn Kornerup, *Den danske kirkes historie* (Kobenhavn, 1951), pp. 36-40.

que su propósito era más bien servir de levadura dentro de las iglesias ya existentes. Si en algunas ocasiones éste no fue el resultado de tales movimientos, ello no se debió tanto al espíritu cismático de sus fundadores como a la rigidez de las iglesias dentro de las cuales surgieron.

a) El Pietismo de la Universidad de Halle.[239] El primero de estos movimientos, que a veces da su nombre a los demás, es el pietismo alemán. El padre del mismo es Philipp Jakob Spener, quien en el año 1675 expuso en su obra *Pia desiderata* los principios del pietismo alemán. Spener se oponía especialmente a la fría y rígida ortodoxia de la Iglesia Luterana de su tiempo. El motivo de esta oposición no era tanto doctrinal como práctico, pues Spener no se oponía a las doctrinas mismas de la Iglesia sino al modo en que la insistencia en esas doctrinas tendía a oscurecer la necesidad de una vida cristiana personal.[240] Tras largos años de labores tanto pastorales como docentes, Spener fundó en el año 1694 la Universidad de Halle, que tendría gran importancia para la historia futura de las misiones. Su obra no careció de la oposición de los teólogos más distinguidos de su época, que a menudo le acusaron —a él y sus compañeros— de errores dogmáticos.[241]

El compañero y después sucesor de Spener en la dirección del naciente movimiento pietista fue August Hermann Francke, quien fue profesor de teología en la Universidad de Halle y además fundó en esa misma ciudad un orfelinato en el que estudiaban niños necesitados. Al igual que Spener, Francke se interesó en la obra misionera, e hizo de la Universidad de Halle un centro de misiones.[242]

Fue a esta Universidad que se dirigió la corte danesa cuando su rey Federico IV decidió comenzar trabajo misionero en el Oriente y no encontró en todo su reino personas capaces y dispuestas a llevar a cabo esa obra. Fue así que comenzó la Misión Danesa de Tranquebar, en la que trabajaron en un principio Bartholomäus Ziegenbalg y Heinrich Plütschau.[243]

---

[239] K. Depperman, *Der hallesche Pietismus und der preussische Staat unter Friedrich III* (Göttingen, 1961), *passim*.
[240] W. Hossbach, *Philipp Jakob Spener und seine Zeit*, Bd. I (Berlin, 1861), pp. 229-239.
[241] Depperman, *op. cit.*, pp. 69-87.
[242] E. Beyreuther, *August Hermann Francke (1663-1727): Zeuge des lebendigen Gottes* (Marburg, 1956), *passim*.
[243] F. Fenger, *Den Trankebarske Missions Historie* (Kobenhavn, 1843), pp. 16-114. Esta es una obra antigua, pero llena de información valiosa.

Ziegenbalg y Plütschau tuvieron dificultades en los inicios de su trabajo misionero, pues primero las autoridades eclesiásticas en Dinamarca y luego las autoridades coloniales en la India se opusieron a ellos por ser pietistas. Esto no detuvo su obra, y a partir del año 1706 se establecieron en Tranquebar, en la India. Plütschau regresó a Europa cinco años más tarde,[244] pero Ziegenbalg continuó viviendo en Tranquebar hasta el fin de sus días. El trabajo de estos misioneros fue variado, pues además de ministrar a los colonos daneses y alemanes trabajaban entre los católicos de habla portuguesa y entre los indios. La mayor parte de su obra entre éstos fue llevada a cabo en tamil, idioma al que tradujeron el *Pequeño Catecismo* de Lutero. En el año 1711 apareció la traducción del Nuevo Testamento al tamil.

La misión de Tranquebar logró amplio apoyo en diversos círculos europeos, pues, al tiempo que la mayor parte de los misioneros venía del pietismo que se centraba en la Universidad de Halle, los fondos procedían de Dinamarca y, poco después, también de la *Society for Promoting Christian Knowledge*, de Inglaterra.[245]

Ziegenbalg tuvo una serie de sucesores dignos que fueron ampliando cada vez más el alcance del trabajo misionero alrededor de Tranquebar, de modo que pronto hubo literatura cristiana no sólo en tamil, sino también en telegu e hindostano.

Entre todos estos sucesores de Ziegenbalg sobresale Christian Friedrich Schwartz,[246] quien comenzó su trabajo misionero en la India en el año 1750 y lo continuó hasta su muerte, cuarenta y ocho años más tarde. Su espíritu sencillo pero firme le ganó el respeto tanto de ingleses como de indios, de modo que en más de una ocasión su mediación evitó o detuvo un encuentro bélico.[247]

Aunque el pietismo alemán es un movimiento tan general y al mismo tiempo tan difuso que es imposible descubrir todas sus ramificaciones, es posible relacionarlo, no sólo con la misión de Tranquebar y las que de ella surgieron, sino también con el colegio de misiones que se fundó en Copenhague y del cual partieron misiones a Laponia y Groenlandia.[248] Estas últimas no tuvieron un resultado tan alentador

---

[244] *Ibid.*, p. 100.
[245] H.E.C., III, p. 279.
[246] Fenger, *op. cit.*, pp. 213-252.
[247] Véase, por ejemplo, J. Page, *Schwartz of Tanjore* (London, 1921), pp. 104-115.
[248] Westman y Sicard, *op. cit.*, pp. 78-79.

como la de Tranquebar, pero la misión de Groenlandia tiene importancia por la manera en que influyó en el conde Zinzendorf.[249]

b) ZINZENDORF Y LOS MORAVOS. El conde Nicolaus Ludwig von Zinzendorf se educó en la Universidad de Halle,[250] donde recibió la influencia de sus fundadores. Debido en parte a esta influencia pietista y en parte a su propio carácter, Zinzendorf era un hombre de sincera religiosidad cristiana. Cuando en el año 1722 los hermanos moravos, cuyos orígenes se remontan por lo menos hasta los tiempos de Juan Hus, buscaban un lugar donde establecerse sin que se les persiguiese, el Conde Zinzendorf les ofreció la posibilidad de establecerse en sus territorios en Sajonia.[251] Allí fundaron la aldea de Herrnhut, conocida en la historia de las misiones por el gran movimiento que de ella surgió. Zinzendorf había tenido siempre un profundo interés en las misiones, pero este interés fue despertado cuando, en el año 1731, en una visita a Copenhague, conoció a dos esquimales oriundos de Groenlandia que habían sido bautizados por el misionero Hans Egede. Esto animó en él el interés misionero, y al regresar a sus estados se dedicó a hacer de la comunidad de Herrnhut un centro de misiones. Debido al contagio de su entusiasmo y a la profundidad de su sentimiento religioso, Zinzendorf no tuvo dificultades en hacerse seguir por los hermanos moravos, que pronto se esparcieron por buena parte del mundo llevando el Evangelio.

Como era de esperarse, las primeras misiones moravas se dirigieron hacia Groenlandia, pero en el mismo año de 1732 penetraron en el mar Caribe, estableciéndose en la isla de Saint Thomas y —tres años después— en la Guayana Holandesa.[252] Poco más tarde se dirigieron hacia el Oriente, donde trabajaron en la India y Ceilán, y hacia el Africa, donde se establecieron en el Cabo de Buena Esperanza.[253]

---

[249] S. C. Neill, *Christian Missions* (Baltimore, Md., 1964), pp. 236-237.
[250] L. Bergmann, *Grev Zinzendorf og hans Indsats i Kirkens og Missionens Historie,* Bd. I (Kobenhavn, 1953), pp. 19-24.
[251] S. Hirzel, *Der Graf und die Brüder* (Leipzig, 1937), pp. 77-87.
[252] *Periodical Accounts of the Missions of the Church of the United Brethren Established Among the Heathen,* Vol. I (London, 1790), p. 16.
[253] A fines del período que estamos estudiando, los moravos trabajaban en las :slas del Caribe, con 67 misioneros; entre los indios de Norteamérica, 10 misioneros; en Sudamérica, 25 misioneros; en Groenlandia, 18 misioneros; el Labrador, 26 misioneros; el Cabo de Buena Esperanza, 10 misioneros; y la India, cerca de Tranquebar, 5 misioneros. *Ibid.,* Vol. II (London, 1797-1800), p. 502.

La expansión misionera de los moravos no fue de larga duración. Su número limitado les impidió establecer muchas misiones amplias y duraderas. Pero su impulso no habría de perderse, sino que, con su llamado hacia una nueva responsabilidad misionera, influyó en buena parte de la iglesia europea.

c) Los Hermanos Wesley y el Metodismo. Entre las muchas personas y movimientos sobre los cuales se hizo sentir la influencia de Zinzendorf y los moravos, ninguno es de tanta importancia para la historia de las misiones como Juan Wesley y el movimiento metodista que surgió de su obra.[254] Juan Wesley era un ministro de la Iglesia Anglicana que se sentía decepcionado con su propia fe y con su labor como misionero en Georgia. Durante su viaje hacia América, cuando el barco en que viajaba estuvo a punto de zozobrar, Wesley se había sentido hondamente impresionado por la fe inconmovible que mostraban los moravos que le acompañaban. Esta experiencia lo llevó a interesarse en el movimiento moravo y a establecer contacto con Zinzendorf. Por lo general, se señala la experiencia de la calle de Aldersgate, cuando Wesley sintió en su corazón "un ardor extraño", como el punto de partida del metodismo. Pero no cabe duda de que Zinzendorf y sus compañeros contribuyeron grandemente a determinar el carácter del nuevo movimiento.

En sus orígenes, el metodismo no pretendía constituirse en una nueva iglesia, sino que era sólo un despertar de la religiosidad individual dentro de la Iglesia Anglicana. A través de toda su vida tanto Wesley como sus primeros seguidores continuaron siendo miembros de la Iglesia Anglicana y participando de su culto. Fueron sólo los acontecimientos posteriores los que llevaron a la fundación de la Iglesia Metodista.

En todo caso, el metodismo fue un nuevo despertar religioso tanto en las Islas Británicas como en la América del Norte, y esto tendría amplias consecuencias para el movimiento misionero. La primera sociedad metodista fue fundada en Londres en el año 1739, y ya en el año 1766 existía una en América. Es en el año 1771, con la llegada de Francisco Asbury, que comienza la gran expansión del metodismo

---

[254] La bibliografía acerca de Wesley, Asbury y el metodismo es extensísima. Hay un libro en español acerca de la historia de las misiones metodistas: Pablo D. Mitchel, *Misión y Comisión del Metodismo* (México, 1949).

en América. Pronto el movimiento sería mucho más numeroso en el Nuevo Mundo que en el Viejo. Aunque fueron muchos los predicadores metodistas que contribuyeron al enorme crecimiento de ese movimiento en América, el más distinguido de todos ellos fue sin lugar a dudas Asbury, quien predicó más de 16.500 sermones, ordenó a por lo menos 4.000 predicadores y viajó 270.000 millas.[255] La mayor parte de este trabajo tuvo lugar en la frontera occidental de Norteamérica, que se movía hacia el oeste más rápidamente de lo que las viejas iglesias podían hacerlo. De esta manera los metodistas —juntamente con los bautistas, que en este período experimentaron también un despertar— contribuyeron grandemente al mantenimiento de la fe cristiana entre los colonos.

Los métodos del metodismo consistían en la predicación pública y sencilla y en la organización de pequeños grupos o "clases" para la alimentación de la vida espiritual de sus miembros. Con el correr de los años, el metodismo fue haciéndose una iglesia establecida, y el sistema de clases, y en cierta medida la predicación pública al aire libre, fueron perdiendo la preponderancia que habían tenido al principio.

Aunque al principio el metodismo trabajó especialmente en la Gran Bretaña y sus colonias, su expansión en estos territorios fue tal que en el siglo XIX llegó a ser una de las principales fuentes del movimiento misionero.

d) El "Great Awakening" en la América del Norte. A mediados del siglo XVIII, y después a fines del mismo siglo y principios del siguiente, se produjeron en la América británica una serie de movimientos de carácter religioso que es difícil clasificar o explicar.[256] Se trata de un despertar general en la religiosidad de los colonos que era paralelo al pietismo europeo. Las figuras principales de la primera etapa de este despertar fueron Jonathan Edwards [257] y George Whitefield.[258] A través de las relaciones de este último con Juan Wesley es

---

[255] Elsbree, *op. cit.*, p. 29.
[256] J. Tracy, *The Great Awakening: A History of the Revival of Religion in the Time of Edwards and Whitefield* (Boston, 1842); E. S. Gaustad, *The Great Awakening in New England* (New York, 1957); C. H. Maxton, *The Great Awakening in the Middle Colonies* (Chicago, 1920).
[257] P. Miller, *Jonathan Edwards* (New York, 1949); J. H. Gerstner, *Steps to Salvation: The Evangelistic Message of Jonathan Edwards* (Philadelphia, 1959).
[258] S. C. Henry, *George Whitefield: Wayfaring Witness* (New York, 1957).

posible descubrir la influencia del metodismo en este movimiento, que también se caracterizó por la predicación al aire libre y por la profundización de la vida cristiana individual. Cuando, a fines del siglo XVIII y principios del XIX, se produjo un nuevo despertar religioso conocido como el *Second Great Awakening*, también en él pudo notarse la influencia metodista, especialmente a través de la obra de Asbury en la zona de Nueva Inglaterra.[259]

Aunque estos movimientos no cristalizaron en instituciones religiosas, y por tanto es difícil seguir su historia, no cabe duda de que la profundización de la vida religiosa que fue su resultado contribuyó al gran movimiento misionero que comenzaría a principios del siglo XIX.

Es notable cómo la influencia del pietismo alemán, y especialmente de Spener y Francke, puede seguirse a través de Zinzerdorf, Wesley y el Gran Despertar en la América del Norte. Puesto que es a través de estos movimientos que comenzó la gran expansión misionera protestante del siglo XIX, no ha de sorprendernos el que esa expansión haya tenido algunas de las características del pietismo y los demás movimientos que de él surgieron. Así, por ejemplo, los misioneros protestantes del siglo XIX tendían a subrayar la necesidad de una decisión individual por parte de los conversos mucho más de lo que antes lo habían hecho los misioneros católicos y aun los primeros misioneros protestantes. No cabe duda de que esto se debe en buena medida al énfasis del pietismo en la necesidad de una religión personal.

Por otra parte, es necesario señalar que, a pesar de lo mucho que se ha dicho acerca de la tendencia del pietismo a apartarse de las realidades del mundo, fue este movimiento el que dio origen al interés de la Iglesia en la totalidad geográfica del mundo. Si en ocasiones las misiones que surgían del movimiento pietista tendían a separar a sus conversos del mundo y la cultura en que vivían, también es cierto que el pietismo en general sirvió para hacer ver a los protestantes que el mundo era algo mucho más amplio que la vieja Europa.

CONSIDERACIONES GENERALES

El período que acabamos de estudiar marca la más amplia expansión territorial en toda la historia del cristianismo. Fue durante él que la

---

[259] Elsbree, *op. cit.*, p. 31.

fe de Jesucristo dejó de ser la de un pequeño rincón del mundo para extenderse por todo el globo. Hasta entonces el alcance geográfico del cristianismo se había limitado a Europa, el norte de Africa, el Cercano Oriente y algunas pequeñas porciones del Extremo Oriente. Durante estos doscientos años se extendió por toda América, y comenzó a penetrar en casi todos los países del Extremo Oriente, además de establecerse en diversos puntos en la costa de Africa.

La mayor parte de esta gran expansión del cristianismo tuvo lugar a través de las conquistas y la colonización por naciones europeas, especialmente España y Portugal. España se dedicó a la conquista y colonización de América, y de allí pasó a las Filipinas. Portugal dedicó sus principales esfuerzos al Extremo Oriente, pero se estableció también en Africa y en la América del Sur. En términos generales, y por razones que no es necesario repetir aquí, España logró dejar en sus colonias un sello cultural y religioso mucho más profundo que el que dejó Portugal. También Francia e Inglaterra establecieron colonias que contribuyeron a la expansión del cristianismo, la primera en su forma católica, y la segunda en su forma protestante.

Las misiones españolas y portuguesas —que fueron la casi totalidad de las misiones de este período— no estaban bajo la jurisdicción directa del Papa, sino que eran dirigidas por la Corona en virtud del derecho de patronato que la sede romana había concedido a los reyes de España y Portugal. Si bien este patronato fue útil durante los comienzos de las conquistas, ya que obligaba a las potencias colonizadoras a dedicar algo de su esfuerzo a la obra eclesiástica, más tarde, al producirse la decadencia de esas potencias, ese mismo sistema vendría a ser una espina en la carne de la Iglesia Romana.

En su obra misionera, la Iglesia Católica contó con el valiosísimo recurso que eran los frailes. Tanto franciscanos como dominicos, jesuitas y mercedarios se lanzaron a las nuevas tierras en una avalancha misionera nunca antes vista. Si bien hubo entre ellos quienes resultaron ser un obstáculo más bien que una ayuda, la inmensa mayoría se dedicó con ahínco a su tarea. Por otra parte, los frailes jugaron un papel importantísimo en su interés por hacer más llevadera la situación de los pueblos conquistados.

Por último, debemos señalar que la mayor parte de las conversiones de este período tuvo lugar no individualmente, sino en masa. Sin embargo, en el Extremo Oriente, donde los misioneros comenzaron a trabajar entre civilizaciones y estructuras políticas que no se derrumbaron con la llegada del hombre europeo, comenzaron a darse situaciones en las que no era posible bautizar más que a algunos conversos individuales.

6 | LAS MISIONES EN LA EPOCA CONTEMPORANEA

INTRODUCCION GENERAL

El siglo XIX presentó para las misiones cristianas el más grande reto y la más amplia oportunidad. Las nuevas condiciones del mundo eran tales que podría suponerse que el impulso misionero del cristianismo, unido como estaba a algunas de las viejas condiciones, no lograría sobrevivir. A fines del siglo XVIII y principios del XIX aparece en la historia de Occidente una serie de movimientos que tendían a debilitar el apoyo que desde la época de Constantino el Estado había prestado a la Iglesia. La Revolución Francesa se caracterizó por su anticlericalismo, y todo indicaba que uno de sus resultados sería la pérdida de vitalidad por parte de toda la iglesia europea, especialmente la católica romana. Las guerras napoleónicas desangraron a Europa y debilitaron grandemente a las dos naciones que hasta entonces habían sido la principal fuente del impulso misionero: España y Portugal. En Norteamérica, los forjadores de la nueva nación abogaban por la separación entre la Iglesia y el Estado.

En el campo del intelecto, las señales tampoco parecían ser favorables para la iglesia cristiana. Los nuevos descubrimientos históricos, biológicos y astronómicos hacían surgir dudas acerca de la veracidad de la Biblia. La historia de la creación del Génesis parecía quedar desmentida por la teoría de la evolución. Toda la cosmología bíblica quedaba en entredicho ante las nuevas teorías astronómicas. La propia existencia de Jesús pronto sería dudada, o al menos se intentaría reconstruir la realidad histórica que se encontraba detrás del Nuevo Testamento. En las principales universidades de Europa, y aun en las cátedras teológicas, se daba la impresión de que el cristianismo estaba a punto de llegar a ser sólo un recuerdo histórico, dejado detrás por los nuevos descubrimientos.

En buena parte del mundo, las iglesias, y especialmente la Católica Romana, se habían aliado a las fuerzas que se oponían a los movimientos revolucionarios que buscaban un nuevo orden. Con el triunfo de las revoluciones en Francia y en Norte y Sur América, era de suponerse que el cristianismo perdería buena parte de su fuerza.

Por último, dentro de la misma Iglesia cristiana había divisiones y contiendas que debilitaban la eficacia de su testimonio. Estas contiendas existían no sólo entre las diversas confesiones, sino aun dentro de cada denominación, y giraban a menudo alrededor de la manera en que los cristianos debían ver los nuevos descubrimientos y las nuevas teorías científicas.

Si la expansión del cristianismo hubiese dependido únicamente de la unidad interna de la Iglesia o —como lo había sugerido Calvino— del apoyo que las autoridades civiles pudiesen prestarle, el siglo XIX hubiera visto el fin del avance misionero.

Lo que sucedió fue todo lo contrario: el siglo XIX es uno de los puntos culminantes en la historia de las misiones cristianas. La Iglesia, que hasta entonces había dependido del apoyo de las autoridades civiles para llevar a cabo su expansión misionera, descubrió en la falta de apoyo por parte de los gobiernos un reto cuyo resultado final fue la divulgación del interés misionero entre una proporción mayor del pueblo cristiano. Las preguntas que el siglo XIX planteó acerca de la veracidad de la Biblia y del cristianismo sirvieron para que los propios cristianos se plantearan de nuevo preguntas fundamentales acerca del carácter de su fe, y así se lanzaran por nuevos caminos de obediencia a Dios. Además, los movimientos de carácter pietista que hemos mencionado en el capítulo anterior continuaron creciendo y jugaron un papel de suma importancia.

En términos generales podemos decir que el siglo XIX es el siglo de la expansión protestante. Tanto la Iglesia Católica Romana como la Ortodoxa Rusa continuaron su trabajo misionero. Pero el protestantismo mostró una capacidad mayor para adaptarse a las nuevas circunstancias y también más vitalidad para penetrar en tierras hasta entonces vírgenes de predicación misionera. En todo caso, discutiremos primeramente las misiones catolicorromanas, para luego pasar a las ortodoxas y, por último, llegar al movimiento misionero protestante.

Antes de seguir adelante, sin embargo, conviene señalar que el presente capítulo es sólo una introducción general a la historia del avance misionero durante los siglos XIX y XX. En efecto, la expansión del cristianismo durante este período es tal que sería fútil tratar de discutirla en un solo capítulo. Por esta razón, tras la introducción presente, pasaremos a discutir por separado las distintas regiones del globo. Puesto que la historia del cristianismo en Europa y los Estados Unidos durante este período se estudia usualmente en los cursos generales de historia eclesiástica, sólo la discutiremos aquí en cuanto se relaciona con la obra misionera en otras regiones.

A. LA IGLESIA CATOLICA ROMANA

Para las misiones catolicorromanas, el siglo XIX no representa un nuevo punto de partida en el mismo sentido en que lo es para las misiones protestantes. Los católicos —a diferencia de los protestantes— habían tenido desde siglos antes un profundo interés misionero. Sin embargo, el siglo XIX presentaba para ellos, y en ocasiones en mayor grado que para el protestantismo, los mismos retos que para el resto de la Iglesia. Diversos acontecimientos históricos, culminando en la Revolución Francesa, las guerras napoleónicas y las guerras de la independencia de América, habían hecho declinar el poderío colonial y político de España y Portugal, que durante siglos habían sido los centros de las misiones católicas. El otro gran país de fe católica, Francia, no había prestado gran atención a la obra misionera aun en tiempos de su auge político, y no era de suponerse que tras la revolución ese país fuese capaz de servir de centro a un gran movimiento misionero.

A pesar de tales circunstancias, el siglo XIX vio el desarrollo de diversos aspectos del catolicismo romano que a la larga fortalecerían su obra misionera.

El primer hecho notable en la historia del catolicismo romano del siglo XIX es la unificación de la Iglesia bajo un poder papal consolidado. Los diversos estados europeos y americanos, al insistir en la separación entre la Iglesia y el Estado, pretendían evitar la ingerencia de aquélla en éste último, pero también renunciaban a la autoridad que algunos estados habían ejercido sobre la Iglesia en sus dominios. Aun en el caso de los países en que siguió existiendo una unión estrecha entre la Iglesia y el Estado, éste último estaba por lo general tan debilitado que no podía oponerse al dominio directo de la Iglesia por parte de la sede romana. Este movimiento fue aparejado a otro de carácter muy opuesto dentro de la Iglesia Romana pero cuya consecuencia práctica era la misma: el ultramontanismo, que abogaba por el acrecentamiento de la autoridad pontificia. La culminación de todo esto fue el Primer Concilio Vaticano, que promulgó oficialmente la doctrina de la infalibilidad papal.

Otro aspecto importante de la vida de la Iglesia Católica Romana en el siglo XIX que habría de afectar su trabajo misionero fue la revitalización de algunos de los viejos instrumentos de las misiones católicas, y muy especialmente de la Compañía de Jesús y de la *Sacra Congregatio de Propaganda Fide*. La primera había sido disuelta por el Papa en el año 1773,[1] y a partir de 1801 se comenzó a autorizar su existencia hasta que en 1814 se le concedieron de nuevo sus antiguos derechos.[2] La *Congregatio de Propaganda Fide* fue usada por Napoleón como un instrumento de su política, pero después volvió a comenzar su obra con nuevos bríos.[3] Cada vez más esta organización vino a ser el foco de todo el trabajo misionero catolicorromano.

La tercera característica de la Iglesia Romana durante este período está en el desarrollo de nuevos medios para sufragar los gastos misioneros que antes corrían por cuenta de los estados coloniales. Cuando las potencias coloniales catolicorromanas se mostraron incapaces o poco deseosas de sostener económicamente el trabajo misionero en sus colonias, la Iglesia se vio en la necesidad de buscar nuevas fuentes de apoyo económico. Estas fuentes fueron principalmente las numerosas socieda-

---

[1] A. de Saint-Priest, *Histoire de la chute des Jésuites au XVIIIe siècle* (Paris, 1846), pp. 143-145.
[2] J. F. Goubeau de la Billenerie, *Histoire abrégée des jésuites* (Paris, 1820), pp. 351-352. Este autor cree que la restauración de la Compañía de Jesús fue un acontecimiento **harto lamentable**.
[3] H.E.C., IV, p. 5.

des para el apoyo a las misiones que aparecieron en toda Europa, muy especialmente en Francia. Algunas de ellas, como la Asociación de la Propagación de la Fe, reunían dinero para el trabajo misionero.[4] Otras reunían ropa u otros medios físicos necesarios en las misiones. El resultado neto de todo esto fue que el interés misionero dentro del catolicismo romano se hizo cada vez más amplio, extendiéndose entre los laicos.

Sin embargo, en términos generales, el siglo XIX no es para las misiones católicas un nuevo comienzo del mismo modo en que lo es para las protestantes. La mayor parte de los instrumentos católicos que se emplearon en el siglo XIX era sólo continuación de los que se habían empleado anteriormente. Si bien las guerras napoleónicas y la independencia de las naciones de América fueron para el catolicismo un paréntesis durante el cual su empresa misionera perdió mucho de su ímpetu, una vez cerrado ese paréntesis la teología y los métodos misioneros de la Iglesia Católica Romana siguieron siendo los mismos que anteriormente se habían empleado. De hecho, en el caso de la Iglesia Católica Romana, los primeros años del siglo XX, con el nacimiento del movimiento misionológico gracias a la obra de Robert Streit y sus colegas, marcan un punto de partida mucho más significativo que el principio del siglo XIX.[5] Un misionólogo moderno catolicorromano puede decir que en el siglo XIX la literatura misionera se caracterizaba por su tono panegírico y romántico, y que los misioneros carecían de formación técnica.[6]

B. LAS IGLESIAS ORTODOXAS

Aunque en el siglo XIX existían en el oriente y centro de Europa varias iglesias ortodoxas, fue la Iglesia Ortodoxa Rusa la que hizo más por la expansión del cristianismo, y aun ésta hizo poco fuera de las fronteras del Imperio Ruso. Las más notables misiones rusas durante el siglo XIX tuvieron lugar en Siberia, donde aún había habitantes no cristianos.

---

[4] Véanse los "Annales" de esta Asociación, que comenzaron a publicarse en Lyon en el año 1842.
[5] A. V. Seumois, "The Evolution of Mission Theology among Roman Catholics", en Anderson, *The Theology...*, pp. 122-123. La obra básica de Streit es: *Die deutsche Missionsliteratur* (Paderborn, 1907).
[6] A. V. Seumois, *Introduction à la missiologie* (Schöneck-Beckenreid, 1952), p. 2.

Entre todas las misiones rusas en esta región la que más se destaca es la de Altai, en el occidente siberiano, que se halla indisolublemente unida al nombre de Makarij Glucharev.[7] Hubo también misiones notables en Tobolsk,[8] Irkutsk [9] y el Transbaikal.[10]

En el extranjero, la principal misión ortodoxa rusa fue la del Japón, que floreció bajo el Padre Nicolai y a la que hemos de referirnos en otro capítulo.[11] Además hubo misiones ortodoxas en la China,[12] en Corea [13] y en el Cáucaso.[14] Por último, la Iglesia Ortodoxa Rusa se extendió hacia el continente americano, donde su más amplia empresa fue en Alaska, aunque ésta se detuvo cuando en el año 1887 Rusia vendió la península a los Estados Unidos. Hubo buen número de inmigrantes rusos a la América del Norte y algunos a la América del Sur, a las regiones de São Paulo y Buenos Aires.[15] La primera iglesia ortodoxa rusa en la América Latina se organizó en Buenos Aires a fines del siglo XIX, y la primera sede episcopal fue la de São Paulo, establecida en el año 1934.

Como era de esperarse, la revolución rusa trajo un nuevo período en la historia de la iglesia del país. Puesto que ésta perdió el apoyo económico y político de que habían dependido sus misiones, las mismas sufrieron grandemente, sobre todo en los primeros años después de la revolución. Además, fuera del territorio dominado por los bolcheviques, se produjeron cismas que reflejaban diversas actitudes hacia la situación política de Rusia.

C. LAS MISIONES PROTESTANTES

El siglo XIX se caracteriza por la expansión colonial y misionera protestante. Varios países protestantes, pero muy especialmente la Gran Bretaña, extendieron su poderío económico y político a distintas regio-

---

[7] Glazic, *op. cit.*, pp. 118-123.
[8] *Ibid.*, pp. 128-130.
[9] *Ibid.*, pp. 135-137.
[10] *Ibid.*, pp. 142-145.
[11] Cap. VII.
[12] Glazic, *op. cit.*, pp. 169-178; Bolshakoff, *op. cit.*, pp. 63-69.
[13] Glazic, *op. cit.*, pp. 197-204; Bolshakoff, *op. cit.*, pp. 73-75.
[14] Glazic, *op. cit.*, pp. 204-211.
[15] Bolshakoff, *op. cit.*, pp. 84-95.

nes del globo. El imperio que la Gran Bretaña construyó llegó a ser el más amplio que la historia haya jamás conocido, con millones de súbditos e incluyendo dentro de sí diversas culturas antiquísimas. Por su parte, los Estados Unidos continuaban su labor de expansión hacia el oeste, unas veces por la colonización, otras mediante compras de territorio, y otras, en fin, mediante el conflicto armado. Los descubrimientos del capitán Cook en sus viajes por el Pacífico del sur abrieron al mundo, y muy especialmente a Inglaterra, que entonces gozaba de la hegemonía marítima, nuevos horizontes. Era de esperarse que todo esto hiciera despertar un nuevo interés misionero en Inglaterra y los demás países protestantes. Esto fue en efecto lo que sucedió, pero es necesario señalar que la expansión protestante del siglo XIX, particularmente la que partió de los Estados Unidos, fue mucho más independiente de la colonización política y económica que la expansión catolicorromana de los siglos anteriores. Si bien hubo misioneros ingleses y holandeses en los territorios en que esos países establecieron intereses coloniales, también hubo grandes empresas misioneras en países en que los intereses políticos y económicos de Inglaterra, los Estados Unidos y las demás potencias protestantes aún no asomaban. Un ejemplo notable de esto es la misión de Adinoram Judson en Birmania, que estudiaremos en el próximo capítulo.

1. *El Precursor: Guillermo Carey.*[16]

Uno de los más grandes misioneros de todos los tiempos, y sin duda el principal precursor del movimiento misionero moderno, es Guillermo Carey. Carey nació en Inglaterra en el año 1761, de una familia de baja clase media, íntimamente relacionada con la Iglesia de Inglaterra. Cuando tenía seis años de edad su padre vino a ser maestro de escuela, y esto colocó al joven Guillermo en una posición que le permitió lograr cierto grado de educación a pesar de los recursos limitados de su familia.

---

[16] Entre los muchos estudios acerca de la vida y la obra de Guillermo Carey, los siguientes merecen mencionarse: J. Douwes, *Het Leven en Werken van Dr. William Carey* (Groningen, 1856); G. Smith, *The Life of William Carey, D. D., Shoemaker and Missionary* (London, 1885); S. Pearce Carey, *William Carey* (London, 1923); A. H. Oussoren, *William Carey: Especially His Missionary Principles* (Leiden, 1945).

Leyendo un periódico que su padre recibía como maestro de escuela, Carey supo por primera vez de los viajes del capitán Cook, que despertaron su interés en las tierras lejanas y todo lo que se relacionase con la geografía. También desde su niñez Guillermo Carey manifestó hacia las ciencias naturales un vivo interés que continuaría existiendo a través de toda su vida.

Cuando apenas contaba con dieciséis años, su padre le envió a un poblado cercano a aprender el oficio de zapatero. Allí, a través de su contacto con otro aprendiz que era algo mayor que él, Guillermo Carey descubrió en la vida cristiana profundidades que antes no había conocido, y decidió hacerse bautista.

Cuando su matrimonio le obligó a buscar una base económica más amplia, emprendió nuevas actividades y se dedicó a la enseñanza y al ministerio, aunque sin abandonar su oficio de zapatero. Durante este período, con el fin de enseñar geografía a sus discípulos, preparó un globo terráqueo hecho de cuero en el cual señaló las distintas tierras conocidas. Además hizo para su estudio personal un mapa más detallado en el que aparecían los nombres de diversas regiones, así como el carácter y la religión de sus habitantes. Todo esto fue dándole una visión mundial que más tarde sería importante para su carrera misionera. Al mismo tiempo se dedicó a estudiar el latín, el griego, el hebreo, el holandés y el italiano, con lo cual dio muestras de una habilidad lingüística que luego le sería muy útil.

Mediante el estudio de la Biblia y bajo la influencia de sus conocimientos de geografía, Guillermo Carey llegó a la conclusión de que la tarea misionera era obligación de los cristianos, no sólo del período apostólico, sino de todas las épocas. Fue esta convicción la que le llevó a publicar su tratado *An Enquiry into the Obligations of Christians to Use Means for the Conversion of the Heathens* (Un estudio acerca de las obligaciones de los cristianos de emplear medios para la conversión de los paganos). En el mes de mayo del año 1792 predicó ante la Asociación de Ministros Bautistas su famoso sermón sobre Isaías 54:2-3, cuyos dos puntos principales eran: "Esperad grandes cosas de Dios" y "Emprended grandes cosas por Dios". En el mes de octubre del mismo año, y como consecuencia de los esfuerzos de Carey, quedaba constituida la *Particular Baptist Society for Propagating the Gospel among the Heathen* (Sociedad Bautista Particular para Propagar el Evangelio entre los Paganos). Al principio, esta sociedad estaba formada por un número reducidísimo de ministros y amigos de Carey, y su presupuesto anual alcanzaba la triste suma de trece libras, dos chelines y seis peniques.[17] A pesar de lo limitado de esta suma, Guillermo Carey comenzó a prepararse para partir hacia la India con el médico John Thomas, quien había estado antes en ese país.

Al principio las dificultades parecieron insalvables. La esposa de Carey se negó a seguirle a la India, y sólo accedió a permitir que partiera con él el hijo mayor de ambos. La respuesta de Carey fue que, si él poseyese todo el mundo, gustoso lo daría para estar con ella y con sus hijos, pero que no podía abandonar su obligación misionera por esta razón. Otra dificultad apareció cuando se descubrió que el doctor Thomas tenía deudas que impedían su partida de Inglaterra. Por último, era de todos sabido que la Compañía de las Indias Orientales no miraba con simpatía la llegada de misioneros a sus colonias, y que haría todo lo posible por evitarla.

A pesar de todas estas dificultades, Carey continuó firme en su propósito. Su esposa accedió por fin a acompañarle y, tras largas gestiones, se hicieron los arreglos necesarios para que el Dr. Thomas y su esposa hicieran lo propio.

A fines del año 1793 Guillermo Carey y sus acompañantes desembarcaron en la ciudad de Calcuta, aunque sin notificar a las autoridades de su llegada, pues de hacerlo así hubieran corrido el riesgo de ser enviados de regreso a Inglaterra. El plan de Carey consistía esencialmente en ganar su propio sustento y el de su familia, para de ese modo no tener que depender económicamente de la sociedad que había quedado en Inglaterra y que había costeado su viaje. Para esto contaba con la ayuda del Dr. Thomas. Pero pronto quedó demostrado que éste, si bien era un cristiano sincero y un buen médico, resultaba totalmente incapaz de manejar de manera adecuada los asuntos económicos. El dinero que habían traído con ellos de Inglaterra pronto resultó ser insuficiente, y el Dr. Thomas contraía deudas sobre deudas, que ponían en entredicho el carácter de los misioneros. A todo esto se añadía la dificultad de que Carey y sus acompañantes no podían tomar el título oficial de misioneros, lo cual les hubiera valido la expulsión de la India por parte de las autoridades de la Compañía. Carey intentó establecerse en distintos lugares, trabajando en cuanta ocupación pareció ofrecer la

---

[17] Oussoren, *op. cit.*, p. 34.

posibilidad de un ingreso modesto. Al mismo tiempo, se ocupaba de estudiar el bengalí y de predicar a los indios. Puesto que este período duró varios años, lo aprovechó para aprender también el sánscrito y para comenzar a traducir la Biblia al bengalí. Cuando todas las circunstancias parecían estar contra su empresa, Carey escribió a Inglaterra las siguientes líneas memorables: "Mi posición resulta ya insostenible... hay dificultades por todas partes, y muchas más por delante - *por lo tanto, tenemos que seguir adelante*".[18]

Su espíritu indomable le llevó a pedir que fuesen enviados de Inglaterra otros misioneros que pudieran participar de la gran tarea que había que realizar en la India. El plan de Carey consistía en reunir un número de familias en una pequeña comunidad en la cual todos compartieran los gastos, y tanto hombres como mujeres participaran de diversos aspectos de la obra misionera. En respuesta a sus peticiones, llegaron a la India otros misioneros a colaborar con él.

La llegada de este contingente de refuerzos fue la ocasión que llevó a Carey a establecerse en Serampore, territorio que pertenecía a los daneses. Cuando sus nuevos compañeros llegaron, las autoridades británicas no les permitieron desembarcar en Calcuta, y por esa razón pasaron a Serampore, que se encontraba frente a la colonia británica. Tras largas gestiones, y viendo que el gobernador danés de Serampore se mostraba favorable al trabajo misionero, Carey decidió trasladar su cuartel general a ese lugar. Allí tuvieron lugar las más grandes empresas de Carey y sus acompañantes.

El trabajo que realizaron los misioneros británicos en Serampore fue sorprendente. Uno de los recién llegados, Ward, era impresor de oficio, y se dedicó a imprimir las Biblias que Carey traducía. Otro, Marshman, mostró ser hombre de tanto temple como el propio Carey, y se dedicó a la obra docente. El propio Carey continuó ampliando cada vez más sus actividades lingüísticas, de manera que pronto llegó a dominar varios idiomas de la India, para los cuales escribió gramáticas y diccionarios. A su muerte, Carey había traducido la Biblia o porciones de ella a por lo menos treinta y cinco idiomas y dialectos de la India.

Un cambio en el gobierno británico local colocó en el poder a un nuevo gobernador que veía con simpatía la obra de Carey. Con el

---

[18] Citado en: *Ibid.*, p. 66.

propósito de preparar adecuadamente a los empleados de la Compañía de Indias, este gobernador estableció un colegio en el cual se enseñaban, entre otras cosas, los idiomas de la región. Carey fue invitado a ocupar la cátedra de bengalí. Tras consultar con sus colegas, decidió que debía aceptar dicha invitación, aunque siempre entregó al fondo común de la misión el dinero que recibía en pago de sus labores docentes. Esta nueva actividad le facilitó los contactos con indios de diversas regiones del país, que por tanto podían ayudarle a traducir porciones bíblicas y otra literatura a sus respectivos idiomas y dialectos. De esta manera, la imprenta de Serampore llegó a producir literatura cristiana en 42 idiomas diversos.

Al principio no parecía que la misión de Serampore lograría gran número de conversos. Pero en el año 1800 bautizaron al primero, un carpintero que antes había escuchado el Evangelio de labios de los moravos. A esta conversión se siguieron motines públicos, y una nueva ola de animadversión por parte de las autoridades coloniales, que temían que la labor de los misioneros despertara rebeldías entre la población del país, no sólo al trabajo misionero, sino a todo el régimen colonial. A pesar de esto, los misioneros continuaron su obra, y tres años más tarde bautizaron al primer brahmín convertido al cristianismo. Su política de oposición a la distinción de castas que era tradicional en la cultura y tradición de la India les trajo serias dificultades, pero se mantuvieron firmes en ella, hasta tal punto que en el mismo año de 1803 un brahmín converso casó con la hija de un carpintero.

La oposición al trabajo misionero continuó haciéndose sentir, y en repetidas ocasiones la llegada de un nuevo gobernador que prestaba oídos a los enemigos de las misiones puso en peligro la empresa toda. Esta situación continuó hasta que, en el año 1813, y muy especialmente debido a las gestiones de Lord Wilberforce y de la sociedad que en Inglaterra apoyaba a Carey, el Parlamento exigió que en la carta patente de la Compañía de Indias se introdujese una cláusula en la que se establecía que las colonias británicas debían quedar abiertas al trabajo misionero.

Desde el comienzo de su obra, Carey y sus compañeros habían estado convencidos de que en última instancia el trabajo de la predicación del Evangelio a la India debía ser llevado a cabo por los mismos indios. Por esta razón, pronto comenzaron a establecer avanzadas de la misión de Serampore en otros puntos cercanos. Allí colocaban a un grupo de conversos que vivían con sus familias en una comunidad semejante a la que tenían los misioneros de Serampore, aunque con la supervisión, por algún tiempo al menos, de un misionero. El propósito de este plan de acción era que a la larga se estableciese en toda la comarca una red de centros de evangelización que estuviese en manos de los indios.

Para llevar a cabo este proyecto, así como también para contribuir a hacer a la India partícipe de los beneficios técnicos de la cultura occidental, Carey y Marshman proyectaron e hicieron realidad un centro de estudios superiores que sería modelo de muchos centros semejantes establecidos en otros campos misioneros. Esta escuela tenía estudiantes de diversas religiones. Su propósito era llevar a todos sus discípulos un conocimiento amplio, no sólo de algunos de los adelantos técnicos occidentales, sino también de su propia cultura. En el caso de los discípulos cristianos, el propósito era darles un conocimiento tal del cristianismo por una parte y de los libros sagrados y las religiones de la India por otra, que les fuese posible presentar el Evangelio a sus compatriotas pertenecientes a esas religiones, y discutir, no como extranjeros, sino como cristianos indios. Con respecto a los discípulos no cristianos, el colegio de Serampore buscaba naturalmente su conversión, pero aun si ésta no tenía lugar se consideraba satisfecho por haber mejorado su educación. Para poder llevar a cabo su labor educativa, el colegio comenzó a reunir una vasta biblioteca de libros tanto impresos como manuscritos, y tanto occidentales como indios. Como parte fundamental de la política del colegio, la educación se impartía en sánscrito y en árabe, y el inglés se reservaba para los alumnos más aventajados.

Además de estas actividades, los misioneros de Serampore se dedicaron a atacar algunos de los males más serios de la sociedad hindú. Los que más atrajeron su atención y su esfuerzo fueron dos: la costumbre de sacrificar niños y la de quemar las viudas en las piras fúnebres de sus esposos. Cuando el gobernador Wellesley supo acerca de la práctica de sacrificar niños en el río Ganges, comisionó a Carey para que estudiara los antiguos libros sagrados de la India con el propósito de ver si tales prácticas se basaban en ellos. Carey llegó a la conclusión de que en los libros sagrados de la India no se ordenaba el sacrificio de niños. Fortalecido por este argumento, Lord Wellesley ordenó que dicha práctica cesase inmediatamente y estableció medios de vigilancia para evitar que se continuase. A los pocos años, y debido en buena medida a los estudios de Carey, los hindúes de la región habían dejado de sacrificar niños. Algo semejante sucedió en el caso de las viudas, aunque la costumbre de ofrecerlas en sacrificio en la pira fúnebre de sus esposos estaba tan arraigada que fue mucho más difícil hacerla desaparecer. También en este caso, Carey demostró que la costumbre que se decía ser religiosa no se basaba en mandamiento alguno de los libros sagrados. Tras un largo período de vacilación, las autoridades inglesas decidieron prohibir que se quemase a las viudas junto con los cadáveres de sus esposos. Cuando Carey recibió el edicto, corrió a traducirlo al bengalí, para asegurarse de que ni una sola viuda pereciera por causa de su negligencia.

La obra de Carey y de sus acompañantes tuvo amplias repercusiones. Los hijos del propio Carey fueron también misioneros, el uno en Birmania —donde no tuvo la perseverancia de su padre— y el otro en Java. En Inglaterra, las noticias de la obra que se realizaba en Serampore hicieron despertar un nuevo interés en cientos de cristianos. La Sociedad Bautista Particular para Propagar el Evangelio envió a Serampore otros misioneros más jóvenes —lo cual no dejó de crear conflictos y hasta un cisma. En Inglaterra surgieron numerosas nuevas sociedades misioneras, además de la *British and Foreign Bible Society* (Sociedad Bíblica Británica y Extranjera) en cuyo origen fue grande la influencia de las noticias que llegaban desde Serampore, y que desde el principio le pidió al grupo que allí trabajaba que colaborase con ella en la traducción y distribución de la Biblia.

Pronto el entusiasmo misionero alcanzaría a todos los rincones de la Iglesia en Inglaterra y hasta en los Estados Unidos.

Debemos señalar que la motivación teológica del trabajo de Carey no se encontraba en un sentido de lástima o compasión hacia los paganos que se estaban perdiendo, como sucedía en el caso de los moravos. Carey sí creía que los paganos que no conocían a Jesucristo estaban perdidos, pero el motivo que le impulsaba no era tanto un sentido de compasión hacia esas personas como la obligación en que sentía le colocaba el mandamiento de Jesucristo de ir por todo el mundo y predicar el Evangelio. Para Carey, las misiones son un acto de obediencia más que de compasión. La compasión juega un papel importante, pero es sólo el resultado de la obediencia.[19] Como ejemplo de esto podemos

---

[19] *Ibid.*, pp. 129-140; 251-253.

citar el siguiente párrafo, en el que Carey compara la empresa misionera con las compañías comerciales y sus cartas patentes:

> Los cristianos son un cuerpo cuyo más cierto interés está en la exaltación del reino del Mesías. Su carta patente es muy extensa, sus motivaciones inmensas, y las ganancias prometidas infinitamente superiores a las de la sociedad más lucrativa. Que cada uno en su sitio se considere obligado a actuar para Dios con todo su poder y en toda manera posible.[20]

Por último, es interesante notar que, a pesar de que las circunstancias de la época no le permitieron realizar este sueño, Carey pensó siempre que la obra misionera debía ser emprendida sin espíritu sectario, y que las divisiones de la Iglesia en los países de origen de la misión no deberían llevarse al campo misionero. Más de cien años antes de que tuviese lugar la histórica Conferencia Misionera Mundial de Edimburgo de 1910, Carey soñaba con una gran asamblea mundial en que se reunirían en la Ciudad del Cabo los misioneros de distintas partes del mundo con los representantes de las sociedades que les enviaban. Con este sueño, Carey se anticipaba a la historia, que mostraría que el espíritu ecuménico, necesario en todas las fases de la vida de la Iglesia, resulta imprescindible en el trabajo misionero.

2. *Los Centros Misioneros durante este Período.*

En gran medida como consecuencia de la obra de Carey y sus compañeros, los últimos años del siglo XVIII y los primeros del XIX vieron un despertar del interés misionero en la Gran Bretaña. Ya hemos mencionado algunas de las sociedades que surgieron como resultado directo de la obra de Carey. Sus cartas y las demás noticias que llegaban de la India hacían que muchas personas para quienes la fe cristiana era el centro de sus vidas comenzaran a preguntarse si no debían participar de una manera o de otra en el esfuerzo misionero. En el año 1795 se fundó la *London Missionary Society*,[21] y cuatro años más tarde la

---

[20] *An Enquiry...*, pp. 81-82.
[21] Desde su fundación, la L. M. S. viene publicando el *Report of the London Missionary Society*, que es una de las principales fuentes para el estudio de la obra misionera de esta sociedad.

Church Missionary Society.[22] La primera reunía a personas de distintas denominaciones —especialmente congregacionales y presbiterianos— mientras que la segunda comprendía sólo a anglicanos del ala evangélica. Como consecuencia de este despertar, y también a causa de un viejo interés que ya hemos mencionado, los metodistas organizaron una sociedad misionera, y lo mismo sucedió con otros grupos menos numerosos. Es de notarse que estas sociedades tenían un alcance mundial, y no limitaban su acción a las posesiones británicas, como lo hacían las sociedades que habían aparecido antes de Carey. No cabe duda de que buena parte de esta visión mundial se debe a la obra del misionero de Serampore.

Con la fundación de estas sociedades aparece en la historia de las misiones protestantes un fenómeno que no había existido anteriormente, y en el que se amplía el alcance de las mismas, no sólo en su sentido geográfico, sino también en la amplitud del apoyo financiero, que viene de un número de personas cada vez mayor. Por otra parte, estas sociedades son el primer intento protestante de organizar el trabajo misionero de tal manera que tenga, además de la misión propiamente dicha, una organización que sirva para mantener vivo el interés en el país de origen.

Durante todo el siglo XIX, y a consecuencia tanto de su creciente poderío marítimo y colonial como de la obra de Guillerno Carey y los muchos que después de él hicieron trabajos semejantes, la Gran Bretaña fue la principal fuente de misiones protestantes. Sin embargo, los antiguos países protestantes de Europa, así como los Estados Unidos, lanzaban también sus empresas misioneras. A la larga, el trabajo misionero del protestantismo norteamericano sería mucho más amplio que el de los demás centros protestantes.

En el continente europeo los principales centros de misiones protestantes durante el siglo XIX estuvieron en Alemania y Suiza,[23] donde la influencia del movimiento misionero británico se conjugaba con la antigua tradición pietista para dar origen a un genuino interés misionero. Una característica notable del trabajo de las misiones en estos países es que, siguiendo el ejemplo de la antigua Universidad de Halle, se orga-

---

[22] La C.M.S. ha publicado bajo diversos títulos (*Church Missionary Gleaner, Church Missionary Outlook*) un periódico en el que se encuentra lo principal de su historia. Hay una historia brevísima: R. E. Doggett, *Landmarks in C.M.S. History* (London, 1949).
[23] H.E.C., IV, pp. 89-92.

nizaron escuelas que se dedicaban especialmente a la preparación de misioneros. De éstas las más notables fueron las de Berlín y Basilea. Además se fundaron varias sociedades misioneras, muchas de las cuales más tarde se fundieron para poder realizar un trabajo más efectivo. En Holanda se organizó la Sociedad Misionera Holandesa,[24] estrechamente relacionada con la *London Missionary Society*, y que trabajó especialmente en el sur de Africa. También en los países escandinavos se organizaron sociedades misioneras durante el siglo XIX. La Sociedad Danesa se distinguió por su trabajo en Groenlandia y la India,[25] mientras que la de Suecia dedicó más atención a las misiones en Laponia.[26]

Durante el siglo XIX, y aun más en el XX, los Estados Unidos fueron uno de los principales centros de misiones protestantes. Ya hemos visto cómo desde muy temprano se comenzaron en las Trece Colonias de Norteamérica misiones entre los indios. A fines del siglo XVIII los moravos organizaron una sociedad misionera y un grupo de cristianos de Nueva Inglaterra fundó otra cuyo propósito era preparar y enviar negros norteamericanos como misioneros al Africa. Pero fue durante el siglo XIX que se fundaron las grandes sociedades misioneras norteamericanas. Uno de los principales impulsos que contribuyeron al despertar misionero del siglo XIX en los Estados Unidos fue el gran movimiento religioso que se conoce como el *Second Great Awakening* y que comenzó a fines del siglo XVIII.[27] Además de esto, naturalmente, las noticias que llegaban de la obra evangelizadora de Inglaterra en la India, y muy especialmente de la de Carey y sus acompañantes, contribuían a estimular el interés misionero en los Estados Unidos.

La principal sociedad misionera de los Estados Unidos durante la primera mitad del siglo XIX fue la *American Board of Commissioners for Foreign Missions*.[28] Esta nació del interés de un grupo de estudiantes del Seminario Teológico de Andover, muy especialmente de Adinoram Judson y Samuel J. Mills. Su centro estaba en los estados de Connecticut

---

[24] *Ibid.*, IV, p. 89. Véase también nuestro capítulo VII.
[25] N. Bundgaard, *Det Danske Missionsselskabs historie*, 2 Bd. (Kobenhavn, 1935), *passim*.
[26] B. Sundkler, *Svenska Missionssällskapet* (Uppsala, 1937), pp. 163-173.
[27] Véase, por ejemplo: C. R. Keller, *The Second Great Awakening in Connecticut* (New Haven, 1942).
[28] W. E. Strong, *The Story of the American Board* (Boston, 1910), pp. 3-7). Más tarde los intereses de la *American Board* pasaron a la *Board of World Ministries* de la *Iglesia Unida de Cristo*.

y Massachusetts, y representaba a los congregacionalistas de esa región. La *American Board* envió a Adinoram Judson a la India pero durante el viaje éste decidió unirse a los bautistas. En otro capítulo de esta historia volveremos a encontrarle como el más distinguido de los misioneros protestantes en Birmania. Su presencia en el Oriente llevó a los bautistas norteamericanos a organizar la *Sociedad Bautista para la Propagación del Evangelio en la India y en Otras Tierras Extranjeras*.[29] Por su parte, Mills continuó la obra de despertar el interés misionero en los Estados Unidos, y gracias a sus esfuerzos y a su cooperación se organizaron varias nuevas sociedades misioneras, así como otras para la distribución de la Biblia y de literatura cristiana.

Durante la primera mitad del siglo XIX, las principales denominaciones protestantes de los Estados Unidos organizaron sociedades misioneras y enviaron representantes a diversas partes del globo, especialmente al Lejano Oriente. Puesto que a mediados de siglo casi todas las denominaciones protestantes se dividieron como consecuencia de los acontecimientos que llevaron a la Guerra Civil, las divisiones de las iglesias en los Estados Unidos se reflejaron en sus campos misioneros, y así comenzó a haber en distintas partes del mundo bautistas, metodistas y presbiterianos del Norte y del Sur. En algunos casos, fue en el campo misionero que primero se vio la futilidad de tales divisiones y que se llegó a la unión de las dos ramas de una misma denominación. En más de una ocasión tales uniones en el campo misionero plantearon ante las iglesias madres la cuestión de si se justificaba o no la continuación de divisiones que habían surgido en una guerra ya pasada. De esta manera, y aun inconscientemente, las iglesias jóvenes contribuían al desarrollo de sus iglesias madres.

Puesto que cuando se produjo en los Estados Unidos la gran controversia entre fundamentalistas y liberales fueron los primeros quienes más arduamente continuaron el trabajo misionero, y puesto que en todo caso el nacimiento del movimiento misionero en los Estados Unidos había estado estrechamente unido al *Second Great Awakening*, no ha de sorprendernos que el tipo de cristianismo protestante que los misioneros norteamericanos llevaron a las iglesias por ellos fundadas haya sido de un carácter individualista, que subrayaba la necesidad de una experiencia de conversión personal, y a menudo suspicaz de todo cuanto

---

[29] H.E.C., IV, p. 83.

fuese estudio racional de la verdad revelada. Una triste consecuencia de estas circunstancias fue el hecho de que, cuando ya en los Estados Unidos la cuestión entre liberales y fundamentalistas había quedado casi olvidada en los círculos eclesiásticos, todavía continuaba planteándose y discutiéndose el mismo problema en las iglesias jóvenes fundadas por misioneros norteamericanos.

Antes de pasar adelante, debemos señalar que el interés misionero norteamericano precede históricamente a los intereses económicos y políticos de los Estados Unidos. Durante todo el siglo XIX la inmensa mayoría de los misioneros norteamericanos fue a naciones que tenían escasas relaciones con su país de origen. Cuando la expansión económica y política de los Estados Unidos llevó a los representantes de la diplomacia, la industria y el comercio norteamericanos a las lejanas tierras del Oriente, hacía décadas que los primeros misioneros de su país se habían establecido en ellas.

Por último, es importante recordar que durante el siglo XIX el protestantismo se estableció en algunas regiones que pronto llegarían a ser nuevos centros de actividad misionera. En el Pacífico del sur, Australia y Nueva Zelandia pronto comenzaron a enviar misioneros a las islas cercanas, así como al Lejano Oriente. En el Africa, los ingleses y holandeses establecidos en el sur del continente realizaron trabajo misionero entre sus vecinos, aunque éste pronto se vio debilitado por la política racista de los colonos blancos. También en Africa, y debido a movimientos en Inglaterra y en los Estados Unidos, se establecieron negros libertos procedentes de estos dos países, en las regiones de Sierra Leona y Liberia. Puesto que muchos de los colonos negros de estos dos países eran cristianos, y puesto que además sus estrechas relaciones con Inglaterra y los Estados Unidos abrían el camino a otros misioneros, estas dos regiones fueron desde sus orígenes centros de actividad misionera. En el siglo XX, ciudadanos de Liberia y de Sierra Leona contribuirían a la evangelización de sus hermanos de raza en el Africa.

3. *Las Misiones y el Movimiento Ecuménico.*

Ya hemos dicho que Guillermo Carey, que puede ser considerado como el primer misionero moderno, soñaba con hacer de las misiones una empresa universal y no sectaria. Este sueño de Carey, que no se llevó a la realidad por razón de su carácter prematuro, se basaba en necesidades muy reales a que tenía que enfrentarse todo esfuerzo misionero.

La primera de estas necesidades era la de un testimonio unido, de tal modo que los diversos intereses misioneros, con sus celos y luchas entre sí, no vinieran a ser un obstáculo en el camino de la fe para las propias personas cuya conversión se esperaba. El misionero que abandonaba su tierra natal para ir a trabajar a la India quería dedicarse a presentar a los indios el mensaje de Cristo, y no el de las diferencias y semejanzas entre un bautista y un anglicano. Y sin embargo, muchas veces el indio en cuestión pensaba que era necesario explicarle la razón de la existencia de diversos grupos cristianos antes de pedirle que hiciera una decisión de confesar a Cristo.

La otra necesidad que llevó a muchos misioneros a buscar la compañía de sus colegas de otras denominaciones fue la de compartir sus sueños y frustraciones con otros cristianos con semejantes intereses.

Todo esto hizo que en el campo misionero surgiera un espíritu de cooperación entre cristianos de diversas denominaciones. Este espíritu les llevó a dejar a un lado viejas discusiones y prejuicios que aún reinaban en las iglesias de Europa y los Estados Unidos.

Por otra parte, muchas de las sociedades misioneras que se organizaron en Estados Unidos y Europa incluían en su seno miembros de diversas iglesias, y esto contribuyó al acercamiento entre los cristianos.

Luego, puede decirse que el movimiento ecuménico es hijo de las misiones.

Aunque este movimiento logró mucho mayor desarrollo en el siglo XX, ya desde el siglo anterior podían verse sus primeras señales.

Estas señales aparecieron primero en la India, donde a partir del año 1825 se comenzó a celebrar conferencias regionales a las que asistían misioneros de diversas denominaciones. Las primeras —como la de Bombay en el año 1825 y la de Madrás en el 1830— se limitaban a una ciudad y sus alrededores. Pero ya en el año 1855 comenzó una serie de asambleas con más alcance geográfico, tanto en el norte de la India como —tres años más tarde— en el sur. En el año 1872 se reunió en Allhabad la primera conferencia misionera de toda la India, y luego continuaron celebrándose reuniones semejantes cada diez años. En Japón y China también se celebraron conferencias misioneras, pero éstas comenzaron más tarde que en la India —en el año 1872 en Japón y en el 1877 en China. En la América Latina, salvo raras excepciones como la de México en 1888, no se celebraron conferencias misioneras interdenominacionales sino en el siglo XX. Lo mismo puede decirse acerca de Africa, donde la primera tuvo lugar en el año 1904.[30]

Al mismo tiempo que se celebraban en el campo misionero las conferencias que hemos señalado, tenían lugar en Europa y Estados Unidos otras en que participaban las personas y organizaciones interesadas en el trabajo misionero. Ya en el año 1837 se reunieron en Basilea representantes de varias sociedades misioneras europeas. En 1846 se organizó en la Gran Bretaña la *Alianza Evangélica*, cuyo propósito era fomentar la comprensión y cooperación entre evangélicos de diversas denominaciones, y que desde su fundación tuvo un marcado interés misionero. Debido en parte a esta Alianza, se celebraron varias conferencias misioneras en el mundo anglosajón —en Nueva York y Londres en 1854, en Liverpool en 1860, en Londres en 1878 y 1888, y otra vez en Nueva York en 1900. Además, tanto en el mundo anglosajón como en el continente europeo, los dirigentes de la obra misionera comenzaron a reunirse y a tomar acuerdos para cooperar entre sí y para evitar conflictos en el campo misionero. Sin embargo, es triste notar que estos primeros pasos hacia la unidad, muy especialmente los del mundo anglosajón, no tomaban en cuenta la totalidad del trabajo que se estaba realizando, sino sólo el de los grupos y movimientos representados en cada conferencia o reunión.[31]

Por último, entre los precursores del movimiento ecuménico del siglo XX, debemos mencionar el Movimiento Estudiantil Cristiano. No podemos relatar aquí la historia de este movimiento hasta la fundación de la Federación Mundial de Estudiantes Cristianos.[32] Baste decir que desde sus orígenes todo el movimiento estudiantil —y muy especialmente el *Student Volunteer Movement*— fue animado por un profundo inte-

---

[30] Los datos que aparecen en este párrafo han sido tomados de: W. R. Hogg, *Ecumenical Foundations* (New York, 1952), pp. 16-31.
[31] *Ibid.*, pp. 35-81.
[32] Acerca de esta historia, véase: John R. Mott, *The World's Student Christian Federation* (New York, 1920); R. Rouse, *The World's Student Christian Federation: A History of the First Thirty Years* (London, 1948); C. P. Shedd, *Two Centuries of Student Christian Movements* (New York, 1934); T. Tatlow, *The Story of the Student Christian Movement of Great Britain and Ireland* (London, 1933).

rés misionero. Además, fue de él que surgieron las principales figuras que durante la primera mitad del siglo XX dirigieron el movimiento ecuménico.

Si bien durante todo el siglo XIX puede verse un creciente espíritu de unidad, es en el siglo XX que ese espíritu cobra ímpetu de fuerza universal en lo que se ha dado en llamar "el movimiento ecuménico". Pero también entonces la obra y el interés misioneros se encuentran en la raíz misma del espíritu de unidad, ya que el principal precursor del Consejo Internacional Misionero y del Consejo Mundial de Iglesias fue la Conferencia Mundial Misionera celebrada en Edimburgo, Escocia, en el año 1910.[33]

En la Conferencia de Edimburgo estaban representados los principales cuerpos protestantes. Sin embargo, de más de mil delegados, sólo diecisiete pertenecían a las iglesias nacidas del trabajo misionero de Occidente. Los demás eran todos europeos o norteamericanos. Por otra parte, a fin de incluir a los anglicanos, fue necesario excluir de la agenda todo lo que se refiriese a cuestiones de fe y constitución, así como la cuestión de las misiones protestantes en la América Latina. Estas fueron las dos grandes omisiones, pero aun en esto la Conferencia tuvo resultados positivos, pues la omisión de estos dos temas de primera importancia llevó a la fundación —por parte de personas que habían estado presentes en Edimburgo— de movimientos dedicados específicamente a estos dos asuntos. Fue así que de Edimburgo surgieron el movimiento de Fe y Constitución —o Fe y Orden— y, en el año 1916, el Comité de Cooperación en la América Latina. Este a su vez llevó al gran Congreso de Panamá de 1916.

Aun cuando la Conferencia de Edimburgo abrió el camino al movimiento ecuménico del siglo XX, es necesario señalar en ella una limitación teológica que afectó todos sus estudios. Ya hemos dicho que sólo había diecisiete representantes de las "iglesias jóvenes". Esto se debía, no sólo a cierto prejuicio o falta de interés, sino también y muy especialmente a una falsa perspectiva teológica en la que no se había llegado aún a la integración entre Iglesia y misión. Se pensaba que el trabajo

---

[33] Los informes de la Conferencia de Edimburgo fueron publicados en nueve volúmenes en Nueva York, en el propio año de 1910. Véase: W. H. T. Gairdner, *Edinburgh 1910: An Account and Interpretation of the World Missionary Conference* (Edinburgh, 1910); H. Martin, *Beginning at Edinburgh: A Jubilee Assessment of the World Missionary Conference 1910* (London, 1960).

misionero correspondía a las iglesias occidentales, pero no se tomaba en cuenta el hecho de que, si las nuevas iglesias lo eran de veras, tenían que ser también misioneras, pues la misión pertenece a la esencia misma de la Iglesia.[34] Luego, la Conferencia trató acerca de la responsabilidad y los problemas misioneros de las iglesias occidentales, pero omitió esa misma responsabilidad y esos problemas en lo que se refiere a las iglesias surgidas de la obra misionera reciente.

A pesar de las limitaciones que eran de esperarse en una conferencia como la de Edimburgo, a partir de aquella gran asamblea el movimiento ecuménico alcanzó un ímpetu inesperado. La propia Conferencia de Edimburgo nombró un Comité de Continuación cuya obra culminó en la formación del Consejo Internacional Misionero en el año 1921. Ya para esta fecha habían surgido organismos de cooperación misionera en Europa, Estados Unidos, Canadá y Australia, y éstos formaron el núcleo de la membresía del Consejo. Además se estableció que las "iglesias jóvenes" de Africa, el Oriente y la América Latina tendrían su representación en el Consejo. El propósito de éste —al igual que el de las diversas conferencias regionales celebradas anteriormente, así como de la Conferencia de Edimburgo— no era establecer normas para la obra misionera de las iglesias, sino servir de lugar de encuentro entre los diversos intereses misioneros.

El Consejo Internacional Misionero celebró conferencias en Jerusalén (1928), Madrás (1938), Whitby, Canadá (1947), Willingen, Alemania (1952) y Ghana (1957-1958). En el año 1961, en Nueva Delhi, se fundió con el Consejo Mundial de Iglesias, que había sido fundado en Amsterdam en 1948 y que había venido a ser el principal exponente del movimiento ecuménico.

La Asamblea de Jerusalén del año 1928 se reunió en el Monte de los Olivos. Casi la cuarta parte de sus miembros pertenecía a las "iglesias jóvenes", y ya esto era un paso de avance con respecto a la Conferencia de Edimburgo. En el entretanto, en el año 1927, el movimiento de Fe y Constitución, nacido también de Edimburgo, había celebrado en Lausana su primera conferencia. Muchos de los delegados a Jerusalén habían estado presentes en Lausana, y la influencia de ésta última se hizo sentir en el modo en que los delegados a Jerusalén se enfrentaron

---

[34] Véase: W. Andersen, *Towards a Theology of Mission* (London, 1955), pp. 16-18.

a la cuestión teológica fundamental de la naturaleza y el contenido del mensaje cristiano.[35]

A partir de Jerusalén, y cada vez más, el Consejo Internacional Misionero comenzó a percatarse de la unión indisoluble entre iglesia y misión. En Madrás, la Iglesia vino a ocupar un lugar céntrico en la discusión,[36] pero el impacto de esta asamblea se vio debilitado por la Segunda Guerra Mundial. Buena parte de la obra de la asamblea de Whitby, en el año 1947, consistió en establecer de nuevo los contactos que habían sido interrumpidos por el conflicto bélico, y en recobrar los logros que se habían alcanzado antes de la catástrofe.[37] En Willingen en el año 1952,[38] y en Ghana,[39] cinco años más tarde, continuó desarrollándose la conciencia de la unión entre iglesia y misión. El resultado de esto fue la fusión del Consejo Internacional Misionero con el Consejo Mundial de Iglesias —Nueva Delhi, 1961 [40]— pues no parecía justificarse, desde el punto de vista teológico, la existencia de dos organismos diversos. A partir de entonces la mayor parte de los antiguos intereses y preocupaciones del Consejo Internacional Misionero pasaron a la División de Misión Mundial y Evangelismo del Consejo Mundial de Iglesias. Esta división continuó celebrando asambleas que pueden llamarse herederas de la tradición de Edimburgo, tales como la que tuvo lugar en México en el año 1963.

Ninguno de los organismos ecuménicos que hemos mencionado —y hay otros— tiene poderes sobre sus miembros, que siempre conservan su autonomía y derecho a tomar decisiones propias. Pero la oportunidad de discutir y plantearse juntamente problemas tanto de teología como de estrategia ha fortalecido grandemente la obra misionera protestante.

Puesto que este libro trata acerca de la historia de las misiones, y no de la historia del movimiento ecuménico, no podemos relatar aquí

---

[35] El informe de esta asamblea ha sido publicado en ocho volúmenes en Nueva York, 1928. Véase especialmente el Vol. I, que trata acerca del mensaje cristiano y su relación con ideologías y sistemas no cristianos.
[36] Véase el informe en siete volúmenes publicado en Nueva York, 1939.
[37] C. W. Ranson, *Renewal and Advance* (London, 1948).
[38] Las minutas fueron publicadas en Londres, 1952. Véase también: N. Goodall, ed., *Missions under the Cross* (New York, 1953).
[39] Las minutas fueron publicadas en Nueva York y Londres, 1958. Véase: R. K. Orchard, *The Ghana Assembly of the International Missionary Council* (New York, 1958).
[40] *Habla Nueva Delhi* (Buenos Aires, 1963).

cómo en la segunda mitad del siglo XX dicho movimiento, nacido entre protestantes, se extendió a las iglesias ortodoxas y —en cierta medida— al catolicismo romano. Baste aquí señalar el hecho, que en el futuro ha de influir sin duda en la obra misionera, aun cuando hasta el presente no sea posible decir cómo.

CONSIDERACIONES GENERALES

El siglo XIX ha sido llamado "El Gran Siglo" de la historia de las misiones.[41] En él se combina la más grande expansión que civilización alguna haya conocido con el más genuino interés misionero. El gran avance geográfico del cristianismo durante ese siglo se debió sin lugar a dudas, en parte al menos, al auge político y económico de Europa —y, más tarde, de Norteamérica. Pero los misioneros del siglo XIX fueron más independientes de los intereses políticos y económicos de sus naciones que los de cualquier otra época desde los inicios de la Edad Media. No faltaron misioneros que se sirvieron del poder y prestigio de las naciones de su procedencia para llevar su mensaje a quienes estaban bajo el influjo de ese poder o ese prestigio. Pero aun entre ellos la mayoría no lo hacía con un espíritu pragmático, queriendo aprovecharse de su posición privilegiada, sino que lo hacía con la sincera convicción de que los intereses occidentales, aun en manos de políticos algo corruptos o de comerciantes con el solo interés del dinero, eran una fuerza civilizadora.

Lo que caracteriza el sentimiento misionero del siglo XIX no es tanto el que haya sido instrumento de la expansión de Occidente —esa expansión tenía que venir debido al desarrollo tecnológico que el Occidente había alcanzado— como el espíritu de superioridad y de condescendencia por parte del hombre blanco hacia su congénere de otra raza y cultura. En círculos misioneros occidentales se hablaba del "white man's burden" —la responsabilidad por parte del hombre blanco de llevar a los demás hombres su civilización y, junto con ella, su fe.

---

[41] Este es el título que le da Kenneth Scott Latourette, H.E.C., Vols. IV-VI.

LAS MISIONES EN LA EPOCA CONTEMPORANEA: INTRODUCCION GENERAL

Esta actitud no fue del todo universal, y en los capítulos que siguen encontraremos repetidos ejemplos de misioneros que tomaron otra actitud. Pero sí fue bastante general, y se reflejó en el modo en que se concebían las misiones, no como un aspecto fundamental de la vida de la Iglesia del que todas las iglesias debían participar, sino como la responsabilidad exclusiva de las iglesias occidentales.

Debido a su relación estrecha con la expansión de Occidente, la obra misionera de los siglos XIX y XX ha estado sujeta a las vicisitudes de esa expansión. Durante casi todo el siglo XIX, las potencias occidentales penetraron cada vez más en el resto del mundo. Aunque hubo países —como China y Japón— que durante algún tiempo se negaron a permitir esa influencia, sus esfuerzos fueron vanos. Por ello, el siglo XIX trajo una expansión misionera casi ininterrumpida.

En el siglo XX, por el contrario, comenzó a hacerse sentir una reacción nacionalista en la que las viejas culturas y tradiciones servían de instrumento y símbolo de oposición al hombre blanco. Aun cuando repudiaba toda influencia occidental, esta reacción se veía obligada a hacer uso de la tecnología que le había sido legada por los poderes coloniales y los misioneros. Se intentaba, sin embargo, separar los adelantos técnicos del resto de la civilización occidental, y hacer uso de ellos sin dejarse envolver por el resto de la cultura en que tuvieron su origen. Esto hizo más difícil el trabajo misionero, pues pronto las nuevas naciones comenzaron a hacer uso por sí mismas de algunos de los adelantos técnicos —por ejemplo, en la medicina, la educación y la agricultura— que antes habían servido a los misioneros para hacerse escuchar.

Por otra parte, en el siglo XX comenzaron los cristianos a pensar en términos, no de una iglesia occidental con misiones en el resto del mundo, sino más bien de una Iglesia representada en todas las naciones de la tierra y con una misión en cada una de ellas. De este modo, el cristianismo comenzó a ser verdaderamente una fe universal, y no la posesión del hombre blanco. Esto puede verse, por ejemplo, en el mundo en que ha ido aumentando la participación de las llamadas "iglesias jóvenes" en el movimiento ecuménico.

Por último, conviene señalar que, debido al hecho de que la mayoría de los misioneros protestantes del siglo XIX pertenecía a la tradición pietista, su mensaje en el campo misionero fue de carácter individualista. Esto no quiere decir que no se ocupasen del bienestar físico de las personas —que sí lo hicieron— sino sólo que no intentaron descubrir las implicaciones del Evangelio para la totalidad de la sociedad en que trabajaban. Aun esto no ha de exagerarse, pues hubo algunos casos, como el de Carey en la India, en que los misioneros hicieron todo lo posible por lograr leyes más justas. Pero aun entonces no comunicaron a las iglesias por ellos fundadas el sentido de su propia responsabilidad dentro de la situación en que estaban colocadas. En el siglo XX, con los nuevos estudios bíblicos y la renovación teológica que de ellos surgió, las "iglesias jóvenes" comenzaron a pensar más en términos de su propia responsabilidad social, aunque daban a veces la impresión de no estar del todo preparadas para descubrir por sí mismas lo que esa responsabilidad implicaba en su situación compleja.

7 | EL LEJANO ORIENTE Y EL SUR DEL PACIFICO

Puesto que en el capítulo anterior señalamos que uno de los grandes factores que dieron origen al movimiento misionero del siglo XIX fue la gran cantidad de descubrimientos que se hicieron en el sur del Pacífico, y puesto que también señalamos que Guillermo Carey, quien fue misionero en la India, puede considerarse como el precursor de ese gran movimiento, resulta natural que comencemos nuestro estudio de las misiones modernas precisamente en la región en que él laboró y donde tuvieron lugar los grandes descubrimientos del siglo XVIII.

En la región del globo cuyo estudio ahora comenzamos existían a principios del siglo XIX pueblos de muy diversas culturas y condiciones. En lugares como la India y la China había antiquísimas civilizaciones unidas a religiones de alto nivel moral y que por tanto resultaban de difícil penetración para el cristianismo. En regiones como el Japón esas antiguas culturas todavía habían tenido muy escaso contacto con el Occidente, y sus tradiciones ancestrales servirían de obstáculo al trabajo misionero. Por último, había regiones recién descubiertas por el hombre occidental en las que habitaban aborígenes de culturas poco desarrolladas y de religiones politeístas o animistas, de tal manera que la conquista y colonización, al igual que la obra misionera, eran más fáciles.

Como el período que estamos estudiando es el de la hegemonía británica en los mares, resulta natural que repetidamente encontremos que los ingleses y escoceses han tenido un lugar preponderante en la historia de diversas regiones, así como en la historia del trabajo misionero en ellas.

En cuanto al orden de nuestra exposición, comenzaremos por la India, uno de los territorios más conocidos por los occidentales al comienzo del siglo XIX, para de allí pasar a Ceilán, el Asia sudoriental, Indonesia, las Filipinas, el Japón, China y, por último, a los territorios recién descubiertos en las islas del Pacífico, además de Australia y Nueva Zelandia.

A. LAS MISIONES EN LA INDIA

La India fue siempre uno de los territorios preferidos por los misioneros cristianos. Según una antiquísima tradición, fue el apóstol Tomás el primer cristiano en predicar en la India. Se dice que en el siglo II el maestro alejandrino Panteno también visitó la península. Más tarde, los persas y los jacobitas sirios se establecieron en ella. Con la llegada de los jesuitas portugueses, los católicos comenzaron a llevar a cabo trabajo misionero entre los indios. De entonces en adelante, allí tuvieron lugar algunos de los experimentos más fructíferos en la obra misionera —entre ellos la misión danesa de Tranquebar y la obra de Carey y sus acompañantes.

A fin de hacer justicia a los distintos grupos cristianos que existían en la India, comenzaremos haciendo referencia a ellos en orden de antigüedad, comenzando por los llamados "cristianos de Santo Tomás" y de allí pasando al catolicismo romano, para terminar con el protestantismo.

1. Los Cristianos de Santo Tomás durante los Siglos XIX y XX.

Los últimos años del siglo XVIII y los primeros del XIX vieron el establecimiento del poderío británico en las regiones donde eran más numerosos los "cristianos de Santo Tomás", es decir, en Travancore y

Cochín. Los dos primeros representantes del gobierno británico en esta zona, los coroneles Macaulay y Munro, eran personas de profunda convicción cristiana que se interesaron sinceramente en los jacobitas. A través de sus esfuerzos, se comenzó a establecer relaciones entre la antigua iglesia de la India y la iglesia anglicana.[1] Esto se hizo primero a través de la visita de algunos capellanes británicos a la iglesia jacobita, y luego mediante el nombramiento de misioneros anglicanos que se ofrecían al servicio de esa iglesia. En las instrucciones que se daban a estos misioneros se estipulaba claramente que su trabajo no era el de hacer anglicanos de los cristianos jacobitas.[2] Su función consistía en servir a la iglesia jacobita de la manera como ésta lo solicitase, y en dedicarse a enseñar y, de ser posible, predicar la verdad bíblica entre ellos. El propósito de estos misioneros era que sus enseñanzas sirviesen como "levadura que leuda toda la masa". Este trabajo comenzó en el año 1816, y al principio tuvo gran éxito. La jerarquía jacobita se mostró dispuesta a recibir la ayuda de los misioneros anglicanos —aunque no sin ciertas reservas— y éstos comenzaron un amplio trabajo de traducción y de impresión de libros, de organización de escuelas en las parroquias siríacas y hasta de educación teológica, pues uno de los misioneros fue hecho director del seminario en que se preparaban los sacerdotes jacobitas.[3]

En el año 1825 comenzaron las dificultades. Aunque éstas se relacionaban con cuestiones circunstanciales, en realidad el problema residía en la tensión entre la "tradición", a que los jacobitas estaban tan apegados, y las "innovaciones" de los anglicanos. Cuando en el año 1827 los primeros misioneros anglicanos fueron sustituidos por hombres más jóvenes, que no comprendían las sutilezas de la situación, las relaciones empeoraron rápidamente, y en el 1840 se produjo la ruptura definitiva.

Aun después de esta ruptura los misioneros continuaron su trabajo,

---

[1] L. W. Brown, *The Indian Christians of St. Thomas* (Cambridge, 1956), p. 132.
[2] W. J. Richards, *The Indian Christians of St. Thomas* (London, 1908), p. 21, cita las siguientes instrucciones: "La Iglesia de Inglaterra como iglesia nacional no podría emplear su influencia mejor que restaurando y reconstruyendo las ruinas de la Comunión Siríaca en Antioquía, en Mesopotamia y en la India. Cuando esto se hiciera, creía él (el Dr. Buchanan) que esos países proveerían misioneros para la extensión de la fe cristiana entre los mahometanos y paganos. Nuestro propósito al enviarles a Uds. (los misioneros) a los cristianos siríacos es que Uds. empleen todos los medios a su alcance para lograr estos objetivos en la India."
[3] C. B. Firth, *An Introduction to Indian Church History* (Madras, 1961), p. 164.

aunque dirigiéndose ahora principalmente a los no cristianos. Esto no fue obstáculo para que un número de congregaciones abandonase la antigua Iglesia Siríaca y se hiciese anglicano. Estas iglesias forman ahora parte de la Iglesia del Sur de la India (Church of South India) de que trataremos más adelante.

Por otra parte, dentro de la propia iglesia jacobita persistió algo de la semilla sembrada por los misioneros británicos, pues la mayoría de los jacobitas que habían favorecido las reformas por las que los anglicanos laboraban no abandonó su vieja iglesia. Durante algún tiempo, pareció que el partido reformador lograría llevar consigo a la mayoría de la iglesia, especialmente puesto que el gobierno lo apoyaba, pero una visita del patriarca de Antioquía tuvo por resultado la debilitación del partido reformador. Esto no fue suficiente para evitar el cisma, del cual surgió la Iglesia de Mar Thoma.[4]

La Iglesia de Mar Thoma era al principio una pequeña minoría de los cristianos jacobitas, pero su celo evangelístico pronto le ganó un sitio entre las principales iglesias de la India. En el año 1889 se fundó la Asociación Evangelista de Mar Thoma, que ha logrado numerosas conversiones. A partir de 1895, la Iglesia de Mar Thoma ha patrocinado reuniones anuales en las que se congregan entre 30.000 y 50.000 cristianos para escuchar a predicadores de diversas denominaciones cristianas. Actualmente su membresía es de unas 200.000 personas. Su teología se acerca a la del protestantismo occidental, pero su liturgia guarda aún el sello oriental.[5]

La otra rama de la iglesia jacobita también sufrió un cisma en el año 1910, aunque no tanto por cuestiones teológicas como por problemas de autoridad en la jerarquía. A mediados del siglo XX, diversas circunstancias parecían indicar que este cisma pronto sería subsanado.[6]

Hay además un pequeño número de nestorianos en la región de Cochín.[7]

---

[4] *Ibid.*, pp. 165-171.
[5] K. K. Kuruvilla, *A History of the Mar Thoma Church and Its Doctrines* (Madras, 1951), *passim*.
[6] Firth, *op. cit.*, pp. 172-175.
[7] D. Attwater, *The Christian Churches of the East*, 2 Vols. (Milwaukee, 1947), Vol. II, pp. 197-198.

2. El Catolicismo Romano.

En la India, al igual que en otras parte del globo, los primeros años del período que estamos estudiando constituyen un momento triste en la historia de la Iglesia Católica Romana. Allí también la decadencia del poderío portugués, las guerras napoleónicas y la disolución de la Sociedad de Jesús habían afectado el trabajo misionero. Además, la decadencia portuguesa complicó la situación de la Iglesia Católica Romana en la India con una prolongada disputa entre los vicarios apostólicos que eran enviados directamente por Roma, y las autoridades eclesiásticas que aún dependían del padroado portugués.

La disputa entre los catolicorromanos que se consideraban bajo el padroado portugués y los que dependían directamente de Roma comenzó cuando en el año 1831 el papa Gregorio XVI, que antes había sido prefecto de *De Propaganda Fide*, llegó al trono pontificio. En 1833 el gobierno portugués, deseoso de afirmar su autoridad frente al Papa, rompió con Roma. La respuesta de esta última fue abolir algunas de las antiguas sedes que quedaban bajo la jurisdicción portuguesa e intensificar su trabajo misionero directo en la India. Puesto que ya en esta fecha había sido reorganizada la Sociedad de Jesús, numerosos jesuitas de todos los países católicos de Europa llegaron a la India. La disputa se hizo cada vez más agria, y los misioneros que venían enviados directamente por Roma acusaban de cismáticos a los que sostenían el padroado portugués, mientras que estos últimos afirmaban que no lo eran porque el Papa había cedido anteriormente al rey de Portugal su autoridad en la India. Tras largas controversias, se hizo una serie de concordatos —el primero en el año 1857— que fueron resolviendo la cuestión. Pero aún después de la independencia de la India, en los años 1950 y 1953, Roma y Portugal continuaban tratando de resolver su vieja disputa. Como es de suponerse, todo esto debilitó el trabajo misionero catolicorromano.[8]

A pesar de la profunda y prolongada disputa entre Roma y Portugal acerca de su jurisdicción sobre la India, las misiones católicas en esta región lograron cierto progreso. De hecho, fue el avance de las misiones no portuguesas lo que inspiró el conflicto con quienes defendían

---

[8] *Ibid.*, pp. 210-217; H.E.C., VI, 73-77.

la permanencia del viejo padroado portugués. Uno de los más notables misioneros católicos durante este período fue el jesuita flamenco Constant Lievens,[9] que por razones de salud sólo pudo permanecer en la India unos seis años, pero que a pesar de ello logró comenzar un movimiento de conversión en masa. Lievens se estableció en la zona de Ranchi, donde se hizo campeón de los oprimidos frente a los terratenientes y a los usureros. Frecuentemente, llevando los casos a las cortes, logró que se respetasen los derechos de las personas más pobres. De esta manera comenzó un movimiento de numerosas conversiones, primero entre los cristianos protestantes de la región y luego también entre los hindúes. Treinta y cinco años después de que la tuberculosis obligó a Lievens a partir para América, se estableció la diócesis de Ranchi, que contaba a la sazón con 190.000 miembros y que ahora se acerca al tercio de millón.

Si bien no podemos señalar aquí todos los trabajos misioneros que la Iglesia Católica ha llevado a cabo en la India durante los últimos ciento cincuenta años, sí podemos decir algo acerca de su trabajo en la educación, en la medicina y con respecto a las castas. La Iglesia Católica en la India se ha distinguido por su labor educativa, estableciendo escuelas en todos los niveles. Estas escuelas reciben apoyo del gobierno, de igual manera que todos los centros educativos del país. Además, existen las universidades católicas de San José en Trichinopoly, de Loyola en Madrás y de San Francisco Javier en Bombay y Calcuta. En el campo de la medicina, lo más notable del trabajo católico ha sido la obra de las monjas, que en una época en que sus antiguas tradiciones impedían a las mujeres hindúes dedicarse a enfermeras, sirvieron como tales no sólo en hospitales católicos, sino también en los del gobierno.[10]

Con respecto a las castas, la Iglesia Católica no ha tomado una actitud tan firme como la mayoría de los cuerpos protestantes. El lector recordará que desde tiempos de Nobili había misioneros catolicorromanos que consideraban que las castas eran un aspecto de la cultura de la India y que por tanto no debían tratarse como algo que los conversos debían abandonar antes de recibir el bautismo. En términos generales, ésta continuó siendo la política de la Iglesia Católica a través de todo

---

[9] M. Queguiner en S. Delacroix (ed.), *Histoire universelle des missions catholiques*, Vol. III (Paris, 1957), pp. 214-215.
[10] Firth, *op. cit.*, pp. 218-219.

el siglo XIX, aunque se hacía todo lo posible por que dentro de la iglesia se evitasen las distinciones de castas. Al principio existían divisiones dentro de los templos para separar a los creyentes de distintas castas. Poco a poco estas divisiones fueron desapareciendo, hasta que en el día de hoy ya no existen. Ultimamente se ha comenzado a preparar para el sacerdocio a indios de las castas inferiores, cosa que antiguamente resultaba imposible. Aun así, en muchas regiones las personas que se encuentran fuera de la Iglesia consideran a los cristianos como una casta aparte.[11]

En cuanto a los antiguos cristianos del rito Siro-Malabar que se habían unido a Roma en épocas anteriores, continuaron su existencia, aunque se vieron divididos por un cisma que dio lugar a la iglesia que se conoce como Siro-Malankara. Estas dos comunidades continúan existiendo hasta el día de hoy, cada una con su propia jerarquía, y ambas sujetas a Roma.[12]

3. Misiones Protestantes.

Las misiones protestantes en la India se vieron ayudadas por el cambio de política que el Parlamento inglés obligó a adoptar a la Compañía Inglesa de las Indias Orientales. Como hemos visto en el capítulo anterior, la Compañía de las Indias se oponía al trabajo misionero, o, en el mejor de los casos, lo aceptaba como un mal necesario. En el año 1813 expiraba la cédula por la que el Parlamento concedía su autoridad a esta Compañía, y varias personas en Inglaterra, preocupadas por los impedimentos que la Compañía colocaba en el camino de los misioneros, se decidieron a actuar para que el Parlamento la obligase a tomar una actitud más positiva hacia el trabajo misionero. Entre estas personas se distinguió Wilberforce, el gran reformador social británico de profunda motivación cristiana. En el año 1813 el Parlamento inglés renovó la cédula de la Compañía de Indias, aunque estipulando

---

[11] *Ibid.*, pp. 219-221.
[12] A. Santos Hernández, *Iglesias de Oriente* (Santander, 1959), p. 69. Del mismo autor: "Los Syro-Malankares a los 25 años de su unión a Roma", *Sal Terrae* (1956), pp. 24-27.

que dicha compañía debería ofrecer todas las facilidades necesarias a las personas que quisieran ir a la India con el propósito de llevar conocimientos técnicos y religiosos. Esta acción del Parlamento impulsó un gran movimiento que llevó a numerosos súbditos británicos a la India, y que se extendió cuando en el año 1833 el Parlamento eliminó las restricciones que antes habían obstaculizado la obra de las sociedades misioneras de otros países. A partir de esa fecha, las sociedades misioneras del continente europeo y de los Estados Unidos comenzaron a enviar a la India gran número de misioneros.

El trabajo misionero protestante en la India se llevó a cabo de diversas maneras. Entre éstas, es necesario señalar el trabajo educativo, las misiones médicas, el trabajo entre las mujeres y la conversión en masa de ciertas tribus o castas.

Puede decirse que el trabajo misionero protestante a través de la educación comenzó con la llegada a Calcuta del misionero escocés Alexander Duff.[13] En el año 1817 se había fundado en Calcuta el Hindu College, pero éste había sido dirigido por personas embebidas en el racionalismo europeo de la época y que por tanto tendían a llevar a sus alumnos hacia el escepticismo religioso. Esto hizo que tanto los hindúes como los cristianos comenzasen a dudar de la conveniencia de ofrecer en la India una educación de tipo occidental. Duff se percató de esta situación y decidió establecer una escuela en la que se ofreciese una educación liberal semejante a la que podía obtenerse en Inglaterra o en el Hindu College, pero estrechamente unida a la fe cristiana. Al igual que algunos de los antiguos Padres de la Iglesia, Alexander Duff creía que la educación secular era una preparación para recibir el Evangelio, y como tal proyectó ofrecerla en su escuela. Esta comenzó con sólo cinco discípulos, pero pronto llegaron a ser casi 200, y al final del primer año Duff pudo sorprender a la ciudad ofreciendo exámenes orales públicos en ios que sus estudiantes mostraron cuánto habían aprendido, tanto de las materias escolares como del cristianismo. A partir de esa fecha, la escuela de Duff logró un apoyo cada vez más amplio. Además, Duff se dedicó a establecer relaciones con los alumnos del

---

[13] La mejor biografía de Duff que conocemos: W. Paton, *Alexander Duff: Pioneer of Missionary Education* (New York, 1922). Es interesante notar que para Duff las dos "marcas" o características de la verdadera Iglesia de Dios eran "la evangélica, y la evangelística o misionera" (*Missions the Chief End of the Christian Church*, Edinburg, 1839, p. 5).

Hindu College, que a través de sus estudios en dicha institución habían abandonado el hinduismo y no tenían religión alguna. Mediante largas sesiones de franca discusión, logró la conversión de algunos de ellos.

La obra de Duff se reflejó tanto en el resto de las misiones protestantes como en la política educativa del gobierno. Este último decretó en el año 1835 que la mayor parte de los fondos gubernamentales destinados a la educación debía utilizarse para dar a los discípulos un conocimiento de la lengua, cultura y ciencia inglesas. En cuanto al trabajo misionero, a partir de 1832 se fundaron numerosas escuelas que seguían la misma política de la establecida por Duff. En esa fecha se fundó la escuela de Bombay, y pocos años más tarde la de Madrás y la de Nagpur, además de otras en Agra y otros lugares.[14]

Todas estas escuelas lograron conversos de entre las clases más elevadas de la India. Estos eran pocos, y cada conversión se seguía de un tumulto popular y de amenazas por parte de la población hindú contra la escuela. Los conversos sufrían persecución por parte de sus vecinos y casi siempre sus propias familias les echaban fuera, además de que existían leyes que les colocaban en desventaja, como la que impedía que un converso al cristianismo recibiese herencia alguna. A pesar de todo esto, durante todo el siglo XIX continuó habiendo un número limitado de conversiones al cristianismo de entre las clases más elevadas y las personas educadas. Eran años en los que el viejo hinduismo no parecía capaz de responder a las necesidades de las personas más cultas. Y esto se combinaba con la presencia británica, que mostraba el poderío superior de la civilización occidental. Como era de suponerse, estas conversiones entre las personas de clase más elevada disminuyeron con el florecimiento del sentimiento nacionalista que culminó en la independencia de la India, y con el despertar de la vieja religión hindú, que se mostró capaz de reaccionar y amoldarse ante el impacto del cristianismo. La segunda mitad del siglo XIX y los primeros años del XX vieron el florecimiento de numerosos movimientos dentro del hinduismo que hacían más fácil a las personas cultas continuar viviendo dentro del marco de su religión ancestral.

Otro aspecto notable de las misiones en la India durante los siglos XIX y XX es la presencia de las misiones médicas.[15] Aunque las

---

[14] Firth, *op. cit.*, p. 180.
[15] *Ibid.*, pp. 198-206.

empresas anteriores, tanto la de Tranquebar como la de Carey, habían incluido médicos en su trabajo, no fue sino ya avanzado el siglo XIX que se comenzó a organizar adecuadamente el trabajo médico misionero en la India. A partir del año 1836, la *American Board* comenzó a enviar a la India médicos ordenados que servían a la vez en el campo de la medicina y en el de la evangelización. En la segunda mitad del siglo XIX las sociedades misioneras comenzaron a interesarse más en el trabajo médico, y casi todas ellas enviaron doctores a la India. Es notable el hecho de que en el año 1858 había sólo siete misioneros médicos en la India y Pakistán, y que en el año 1905 había 280.[16]

Los misioneros cristianos se dedicaron sobre todo al trabajo con los niños y las mujeres, así como al establecimiento de sanatorios para tuberculosos y de lazaretos para leprosos. Además se fundaron centros cristianos para el adiestramiento de enfermeras y de otras personas necesarias para llevar a cabo el trabajo médico. Esta labor continuó a través de todo el siglo XIX y la primera mitad del XX, cuando el creciente trabajo médico por parte del estado hacía que algunos cristianos se preguntasen acerca de la verdadera función de las misiones médicas. Sin embargo, todavía los recursos del estado resultaban insuficientes para llenar las necesidades de la nación y por ello la pregunta acerca de la justificación de las misiones médicas no se planteaba con toda urgencia.

Otra de las características del trabajo misionero en la India es la conversión en masa de algunas aldeas y hasta tribus,[17] sobre todo entre las antiguas tribus aborígenes que habitaban la península antes de la llegada de los arios. También en varios casos se han dado conversiones en masa de algunas de las castas inferiores de la sociedad hindú. La primera conversión en masa notable comenzó cuando, en el año 1846, una sociedad misionera luterana alemana comenzó a trabajar entre las tribus aborígenes de la región de Nagpur que se conocen bajo el nombre de Kols. Tras diez años de trabajo, esta misión había logrado poco menos de un millar de conversos, pero este número fue creciendo rápidamente de tal manera que, a principios del siglo XX, los cristianos de la región eran aproximadamente 60.000. Aunque algunos de los conversos de la región han pasado a la iglesia anglicana y otros a la

---

[16] *Ibid.*, p. 200.
[17] *Ibid.*, pp. 191-198.

catolicorromana, la inmensa mayoría ha continuado en la tradición luterana, y se ha organizado en una iglesia autónoma. Este es sólo uno de los muchos casos que pueden citarse en distintas regiones de la India, sobre todo en el sur del país. Estos movimientos de conversión en masa se vieron facilitados cuando en el año 1876 comenzó un período de escasez durante el cual los misioneros cristianos hicieron mucho por aliviar la difícil situación de las clases más pobres. Por esta razón fueron muchos los hindúes que se acercaron a los misioneros pidiendo ser bautizados. En algunas ocasiones los misioneros vacilaron ante tal petición, pero a la larga juzgaron sabio administrar el bautismo a quienes así lo pedían. Un ejemplo de esto lo tenemos en la persona del misionero bautista J. E. Clough, que, debido a ciertos contratos con el gobierno, tenía posibilidades de emplear a numerosos trabajadores, y por ello pronto comenzó a recibir pedidos de personas que creían que solicitando el bautismo obtendrían trabajo con más facilidad. Al principio Clough se negó a bautizar a tales personas, pero accedió a ello cuando supo que los catolicorromanos habrían de hacerlo si él persistía en su oposición. Como es de suponerse, muchas de estas "conversiones" eran en extremo superficiales y hasta fingidas, pero es necesario notar que continuaron aún después de pasados los tiempos de escasez, y que cuatro años más tarde la comunidad cristiana en la región donde trabajaba Clough alcanzó la cifra de 20.000 miembros.

Además de estas conversiones en masa de ciertas aldeas o tribus aborígenes, se dieron también durante el siglo XIX conversiones en masa de algunas castas hindúes. Por lo general, se trataba de castas inferiores que veían en el cristianismo la emancipación de su condición. En todo caso, no debemos criticar con demasiada severidad la conversión en grupos de personas acostumbradas a pensar en términos colectivos más bien que individuales. Exigir una decisión individual por parte de tales personas prácticamente equivaldría a exigir un desajuste social antes de aceptarlas en la iglesia cristiana.

Otro aspecto notable de las misiones protestantes en la India en el siglo XIX fue su contribución a la emancipación de las mujeres.[18] En la antigua India, se consideraba a las mujeres indignas de recibir una educación, y el infanticidio femenino y la costumbre de quemar a

---

[18] *Ibid.*, pp. 186-190.

las viudas juntamente con los cadáveres de sus esposos persistían aún.[19] Dentro de este contexto, no cabe duda de que el trabajo de las primeras esposas de misioneros que se dedicaron a la educación de niñas era de carácter revolucionario. Al principio este trabajo tuvo lugar en los hogares, pero en el año 1857 Alexander Duff fundó la primera escuela diaria para niñas. A ésta siguieron numerosas escuelas fundadas por las diversas sociedades misioneras.

Fue la india cristiana Ramabai[20] la mujer más notable en la obra de emancipación de su sexo. Su madre —cosa rara entre los hindúes de la época— le había enseñado el sánscrito. Tras muchas y largas vicisitudes que incluyeron la muerte de buena parte de su familia, Ramabai decidió dedicar su vida a ayudar a las niñas y jóvenes que quedaban viudas a muy temprana edad debido a la costumbre de prometerlas y casarlas desde la infancia. Por fin estableció contacto con algunos misioneros cristianos, que la enviaron a Inglaterra para que allí se preparase para la tarea a que había decidido dedicarse. En Inglaterra se convirtió al cristianismo; luego pasó a los Estados Unidos, donde logró apoyo para el trabajo que pensaba realizar en la India. De regreso a su tierra nativa, Ramabai fundó un hogar para viudas y, aunque ése no era su propósito inicial, pronto hubo algunas conversiones entre sus protegidas. Esto le costó el apoyo de algunos hindúes que antes habían visto el hogar con simpatía, pero Ramabai llevó adelante su trabajo. En el año 1896, tras una larga escasez que sacudió todo el centro de la India, Ramabai recogió gran número de huérfanas a las que estableció en hogares misioneros en distintos sitios. Pero cuando descubrió que no había suficientes hogares donde establecer a las niñas que había recogido, fundó un orfelinato que llegó a tener más de mil niñas y que continúa existiendo hasta el día de hoy.

---

[19] La obra de Carey en este sentido que hemos señalado en el capítulo anterior sólo alcanzó a una región limitada cerca de Calcuta.
[20] C. Butler, *Pandita Ramabai Sarasvati: Pioneer in the Movement for the Education of the Child-widow of India* (New York, 1922); J. Chappell, *Pandita Ramabai: A Great Life in Indian Missions* (London, n. d.); H. S. Dyer, *Pandita Ramabai: The Story of Her Life* (New York, 1900); M. L. B. Fuller, *The Triumph of an Indian Widow: The Life of Pandita Ramabai* (New York, 1928); H. Lorch, *Pandita Ramabai: Eine grosse Indierin* (Stuttgart, 1951); N. Macnicol, *Pandita Ramabai* (Calcutta, 1926).

EL LEJANO ORIENTE Y EL SUR DEL PACIFICO

Por último, es necesario mencionar el trabajo que las misiones han realizado en el campo de la industria y la agricultura. Tanto con el propósito de mejorar la condición económica de algunas comunidades como con el de servir de medio para el desarrollo del carácter, los misioneros protestantes de los siglos XIX y XX han establecido en la India industrias diversas y varios proyectos agrícolas. La mayor parte de las industrias establecidas por las misiones ha sido de carácter manual, a fin de poder emplear a gran número de personas con poco capital. En cuanto al trabajo agrícola, los misioneros cristianos han establecido tanto centros en los que se trabaja directamente con la ganadería o la avicultura como escuelas de ingeniería agronómica tales como la que se halla relacionada con la Universidad de Allhabad.

Haciendo un breve recuento del resultado de la obra misionera protestante en la India en los siglos XIX y XX, podemos decir que la misma ha logrado numerosos conversos, sobre todo entre las tribus aborígenes y las castas más bajas, pero también entre las castas privilegiadas y las personas más cultas. Además, las misiones cristianas han contribuido grandemente al desarrollo educativo, social y económico de la India. Esto no quiere decir que no haya habido ocasiones en que los misioneros se hayan opuesto a ciertas medidas de progreso. Pero, en términos generales, es necesario aceptar el hecho de que las misiones cristianas en la India han dejado un resultado positivo.

4. El Movimiento Ecuménico y las Iglesias Unidas de la India.

Como era de esperarse, la presencia de numerosas y diversas misiones en la India dificultaba el trabajo misionero. Para los europeos que allí trabajaban, la existencia de distintas denominaciones y sociedades misioneras no constituía problema alguno. No así para los no cristianos, a quienes la diversidad de nombres y costumbres entre los cristianos llevaba a confusión, y que a veces se interesaban más por conocer las razones de las divisiones entre los cristianos que por enterarse del contenido esencial de su fe. Además, los propios misioneros, que en sus países de origen no establecían amplios contactos con miembros de otras denominaciones, en la India tendían a consultarse mutuamente debido a que eran una pequeña minoría y a que se sentían en

245

la necesidad de depender de la sabiduría y los consejos de sus colegas. El resultado de todo esto fue el desarrollo de un sentido de unidad cristiana más profundo que el que existía en Europa o en los Estados Unidos. Así tenemos un ejemplo más de un hecho que ya hemos señalado y que nuestra historia probará repetidamente: el movimiento ecuménico es hijo de las misiones y de las circunstancias misioneras.

Tras la Conferencia Misionera Mundial que se celebró en Edimburgo en el año 1910, las iglesias y misiones de la India se organizaron en el Consejo Nacional Misionero de la India, que a partir del año 1923 se conoce como el Consejo Nacional Cristiano. Este consejo incluye a la mayor parte de los cristianos no católicos de la India.[21]

Además, en la India, como en otras partes del mundo, el siglo XX ha sido testigo de numerosas uniones orgánicas entre distintas iglesias. Al principio se trató de uniones entre iglesias pertenecientes a la misma tradición, como la de los diversos grupos presbiterianos del sur de la India en el año 1901, y su fusión con los presbiterianos del norte del país en el año 1904. Pronto se extendió el alcance de estos acuerdos, de tal manera que trascendieron las barreras confesionales. Así se fundó en el año 1908 la Iglesia Unida del Sur de la India, formada por presbiterianos y congregacionales. En el año 1924, y también mediante la unión de presbiterianos y congregacionales, se fundó la Iglesia Unida del Norte de la India. Pero la más notable de todas las uniones entre iglesias fue la que se propuso en Tranquebar en el año 1919 y que veintiocho años más tarde, en el 1947, dio como resultado la Iglesia del Sur de la India. Esta unión comprendía a la Iglesia Unida del Sur de la India —formada, como ya hemos dicho, por presbiterianos y congregacionales— a la Iglesia Anglicana y a la Iglesia Metodista.[2] El éxito de este plan de unión fue tal que pronto sirvió de ejemplo y norma para otros planes semejantes, especialmente para el de la Iglesia del Norte de la India, que incluye a la Iglesia Unida del Norte de la India —presbiterianos y congregacionales— a los anglicanos, los metodistas, tanto de origen americano como de origen británico, los bautistas, los hermanos y los discípulos de Cristo.[23]

---

[21] Firth, *op. cit.*, pp. 229-230.
[22] B. Sundkler, *Church of South India: The Movement towards Union (1900-1947)* (London, 1954), *passim*.
[23] Firth, *op. cit.*, pp. 237-241.

Por todo esto, además de por el modo en que ha logrado enfrentarse a la nueva situación que ha surgido tras la independencia de su país, la Iglesia de la India es ejemplo de lo que está sucediendo y puede suceder en algunos de los más antiguos campos misioneros del cristianismo. Es por esta razón que le hemos dedicado más espacio del que podría parecer justo al lector que desde fuera examine la historia de las misiones.

B. EL CRISTIANISMO EN CEILAN

A fines del siglo XVIII los ingleses tomaron las posesiones holandesas en Ceilán, y en 1815 se adueñaron de la totalidad de la isla. Los primeros años de gobierno británico mostraron la superficialidad de las conversiones al protestantismo que habían tenido lugar bajo los holandeses. Muchos de los supuestos conversos habían aceptado la fe de sus amos sólo por las ventajas que esto implicaba, y no habían abandonado sus antiguos dioses. Un testigo ocular narra la siguiente entrevista entre un gobernador inglés y uno de los habitantes de la isla:

—¿Cuál es tu religión? —preguntó el gobernador.
—Soy cristiano.
—Cristiano, sí, pero ¿de qué secta?
—Soy cristiano holandés.
—Entonces adoras al Buda.
—¡Naturalmente lo adoro! [24]

Esta situación resultó ser ventajosa para los católicos, que recibieron en sus iglesias a buen número de los protestantes convertidos por los holandeses. Las leyes contra el catolicismo que habían sido promulgadas por el gobierno holandés fueron abolidas por los británicos en un edicto del año 1806 en el que se concedía a los católicos libertad de culto e igualdad de derechos civiles.[25] Al amparo de este edicto y de una ley del Parlamento inglés que siguió pocos años después, la Iglesia catolico-

---

[24] Citado por P. Courtenay, *Le christianisme à Ceylan* (Lille, 1900), pp. 848-849.
[25] El texto del edicto se encuentra en Courtenay, *op. cit.*, p. 845-846.

rromana creció rápidamente. Aunque la controversia sobre el padroado portugués detuvo en algo su avance, a principios del siglo XX contaba con un tercio de millón de miembros, y en el año 1933 había pasado de los 400.000.

En la segunda década del siglo XIX comenzaron a llegar misioneros protestantes procedentes de la Gran Bretaña, entre los cuales los de más éxito fueron los wesleyanos y los anglicanos. Al igual que en otros países, estos misioneros se distinguieron fundando escuelas y diseminando el conocimiento a través de la letra impresa. Los wesleyanos lograron desarrollar hábiles ministros de entre su membresía nativa. Pero el protestantismo nunca llegó a tener el número de adeptos que tenía el catolicismo romano, y en el año 1936 los protestantes de la isla no llegaban aún a 40.000, aunque su número estaba creciendo más rápidamente que el de los católicos.[26]

Al igual que en la India, el siglo XX trajo un incremento del sentimiento nacionalista en Ceilán. Tras largas conversaciones y gestiones, Ceilán fue hecho independiente en el año 1948. Juntamente con el sentimiento nacionalista, apareció en escena un despertar de la vieja religión budista. Buena parte de este despertar consistía en la imitación de métodos cristianos, tales como escuelas dominicales y cierto interés misionero. Los católicos se quejan de que la constitución de Ceilán no ofrece suficientes garantías para las minorías, y que la Iglesia Católica se halla en desventaja.[27] Por su parte, el protestantismo continúa creciendo, no sólo en número, sino también en su capacidad de dar un testimonio efectivo dentro de las nuevas situaciones que van apareciendo en el país.[28]

Como sucedió en la India, la situación misionera de las pequeñas comunidades cristianas de Ceilán les llevó desde muy temprano a un profundo sentido ecuménico, y a la formulación de un Plan de Unión que incluye a las principales iglesias protestantes.[29]

---

[26] H.E.C., VII, p. 317.
[27] F. O. Tambimuttu, *A Profile of Ceylon's Catholic Heritage* (Maryknoll, New York), 1961.
[28] Véase el pequeño volumen *Christian Witness in Contemporary Ceylon* (Jaffna, 1961).
[29] *Proposed Scheme of Church Union in Ceylon* (Colombo, 1949); la versión revisada aparece en: S. F. Bayne, *Ceylon, North India, Pakistan: A study in Ecumenical Decision* (London, 1960), pp. 15-115; véase la exposición de D. T. Niles, *The Temple of Christ in Ceylon* (London, 1948).

C. EL CRISTIANISMO EN EL ASIA SUDORIENTAL

Como en todo el resto del mundo, el siglo XIX en el Asia sudoriental se caracteriza por el avance continuo de la dominación europea. De todos los numerosos reinos de la región, sólo el de Siam logró conservar la independencia. Al oeste de Siam el Asia sudoriental quedó en posesión de los ingleses, mientras que al este los franceses hicieron sentir su poderío durante todo el siglo XIX. En términos generales, la conquista inglesa fue más completa, pues los franceses no llegaron al máximo de su poderío en el Asia sudoriental sino ya bien avanzado el siglo XIX. En toda la región, el catolicismo romano se vio debilitado por la antigua controversia acerca del padroado portugués, además de por frecuentes persecuciones en algunas de las regiones en que su trabajo misionero era más extenso. En la Indochina Francesa el siglo XIX se caracterizó por las persecuciones constantes de que los reyes de Cochinchina y Anam hicieron objeto a los catolicorromanos que allí se habían establecido. En estas regiones, los misioneros cristianos —todos catolicorromanos— habían precedido al poderío francés, y por tanto carecían de la protección de un gobierno al menos nominalmente cristiano. El resultado de estas persecuciones fue que los católicos pidieron a Francia que actuase en su defensa, y esta nación, tras largas guerras, se adueñó de la Cochinchina. Al parecer, en toda la Indochina Francesa no hubo misionero protestante alguno antes de los comienzos del siglo XX.

En Siam el gobierno local se mostró abierto hacia el trabajo misionero. Fue sobre todo bajo el gobierno del rey Monghut, que ocupó el trono a partir del año 1851 y que se mostró ávido de introducir en su país los adelantos técnicos de Occidente, que el cristianismo, tanto catolicorromano como protestante, logró sus primeros triunfos. Desde mucho antes el catolicismo romano había estado representado en el país,[30] pero bajo el reinado de Monghut llegaron numerosos misioneros y se establecieron escuelas, hospitales y seminarios.[31] A menudo los conversos cristianos se agrupaban en aldeas en las que todos eran católicos, bajo la conducción directa de la jerarquía eclesiástica, y que fre-

---

[30] A. Launay, *Histoire de la Mission de Siam: 1662-1811*, 3 Vols. (Paris, 1920), *passim.*
[31] H.E.C., VI, p. 242.

cuentemente resultaban ser más prósperas que las otras aldeas, debido sobre todo a las innovaciones introducidas por los misioneros. Como es de suponerse, esto contribuyó a la conversión de muchas otras personas, pero también hizo aumentar la animadversión que algunos sentían hacia el cristianismo. Lo mismo sucedió en la Indochina Francesa, a pesar de que las repetidas persecuciones en esa región dificultaron el trabajo de los misioneros.

Los primeros protestantes en interesarse en el trabajo misionero en Siam fueron Adinoram Judson y su señora,[32] cuya vida estudiaremos más adelante. Pero su interés no pasó de la traducción de algunas pequeñas porciones bíblicas al idioma siamés. Fueron los presbiterianos de los Estados Unidos quienes tuvieron mayor éxito en el trabajo misionero en Siam.[33] Al principio su trabajo se centró en la ciudad de Bangkok, pero pronto se dirigieron hacia el norte donde encontraron campos más fructíferos en la región de Laos.[34] Como consecuencia de esto, la población protestante de Siam se halla concentrada en el norte del país. Eso no quiere decir, por otra parte, que los presbiterianos hayan abandonado la capital, ya que continuaron trabajando allí, y su influencia fue tal que llegaron a ocupar altas posiciones en el gobierno. En el año 1934, mediante la unión de presbiterianos y bautistas, se instituyó la Iglesia de Cristo en Siam —hoy Iglesia de Cristo en Tailandia.[35]

En cuanto a los territorios británicos, la zona donde más se extendió el cristianismo fue Birmania. Durante todo el siglo XIX, y especialmente en su primera mitad, la Iglesia Católica Romana no se extendió tanto en esta región como el protestantismo. Esto se debió especialmente a las razones que ya hemos visto en otros contextos: la Revolución Francesa, las guerras napoleónicas y la controversia acerca del padroado portugués. Fue sólo después que en el año 1856 la Sociedad de Misiones Extranjeras de París fue hecha responsable del trabajo en Birmania

---

[32] G. B. McFarland (ed.), *Historical Sketch of Protestant Missions in Siam: 1828-1928* (Bangkok, 1958), pp. 1-27.

[33] *Ibid.*, pp. 35-70; K. E. Wells, *History of Protestant Work in Thailand: 1828-1958* (Bangkok, 1958), pp. 22-48.

[34] Wells, *op. cit.*, pp. 49-71; D. McGilvary, *A Half Century among the Siamese and the Lao: An autobiography* (London, 1912), *passim*. McGilvary fue el fundador de la obra presbiteriana en Laos.

[35] Wells, *op. cit.*, pp. 142-144.

que la Iglesia Católica Romana comenzó a crecer en dicha región.[36] A fines del siglo contaba con dos seminarios, varias escuelas y una imprenta para el trabajo misionero.[37]

Aunque los primeros misioneros protestantes que llegaron a Birmania procedían del impulso de Carey y sus compañeros, el más notable, y el primero cuya obra tuvo resultados permanentes, fue Adinoram Judson.[38] Desde muy joven, cuando estudiaba en la Universidad de Brown en los Estados Unidos, Judson se había interesado en el trabajo misionero en el Oriente. Fue por razón de su interés que los congregacionales de Massachusetts decidieron organizar la *American Board of Commissioners for Foreign Missions*. Esta junta le envió a Inglaterra a establecer contacto con la *London Missionary Society* para proyectar un trabajo conjunto. El proyecto no agradó a la sociedad de Londres, y Judson, ante la perspectiva de no poder llevar a cabo su trabajo, decidió ponerse al servicio de los británicos y no continuar trabajando con la junta norteamericana. Comenzó entonces una larga serie de vicisitudes que le llevaron de regreso a los Estados Unidos y luego a Inglaterra tras haber sido hecho prisionero de un corsario francés, para por fin llegar a la India, donde estableció contacto con Guillermo Carey y sus compañeros. En la travesía, Judson y su esposa se habían dedicado a estudiar el Nuevo Testamento y habían llegado a la conclusión de que el bautismo de niños se oponía a las enseñanzas neotestamentarias, lo cual les llevó a hacerse bautistas a su llegada a Calcuta. Comenzó entonces una nueva serie de dificultades, pues las autoridades británicas del lugar deseaban deshacerse de Judson y sus acompañantes norteamericanos, mientras que no se veían posibilidades claras de emprender trabajo en sitio alguno. Por fin, más por razón de las circunstancias que por una decisión pensada, Judson y su esposa embarcaron hacia Birmania. De nuevo el viaje se mostró lleno de dificultades que culminaron con el nacimiento prematuro y sin vida del primero de sus hijos. Los misioneros esperaban que en Rangún tendrían el apoyo del Dr. Félix

---

[36] P. A. Bigandet, *An Outline of the History of the Catholic Burmese Mission from the year 1720 to 1887* (Rangoon, 1887), *passim*.

[37] H.E.C., VI, p. 227.

[38] La biografía clásica de Judson es la de su hijo Edward Judson, *The Life of Adinoram Judson* (New York, 1883). Véase además: A. Mathieson, *Judson of Burma* (London, no date) y C. Anderson, *The Golden Shore: The Life of Adinoram Judson* (Boston, 1956).

Carey, hijo del famoso misionero, y que se había establecido años antes en Birmania. Pero Carey estaba demasiado ocupado sirviendo al gobierno con sus habilidades médicas para poder prestar apoyo al trabajo misionero. Por último, cuando su esposa murió ahogada en un naufragio, Félix Carey decidió abandonar Birmania. En tal situación podría decirse que la misión de Judson y su esposa no tenía futuro alguno.

Los Judson no eran personas capaces de rendirse ante las dificultades. Mientras servían a la pequeña congregación de habla inglesa en la que antes había trabajado Félix Carey, se dedicaron a estudiar el birmano, idioma que lograron dominar a pesar de sus inmensas dificultades. Mientras Judson trabajaba en dicha lengua y en el antiguo idioma pali, en que estaban escritos los libros sagrados de los budistas, su señora estudiaba, además del birmano, el idioma tai, que había llamado su atención a través de unos prisioneros de Tailandia que habían sido llevados a Birmania. Pocos años después de su llegada al país, se organizó en los Estados Unidos la *American Baptist Mission*, en gran medida debido al interés que Judson y sus compañeros habían despertado en Norteamérica. Esta organización envió a Birmania a un impresor que trabajó junto a los Judson, de manera que pronto comenzaron a aparecer los primeros libros impresos en birmano. En el año 1817 se publicó la traducción del Evangelio según San Mateo hecha por Judson. Al mismo tiempo se reunían en la casa de los misioneros algunos budistas que venían a discutir asuntos religiosos. Pero las conversiones que Judson había esperado lograr no aparecían en el horizonte. Fue en el año 1819 que Judson bautizó al primer birmano convertido al cristianismo protestante. En el año 1834 terminó la traducción de la Biblia al birmano. Quizá debido a las dificultades de la vida en Birmania, enviudó dos veces y por esta razón tuvo tres compañeras distintas en su trabajo misionero. Al parecer, en las tres ocasiones supo escoger sabiamente a la compañera ideal para el trabajo que tenía que hacer.[39] Cuando Judson murió en el año 1850 dejó tras sí una naciente literatura cristiana en birmano y el comienzo de la obra misionera entre la tribu de los karens, entre los cuales los años venideros traerían más fruto que entre los birmanos propiamente dichos.

---

[39] La más notable de ellas fue la primera, Ann Hasseltine. Véase su biografía: G. L. Hall, *Golden Boats from Burma* (Philadelphia, 1961).

EL LEJANO ORIENTE Y EL SUR DEL PACIFICO

Fue a través de la obra de Judson y de su compañero George D. Boardman que se convirtió el karen Ko Tha Byu. Ko Tha Byu trabajó ardientemente entre sus compañeros de raza y logró numerosas conversiones, hasta tal punto que a su muerte, en el año 1840, había comenzado una conversión en masa entre los karens. A través de ellos, se abrió luego trabajo entre los chins y otras de las tribus de Birmania.[40]

Al igual que en todo el resto de Asia, el siglo XX trajo un despertar religioso unido al crecimiento del sentimiento nacionalista. Toda el Asia sudoriental se vio sacudida por los movimientos independentistas, que veían en el budismo la expresión religiosa de su nacionalidad. La situación era tanto más difícil por cuanto en cada uno de los países nacientes existían diversas tribus o grupos lingüísticos que trataban de lograr la hegemonía sobre los demás. Paulatinamente, los poderes europeos se fueron retirando de la escena. Algo semejante fue sucediendo en el trabajo misionero, en el que se fue entregando cada vez más responsabilidad y autoridad a los dirigentes nacionales. La Segunda Guerra Mundial, con la invasión por parte del Japón, debilitó grandemente la autoridad europea en el Asia sudoriental. Poco después de terminada dicha guerra los principales países de la región eran independientes. Sin embargo, subsistían dos factores políticos que era necesario tener en cuenta: por una parte, en la mayoría de los nuevos países existían fuertes minorías cuyos orígenes nacionales y cuyos idiomas eran distintos de los de quienes formaban el gobierno, y que eran por tanto un factor de oposición al gobierno establecido; por otra parte, la vecindad de la China comunista hacía aún más inestable la situación política. En algunas regiones, como en el Vietnam, los cristianos, sobre todo los catolicorromanos, se agrupaban en aldeas cristianas. Esto hacía más clara y violenta la tensión existente entre la mayoría budista y la minoría cristiana —que, con todo y ser una minoría, era considerable.[41]

A partir del año 1959 las iglesias no católicas del Asia sudoriental se hallaban unidas en el East Asia Christian Conference.[42]

---

[40] H.E.C., VI, pp. 230-231.
[41] F. R. von der Mehden, *Religion and Nationalism in Southeast Asia* (Madison, Wis., 1963), *passim*.
[42] V. Kyaw Than, *Witnesses Together* (Rangoon, 1949).

D. EL CRISTIANISMO EN EL ARCHIPIELAGO MALAYO

Debido a su posición en la esquina sudoriental del continente asiático, el Archipiélago Malayo fue desde muy temprano objeto de las ambiciones coloniales de las principales potencias europeas. Durante el siglo XIX la mayor parte del archipiélago estuvo en manos de los holandeses, pero había también en él colonias portuguesas —al este de la isla de Timor—, inglesas —parte de Nueva Guinea y de Borneo— y alemanas —en la porción oriental de Nueva Guinea. Además, había territorios independientes o que casi lo eran, como el que tuvo por rajá al aventurero inglés James Brooke en el norte de Borneo, y el sultanato de Brunei en la misma isla.[43] La inmensa mayoría de la población del archipiélago se concentraba —y se concentra aún— en la isla de Java, que era predominantemente musulmana. El Islam llegó a este archipiélago antes que el cristianismo y logró posesionarse de buena parte de él, aunque siempre quedaron regiones habitadas por antiguas tribus aborígenes de religión animista. Quedaron también algunos vestigios del brahmanismo, que había sido la religión predominante de buena parte del archipiélago antes de la llegada del Islam.[44]

Debido a que la inmensa mayoría del territorio del archipiélago estaba en manos de poderes coloniales protestantes, la mayor parte de las conversiones al cristianismo que tuvieron lugar durante el siglo XIX fueron conversiones al protestantismo. En las colonias holandesas la Compañía Holandesa de las Indias Orientales no tenía gran interés en el trabajo misionero, y en ocasiones hasta se oponía a él por temor a que pudiesen surgir dificultades con la población musulmana. Sin embargo, ya avanzado el siglo XIX comenzó un despertar religioso en Holanda que se reflejó en un renovado celo misionero. La Sociedad Misionera de los Países Bajos, fundada en el 1797,[45] recibió un nuevo impulso del despertar religioso del siglo XIX, y además se fundaron nuevas sociedades misioneras. El resultado de todo esto fue que se intensificaron las misiones en el Archipiélago Malayo. La mayor parte del

---

[43] A. Cabaton, *Java, Sumatra, and the other Islands of the Dutch East Indies* (London, 1911), p. 31.
[44] *Ibid.*, pp. 1-11.
[45] H. D. J. Boissevain, *De Zending in Oost en West*, Deel I (Gravenhage, 1934), pp. 77-81.

trabajo misionero en dicho archipiélago tuvo lugar entre la población de religión animista, y de esta manera comenzó la conversión en masa de varias tribus. En la región de Sarawak, al norte de Borneo, el aventurero inglés James Brooke había logrado establecerse como rajá de la comarca. Su interés en el bienestar de sus súbditos le llevó a buscar medios por los cuales pudiesen llegar a Sarawak misioneros protestantes. Además de los misioneros procedentes de Holanda, Brooke hizo los arreglos necesarios para que toda una colonia de chinos metodistas se trasladase a sus dominios. Pronto más de la tercera parte de los habitantes de Sarawak abrazó el cristianismo.[46]

A mediados del siglo XIX la corona holandesa, tratando de fortalecer su posición en las colonias, decretó que todas las iglesias protestantes en las Indias Orientales Holandesas deberían unirse en una sola. Esto se hizo en el año 1854, y dio origen a la Iglesia Protestante en las Indias Holandesas.[47] Aunque esta iglesia incluía a la mayor parte de los protestantes de la región, su celo misionero no era comparable al de las sociedades misioneras de Europa y los Estados Unidos.

La mayor parte de los conversos en las Indias Orientales procedía de las religiones animistas, pero es necesario señalar que se logró un número de conversos del Islam que, aunque reducido, era mayor que el alcanzado en todo el resto del mundo musulmán.[48]

Al igual que en todo el resto del Asia, el siglo XX trajo a las Indias Orientales un renovado sentimiento nacionalista, que iba unido a la vieja religión islámica. A fin de poder competir con el cristianismo, el Islam adoptó algunos de los instrumentos y medios introducidos por los misioneros cristianos. Por su parte, la Iglesia, penetrada por el mismo sentimiento nacionalista, tendió a depender más de sí misma y a desarrollar un ministerio nativo. La mayor parte de los misioneros se vio obligada a retirarse ante las conquistas japonesas de la Segunda Guerra Mundial. Finalmente, la constitución de la República Independiente de Indonesia, que incluía buena parte del archipiélago y cuya política se hizo marcadamente anti-occidental, colocó el trabajo misio-

---

[46] S. B. Gould y C. A. Bapfylde, *A History of Sarawak under Its Two White Rajahs* (London, 1909), *passim*, y especialmente las pp. 439-450.
[47] G. P. H. Locher, *De Kerkorde der Protestantse Kerk in Indonesië* (sin lugar de publicación ni fecha), p. 43.
[48] G. H. Bousquet, *Introduction à l'étude de l'Islam Indonésien* (Paris, 1938), p. 164.

nero en situaciones difíciles. A pesar de todo esto, el cristianismo, tanto protestante como católico, siguió creciendo durante el siglo XX, aunque la mayoría de sus conversos continuaba viniendo de entre las tribus de religión animista.

En la isla de Nueva Guinea, que no formaba parte de la República de Indonesia, aunque sí era objeto de la ambición de los gobernantes del nuevo estado, continuaba una sorprendente conversión en masa que había comenzado en el siglo XIX y que se debía principalmente a la obra de misioneros británicos y australianos.[49]

E. EL CRISTIANISMO EN LAS FILIPINAS

Durante los primeros años del siglo XIX las Filipinas no experimentaron las mismas sacudidas que sufrió buena parte del mundo a causa de las guerras napoleónicas. Como era de esperarse, la independencia de México, a través del cual se mantenían los contactos entre España y Filipinas, hizo más difícil el comercio con la metrópoli. Más tarde el canal de Suez contribuyó a las relaciones entre España y las Filipinas. Pero España estaba ya en su ocaso y se mostraba incapaz de hacer llegar a las Filipinas las ventajas técnicas y políticas del siglo XIX. Por otros caminos fueron llegando las ideas que se asocian generalmente con la Revolución Francesa. Al mismo tiempo la administración española, que al principio había servido para hacer a los filipinos partícipes de algunos de los adelantos de Occidente, se volvía cada vez más una estructura recia que evitaba que las Filipinas entraran en el concierto de las naciones modernas. Cada vez más se escuchaban en las Filipinas críticas hacia la administración española y muy especialmente hacia la Iglesia. Los frailes, tanto por patriotismo como por fidelidad a su Iglesia, tendían a oponerse a estas críticas y a pretender que carecían de fundamento. Cuando comenzaron las conspiraciones y las revueltas en contra de España, los frailes, creyendo que con ello cumplían con su deber, se colocaron frente a los conspiradores y revolucionarios. Prueba de

---

[49] H.E.C., VII, pp. 196-197.

esta actitud son las siguientes líneas de un autor anónimo que pocos años después pretendía defenderlos:

> Viviendo el párroco en trato continuo con sus feligreses, sabía, más pronto o más tarde, cómo opinaban en política y si había alguno que hiciera propaganda en sentido separatista. Si tal sucedía, hechas las averiguaciones oportunas, y convencido del peligro que a España amenazaba, se avistaba con la autoridad española y denunciaba al revoltoso para que hiciera con él lo que fuera procedente. Pues bien, esta conducta o proceder del párroco, que ningún patriota se atreverá a reprobar, ha sido la verdadera y única causa de la animosidad de los filipinos contra sus curas párrocos.
>
> Por descuido unas veces, por imprudencia otras y por malicia en ocasiones de las autoridades a quienes se confiara el párroco, es lo cierto que cuantos filipinos fueron presos o deportados, supieron tarde o temprano quién fue el descubridor de sus maquinaciones. ¿Y qué había de suceder? Lo que hemos estado viendo desde hace una veintena de años: que los anti-españoles emprendieron una campaña de difamación contra los frailes, haciéndoles pasar ante el público por enemigos de todo progreso, por opresores de los pueblos, por monstruos, en fin, cargados de vicios, a quienes por deber de humanidad había que destruir.
>
> Y, ¡oh ceguedad de los españoles! Por interés unos, por odio de secta otros y por falta de patriotismo todos, hicieron coro a las calumnias de los separatistas y volvieron las espaldas al fraile y despreciaron sus avisos patrióticos y leales, dando lugar a los conspiradores para preparar la insurrección.[50]

El resultado de todo esto fue que los principales dirigentes separatistas, especialmente Aguinaldo comenzaron a insistir en la necesidad de que se nombrasen obispos filipinos. Cuando Aguinaldo se vio en condiciones para hacerlo, nombró al sacerdote filipino Gregorio Aglipay como cabeza de la iglesia de las islas y envió a Isabelo de los Reyes a España y Roma

---

[50] I. R. Rodríguez, *Gregorio Aglipay y los orígenes de la Iglesia Filipina Independiente*, Vol. 2, (Madrid, 1960), pp. 235-236. Este es el estudio más completo acerca de los orígenes de la Iglesia Filipina Independiente. El primer volumen pierde algo de su valor histórico debido a la escasa objetividad del autor. El segundo contiene una valiosa colección de documentos relativos a la cuestión. Véase también: P. S. de Achútegui y M. A. Bernard, *Religious Revolution in the Philippines* (Manila, 1961).

para lograr el apoyo pontificio. Cuando de los Reyes regresó a las Filipinas tras haber fracasado en su misión, su consejo a Aguinaldo y a Aglipay fue la formación de una iglesia independiente. Tras algunas demoras, esta iglesia se constituyó y rompió con Roma, tomando el nombre de Iglesia Filipina Independiente. Al principio sus doctrinas eran muy semejantes a las de la Iglesia Romana, pero el propio de los Reyes, que en Europa había tenido contacto con el protestantismo, comenzó a hacer sentir la influencia protestante en las Filipinas. Con la llegada del régimen norteamericano y de los misioneros que con él vinieron, la Iglesia Filipina Independiente se inclinó cada vez más hacia las doctrinas protestantes. Debido en parte a una falta de vitalidad interna que se reflejaba en la escasez de ministros adecuadamente preparados, y en parte a la labor de proselitismo que entre sus miembros hicieron los protestantes, la membresía de esta iglesia ha disminuido paulatinamente, de tal modo que, mientras a principios del siglo XX contaba aproximadamente con el 14 % de la población, a mediados del mismo siglo sólo tenía el 10 %.[51]

El año 1898 trajo consigo la guerra entre los Estados Unidos y España, una de cuyas consecuencias fue el traspaso de las islas Filipinas a manos norteamericanas. Esto ocasionó cambios profundos en la vida de las Filipinas. Desde un principio, los Estados Unidos declararon que su propósito era prepararlas para la independencia, pero esto no evitó el que su régimen fuese paternalista y hasta que muchas personas relacionadas con él se dedicasen a una explotación semejante a la que antes habían practicado los españoles. En el campo de la religión, el traspaso de las Filipinas a los Estados Unidos tuvo por consecuencia el establecimiento de la libertad religiosa, que hasta entonces España se había negado a conceder. En las iglesias norteamericanas hubo muchos que vieron en la nueva situación un llamado de Dios que les hacía responsables por la evangelización de dichas islas. Por esta razón los primeros años del siglo XX vieron la introducción en las Filipinas de gran número de movimientos religiosos procedentes de los Estados Unidos. De entre éstos, las iglesias protestantes más antiguas y con más experiencia en el trabajo misionero hicieron todo lo posible por aplicar desde sus propios comienzos algo de la experiencia que habían adquirido en otros campos misioneros, muy especialmente en lo que se refiere a la coope-

[51] H.E.C., VII, p. 211.

ración entre distintas iglesias. Así, por ejemplo, el Consejo Educativo de la Sociedad Misionera Presbiteriana afirmaba ya en el año 1898 que

> el pueblo cristiano de América debería considerar inmediatamente y en oración el deber de entrar por la puerta que Dios en su providencia nos está abriendo. Hasta donde podemos ver, éste parece ser el sentimiento de la Iglesia Presbiteriana... Sin embargo, es justo dar por sentado que este sentimiento no se limita a los presbiterianos. De hecho, hay rumores de que las juntas de misiones extranjeras de otras iglesias están dispuestas a tomar en consideración la relación de sus juntas con estos campos que ahora se abren... Creemos que la nueva situación que así se nos impone providencialmente nos provee una oportunidad excelente, no sólo para comenzar esta obra, sino para comenzarla correctamente desde el punto de vista de la fraternidad cristiana y del uso sabio de los recursos humanos y económicos. Con esto en mente, recomendamos que el Consejo Ejecutivo reciba instrucciones para que pronto se tenga una conferencia con los representantes de la Junta Americana, la Unión Bautista Misionera, la Sociedad Misionera de la Iglesia Metodista Episcopal, la Junta de Misiones Domésticas y Extranjeras de la Iglesia Protestante Episcopal, y la Junta de Misiones Extranjeras de la Iglesia Reformada en América con el propósito de llegar a un entendimiento franco y mutuo acerca de las responsabilidades de los cristianos norteamericanos para el pueblo de Cuba, Puerto Rico y las Islas Filipinas, y a un acuerdo en cuanto a la distribución más efectiva de la obra entre las distintas juntas...[52]

El resultado de esta sabia recomendación fue que se celebró una conferencia en la que el territorio se distribuyó entre metodistas, presbiterianos, hermanos unidos, discípulos, bautistas, congregacionales y la Alianza Cristiana y Misionera. La ciudad de Manila quedó abierta a las distintas misiones.[53]

Este mismo espíritu de cooperación entre diversas denominaciones ha caracterizado el trabajo evangélico en las Filipinas a través de todo el siglo XX. En el año 1900 se fundó una Alianza Ministerial, y en

---

[52] Citado en: C. Osias and A. Lorenzana, *Evangelical Christianity in the Philippines* (Dayton, Ohio, 1931), pp. 86-87.
[53] *Ibid.*, p. 90.

el año siguiente se organizó la Unión Evangélica de las Filipinas. Dos denominaciones, a las que después se unieron otras, fundaron en la ciudad de Manila el Seminario Teológico Unido. En el año 1929 se organizó el Concilio Nacional Cristiano, que diez años más tarde tomó el nombre de Federación Filipina de Iglesias Cristianas. Quizá el logro más notable en esta cooperación fue la unión de once denominaciones distintas que en el año 1932 se fundieron en la Iglesia Evangélica Unida en Islas Filipinas. Esta se unió a otras en el año 1948 y dio origen a la Iglesia Unida de Cristo en las Filipinas.[54]

No debemos terminar nuestras referencias al protestantismo en las Filipinas sin mencionar al famoso misionero Frank C. Laubach, conocido en todo el mundo por sus labores en contra del analfabetismo. Fue en las Filipinas, y como un medio de alcanzar a los musulmanes, que desarrolló su método para la enseñanza de la lectura. En años posteriores, el propio Laubach y sus seguidores han adaptado su método a docenas de idiomas. Esto ha contribuido a ampliar el trabajo misionero de la Iglesia en todo el mundo, por una parte dándole una nueva dimensión de servicio, y por otra haciendo más fácil la penetración de las Escrituras y de la literatura cristiana, que ha sido a través de los siglos uno de los principales y más efectivos métodos misioneros.[55]

Después de los primeros reveses ocasionados por la rebelión de Aguinaldo y por la Guerra Hispanoamericana, la Iglesia Católica Romana ha experimentado un despertar en las Filipinas. Quizá debido a la dura lección que fue el surgimiento de la Iglesia Filipina Independiente, la Iglesia Romana comenzó a colocar más responsabilidad en manos de los filipinos y a consagrar algunos obispos de entre ellos. En el año 1934, y por primera vez en la historia, la arquidiócesis de Manila fue confiada a un filipino. Debido a estos cambios, muchos de los creyentes que al principio siguieron a Aglipay y a la Iglesia Filipina Independiente han regresado a la Iglesia Católica Romana.[56]

La invasión japonesa en el año 1941 no afectó al cristianismo filipino en la misma medida en que afectó al cristianismo del Asia sudoriental. Esto se debe a que los japoneses no querían excitar el odio

---

[54] E. C. Sobrepeña en *1962-1963 Philippines Christian Year Book* (Manila, 1962), p. 147.
[55] F. C. Laubach, *Los millones silenciosos hablan* (Buenos Aires, 1947).
[56] H.E.C., VII, pp. 213-214.

de los filipinos, en su mayoría cristianos. Por esta razón fueron excepcionalmente tolerantes, no sólo con los cristianos filipinos, sino hasta con muchos de los misioneros extranjeros.[57]

La independencia de las Filipinas, aunque trajo una nueva situación, no sacudió profundamente a las iglesias cristianas. La inmensa mayoría de la población es catolicorromana, pero no se han dado en las Filipinas los extremos de dominación política por parte de la Iglesia que se han dado en algunos países de la América hispana. Esto parece deberse en parte al trasfondo y las experiencias anticlericales de fines del siglo XIX y en parte al largo período de dominación norteamericana.

F. EL CRISTIANISMO EN EL JAPON Y COREA

De las Filipinas, y siguiendo aún el litoral asiático, pasamos a las islas del Japón y a la península de Corea, cuya historia se halla indisoluble y trágicamente unida a la del Japón.

1. El Cristianismo en el Japón.

El Japón de la primera mitad del siglo XIX presentaba un cuadro semejante al de la China de los siglos XVI y XVII. El régimen de los Tokugawa se oponía a toda influencia extranjera, muy especialmente la occidental.[58] Esto se debía al temor de que sucediese en el Japón lo que había acontecido en otros lugares, en que las potencias cristianas habían comenzado estableciendo puestos comerciales para a la postre adueñarse del país. Frente a este peligro, y apoyándose en un nacionalismo que se mezclaba con la religión nacional, los Tokugawa decidieron cerrar el país a toda influencia extranjera. En repetidas ocasiones las naciones occidentales intentaron establecer relaciones con el gobierno nipón, pero todas fracasaron. Aun los ciudadanos japoneses que

---

[57] *Ibid.*, p. 214.
[58] M. Paske-Smith, *Western Barbarians in Japan and Formosa in Tokugawa Days: 1603-1868* (Kobe, 1930), *passim*. La historia de los primeros intentos de establecer relaciones con el Japón durante el siglo XVIII se encuentra en las pp. 123-132.

eran arrastrados de las costas de su país mientras pescaban e iban a dar a un territorio bajo otra bandera, no podían regresar jamás a su país nativo. De este modo llegó a haber una pequeña colonia nipona esparcida por las islas vecinas al Japón y en la cual se comenzó algún trabajo misionero, pero que no podía ser utilizada como punto de partida para las misiones en el Japón.

A diferencia de la China —donde, según recordará el lector, el cristianismo penetró a través de su adaptación intelectual gracias a la obra de Mateo Ricci y sus acompañantes— en el Japón el cristianismo logró entrada por razón de la pujanza económica y militar de las potencias que lo apoyaban. En el año 1854 los Estados Unidos lograron que el Japón firmara con ellos su primer tratado con los occidentales.[59] Cuatro años más tarde, firmaba otro tratado con Francia. Al parecer, la razón por la cual el gobierno se decidió a firmar estos tratados comerciales fue el temor de que, de no hacerlo, le serían arrancados por la fuerza.[60] En todo caso, el establecimiento de relaciones comerciales y diplomáticas con los países occidentales fue la ocasión para la entrada de los misioneros cristianos. Aunque éste no es un orden estrictamente cronológico, seguiremos aquí el que hemos seguido en otras secciones de este libro, discutiendo primero las misiones catolicorromanas, luego las ortodoxas y por último las protestantes.

a) Las Misiones Católicas. Como era de esperarse debido al hecho de que las misiones católicas comenzaron a través de un tratado entre Japón y Francia, estas misiones fueron colocadas bajo la supervisión de la Sociedad de Misiones Extranjeras de París. En el año 1859 llegaron los primeros misioneros, que se establecieron en lo que hoy es la ciudad de Tokio. Pocos años después descubrieron que aún quedaban más de 100.000 cristianos en la región de Nagasaki que parecen haber sido el resultado de las antiguas misiones católicas en tiempos de Francisco Javier.[61] Los misioneros franceses establecieron contacto

---

[59] P. J. Treat, *Japan and the United States* (Stanford, Col., 1928), pp. 27-28.
[60] La historia de los diversos tratados entre el Japón y las potencias occidentales puede verse en J. Murdock, *A History of Japan*, Vol. III (London, 1926), pp. 569-662.
[61] De hecho, fue un sacerdote ortodoxo ruso quien en el año 1859 hizo el descubrimiento —o mejor, fue descubierto por un cristiano japonés. Pero fueron los misioneros católicos quienes seis años después establecieron los primeros contactos permanentes. Véase: C. Bayle, *Un siglo de cristiandad en el Japón* (Barcelona, 1935), pp. 164-170.

con ellos y lograron que aproximadamente la décima parte volviera a establecer relaciones con la Iglesia Católica.[62] El resto continuó apartado de toda conexión con las iglesias occidentales hasta que más tarde se fue uniendo a las diversas iglesias que entraban en la región, algunas de ellas protestantes.

El catolicismo, al igual que todas las ramas del cristianismo en el Japón, logró su mayor avance en la alta clase media. Esto parece haberse debido a la inseguridad en que se encontraba esta clase por razón de los cambios internos del país, y también a la consiguiente avidez con que las personas de la alta clase media trataban de absorber la cultura occidental. En todo caso, fue la Iglesia Católica Romana la que más pronto tuvo misiones extensas entre las clases más bajas de la población.

En el año 1891 se organizó la jerarquía católica del Japón, con una sede arzobispal en Tokio. Esta sede estuvo ocupada desde el principio por misioneros extranjeros, y no fue sino en el año 1937 que el primer japonés fue nombrado arzobispo de Tokio, debido a la presión del creciente nacionalismo que tuvo por consecuencia la Segunda Guerra Mundial.[63] Durante este conflicto el catolicismo no sufrió tanto como el protestantismo, especialmente porque la mayoría de sus misioneros venía de países que no estaban en guerra con el Japón, mientras que los más de los misioneros protestantes procedían de los Estados Unidos e Inglaterra.[64] Pero aun así, durante la primrea mitad del siglo XX el número de católicos no alcanzó al de los protestantes.

b) La Misión Ortodoxa Rusa.[65] En el año 1861 la Iglesia Ortodoxa Rusa estableció una misión en el Japón a través del padre Nicolai. Este llegó al Japón como capellán del consulado ruso, pero se dedicó a enseñar su fe cristiana a los japoneses que entraban en contacto con él. Siguiendo la vieja tradición de las misiones ortodoxas,

---

[62] H.E.C., VI, 376.
[63] T. Yanagita, *A Short History of Christianity in Japan* (Sendai, Japan, 1957), p. 68. Aunque esta obra contiene mucha información valiosa acerca de los orígenes del cristianismo en el Japón, es necesario decir que sus juicios teológicos —especialmente sus intentos de clasificar las diversas corrientes teológicas— son harto superficiales.
[64] H.E.C., VII, p. 383.
[65] Glazic, *op. cit.*, pp. 178-196.

Nicolai hizo todo lo posible por que surgiera en el Japón una iglesia verdaderamente japonesa. Su trabajo consistió sobre todo en preparar personas capaces de contribuir a la difusión del cristianismo, y en la supervisión general de la iglesia. Cuando en el año 1904 estalló la guerra ruso-japonesa, Nicolai, fiel a los principios ortodoxos, insistió en que los cristianos japoneses debían ser leales a su patria. A su muerte, en el año 1912, siendo arzobispo de Tokio, Nicolai dejó tras de sí una comunidad de más de 30.000 cristianos ortodoxos. Su sucesor, Sergio, también ruso, gobernó la Iglesia Ortodoxa del país hasta que en 1941 el primer arzobispo japonés fue consagrado. Pero esta iglesia nunca volvió a crecer con la misma rapidez en que lo había hecho bajo la dirección de Nicolai.

c) Las Misiones Protestantes.[66] Las primeras misiones protestantes en el Japón procedían de los Estados Unidos. En el año 1854 esa nación firmó su primer tratado comercial con el Japón, y cuatro años más tarde se firmó otro convenio, por el que se permitía a los norteamericanos ejercer libremente su religión y construir iglesias. Este nuevo tratado, aunque no constituía un permiso para el trabajo misionero, sirvió sin embargo para despertar en los Estados Unidos un gran interés en el envío de misioneros al Japón. Además, reflejaba una nueva actitud por parte del gobierno japonés que, aunque no estaba dispuesto a apoyar las misiones, por lo menos las permitiría.

Los primeros protestantes en llegar al Japón como misioneros procedían de la Iglesia Episcopal, la Iglesia Presbiteriana y la Iglesia Reformada Holandesa de los Estados Unidos. Poco más tarde llegaron los bautistas libres. Como en otros casos en la historia de las misiones, buena parte del trabajo de estos primeros misioneros consistió en traducir la Biblia y alguna literatura cristiana fundamental. Los presbiterianos establecieron trabajo médico y educativo, y muy especialmente una escuela para niñas, que era una novedad en el Japón, y una escuela de medicina en la que se educaron los primeros japoneses conocedores

---

[66] C. W. Iglehart, *A Century of Protestant Christianity in Japan* (Rutland, Vermont and Tokyo, 1959); W. T. Thomas, *Protestant Beginnings in Japan: The First Three Decades* (Tokyo and Rutland, Vermont, 1959); algo más breve, pero aun así lo mejor que conocemos en español es: C. W. Iglehart, *Cruz y crisis en Japón* (Buenos Aires, 1958).

de la técnica médica occidental. A pesar de todo esto, hasta el año 1872 sólo doce japoneses habían sido bautizados por los protestantes.[67]

Después del año 1870 la tendencia del Japón a adoptar la cultura occidental con una avidez sorprendente se reflejó en el trabajo misionero. Si bien había demorado más que cualquiera otro de los países orientales en abrir sus puertas a la influencia occidental, cuando lo hizo esa influencia penetró mucho más rápidamente que en las demás naciones vecinas. Los japoneses se mostraban ávidos de aprender la técnica occidental, y muchos de entre ellos creían que la misma estaba indisolublemente unida a la fe cristiana. Por esta razón, y porque los protestantes se caracterizaron por la introducción en el Japón de muchos de los adelantos occidentales, el protestantismo experimentó un gran crecimiento en la penúltima década del siglo XIX.[68] Este crecimiento llegó a tal punto que no fueron pocos los que pensaron que el Japón llegaría a ser un país totalmente cristiano, y hasta hubo japoneses que, sin ser ellos mismos cristianos, abogaron por que el Japón adoptase oficialmente esa fe. Durante este período muchas sociedades misioneras y muchas denominaciones, tanto norteamericanas como inglesas, atraídas por las circunstancias favorables, comenzaron a trabajar en el Japón. Pronto hubo docenas de denominaciones representadas en el archipiélago, lo cual contribuyó al crecimiento numérico inmediato del cristianismo, pero comenzó a sembrar dudas en las mentes japonesas acerca de la validez de un cristianismo de tal manera dividido.

Puesto que la mayor parte de los conversos protestantes se allegaba al cristianismo por razones de inquietud intelectual, el protestantismo logró en los círculos académicos e intelectuales del Japón una influencia mucho mayor que la que el número de sus adherentes llevaría a suponer.

En la última década del siglo comenzó una reacción nacionalista.[69] Según se iban introduciendo más profundamente en la cultura occidental, los japoneses se percataban de algunas de sus debilidades, y por esa razón tendían a adoptar frente a ella una actitud algo más crítica que anteriormente. Esto, junto a la confusa cantidad de movimientos cristianos, contribuyó a hacer más lento el avance del cristianismo. A partir de esa época, aunque el cristianismo ha continuado logrando

---

[67] Yanagita, *op. cit.*, p. 34.
[68] *Ibid.*, pp. 39-47.
[69] *Ibid.*, pp. 47-57.

cierto número de conversos, su crecimiento no ha sido tan sorprendente como en la penúltima década del siglo XIX.

El nacionalismo, que a fines del siglo XIX comenzó a obstaculizar el avance del cristianismo, continuó creciendo durante la primera mitad del siglo XX. En el año 1904 estalló la guerra con Rusia, y no faltaron quienes pretendieron hacer de ella un conflicto de carácter religioso. Esto hizo que en ciertos círculos se desconfiase de los cristianos. En la Primera Guerra Mundial el Japón invadió la Siberia y permaneció en ella hasta el año 1922. Durante toda la primera mitad del siglo las relaciones entre el Japón y la China fueron tensas, y a menudo dieron en el conflicto armado. Todo esto contribuyó a un creciente sentimiento nacionalista y militarista, cuya culminación fue la participación del Japón en la Segunda Guerra Mundial. Los intereses expansionistas del Japón se justificaban mediante todo un sistema ideológico que prometía un nuevo orden de cosas en el Asia oriental. Debido a esta razón, la inmensa mayoría de los dirigentes protestantes japoneses apoyó al gobierno en sus intereses expansionistas, y no comenzó a retirar su apoyo sino cuando los acontecimientos posteriores probaron que la ideología japonesa no era más que una excusa para los intereses expansionistas del Japón. En el entretanto, el gobierno había hecho de muchos cristianos instrumentos de su política expansionista, y había utilizado su supuesta justificación ideológica para adoptar medidas persecutorias contra los cristianos que no se doblegaban. Fue sólo cuando el gobierno quiso exigirles que eliminaran de su credo el artículo referente a la resurrección de Cristo que las iglesias cristianas decidieron que había llegado la hora de enfrentarse a la persecución. Si bien no hay estadísticas fidedignas acerca de los mártires japoneses durante este período, es posible percatarse de la violencia de la persecución por el hecho de que al final de la guerra sólo quedaban en pie 483 de los 1.468 templos que antes había.[70]

Una característica de las misiones cristianas en el Japón, que fue quizá lo que más ayudó a los cristianos a hacer frente al creciente sentimiento nacionalista, fue que desde muy temprano los misioneros se dedicaron a preparar dirigentes nacionales y a hacerles responsables de buena parte del trabajo de la Iglesia. Esto fue tanto más posible por cuanto muchos de los primeros conversos al cristianismo pertenecían

---

[70] *Ibid.*, pp. 71-72.

a la alta clase media, y eran personas educadas. Además, el nivel de educación de las masas japonesas fue siempre alto. Los dirigentes nacionales que iban surgiendo contribuían por un lado a apartar de la Iglesia la sospecha de que era una entidad al servicio de las potencias extranjeras, y por otro, a hacer más efectivo el testimonio cristiano en medio de la sociedad japonesa. Como ejemplos notables de esto debemos señalar la obra de Toyohiko Kagawa y el desarrollo del ecumenismo en el Japón.

Toyohiko Kagawa [71] era hijo ilegítimo de un japonés de la alta clase media, aunque más tarde fue reconocido. La muerte de su padre le colocó al cuidado de familiares que no contribuyeron a hacer de su niñez una experiencia grata. Desde muy joven entró en contacto con misioneros cristianos y abrazó su fe, lo que le llevó a estudiar teología y a ser ordenado. Sin embargo, en lugar de seguir el camino corriente de la mayoría de los pastores del país, Kagawa se dedicó a trabajar entre las personas necesitadas. Se instaló en uno de los barrios bajos, y allí hizo todo lo posible por llevar el mensaje cristiano y cierto bienestar social a las personas con quienes vivía. Por hospedar en su casa a un enfermo de tracoma contrajo esa enfermedad, que más tarde le costó la vista. Además, su trabajo fue más allá de los límites del barrio en que vivía, y se dedicó a organizar cooperativas de consumo y sindicatos obreros, lo que le enajenó la simpatía de las autoridades y hasta su propia libertad. Por otra parte, su profunda conciencia social no le impidió sentirse responsable por la continua evangelización en el Japón. Kagawa fue uno de los principales dirigentes del llamado "movimiento del Reino de Dios", cuyo propósito era la evangelización del Japón unida a la aplicación de los principios cristianos a la vida social. En el año 1938, en vísperas de la entrada de su país en la Segunda Guerra Mundial, emprendió una campaña nacional de evangelismo que duró dos años y en el curso de la cual numerosas personas abrazaron el cristianismo. Por sus libros, por su obra social, por su celo en el testimonio cristiano y sobre todo por su amor para su prójimo, Kagawa ha llegado a ser tenido por uno de los principales exponentes en el siglo XX de lo que el Evangelio es capaz de hacer en una persona.

---

[71] W. Axling, *Toyohiko Kagawa: Un gran profeta japonés* (México, 1939). Se han traducido al español dos obras de Kagawa: *El amor, ley de la vida* (México, 1959) y *Cantos de los barrios bajos* (México, 1938).

Desde los comienzos mismos del trabajo misionero en el Japón, hubo cristianos japoneses que insistieron en la necesidad de un testimonio unido, por lo menos entre los protestantes. En el año 1911 un grupo de japoneses se organizó con el propósito de trabajar en pro de la unión de las iglesias cristianas. En el 1923 se organizó el Consejo Nacional Cristiano del Japón, que al principio sólo incluía a los protestantes, pero del que los catolicorromanos entraron a formar parte en el año 1943. Aunque la presión gubernamental hizo que durante la Segunda Guerra Mundial todas las iglesias cristianas se uniesen en una, muchas de ellas se apartaron de esta unión una vez que terminó el conflicto. Debemos cuidarnos, sin embargo, de pensar que la unión de las iglesias en el Japón es sólo consecuencia de la presión gubernamental, ya que aparte de esa presión había numerosos dirigentes cristianos japoneses que desde mucho antes estaban trabajando en pro de una unión semejante.

Por último, antes de terminar nuestra discusión de las misiones en el Japón, debemos señalar que la iglesia japonesa, tras surgir del movimiento misionero, vino a ser ella misma punto de partida de una expansión misionera. A partir del año 1931 se fundaron diversas sociedades cuyo propósito era sobre todo la evangelización de las islas del Pacífico y de la China y Manchuria. Además, las iglesias japonesas comenzaron trabajo misionero en las comunidades niponas de las Filipinas, el Brasil y el Perú.[72] Tenemos aquí otro ejemplo del fenómeno que hemos visto repetidamente en la historia de las misiones, en el que un país que pocas décadas antes apenas conocía la existencia del cristianismo, ahora contribuye a su expansión en otras regiones del globo.

2. *El Cristianismo en la Península de Corea.*

Durante los siglos XIX y XX el cristianismo se enfrentó en Corea a dificultades mucho mayores que las que tuvo que vencer en el Japón. Durante casi todo el siglo XIX el gobierno de Corea tuvo prohibida la entrada de extranjeros, muy especialmente de occidentales, en la península. En el año 1876 el Japón forzó a Corea a firmar un tratado co-

---

[72] H.E.C., VII, p. 389.

mercial. A partir de esa fecha se firmaron tratados comerciales con los Estados Unidos y con las principales potencias europeas, y éstos abrieron camino a la penetración de la península por parte de misioneros cristianos.

Aun antes de que el gobierno coreano permitiese la entrada de misioneros extranjeros, ya existía allí una comunidad cristiana. A fines del siglo XVIII hubo varios coreanos que mediante la lectura de libros cristianos escritos en chino llegaron a la convicción de que debían abrazar esa fe.[73] Aunque con grandes dificultades, algunos de estos cristianos lograron establecer contacto con el obispo catolicorromano de Pekín, el cual les dio algunas instrucciones. Durante un tiempo se organizaron como iglesia, con un obispo propio y varios sacerdotes, pero cuando el obispo de Pekín les informó que no podían hacer tal cosa sin un obispo debidamente consagrado, limitaron sus actividades a las que la Iglesia Católica consideraba legítimas por parte de los cristianos laicos. Tanto la Iglesia Católica desde fuera como los cristianos que existían dentro de la península trataron repetidamente de lograr que hubiese misioneros catolicorromanos en Corea. Algunos de ellos lograron penetrar la península, pero casi todos fueron descubiertos y ejecutados. Durante toda la primera mitad del siglo XIX los misioneros catolicorromanos en Corea, así como los propios coreanos, escribieron con heroísmo y con su propia sangre una de las páginas más notables en la historia de la iglesia cristiana. En ocasiones había breves períodos de relativa tolerancia, pero eran seguidos de violentas persecuciones en las que moría gran número de cristianos. En los dos años que van del 1866 al 1868 murieron como mártires dos mil cristianos.[74]

En la penúltima década del siglo XIX Corea comenzó a abrir sus puertas a las potencias occidentales, y la Iglesia Católica creció rápidamente. Llegaron nuevos contingentes de misioneros, sobre todo de Francia. Cuando los japoneses se anexaron a Corea en el año 1910, ya los catolicorromanos en la península eran más de 77.000.[75] Puesto que en el Japón la Iglesia Católica seguía la política de permitir a sus miembros participar en las ceremonias que se celebraban en los san-

---

[73] *Le Catholicisme en Corée* (Hongkong, 1924), pp. 13-15; Ch. Dallet, *Histoire de l'Église de Corée*, Vol. I (Paris, 1874), pp. 13-25.
[74] Véase, acerca de los mártires de los años 1938-1946, A. Launay, *Martyrs français et coréens* (Paris, 1925). Hay también una traducción alemana del año 1929.
[75] *Le Catholicisme...*, p. 75.

tuarios del shintoísmo, explicando que no se trataba de ceremonias religiosas, sino sólo de gestos de afirmación y dedicación patriótica, en Corea se siguió la misma política, y esto evitó que el régimen japonés tratara a los católicorromanos con la misma dureza con que trataba a los protestantes.

También la Iglesia Ortodoxa Rusa comenzó trabajo misionero en Corea a fines del siglo XIX y principios del XX,[76] aunque este trabajo parece haber sido más bien un intento de abrir el camino a la dominación rusa. Como es de suponerse, tras la guerra ruso-japonesa de los años 1904 y 1905, las autoridades japonesas vieron esta misión en Corea como una agencia del gobierno ruso. En el año 1910 el Japón se anexó oficialmente la península de Corea, y la misión ortodoxa rusa comenzó a pasar por serias dificultades. Estas se hicieron aun mayores cuando en 1917 la Revolución Rusa hizo que se suspendieran los subsidios que antes habían apoyado a la misión en Corea. Además, el gobierno comunista hizo cerrar las iglesias que se habían establecido entre los coreanos que habían emigrado hacia territorio ruso.

Las misiones que más éxito tuvieron en Corea fueron las protestantes, y especialmente las de los presbiterianos y las de los metodistas. Estas dos denominaciones llegaron en el año 1884.[77] Tanto los primeros misioneros presbiterianos como los metodistas procedían de las iglesias del norte de los Estados Unidos y prestaron especial interés al trabajo médico. Tanto fue así que el primer misionero presbiteriano fue hecho médico de la corte de Corea y director del primer hospital del gobierno coreano.[78] Otro notable misionero presbiteriano en Corea fue Underwood,[79] cuyo hermano se interesó en el cristianismo de la península a través de él y contribuyó a la obra misionera buena parte de la fortuna que comenzaba a amasar mediante la fabricación y venta de máquinas de escribir. Tras los primeros presbiterianos procedentes del norte de los Estados Unidos, siguieron otros miembros de la misma tradición, no sólo del sur de los Estados Unidos, sino también del Canadá y de Australia. Algo semejante sucedió con la Iglesia Metodista, que pronto se vio acompañada por su hermana iglesia del sur de los Estados Unidos.

---

[76] Glazic, *op. cit.*, 197-204.
[77] L. George Paik, *The History of Protestant Missions in Korea* (Pyeng Yang, Korea, 1929), pp. 75, 77.
[78] Su nombre era Horace Newton Allen. Véase Paik, *op. cit.*, pp. 77-78.
[79] L. H. Underwood, *Underwood of Korea* (London, 1918), *passim*.

EL LEJANO ORIENTE Y EL SUR DEL PACIFICO

A principios del siglo XX, las diversas ramas presbiterianas se unieron en una Iglesia Presbiteriana de Corea, y lo propio hicieron algo más tarde las diversas ramas metodistas.

Como sucedió en casi todos los demás campos misioneros, tras las primeras tres denominaciones vinieron otras en gran número, aunque la multiplicidad de agencias misioneras se vio limitada en algo debido a la dominación japonesa.

Por otra parte, la dominación japonesa trajo al protestantismo dificultades mayores que al catolicismo. Muchos de los protestantes se negaban a participar de las ceremonias que se celebraban en los santuarios del shintoísmo, afirmando que se trataba de ritos religiosos y no de simples actos de afirmación patriótica. Ya que el gobierno nipón veía en estas ceremonias el fundamento de su expansión imperialista, era de esperarse que las iglesias protestantes sufrieran las consecuencias. Además, el sentimiento de aversión hacia la dominación japonesa se hacía más notable entre los cristianos protestantes que entre los católicos. Por último, la inmensa mayoría de los misioneros protestantes pertenecía a los Estados Unidos y a Inglaterra, países con los que Japón pronto estuvo en guerra. Puesto que esto no sucedía con los catolicorromanos, las iglesias protestantes sufrieron más que las católicas durante el período que culminó con la derrota del Japón en la Segunda Guerra Mundial.

Como la expansión protestante había sido mucho más amplia en el norte de Corea que en el sur, el establecimiento del régimen comunista en el norte de la península afectó grandemente al protestantismo del país. Por último, es necesario recordar que tras la Segunda Guerra Mundial Corea se vio sacudida por otra guerra prolongada que también hizo sufrir, no sólo a las iglesias, sino a toda la región. Muchos de los coreanos del norte que durante el conflicto buscaron refugio en el sur eran cristianos.

Antes de cerrar nuestra discusión del cristianismo en Corea, debemos señalar que la iglesia protestante coreana, y sobre todo la presbiteriana, se distinguió desde sus orígenes por su alto grado de autonomía y de sostén propio. Se trabajó principalmente a base de un ministerio laico, y se evitó crear organizaciones eclesiásticas que los cristianos coreanos no pudiesen sostener. Algo semejante se hizo con respecto a las construcciones, la mayor parte de las cuales fue costeada por las iglesias locales. Esto se debió, en parte al menos, a la influencia del Dr. John

L. Nevius, que insistía en que los métodos misioneros debían producir una iglesia autosuficiente y capaz de ser a su vez misionera.[80]

G. EL CRISTIANISMO EN CHINA

El curso del cristianismo en China es uno de los capítulos más trágicos en toda la historia misionera cristiana. Los primeros en llevar el nombre de Jesucristo a la gran nación oriental fueron los nestorianos, cuyos vestigios desaparecen de la historia en el siglo noveno. Más tarde, en el apogeo de la Edad Media, los franciscanos reintrodujeron la fe cristiana en la China, que desapareció de nuevo, víctima de las circunstancias políticas y de la enorme distancia que la separaba de su centro geográfico en Europa. A principios de la Edad Moderna, fueron Matteo Ricci y sus acompañantes quienes lograron sembrar firmemente la semilla cristiana en la China, pero aún su empresa tardó siglos en dar frutos. La historia del cristianismo en China durante el siglo XIX es semejante a su historia en el viejo Imperio Romano, cuando los prejuicios populares y la actitud del gobierno, indiferente cuando no hostil, produjeron repetidas persecuciones locales. A veces éstas alcanzaron inmensas proporciones, y los mártires cristianos se contaron por decenas de millares. En el siglo XX, el curso del cristianismo en la China se vio interrumpido por las dos guerras mundiales, y sobre todo por la segunda cuando el Japón invadió buena parte del territorio del país. Como consecuencia de esa invasión japonesa, no bien había terminado la guerra mundial cuando los comunistas se adueñaban de la China, estableciendo un régimen que se caracterizó por su antipatía hacia el cristianismo.

La política de China durante buena parte del siglo XIX fue la de mantener sus puertas cerradas a todo influjo extranjero. Ya hemos visto que ésta fue también la política de otras naciones en la periferia

---

[80] C. A. Clark, *The Korean Church and the Nevius Methods* (New York, 1930), *passim*. Nevius no trabajó en Corea, sino en China, pero los métodos por los que él abogaba fueron utilizados en Corea por un grupo de misioneros que habían leído sus escritos.

del gran Imperio Chino, y no cabe duda de que esas otras naciones tomaban como punto de partida el ejemplo chino. El sistema de vida chino era de una unidad y coherencia tal que cualquier ingerencia extranjera, o cualquier idea occidental, podría parecer una amenaza al sistema establecido. El Imperio Chino, que existía desde tiempos anteriores a Jesucristo, veía en todo cuanto provenía del Occidente una innovación que no le era necesaria y sí quizá perjudicial.

Frente a esta actitud, las naciones europeas, así como el Japón, veían en la China amplias oportunidades comerciales. Esto llevó a una serie de guerras entre la China y diversas potencias extranjeras, que concluyeron en tratados mediante los cuales se permitía el establecimiento de comerciantes y misioneros extranjeros en algunos puertos específicos en la costa china. La primera de estas guerras fue la que sostuvieron poco antes de mediados de siglo Inglaterra y China, y que se conoce como la Guerra del Opio. Su resultado fue un tratado con la Gran Bretaña, al que siguieron otros con los Estados Unidos, Francia y otras potencias extranjeras. Tras una nueva guerra entre Inglaterra y Francia por una parte y China por la otra, esta última se vio obligada a firmar tratados (1858 y 1860) en los que se permitía a los extranjeros viajar por el interior del país y además se toleraba el cristianismo. Fue a base de estos tratados que el cristianismo se extendió en la China durante la segunda mitad del siglo XIX.

A fines del siglo XIX, la guerra entre China y Japón, en la que éste último utilizó los recursos de la técnica occidental para lograr la victoria, convenció a las potencias europeas de la posibilidad de conquistar la China y repartirse los despojos. Esto trajo un período de creciente ingerencia extranjera en la China, que culminó con la rebelión de los "boxers" en el último año del siglo. Esta rebelión se extendió por buena parte del norte de China, y aunque su propósito era expulsar a los extranjeros del país, su consecuencia directa fue que las potencias extranjeras, cuyos ejércitos la aplastaron, aumentaran su influencia en la China.

El resultado de todo esto fue un creciente sentimiento entre los chinos de que la vieja cultura, así como la estructura política que iba unida a ella, carecía de dinamismo para enfrentarse a las situaciones modernas. A principios del siglo XX comenzó a crecer el sentimiento republicano, que llevó en el año 1911 al establecimiento de la República de la China. Sin embargo, esta república no logró la estabilidad política del país, que se encontraba dividido en diversos territorios cuyos gobiernos abogaban por soluciones distintas y contradictorias. Por último, y tras largas batallas y penosos esfuerzos, el Kuomintang, de Chiang-Kai-Shek, logró establecer su autoridad en la casi totalidad del territorio nacional. El principal foco de resistencia entonces, y el que resultaría ser el destructor del régimen nacionalista, era el gobierno comunista de Chensi. Pero el partido de Chiang-Kai-Shek parecía en aquel entonces cristalizar las aspiraciones de la inmensa mayoría del pueblo chino, y el régimen comunista no parecía por tanto ser verdaderamente temible.

Fue la invasión de los japoneses, primero en Manchuria en el año 1931, y luego en la propia China en el año 1937, lo que destruyó la posición política de Chiang-Kai-Shek. Su gobierno se vio obligado a replegarse hacia el occidente ante la invasión nipona, y a pesar de su valiente resistencia, la impresión del pueblo chino y de buena parte del mundo fue que el Kuomintang había mostrado ser incapaz de gobernar. Al mismo tiempo, el otro foco de resistencia a los japoneses, el gobierno comunista de Chensi, compartió con el gobierno de Chiang-Kai-Shek la gloria de la resistencia, pero no se vio culpado por la invasión. Además, la corrupción administrativa minaba el gobierno nacionalista, y le impedía reconstruir el país, asolado por la guerra. El resultado de todo esto fue que, con el apoyo de Rusia y en medio de la vacilación de los aliados occidentales que no sabían si debían apoyar o no a Chiang-Kai-Shek, los comunistas se adueñaron de todo el antiguo imperio chino excepto Formosa. Como era de esperarse, esto comenzó un nuevo período en la historia del cristianismo en la China.

1. Las Misiones Catolicorromanas.

Durante el período que estamos estudiando, las misiones catolicorromanas guardan relación de continuidad con las que hemos estudiado anteriormente. La antigua misión jesuita —continuada luego por los lazaristas— y la obra de los portugueses en Macao habían tenido por resultado el inicio de una comunidad católica que a principios del siglo XIX contaba con varios millares de miembros. Aunque en China, como en la India, Ceilán y otras regiones del Oriente, los portugueses pretendieron hacer valer su derecho de padroado aun cuando habían perdido su poderío político, en la China la disputa que surgió de esto no fue tan seria como la que tuvo lugar en otras regiones. Quizá esto se deba a que Portugal nunca tuvo un dominio efectivo sobre la China, ni tampoco misiones dentro de ella.

Durante toda la segunda mitad del siglo XIX Francia se erigió en protectora de las misiones católicas en China. Esta protección sirvió a los misioneros catolicorromanos para lograr gran número de conversos, sobre todo por cuanto la protección francesa en cierto modo se extendía a los cristianos chinos. Esto sucedía especialmente con respecto a las cortes, en las que era fácil hacer de un caso civil un caso de persecución religiosa e invocar el apoyo de las autoridades francesas. Tal situación legal hizo que muchos se quisieran bautizar por las ventajas que esto implicaba, e hizo también que se despertara una profunda animadversión hacia los cristianos en ciertos círculos de la China.[81]

Junto a los franceses, laboraban en la China misioneros de Italia, Alemania, España y otros países de Europa, además de —durante el siglo XX— norteamericanos y canadienses. La mayor parte de estos misioneros pertenecía a órdenes religiosas tales como los jesuitas, lazaristas, franciscanos y dominicos. Pero muchos eran seculares que llegaban a la China bajo los auspicios de la *Societé des Missions Etrangères de Paris*, que estaba a cargo de amplios territorios en la China, además del Tibet y Manchuria.[82]

Los métodos misioneros de los catolicorromanos [83] en la China fueron a veces cuestionables, y ya hemos visto cómo eran muchos los conversos que se acercaban al catolicismo buscando sólo ventajas legales. Además de esto, en algunas misiones se acostumbraba pagar a las personas que asistían a las lecciones catequéticas, y en ocasiones se hacían préstamos a personas necesitadas a condición de que diesen a los misioneros la oportunidad de enseñarles la religión cristiana.

Hubo, sin embargo, otros métodos menos dudosos. Así, por ejemplo, las misiones católicas se distinguieron por la fundación de gran número de orfelinatos en un país en el que la muerte de gran número de niños desamparados era ocurrencia frecuente. Además de esto los misioneros establecieron escuelas, dispensarios y centros para la rehabilitación de los adictos al uso del opio. En términos generales, la vida de los misioneros en la China estuvo llena de sacrificios y de arduas

---

[81] K. S. Latourette, *A History of Christian Missions in China* (New York, 1929), pp. 279-281.
[82] H.E.C., VI, 269-278.
[83] Latourette, *A History...*, pp. 331-343.

labores, sobre todo viajando de un lugar a otro. A menudo los misioneros hacían todo lo posible por que los cristianos se estableciesen en comunidades o aldeas separadas, en las que les fuera más fácil vivir según los principios católicos. Casi siempre trataban de buscar la conversión de familias o de grupos más bien que de individuos, pues la experiencia les decía que era mucho más difícil para un individuo aislado enfrentarse a los obstáculos que la sociedad colocaba frente a los conversos que para una familia o toda una comunidad. Durante el siglo XX hubo misioneros que se dedicaron a la reconstrucción rural, y sobre todo en Mongolia hicieron mucho por resolver los problemas que planteaban los largos períodos de sequía.

En el campo de la educación la Iglesia Católica no hizo tanto como los protestantes. Su interés estuvo principalmente en la preparación de católicos chinos que pudieran dirigir la Iglesia en el futuro, y no tanto en influir en la totalidad de la futura clase gobernante de la China. Por esta razón, buena parte del sistema educativo de las misiones católicas iba dirigido hacia el sacerdocio, o por lo menos hacia el cargo de catequista o de hermano laico. De esta manera la Iglesia Católica Romana en la China llegó a tener gran número de sacerdotes del país, pero pocos laicos en posiciones de importancia dentro de la comunidad. A principios del siglo XX, con la fundación de tres importantes universidades, la Iglesia Católica Romana pareció comenzar a prestar más interés a la educación general del país.

A pesar del interés de los misioneros catolicorromanos en el adiestramiento de un clero nacional, durante todo el siglo XIX ni un solo chino fue consagrado obispo. Esto es tanto más notable por cuanto dos siglos antes un chino había ocupado el episcopado. Lo que sucedía era que se reflejaba en la Iglesia Católica la actitud de toda la Europa del siglo XIX, que tendía a ver los países en que se establecían colonias y misiones como poblados por seres inferiores e incapaces de llevar las mismas responsabilidades que los europeos. No fue hasta el año 1926, en la catedral de San Pedro, en Roma, que fueron consagrados los primeros seis obispos chinos.[84]

---

[84] H.E.C., VII, p. 335.

Si las estadísticas son fidedignas,[85] el número de miembros de la Iglesia Católica en China continuó creciendo durante todo el siglo XIX y la primera mitad del XX, hasta que el gobierno pasó a manos comunistas. Después de ese hecho sólo existen cálculos aproximados y por tanto poco confiables.

2. Las Misiones Ortodoxas.[86]

Desde el siglo XVII había existido en Pekín una pequeña comunidad ortodoxa rusa. Durante todo el siglo XIX esta comunidad siguió siendo pequeñísima, pues no hizo esfuerzo misionero alguno hasta que en el año 1858 un tratado entre Rusia y China garantizó la tolerancia religiosa para los cristianos. A partir de esa fecha comenzaron algunos débiles esfuerzos misioneros, pero no fue sino hasta que la rebelión de los "boxers" dio muerte a casi la mitad de los ortodoxos rusos en la China que comenzó un verdadero intento de alcanzar a los habitantes del país. Entonces la comunidad ortodoxa comenzó a crecer, y a principios de la Primera Guerra Mundial contaba con poco más de cinco mil miembros chinos. La Revolución Rusa, en el año 1917, la privó de su sostén económico, pero el influjo de los refugiados rusos que venían huyendo del régimen comunista le dio nuevas fuerzas. Antes del establecimiento del régimen comunista en la China, la Iglesia Ortodoxa Rusa contaba con un arzobispo en Pekín y buen número de parroquias en Manchuria, donde se refugió la mayoría de los exiliados rusos. Como era de esperarse, el régimen comunista en la China ha creado más dificultades para esta iglesia que para la catolicorromana o para las protestantes.

3. Las Misiones Protestantes.

El principal centro de interés de las misiones protestantes durante la segunda mitad del siglo XIX y la primera del XX fue la China. Al

---

[85] *Ibid.*, p. 333. En el año 1912 había 1.406.659 católicos, y en el año 1941 había 3.262.678.
[86] Glazic, *op. cit.*, pp. 169-178; Latourette, *A History...*, pp. 486-487, 566, 741-742.

principio del período que estamos estudiando, había en China un número reducidísimo de protestantes, cuyo interés estaba en el comercio y no en la propagación de su fe. Además, las leyes del país eran tales que cualquier intento de propagar el Evangelio hubiera sido perseguido tenazmente. Sin embargo, a partir del año 1806, en que Marshman, el misionero que en Serampore trabajó junto a Carey, comenzó a traducir la Biblia al chino, el trabajo misionero protestante dirigido hacia la China fue creciendo hasta llegar a tener proporciones sorprendentes. Un historiador católico afirma que

> De hecho, el esfuerzo protestante de China puede calificarse de fenomenal. Las iglesias protestantes han enviado allí unos 30.000 misioneros, y el término medio de permanencia de éstos ha sido de 15 años. Hubo tiempos en los que la China albergaba a más de ocho mil pastores protestantes —procedentes de 130 iglesias y sociedades distintas. Sus publicaciones periódicas podían hablar de una verdadera "ocupación" del territorio nacional, ya que sus capillas y sus instituciones se habían adentrado hasta las más recónditas ciudades del interior.[87]

Aparte de Marshman, que realizó sus esfuerzos desde la India y cuyo trabajo se limitó a la traducción de la Biblia, el iniciador del trabajo misionero protestante en China fue Roberto Morrison, natural de Escocia y perteneciente a la Iglesia Presbiteriana.[88] Tras dedicarse al estudio de la medicina, la astronomía y el chino, Morrison persuadió a la *London Missionary Society* a que le enviase a la China. Puesto que los intereses comerciales ingleses no estaban dispuestos a llevarle a su destino, Morrison partió para los Estados Unidos y de allí hizo el viaje a Cantón, donde se estableció. Ya que en aquel tiempo las leyes chinas no le permitían adentrarse en el país, Morrison se dedicó al estudio del chino y a la producción de literatura en ese idioma. Su trabajo

---

[87] P. Damboriena, "Etapas, métodos y resultados de la penetración protestante en China", *Studia Missionalia*, IX, 1956-56, p. 71.

[88] M. Broonhall, *Robert Morrison, a Master Builder* (New York, 1924); E. A. Morrison (viuda de Robert Morrison), *Memoirs of the Life and Labour of Robert Morrison*, 2 Vols. (London, 1924-1925); E. Morthensen, *Dr. Robert Morrison: Den forste evangeliske missionaer: Kina* (Kobenhavn, 1907); L. Ride, *Robert Morrison: The Scholar and the Man* (Hong Kong, 1957); W. J. Townsend, *Robert Morrison: The Pioneer of Chinese Missions* (New York, no date).

incluyó la traducción de la Biblia y de varios de los principales libros protestantes de Inglaterra y Escocia. Aunque sus esfuerzos no produjeron inmediatamente gran número de conversos —el primero no fue bautizado sino siete años después de la llegada de Morrison— sí sirvieron para despertar interés por la China en Europa, y para así asegurarse de que el día que las puertas de China se abrieran al trabajo misionero habría un número suficiente de misioneros preparados para aprovechar tal circunstancia.

Una obra semejante fue emprendida por el alemán Gützlaff,[89] aunque la de éste era más ambiciosa. Consistía en preparar chinos cristianos que debían luego adentrarse en el país y dedicarse a la distribución de literatura y a organizar comunidades cristianas. El plan de Gützlaff no dio resultado debido a que muchos de los chinos que se suponía que estuviesen en el interior del país realizando obra cristiana sencillamente utilizaban los recursos que Gützlaff ponía en sus manos para vivir cómodamente sin hacer trabajo misionero alguno. Pero esto no fue cierto de la totalidad de ellos, y en todo caso el intento de Gützlaff y los informes que éste enviaba a Europa contribuyeron a fomentar el espíritu misionero entre las iglesias protestantes.

Debido a los ejemplos de Morrison y de Gützlaff, otros misioneros fueron estableciéndose en Cantón y en otros lugares donde había gran número de residentes chinos, especialmente en Malaca.

La primera apertura de la China al trabajo misionero europeo fue consecuencia de la llamada Guerra del Opio. Como ya hemos señalado, dicha guerra abrió al comercio internacional cinco importantes puertos chinos. A partir de entonces, y mediante una serie de tratados ulteriores, las potencias occidentales fueron obteniendo mayores derechos de penetración para sus ciudadanos, con lo cual se hacía cada vez más amplio el territorio en que podían establecerse los misioneros. Acerca del período que siguió a la Guerra del Opio, Prudencio Damboriena, a quien ya hemos citado, dice:

> La segunda mitad del siglo diecinueve se caracterizó por un continuo esfuerzo de penetrar en las regiones del interior y de ocupar los puntos estratégicos de la costa oriental, hasta llegar a establecerse en la corte misma de Pekín. Los adjuntos políticos volvieron

---

[89] Latourette, *A History*..., pp. 253-255; N. Schlyter, *Karl Gützlaff als Missionar in China* (Lund, 1946).

a favorecer el ritmo de su avance. La Gran Bretaña y Francia
parecían rivalizar en la búsqueda de incidentes que, *ipso facto,*
arrancaban a las autoridades chinas nuevos privilegios territoriales
y comerciales para las potencias del Occidente. Al mismo tiempo
los Estados Unidos, en general sin formar parte de las expediciones bélicas, procuraban usufructuar para sus súbditos las ventajas
del codiciado botín...

En estos cuatro decenios, los protestantes llegaron hasta las
más remotas provincias del Imperio, penetraron en Manchuria y
aún tocaron los bordes del Tibet.[90]

Durante los primeros años la principal sociedad misionera que trabajó en la China fue la *London Missionary Society,* que tras enviar a Morrison le reforzó con varios colegas. El primero de los misioneros norteamericanos fue enviado por la *American Board of Commissionars for
Foreign Missions,* en el año 1829. Pocos años después otros misioneros
norteamericanos fueron enviados por la misma Junta, entre ellos el primer misionero médico protestante que trabajó en la China. Además de
estas sociedades, las principales denominaciones y sociedades inglesas y
norteamericanas pronto comenzaron a enviar misioneros. Entre ellas
se destacaron especialmente los bautistas americanos, la Iglesia Protestante Episcopal y los presbiterianos.

Entre los misioneros protestantes más distinguidos durante la segunda mitad del siglo XIX debemos mencionar a Timothy Richard,
Samuel I. Schereschewsky y J. Hudson Taylor. Timothy Richard [91]
pertenecía a los bautistas de Inglaterra, y sus métodos de trabajo misionero recuerdan en algo a los de Ricci tres siglos antes. Richard se
interesó especialmente en el trabajo entre los eruditos y los dirigentes
de la sociedad china. Sentía hacia la vieja religión de Confucio más
simpatía que los demás misioneros cristianos de la época. Durante toda
su vida abogó por la fundación de universidades cristianas en las principales ciudades de la China como un medio para que el cristianismo

---

[90] Damboriena, *Etapas...,* p. 78.
[91] Sus principales obras son: *Conversion by the Million in China,* 2 Vols. (Shangai, 1907) y *Forty-Five Years in China* (New York, 1916). Acerca de él, véase:
E. W. P. Evans, *Timothy Richard: A Narrative of Christian Enterprise and States-
manship in China* (London, 1945); A. J. Garnier, *A Maker of Modern China*
(London, 1945); E. Morthensen, *En veteran* (Kobenhavn, 1914); B. Reeve,
Timothy Richard (London, 1910); W. E. Soothill, *Timothy Richard of China*
(London, 1924).

penetrase toda la vida del país. Sus obras, con las que buscaba introducir la totalidad de la cultura occidental en la China, fueron muy leídas en ciertos círculos.

Shereschewsky [92] era de origen lituano, pero en los Estados Unidos dejó su judaísmo nativo para abrazar el cristianismo como miembro de la Iglesia Protestante Episcopal. Esta le envió a China como misionero, y allí se dedicó a la traducción de la Biblia y del Libro de Oración Común. En el año 1887 fue consagrado obispo, cargo al que renunció cuando, seis años más tarde, quedó inválido. A pesar de las dificultades físicas, continuó su trabajo de traducción, y su producción literaria durante los últimos años de su vida, cuando su enfermedad le impidió continuar la vida activa, fue extensísima.

Sin lugar a dudas, el más notable de los misioneros protestantes en China durante el siglo XIX fue J. Hudson Taylor.[93] Aunque era de origen metodista, partió para la China en el año 1853 bajo los auspicios de la *Chinese Evangelization Society*. Pronto rompió con esa organización debido a diferencias en cuanto a la estrategia misionera, y continuó su trabajo por su propia cuenta. Cuando algunos años más tarde se vio obligado a regresar a Inglaterra por razones de salud, su trabajo misionero en la China parecía haber terminado. En Inglaterra se dedicó a tratar de despertar interés en la China y a contribuir a la literatura cristiana en uno de los dialectos chinos. Sin embargo, cinco años después, tras largas angustias espirituales, se decidió a emprender de nuevo el trabajo activo en la China, y a organizar la sociedad que recibió el nombre de *China Inland Mission*. Taylor no creía en la organización excesiva, y el propósito de su sociedad no era tanto fundar iglesias como predicar el Evangelio por toda la China. Su sueño no consistía en establecer comunidades cristianas en las distintas provincias, ni siquiera en lograr gran número de conversos, sino sólo en asegurarse de que todos los chinos tuviesen la oportunidad de oír la predicación del Evangelio. En teoría, la *China Inland Mission* incluía a misioneros

---

[92] J. A. Muller, *Apostle of China: Samuel Isaac Shereschewsky: 1831-1906* (New York, 1937).
[93] B. Broomball, *Hudson Taylor: The Man Who Believed God* (Philadelphia, 1929); B. Miller, *J. Hudson Taylor* (Grand Rapids, Mich., 1948); A. Ochler, *Das Wagnis des Glaubens* (Basel, 1948); J. C. Pollock, *Hudson Taylor and Maria* (New York, 1962); F. Rudersdorf, *Hudson Taylor: Sein Werk und seine Missionsmethoden* (Giessen, 1937); H. Taylor y Sra. (hijo de Hudson Taylor), *Hudson Taylor in Early Years* (New York, 1912).

de todas las tendencias teológicas, pero de hecho sólo a aquellas personas que por su teología se inclinaban a emprender un trabajo del tipo que Taylor proponía. Los misioneros no recibían sueldo fijo alguno, y se sostenían según las circunstancias, pero siempre de manera frugal. Aun más, el propio Taylor y la *China Inland Mission* no pedían directamente fondos a persona alguna, sino que sólo oraban y pedían que otros orasen por que los fondos llegaran. Debido a los grandes movimientos de despertar de la religión individual que habían tenido y estaban teniendo lugar en Inglaterra y los Estados Unidos, el proyecto de Taylor recibió amplia acogida, y pronto la *China Inland Mission* llegó a ser la mayor empresa misionera en el país. Aunque en teoría su propósito no consistía en fundar iglesias, lo que quedaría a cargo de quienes viniesen después, de hecho se tendió a reunir a los misioneros en diversas áreas según sus orígenes denominacionales, y aparecieron allí iglesias cuyas características correspondían a las de las denominaciones de origen de los misioneros de cada lugar.

Durante toda la segunda mitad del siglo XIX, los métodos misioneros de la mayoría de los protestantes [94] consistieron en la distribución de literatura —especialmente de la Biblia— en la predicación, y en el establecimiento de organizaciones de carácter benéfico, tales como escuelas y hospitales. Al principio la mayor parte de estas escuelas era de nivel primario y secundario, pero lentamente se fueron creando centros de enseñanza superior así como de instrucción teológica. Paralelamente a los hospitales de carácter general, había otros centros especializados, tales como asilos para enfermos mentales y refugios y sanatorios para los adictos al opio. En este último campo las iglesias protestantes hicieron una amplísima labor, y muchos de sus conversos, y aun algunos de sus mejores pastores, surgieron de los centros de rehabilitación para quienes habían sufrido las consecuencias de su uso del opio.[95] Algunas universidades británicas y norteamericanas establecieron avanzadas en la China —sobre todo la de Yale, que construyó un hospital alrededor del cual se instituyeron una escuela de medicina y otra de enfermería.

En términos generales, toda la segunda mitad del siglo XIX fue empleada por el cristianismo protestante en la China más en su exten-

---

[94] Latourette, *A History...*, pp. 416-465.
[95] Mrs. H. Taylor, *Pastor Hsi: One of China's Christians* (London, 1903), pp. 4-5.

sión territorial que en el desarrollo de los medios institucionales para la continuación de su obra. Esto fue particularmente notable en el campo de la educación, sobre todo si se compara la labor protestante con la católica romana. Mientras los catolicorromanos se dedicaban especialmente a la preparación teológica y, en menor escala, a la educación general del pueblo, los protestantes se distinguieron por el grado en que lograron preparar a los futuros dirigentes del país, pero al mismo tiempo la preparación de sus ministros fue mucho más pobre y menos general que la de los sacerdotes católicos. Al final del siglo XIX la iglesia protestante en la China estaba aún totalmente en manos de misioneros y no había desarrollado dirigentes capaces de llevar sobre sus hombros la dirección de la obra emprendida.

Tras la guerra chino-japonesa del año 1895 y la rebelión de los "boxers" cinco años después, China quedó totalmente abierta al influjo occidental. La juventud del país, ante la prueba irrefutable de que la tecnología occidental bastaba para aplastar el poderío de la China, se dedicó ávidamente a la adquisición de esa tecnología. Puesto que los misioneros protestantes se habían distinguido durante décadas por su interés en introducir en la China los adelantos técnicos del Occidente, la nueva condición intelectual del país obró en provecho de su obra. Por esta razón, durante las primeras décadas del siglo XX el protestantismo creció a pasos agigantados, de tal manera que antes de la Segunda Guerra Mundial había pasado del medio millón de miembros. Sin embargo, debido al hecho de que el interés en lo que los misioneros ofrecían surgía de una motivación nacionalista, era de esperarse que tan pronto como comenzara a captarse la tan deseada tecnología occidental se produciría una nueva reacción contra todo lo extranjero. Esto fue de hecho lo que sucedió, y la tercera y cuarta décadas del siglo XX vieron aparecer un fuerte movimiento anticristiano y antioccidental que, aunque no parecía contar con el apoyo decidido de la mayoría de la población del país, sí incluía en sus filas a buen número de los dirigentes políticos chinos. Este sentimiento anticristiano se reflejó en el incremento que a partir del año 1930 comenzó a tener el comunismo en el país, así como en cierta ala de los partidarios del Kuomintang que se oponía a la excesiva influencia de los cristianos en el país a través de Chian-Kai-Shek y de su esposa, que era producto de un antiguo hogar cristiano.

Durante la primera mitad del siglo XX, al igual que en otros campos misioneros, se produjo en la China un movimiento hacia la unidad de la empresa protestante. Este movimiento se manifestó en el año 1922 en la fundación del Consejo Nacional Cristiano.[96] Algunos años antes las diversas ramas anglicanas se habían unido en una sola iglesia, y lo mismo habían hecho los luteranos. Poco más tarde se organizó la Alianza Bautista de la China. Pero el más notable esfuerzo ecuménico de todo este período en la China —un esfuerzo que en aquella época resultaba único en todo el mundo— fue la formación de la Iglesia de Cristo en China, que unió en su seno a cristianos procedentes de tradiciones reformadas, congregacionalistas, bautistas y metodistas.[97]

La suerte de las misiones protestantes en la China estaba estrechamente unida a la del gobierno nacionalista. Sun-Yat-Sen, cuyo heredero espiritual Chian-Kai-Shek decía ser, había sido protestante. El propio Chian-Kai-Shek era miembro de una iglesia protestante, y no cabe duda de que su esposa procedía de un hogar de profundas convicciones evangélicas. Muchos misioneros veían en esto una oportunidad semejante a la que el Imperio Romano había presentado en época de Constantino. Otros no se mostraban tan optimistas, y señalaban los muchos casos de corrupción política que se daban en el Kuomintang. En todo caso, no nos corresponde aquí juzgar el carácter de Chian-Kai-Shek, sino que sólo nos interesa el hecho de que su expulsión de la China continental por las fuerzas comunistas trajo un nuevo período para el cristianismo chino, tanto protestante como católico.

La primera consecuencia de la ocupación comunista de la China fue la retirada o expulsión de la casi totalidad de los misioneros extranjeros. Fueron muchísimos los chinos que abandonaron el cristianismo en pos del marxismo, especialmente entre los intelectuales y estudiantes que seguían la teología de tendencia liberal. Algunos dirigentes cristianos pensaron que la única manera de salvar la iglesia era colocarla en manos del Estado. En el año 1950 el "Manifiesto cristiano" fue presentado a un grupo de dirigentes cristianos en Shanghai para que lo aprobaran. Cuando éstos se negaron se les dijo que, puesto que el "Manifiesto" ya tenía la aprobación del premier Chou En-Lai, no era posible rechazarlo.[98] Poco después comenzó la "campaña de denuncias",

---

[96] Latourette, *A History...*, p. 796.
[97] *Ibid.*, pp. 799-801.
[98] F. P. Jones, *The Church in Communist China: A Protestant Appraisal* (New York, 1962), pp. 51-55.

en la que algunos dirigentes cristianos se prestaron a difamar a sus hermanos mediante la prensa y la radio. Luego vino la "consolidación" de las iglesias, de tal modo que en Pekín, donde antes de la revolución había sesenta y cinco iglesias, sólo quedaron cuatro —las demás fueron donadas al Estado en un "gesto patriótico".[99]

Durante algún tiempo, los cristianos de la China guardaron contacto con el resto de la Iglesia a través de sus hermanos de Rusia. Pero cuando las relaciones entre China y Rusia se hicieron difíciles se rompió el último hilo de comunicación con el exterior. En el año 1961 era imposible saber a ciencia cierta cuántos cristianos había en la China, y mucho más difícil saber el número exacto de los que pertenecían a las "iglesias clandestinas" que habían surgido como reacción a la actitud de las iglesias reconocidas por el gobierno.

H. EL CRISTIANISMO EN AUSTRALIA Y LAS ISLAS DEL PACIFICO

Puesto que uno de los principales acontecimientos que dieron origen al gran movimiento misionero del siglo XIX fue la serie de viajes en que, del 1768 al 1779, el capitán Cook exploró las tierras del Pacífico, era de esperarse que Inglaterra, que estaba en el apogeo de su expansión colonial, pronto se estableciese en dichas tierras, y que juntamente con los colonos vendrían los misioneros. Esa colonización fue empero lenta, porque las antiguas civilizaciones del Lejano Oriente ofrecían mayores oportunidades comerciales que Australia y las islas del Pacífico.

1. *Australia.*

Los primeros súbditos británicos que llegaron a Australia eran convictos enviados allí para cumplir condenas. El contingente inicial llegó en el año 1788, y así se estableció la colonia de Nueva Gales del

[99] *Ibid.*, pp. 153-154.

Sur.¹⁰⁰ Durante toda la primera mitad del siglo XIX, y aun después en números más limitados, los convictos siguieron llegando a Australia y Tasmania. En las colonias de convictos se establecieron desde el principio capellanías, debido en parte a la obra en Inglaterra de Wilberforce, anglicano que por razón de sus convicciones cristianas luchaba por una reforma penal.

Ya que la mayoría de los inmigrantes —tanto los primeros convictos como los colonos que después les siguieron por su libre voluntad— procedía de las Islas Británicas, la Iglesia de Inglaterra fue siempre la mayor en el país, y a mediados del siglo XX contaba con la tercera parte de la población. Le seguía la Iglesia Católica, luego los metodistas y presbiterianos, que habían comenzado temprano su trabajo en las nuevas colonias. Había también, aunque en números mucho menores, bautistas, congregacionalistas, luteranos y otros.¹⁰¹

Desde sus orígenes el cristianismo en Australia se vio retado por una tarea misionera que cumplir. Se calcula que a la llegada de los primeros convictos británicos había en Australia más de un cuarto de millón de aborígenes.¹⁰² Estos vivían en un grado de civilización rudimentario, correspondiente al de la Edad de Piedra, y se alimentaban de la caza y la recolección de frutos y raíces. La llegada de los colonos británicos les colocó en situación desventajosa, pues eran empujados cada vez más hacia las regiones desérticas del interior y del norte del continente. Muchos de los colonos los maltrataban y aun los mataban como si fuesen animales. En tales condiciones, las iglesias se dedicaron a comenzar trabajo misionero entre ellos.¹⁰³ Debido a las costumbres nómadas de los aborígenes, tales misiones eran en extremo difíciles. Ante todo era necesario lograr que se estableciesen en un lugar, al estilo de

---

¹⁰⁰ G. Greenwood (ed.), *Australia: A Social and Political History* (Sydney, 1955), pp. 3-5.

¹⁰¹ Según el censo de 1961, el 34,9 % de la población pertenecía a la comunión anglicana, y los demás grupos estaban distribuidos como sigue: romanos, 24,9 %; metodistas, 10,2 %; presbiterianos, 9,3 %; bautistas, 1,5 % (*Australia: Official Handbook, 1963*, p. 233).

¹⁰² O. Thorpe, *First Catholic Mission to the Australian Aborigines* (Sydney, 1949), p. 39. Acerca de la cultura y costumbres de los aborígenes, véase la misma obra, pp. 38-50.

¹⁰³ El primero en intentar tales misiones fue Samuel Marsden en el año 1795 y bajo los auspicios de la *Society for the Propagation of the Gospel*. E. R. Gribble, *Forty Years with the Aborigines* (Sydney, 1930), p. 1.

las antiguas "reducciones" que los españoles habían establecido en América, para allí llevar a cabo el trabajo misionero. El propósito de tales misiones era no sólo la conversión de los aborígenes al cristianismo, sino también su adaptación a las condiciones de la vida moderna. A menudo abandonaban la vida sedentaria y se dedicaban de nuevo a vagar por el desierto. Durante todo el siglo XIX la mayoría de las misiones, tanto católicas como protestantes —y éstas últimas eran la mayoría— fracasaron. La población aborigen continuó disminuyendo, y todo hacía suponer que pronto desaparecería. Además, quienes se adaptaban a la vida sedentaria de las misiones no estaban dispuestos a tomar sobre sus hombros responsabilidad alguna, sino que deseaban más bien que los misioneros les proveyesen todas las cosas necesarias para la vida.

Durante el siglo XX estas misiones marcharon algo mejor. Mediante los adelantos médicos se logró reducir la mortandad infantil, de modo que la población comenzó a aumentar de nuevo. Se establecieron escuelas a las que en el año 1965 asistía el 80 % de los niños, y se logró legislación que concedía a los aborígenes todos los derechos que tenían los habitantes blancos del país. Algunos aborígenes y mestizos comenzaron a dar señales de estar dispuestos a tomar sobre sus hombros mayores responsabilidades. En el año 1965 quedaban en Australia sólo unos pocos cientos de nómadas, y el resto de los descendientes de los primitivos habitantes del país se había adaptado a la vida moderna en mayor o menor grado.[104]

Australia vino a ser muy pronto un centro desde donde se dirigió el trabajo misionero hacia Nueva Zelandia y las demás islas del Pacífico. Algunos de sus primeros pastores y capellanes, especialmente los anglicanos y los metodistas, estuvieron muy interesados en el trabajo entre los maoríes de Nueva Zelandia, y después entre los habitantes de las demás islas.

Antes de pasar a Nueva Zelandia, debemos señalar que en Australia, al igual que en tantas otras regiones del globo, el siglo XX se caracterizó por los movimientos de unidad entre los cristianos. Hubo varios casos de uniones orgánicas entre iglesias protestantes pertenecientes a la misma tradición. En el año 1927 se fundó el *National Missionary Coun-*

---

[104] *The New York Times Magazine*, June 20, 1965, pp. 10, 11, 48, 50-52.

cil of Australia. Desde la fundación del Consejo Mundial de Iglesias, dos iglesias australianas pertenecían a él. En el año 1965 existía un proyecto en vías de realización para la unión de varias de las principales iglesias protestantes.

2. *Nueva Zelandia*.

El cristianismo llegó a Nueva Zelandia procedente de Australia. Antes de que llegasen las grandes olas de inmigrantes británicos, algunos cristianos en Australia se habían ocupado de comenzar misiones entre los maoríes. Estos eran los habitantes de las islas neozelandesas antes de la llegada de los blancos. Su cultura era bastante superior a la de los aborígenes australianos, pero sus costumbres de canibalismo y sus continuas guerras limitaban el aumento de la población. Las primeras misiones cristianas a Nueva Zelandia surgieron bajo la inspiración de Samuel Marsden, el segundo capellán anglicano en Australia, que en el año 1814, tras haber trabajado entre los aborígenes australianos, estableció obra misionera entre los maoríes.[105] Pocos años más tarde, y debido en parte a la inspiración de Marsden, el metodista Samuel Leigh comenzó trabajo misionero en la misma región.[106] El catolicismo romano llegó más de veinte años después del anglicanismo, y aún entonces su primer trabajo fue entre los colonos irlandeses. Las misiones anglicanas y metodistas contribuyeron a reducir el canibalismo entre los maoríes, y al parecer ya a mediados del siglo la mayoría de ellos se inclinaba hacia el cristianismo.

Entonces llegó la ola invasora de los colonos británicos.[107] Aunque algunos de los propugnadores de la colonización de Nueva Zelandia lo habían hecho por motivos religiosos, el resultado fue funesto para los maoríes. Los colonos introdujeron armas de fuego, que hicieron mucho más mortíferas las guerras de los maorís entre sí. La continua explotación de los habitantes del país tuvo por resultado la sublevación de éstos, seguida por sangrientas guerras en que los maoríes fueron diezmados.

---

[105] J. B. Condliffe and W. R. G. Airey, *A Short History of New Zealand* (Aukland, New Zealand, 1953), pp. 24-28.
[106] H. C. Fancourt, *The Advance of the Missionaries* (Wellington, New Zealand, 1939), p. 115.
[107] Condliffe, *op. cit.*, pp. 75 y sig.

EL LEJANO ORIENTE Y EL SUR DEL PACIFICO

A pesar de todo, el cristianismo, y especialmente la Iglesia Anglicana, logró echar raíces entre los maoríes. Estos se mostraron inclinados a crear sectas y movimientos religiosos de su propia creación, tales como el de los Jau-Jau en el siglo XIX [108] y la Iglesia de Ratana en el siglo XX —ésta fue fundada por el maorí Ratana, y se caracterizaba por su carácter emotivo, su énfasis en la sanidad divina y su carácter político y económico, pues que prometía la justicia social para los maoríes mediante una dedicación total a Dios.[109]

A mediados del siglo XX, la inmensa mayoría del país era protestante, y estaba constituida por anglicanos, presbiterianos y metodistas. La Iglesia Católica apenas pasaba de la octava parte de la población. Es de notarse el hecho de que durante el siglo XX los maoríes anglicanos insistieron en la conveniencia de que se estableciese una diócesis aparte para ellos. Esto se hizo, y un obispo maorí fue colocado a la cabeza de la diócesis.

Al igual que Australia, Nueva Zelandia fue fuente de misioneros hacia el resto de las islas del Pacífico.

3. Las Islas del Pacífico.[110]

Ningún episodio en la historia de las misiones cristianas es tan interesante e inspirador como el de la expansión del cristianismo en las islas de Polinesia, Melanesia y Micronesia. Se trataba de millares de islas, la mayoría de ellas pequeñísimas y separadas a veces por enormes distancias. Los distintos idiomas y dialectos hacían la tarea aun mucho más escabrosa. Casi siempre los comerciantes y aventureros que llegaban antes o juntamente con los misioneros cristianos constituían, con su ejemplo y hasta a veces con su oposición activa, un serio obstáculo para las misiones. Muchos de los habitantes de las islas eran caníbales, y otros eran cazadores de cabezas. Las guerras entre las diversas tribus

---

[108] H.E.C., V, pp. 183-184.
[109] H.E.C., VII, p. 191.
[110] Debido al gran número de las islas del Pacífico, y a la necesidad de no prolongar demasiado nuestra historia, nos hemos limitado a una serie de consideraciones generales, sin orden cronológico ni geográfico. Sin embargo, la historia de la evangelización del Pacífico del Sur incluye episodios fascinantes. Véase: H.E.C., V, 198-263.

eran endémicas, y se hicieron mucho más temibles cuando el hombre blanco introdujo las armas de fuego. Las enfermedades que acompañaron a los blancos, y para las cuales los habitantes de las islas no habían desarrollado inmunidad alguna, diezmaban la población. A menudo se acusaba a los blancos, especialmente a los misioneros, de haber provocado la ira de los dioses, cuya consecuencia era la epidemia.

A pesar de todas estas dificultades, la evangelización de las islas del Pacífico avanzó a pasos agigantados. Con una frecuencia y en número sorprendente, sobre todo en el caso de las misiones protestantes, los recién convertidos se dedicaban a llevar su nueva fe a otras personas y hasta a otras islas. En muchas de las islas en las que el cristianismo había sido establecido recientemente se crearon centros para la preparación de misioneros a otras islas. En este tipo de actividad se distinguieron especialmente los cristianos de las islas de Samoa, Tonga y Fiji. Frecuentemente tales misioneros eran muertos y devorados por los habitantes de alguna otra isla a la que pretendían convertir, y en tales ocasiones el resultado era que inmediatamente surgían otros voluntarios para ocupar su lugar.

La mayor parte del trabajo misionero en las islas del Pacífico fue llevado a cabo por protestantes, y a mediados del siglo XX éstos constituían la mayoría de la población, aunque los católicos constituían poco menos de la mitad. En sus orígenes, las misiones protestantes de las islas del sur del Pacífico procedieron principalmente de Australia y Nueva Zelandia, además de la *London Missionary Society*, directamente de Gran Bretaña. Al norte del Pacífico, el trabajo fue llevado a cabo principalmente por la *American Board of Commissioners*. Por estas razones, las denominaciones más extensamente representadas en las islas fueron la congregacionalista y la metodista. Además había fuertes contingentes de anglicanos y algunos bautistas, discípulos de Cristo y otros. Naturalmente, en las islas que estaban bajo el dominio de Holanda y de Alemania la mayoría de los misioneros procedía de esos países y de las iglesias que allí eran numerosas. Pero la influencia misionera de Holanda y de Alemania nunca llegó al nivel de la de Gran Bretaña, Australia, Nueva Zelandia y los Estados Unidos.

La mayor parte de la obra misionera católica fue llevada a cabo por sacerdotes franceses. Al igual que en el caso de los protestantes, hubo entre ellos frecuentes ejemplos de heroísmo y de gran dedicación —la más conocida es la del padre Damián, que dedicó su vida al trabajo entre leprosos en Hawaii. Sin embargo, a menudo los misioneros franceses recurrieron al poderío militar de Francia para apoyar su trabajo. En más de una ocasión, cuando algún rey o jefe convertido al protestantismo se negaba a permitir el trabajo de los catolicorromanos en su isla, Francia le obligó a hacerlo mediante la presencia de sus buques de guerra. Fue así, por ejemplo, que Tahití, que había sido el primer lugar donde los misioneros protestantes trabajaron, llegó a ser francesa y católica. En tales casos, puesto que las autoridades francesas impedían la presencia de misioneros de otros países, los protestantes recurrieron al envío de misioneros de la *Societé des Missions Evangéliques*. Empero esto no logró detener el progreso del catolicismo romano por encima del protestantismo.

En términos generales, la historia de la penetración del cristianismo se repitió de isla en isla. En algunos lugares, los misioneros llegaron antes que los demás blancos, mientras que en otros llegaban cuando ya los comerciantes y colonos habían introducido los gérmenes de la destrucción física y moral. En el primero de los casos se logró una adaptación más rápida y completa de los habitantes originales de las islas a las nuevas condiciones que llegaron con sus contactos con el resto del mundo. Por lo general, el cristianismo llegaba a las diversas islas llevado por misioneros oriundos de alguna de las islas vecinas y recientemente convertidos. En otros casos era llevado por algún nativo de la isla en cuestión que había naufragado cerca de un sitio en que el cristianismo se había establecido, y que así había llegado a conocer la nueva fe. En otros casos —los menos— era llevado por primera vez por misioneros blancos. Frecuentemente los primeros misioneros, tanto nativos como blancos, eran muertos y devorados por la población de alguna isla a la que esperaban convertir. A la larga, sin embargo, se llegaba a establecer pequeños centros misioneros que poco a poco iban logrando algunos conversos individuales. Debido al hecho de que la mayoría de los misioneros protestantes procedía de tradiciones que subrayaban la necesidad de una experiencia individual, tales conversiones eran acompañadas de profundas experiencias emocionales y de un cambio de vida a menudo radical. En ocasiones los conversos recaían en su antiguo modo de vida y su vieja religión. Por fin se lograba constituir un pequeño grupo de creyentes que incluía frecuentemente a algunos de los más distinguidos miembros de la comunidad. Luego, tras largos años de trabajo al parecer escasos en frutos, comenzaban las conversiones en masa.

Estas tenían lugar mediante "avivamientos" en los que se experimentaban grandes sacudidas emocionales, con una profunda convicción de pecado y confesiones generales. En pocos años la casi totalidad de la población de la isla de que se trataba era cristiana. Entonces se procedía a tratar de producir una legislación y una vida comunitaria que reflejasen los principios cristianos. A menudo la isla en que se producía la conversión, debido en parte a su conocimiento más estrecho de la técnica occidental, lograba cierta hegemonía sobre otras islas, y entonces el cristianismo se extendía hacia ellas. Un ejemplo notable de esto fue el caso del rey de Tonga que al bautizarse adoptó el nombre de Jorge. A través de las gestiones militares y diplomáticas del rey Jorge, su poderío se extendió a varias islas, y el cristianismo alcanzó aun allende los límites de su poderío.

A fines del siglo XIX la casi totalidad de los polinesios era cristiana, y existían misiones en la mayor parte de las islas de Melanesia y Micronesia. Durante todo el siglo XX continuó la conversión de los habitantes de estas islas, y en el año 1965 casi todos ellos se llamaban cristianos. Los principales reductos de las viejas religiones estaban en las regiones montañosas del centro de algunas islas, especialmente de Nueva Guinea, donde continuaba produciéndose el fenómeno de la conversión en masa de alguna que otra tribu. La invasión de las islas por parte del Japón durante la Segunda Guerra Mundial no parecía haber afectado de manera decisiva el avance del cristianismo. La extensión del protectorado de Nueva Zelandia y Australia a algunas de las islas del sur del Pacífico contribuyó a despertar nuevo interés misionero en esos países. Hawaii pasó a ser un estado de los Estados Unidos.

Debido a la influencia del cristianismo, y a través de la obra incesante de numerosísimos misioneros, los diversos idiomas de las islas del Pacífico se redujeron a la escritura, y se tradujo a ellos la Biblia y otra literatura cristiana. El canibalismo y la costumbre de cazar cabezas desapareció, así como —en las islas Fiji— la costumbre de estrangular a las viudas. En sus prácticas sexuales, los habitantes de las islas del Pacífico tendían a ajustarse a las que propugnaban los misioneros cristianos. En el campo de la educación, desde un principio los misioneros se habían dedicado a establecer escuelas, y luego se esforzaron por preparar adecuadamente a los conversos que debían servir de misioneros a otras islas. Se desarrolló un amplio clero nativo. Sin embargo, durante todo el siglo XIX y buena parte del XX los misioneros vacilaban en colocar sobre los hombros de los pastores oriundos de las islas grandes responsabilidades. Durante el siglo XX esta actitud tendía a desaparecer, y las iglesias de Samoa, Fiji y Tonga habían obtenido cierto grado de autonomía.

CONSIDERACIONES GENERALES

Durante todo el período que estamos estudiando, Asia y el sur del Pacífico fueron el punto focal del interés misionero por parte de Europa y los Estados Unidos. Fue hacia esta porción del globo que Guillermo Carey dirigió la vista desde su pequeño taller de zapatero, y fue también en ella que pasó los mejores años de su vida. A partir de entonces, los principales esfuerzos misioneros europeos se dirigieron hacia el Oriente y —en menor escala— hacia el sur del Pacífico. En los Estados Unidos, la *American Board of Commissioners for Foreign Missions* surgió también del interés de algunos por el Oriente, y desde sus inicios dedicó a esa región sus mejores esfuerzos.

Por otra parte, la enorme distancia que separaba a esta región de los países de procedencia de los misioneros —excepto, naturalmente, de Australia y Nueva Zelandia— produjo cierta selección natural que fue muy provechosa para las misiones. Sólo las iglesias e instituciones con cierta firmeza de propósito podían enviar misioneros al Asia o al sur del Pacífico.

La combinación de estos dos factores —la concentración del esfuerzo misionero y la selección de su personal— ha dado por resultado el establecimiento de iglesias de notable madurez. Fue en la India, y después en el resto de la región que estamos estudiando, que primero aparecieron nacionales capaces de tomar las riendas de las nuevas iglesias— y de hacerlo, no en un espíritu de venganza o de emancipación de la tutela de los misioneros, sino como la consecuencia natural de la obra de los propios misioneros. Ya a principios del siglo XX las iglesias del Oriente contaban con personas capaces de dirigirlas en su propia misión, y por tanto comenzaba a desaparecer la distinción —tan errada pero tan frecuente— entre iglesia y misión.

Desde muy temprano algunas de las iglesias del sur de Asia ocuparon un lugar de importancia en el movimiento ecuménico. Los dirigentes nacionales a que ya nos hemos referido se lanzaron en busca de estructuras y modos de testimonio más efectivos, y dieron en la formación de varias iglesias unidas que a su vez sirvieron de ejemplo para otras uniones semejantes en otras partes del globo. Además de tales uniones orgánicas, se instituyeron consejos de iglesias, centros unidos de educación teológica, y otros instrumentos de cooperación.

Por último, debemos señalar que, en la vieja cuestión del grado y el modo en que la obra misionera ha de adaptarse a la cultura, hubo diversas soluciones. En términos generales, los católicos se adaptaron más que los protestantes —como en lo que se refiere a las castas hindúes— pero mantuvieron su organización traída de Europa. Los protestantes, por su parte, se adaptaron en diversos grados, y algunos sencillamente no lo hicieron, de modo que en algunas regiones aparecieron iglesias protestantes que en realidad eran pequeños trasplantes culturales.

En todo caso, al comenzar la segunda mitad del siglo XX, parecía que algunas de las iglesias de más promesa para el futuro estaban en el Oriente, y especialmente en la India, Ceilán, Japón y Corea.

8 | AFRICA Y EL MUNDO MUSULMAN

A. EL MUNDO MUSULMAN

El campo más difícil para las misiones cristianas ha sido siempre el comprendido dentro del mundo musulmán. Durante siglos, la ley en los países musulmanes castigaba con la muerte la conversión al cristianismo. Esto tendió a hacer de las iglesias cristianas que allí había pequeños núcleos compuestos únicamente por los descendientes de los cristianos de generaciones anteriores, y enquistados en un tradicionalismo extremo. Por otra parte, el Islam de tal manera envuelve la vida y la cultura toda de las sociedades donde es la religión dominante que cualquier persona que se aparte de él tiene que romper necesariamente con la sociedad en que vive. La existencia de un libro sagrado, el Corán, que se acerca a la Biblia en muchos puntos pero que en otros difiere radicalmente de ella, hace imposible la presentación del mensaje cristiano a base sólo de la autoridad de la Biblia. Las Cruzadas y la larga historia de conflictos y de tensión entre el mundo cristiano y el musulmán han contribuido a crear una actitud en la que la fe islámica se confunde con el amor patrio, y la conversión al cristianismo con el abandono de los intereses de la comunidad.

Por otra parte, el mundo musulmán comprende dentro de sus confines los más antiguos lugares de la historia del cristianismo, así como algunas de las más antiguas iglesias cristianas: la región de Siria y Palestina, donde el cristianismo creció y se extendió por primera vez; el Egipto, donde floreció la escuela de Alejandría; el norte de Africa, que fue la cuna del cristianismo de lengua latina; y las regiones de Mesopotamia y Persia, hacia las que la fe cristiana se extendió con prodigiosa rapidez durante sus primeros siglos. Allí existen, además de la antigua Iglesia Ortodoxa, varias iglesias monofisitas y nestorianas, algunas de las cuales comenzaron su existencia independiente en el siglo V, a raíz de las controversias cristológicas y debido en parte a condiciones políticas y étnicas dentro de los confines del Imperio Romano. Todas estas iglesias continúan existiendo hasta el día de hoy, algunas con grande número de miembros, y otras con pequeñísimos remanentes de lo que antes fueron extensas congregaciones.

Durante toda la Edad Media, la Iglesia Católica estuvo interesada en la conversión de los musulmanes y la recuperación del terreno por ellos conquistado. Esta fue una de las motivaciones de las Cruzadas, y además hemos visto cómo San Francisco de Asís, Ramón Lull y toda una pléyade de franciscanos se dedicaron a lograr la conversión de los musulmanes. Era de esperarse por tanto que el catolicismo romano mantendría su interés en el mundo musulmán, y que una parte de su esfuerzo misionero se dirigiría hacia él. Sin embargo, es necesario notar que la mayor parte del esfuerzo catolicorromano en el mundo musulmán no ha sido dirigido a la conversión de los musulmanes al cristianismo, sino a la conversión de otros cristianos al catolicismo mediante la práctica de atraer hacia él porciones de las iglesias antiguas del Oriente y crear entonces iglesias en comunión con Roma.

El protestantismo ha trabajado también en el mundo musulmán, y, al igual que las demás ramas del cristianismo pero quizá en menor grado, ha experimentado lo difícil que resulta lograr la conversión de los musulmanes. En más de una ocasión, y especialmente en el caso de las misiones anglicanas, el propósito de los misioneros protestantes no ha sido tanto la creación de iglesias de su denominación como la introducción de elementos de fermento dentro de las antiguas iglesias orientales para hacerles ver su obligación misionera. Pero demasiado a menudo la consecuencia del trabajo de las misiones protestantes ha sido la aparición dentro de las antiguas iglesias orientales de tensiones. Estas tensiones han producido un cisma que ha resultado en la creación de una iglesia protestante.

Además, y especialmente durante el siglo XIX, los protestantes se han caracterizado por su interés en la conversión de los judíos que viven dentro de los confines del mundo musulmán.

1. Las Antiguas Iglesias Orientales.

a) LA IGLESIA ORTODOXA. En el mundo musulmán, la Iglesia Ortodoxa está constituida por una pequeñísima minoría. Aunque fue allí que en los primeros siglos del cristianismo hubo fuertes comunidades cristianas, los largos años de dominación musulmana han dado por resultado el enquistamiento de las iglesias en esa región, de modo que hoy las principales iglesias ortodoxas se encuentran fuera de ella —especialmente en Grecia, Rusia, Yugoslavia, Rumania y Bulgaria. Esta iglesia tiene dentro del mundo musulmán cuatro patriarcas: el de Constantinopla —que recibe el título de "Patriarca Ecuménico"—, el de Alejandría, el de Antioquía y el de Jerusalén. A pesar de que el Patriarca de Constantinopla [1] tiene cierta primacía de honor, su verdadera autoridad se extiende sólo a los cristianos ortodoxos de Turquía —unos 80.000. Su administración se ejerce a través de un Santo Sínodo, compuesto por un pequeño número de obispos que llevan a cabo la administración de la iglesia. El patriarca de Alejandría,[2] ejerce su autoridad sobre los fieles ortodoxos de Egipto, cuya inmensa mayoría es de origen griego, con una fuerte minoría procedente de Siria. Aunque casi todos los ortodoxos de Africa están en Egipto, la autoridad del Patriarca de Alejandría se extiende también a las pequeñas minorías que se encuentran en los demás países musulmanes del continente africano, y aun hasta Africa del Sur. En total, los fieles que están bajo su autoridad son unos 125.000. El Patriarca de Antioquía,[3] cuya residencia está en Damasco, tiene a su cuidado unos 220.000 fieles, la mayoría de ellos en Siria —a raíz de la Primera Guerra Mundial, comenzó un éxodo hacia el Nuevo Mundo cuyo resultado fue una co-

---

[1] D. Attwater, *The Christian Churches of the East*, Vol. II: *Churches Not in Communion with Rome* (Milwaukee, 1948), pp. 22-29.
[2] *Ibid.*, pp. 30-33.
[3] *Ibid.*, pp. 34-39.

munidad ortodoxa de origen siríaco en Norteamérica, Brasil y Argentina. Por último, el Patriarca de Jerusalén [4] tiene autoridad sobre los 45.000 fieles que viven en Palestina y Transjordania, y una de sus principales funciones es la de dirigir la Hermandad del Santo Sepulcro, que se ocupa del cuidado de los Santos Lugares. En los países del mundo musulmán que antes pertenecieron al Imperio Persa son escasísimos los cristianos ortodoxos. Esto se debe a que antes de la invasión musulmana los gobernantes persas persiguieron al cristianismo ortodoxo porque sospechaban que fuese un instrumento del Imperio Romano. Por esta razón, los cristianos monofisitas y nestorianos son más numerosos en esas regiones.

b) LAS IGLESIAS MONOFISITAS. Las iglesias monofisitas dentro del mundo musulmán son tres: la Iglesia Copta, la Iglesia de Armenia y la Iglesia Jacobita de Siria. La característica común de todas estas iglesias es que rechazan la autoridad del Concilio de Calcedonia y de la Epístola Dogmática del papa León. Aunque por lo general se les da el título de "monofisitas", su cristología no parece ser la misma por la que fue condenado Eutiques, y su desacuerdo con el Concilio de Calcedonia parece deberse a dificultades de comunicación así como a prejuicios profundamente arraigados. En todo caso, en el mundo musulmán las iglesias llamadas monofisitas tienen más fieles que las ortodoxas.

La cabeza de la Iglesia Copta [5] es el Patriarca de Alejandría, que reside en el Cairo, y que no ha de confundirse con el patriarca ortodoxo del mismo título. Aunque la autoridad de este patriarca se extiende a Etiopía, tal autoridad es sólo de nombre, pues la iglesia de este último país, además de ser mayor que la de Egipto, es prácticamente autónoma. Los cristianos coptos del Egipto son en su casi totalidad descendientes de la antigua iglesia cristiana que existía antes de las invasiones musulmanas. Debido a las leyes que hemos mencionado anteriormente, las conversiones al cristianismo entre los musulmanes del Egipto han sido harto escasas. Por otra parte, durante el siglo XX el surgimiento de movimientos nacionalistas unidos a la religión islámica hizo que se produjeran numerosos casos de cristianos coptos que abandonaban la fe

---

[4] *Ibid.*, pp. 40-48.
[5] *Ibid.*, pp. 201-211; A. Santos Hernández, *Iglesias...*, pp. 365-372.

cristiana para hacerse musulmanes. La Iglesia Copta cuenta aproximadamente con un millón de miembros, y guarda relaciones de comunión con los demás cuerpos monofisitas. Al igual que las otras iglesias antiguas del mundo musulmán, no se ha distinguido por su labor misionera.

En Siria,[6] a diferencia del Egipto, los monofisitas no son tan numerosos como los ortodoxos. En otro capítulo de este libro hemos visto cómo los monofisitas de Siria se extendieron hacia el Oriente, sobre todo debido a la obra de Jacobo Baradeo, en cuya memoria reciben el nombre de jacobitas. Tras la invasión musulmana, esta iglesia, al igual que las demás iglesias orientales, perdió su carácter misionero, y se dedicó a continuar su propia vida interna. Su jerarca principal es el Patriarca de Antioquía, que no reside en esa ciudad, sino en Homs, y cuyo principal subalterno es el Mafrián —título que se daba antiguamente al jefe de los jacobitas fuera del imperio romano. Además de Siria, estos cristianos se encuentran en el Oriente musulmán, especialmente en el Irak. Su número no llega a los 100.000.

Puesto que Armenia [7] forma parte de la Unión de Repúblicas Socialistas Soviéticas, la mayoría de los armenios está actualmente bajo el dominio de esa Unión y no de los musulmanes. Sin embargo, hay gran número de armenios dispersos en el Oriente musulmán así como en el resto del mundo —especialmente en Francia y Norteamérica. Su principal jerarca es el Patriarca y Católicos de Todos los Armenios, que reside en Etchmiatzin. Puesto que esta sede está dentro de los confines de la U.R.S.S., es el Patriarca y Católicos de Sis quien ejerce autoridad efectiva sobre la mayoría de los armenios que viven en el Levante. Hay fuertes comunidades armenias en Siria y el Líbano, además del Irán. Aunque antiguamente había gran número de armenios en Turquía, casi todos se han visto obligados a abandonar el país. A pesar de ello hay aún un patriarca armenio en Constantinopla. Al igual que las demás iglesias del mundo musulmán, los armenios han hecho poco trabajo misionero, aunque sí han logrado implantar el sello de la fe cristiana sobre su nacionalidad de tal manera que han mantenido esa fe a través de largas vicisitudes y repetidos exilios.

---

[6] Attwater, *op. cit.*, pp. 225-233; A. Santos Hernández, *Iglesias*..., pp. 383-389.
[7] Attwater, *op. cit.*, pp. 244-257; A. Santos Hernández, *Iglesias*..., pp. 391-400.

c) Los Nestorianos.[8] En los primeros capítulos de nuestra historia vimos cómo los nestorianos se esparcieron y lograron adeptos por todo el Cercano y Medio Oriente, y aun hasta en la China. Resulta triste descubrir que en la actualidad su número apenas pasa de los 50.000. Esto se debe a una larga y trágica historia de sujeción a poderes hostiles y de repetidas matanzas. Las últimas tuvieron lugar a principios del siglo XX, y su resultado fue que los nestorianos, que hasta entonces eran unos 100.000, quedaron reducidos a la mitad. Llevados de un lugar a otro por circunstancias políticas y por el odio de sus vecinos musulmanes, los nestorianos se encuentran actualmente en Irak y Siria, además de Irán y otros países del Cercano Oriente. A raíz de las matanzas de principios del siglo XX, un fuerte contingente de nestorianos emigró hacia Norteamérica, pero allí han tenido poca vida eclesiástica. Aunque se les conoce generalmente por el título poco encomiable de "nestorianos", el hecho es que la mayor parte de ellos no se interesa en las sutilezas teológicas que a principios del siglo V produjeron la controversia nestoriana. Hasta el día de hoy se niegan a dar a María el título de "Madre de Dios", pero su cristología no parece diferir de la de las iglesias ortodoxas. A fin de quitar de sobre ellos el estigma de "nestorianos", algunos anglicanos que trabajaban entre ellos comenzaron a darles el nombre de "asirios", por el que se les conoce en algunos libros. Ellos mismos se dan el nombre de "sirios".

Como era de esperarse dadas las circunstancias, esta iglesia tampoco ha realizado una amplia labor misionera. Las dificultades en Irak llevaron al Católicos Mar Simón XXI a refugiarse en Chipre, de donde partió en el año 1941 para los Estados Unidos, con el propósito de organizar allí la vida eclesiástica de los muchos nestorianos exiliados en ese país. A mediados del siglo XX había tenido cierto éxito limitado en Chicago.

2. *Las Misiones Catolicorromanas.*

La mayor parte del crecimiento de la Iglesia Católica en el mundo musulmán se debe a la inmigración de cristianos católicos de Europa y a la conversión al catolicismo romano de cristianos procedentes de

---

[8] Attwater, *op. cit.*, pp. 185-198; A. Santos Hernández, *Iglesias*..., pp. 314-342.

las antiguas iglesias del Oriente. La inmigración por parte de europeos católicos no se relaciona con un programa consciente de la Iglesia para su expansión. Se trata más bien de un aspecto de la gran expansión de los pueblos europeos durante los siglos XIX y XX. Puesto que los países occidentales del Mediterráneo son mayormente católicos, era de esperarse que la inmensa mayoría de quienes emigrarían hacia el mundo musulmán, y especialmente al Africa, sería católica. Naturalmente, este efecto se vio contrarrestado en algo por el creciente poderío de Gran Bretaña y los Estados Unidos, ambos países de mayoría protestante. Pero en todo caso el período que estamos estudiando vio el establecimiento de fuertes comunidades francesas e italianas en el norte y el nordeste de Africa. A estas comunidades siguieron sacerdotes y otros funcionarios eclesiásticos con el propósito de ministrar a sus necesidades religiosas. Como testimonio y consecuencia de esta expansión a través del Mediterráneo, en el año 1884 el Papa restauró el extinto episcopado de Cartago,[9] al que habían pertenecido algunos de los más ilustres cristianos de la antigüedad.

El aumento de la población catolicorromana en el Levante despertó entre sus correligionarios en Europa un nuevo interés en el mundo musulmán. Este interés se manifestó en el establecimiento por el papa Pío IX, en el año 1862, de la *Congregatio pro Negotiis Ritus Orientalis*,[10] a cuyo cargo quedaban las relaciones de la Iglesia de Roma con las antiguas iglesias orientales, y cuyo propósito principal era la sujeción de éstas a la autoridad del Papa. De esta manera, la mayor parte de las misiones romanas al mundo musulmán buscaba no tanto la conversión de los no cristianos como el paso de los cristianos disidentes a la obediencia de Roma. A veces se trataba de unir a tales cristianos conversos a las iglesias del rito latino que se habían establecido en sus países, pero la mayor parte de las veces se creaban cuerpos eclesiásticos que seguían las antiguas tradiciones orientales pero que al mismo tiempo se ajustaban a la obediencia de Roma. Cada uno de estos cuerpos eclesiásticos tenía entonces su propio patriarca y su propia liturgia.

Puesto que esta labor unionista es uno de los principales aspectos de las misiones catolicorromanas en el mundo musulmán, debemos si-

---

[9] H.E.C., VI, p. 13.
[10] L. Berg, *Die Katholischen Heidenmission als Kulturträeger*, Bd. I (Aachen, 1927), p. 172. Citado en H.E.C., VI, p. 7.

quiera mencionar algunos de los cuerpos más importantes que han surgido de ella.[11] El más antiguo de estos cuerpos es el de los maronitas, que alcanza casi a 1.000.000 de miembros y cuyos orígenes se pierden en la penumbra de la historia. Entre los armenios, los católicos han logrado reunir poco menos de 200.000 conversos, pero éstos son una pequeña porción de los 4.000.000 de cristianos armenios que hay en el mundo. Entre los nestorianos, la labor unionista de Roma dio por resultado el llamado "rito caldeo", cuyos fieles se encuentran bajo la autoridad del Patriarca de Babilonia, y son unos 100.000. De la Iglesia Ortodoxa surgen los melquitas y los "griegos". Los melquitas son unos 175.000 y se hallan bajo la autoridad de un Patriarca de Antioquía. Los "griegos" proceden de Turquía, y son sólo unos pocos millares. Por último, entre los coptos los católicos han logrado reunir un núcleo de conversos que se encuentran bajo la autoridad de un Patriarca de Alejandría y que no llegan aún a los 100.000.[12]

Las misiones catolicorromanas entre los musulmanes han tenido pocos resultados. Su trabajo ha consistido sobre todo en la institución de orfelinatos y escuelas, pero la oposición de la sociedad y frecuentemente de los gobiernos ha impedido que se imparta la enseñanza cristiana con toda efectividad. El esfuerzo más notable es el de la fundación de los "Padres Blancos", mediante la inspiración del obispo de Argel, Charles M. A. Lavigerie.[13] El propósito principal de esta organización era la conversión de los musulmanes, pero un testimonio notable de la dificultad de esta obra es el hecho de que sus más grandes logros misioneros han tenido lugar en el Africa ecuatorial, y no entre los musulmanes. Otro esfuerzo notable de la Iglesia Católica fue la fundación de la Universidad de San José, en Beirut.[14]

---

[11] A. Santos Hernández, *Iglesias...*, pp. 61 y sig., Attwater, Vol. I, *passim*.
[12] Como se ve, al hablar de los patriarcados orientales es necesario tener en cuenta la comunión a que pertenece cada patriarca, pues en cada una de las antiguas sedes hay varios patriarcas de diversas comuniones. Así, por ejemplo, el título de "Patriarca de Alejandría" puede referirse tanto al patriarca copto como al ortodoxo o al de la iglesia copta en comunión con Roma.
[13] L. Cristiani, *Le Cardinal Lavigerie* (Paris, 1961). Esta es la última obra que conocemos acerca de Lavigerie. Antes de ésta, merecen mencionarse: L. Baunard, *Le Cardinal Lavigerie*, 2 Vol. (Paris, 1896); F. Klein, *Le Cardinal Lavigerie et ses œuvres d'Afrique* (Tours, 1897); *Lavigerie: Le grand apôtre de l'Afrique* (Lille, 1914); R.P. de Préville, *Un grand français: Le Cardinal Lavigerie* (Paris, 1926); E. Renard, *Lavigerie* (Paris, 1926).
[14] H.E.C., VI, p. 43.

3. Las Misiones Protestantes.

Los dos principales precursores de las misiones protestantes en el mundo musulmán fueron Henry Martyn y Karl Gottlieb Pfander.

La labor de Martyn [15] como misionero comenzó en la India, y cuatro años después se trasladó al mundo musulmán, donde tradujo la Biblia y se dedicó a disputas teológicas con los sabios musulmanes. Su vida de total dedicación se sintetiza en las palabras que escribió en su diario al comienzo de su trabajo misionero: "Now let me burn out for God". Este ruego fue satisfecho, y murió en la Armenia en el año 1812 a causa de sus repetidos esfuerzos en pro de la obra misionera.

Pfander [16] fue enviado al Oriente por la *Church Missionary Society*. Su facilidad en el aprendizaje de idiomas era sorprendente, y pronto conocía el árabe, el persa, el turco y el armenio. Su trabajo consistió en adentrarse en los secretos del Corán y discutir con las personas cultas entre los musulmanes. Unido a las caravanas de comerciantes, iba viajando de un lugar a otro. Cuando las autoridades hicieron imposible la continuación de su obra, Pfander se dirigió al norte de la India —a lo que hoy es Pakistán— para continuar trabajando entre los musulmanes de la región. No cabe duda de que a veces su método era algo hiriente, pues sus argumentos aplastantes contra el islamismo tendían a parecer irrespetuosos ante los ojos musulmanes.[17] Pero a pesar de ello la vida de Pfander y su dedicación a la evangelización de los musulmanes contribuyeron a despertar interés en esa obra entre los cristianos de Inglaterra.

Las primeras misiones protestantes establecidas en el mundo musulmán —aparte, claro está, de las que se establecieron anteriormente en las Indias Orientales, y que hemos discutido en otro capítulo— fueron las anglicanas.[18] El propósito inicial de tales misiones era tanto la conversión de los musulmanes como la introducción de nuevas corrien-

---

[15] Henry Martyn, *Journals and Letters* (New York, 1851); C. E. Padwick, *Henry Martyn: Confessor of the Faith* (London, 1923); J. Sargent, *A Memoir of the Rev. Henry Martyn* (New York, 1822; existe una traducción holandesa de esta obra: *Het Leven van der eerwaarden Henry Martyn*, Amsterdam, 1861; y en francés; *Vie de Henri Martyn*, Genève, 1828).
[16] C. G. Pfander, *The Mizanu'l Haqq (Balance of Truth)*, (London, 1910).
[17] P. Damboriena, "Misiones protestantes entre los mahometanos", *Studia Missionalia*, XI, 1961, p. 118.
[18] *Ibid.*, pp. 120-123.

tes de pensamiento y de actividad en las antiguas iglesias orientales, para que éstas a su vez se sintieran llamadas a una labor misionera. El primer aspecto de esta obra era en extremo arduo, y el segundo, a pesar de sus buenas intenciones, tendía a crear dentro de las iglesias orientales tensiones que no podían sino culminar en cismas. Para llevar a cabo esta obra se estableció un centro en la isla de Malta, donde se producía literatura que era enviada a los países musulmanes. En el año 1840, y dando con ello prueba palpable de que se había llegado a la conclusión de que era necesario instituir una iglesia anglicana, se estableció un obispo en Jerusalén. Pero aún entonces éste se dedicaba sobre todo a trabajar entre los musulmanes y los judíos, y es notable el hecho de que el primero en ocupar esta sede fue un judío convertido. Este episcopado fue criticado severamente por los partidarios del anglocatolicismo, mientras que los anglicanos de tendencias más protestantes afirmaban que era un paso necesario. Más tarde el obispo en Jerusalén fue elevado al rango de arzobispo.

Aparte del anglicanismo, la iglesia protestante que más ha trabajado y que mejores resultados ha logrado entre los musulmanes es la presbiteriana.[19] Su trabajo comenzó en el Egipto a mediados del siglo XIX. Aunque su propósito al principio era renovar la Iglesia Copta, el resultado fue la aparición de un cisma dentro de esta iglesia, y la consiguiente fundación de una iglesia evangélica. Esto trajo dificultades con la Iglesia Copta, con la cual fue difícil cooperar durante muchos años. En el Egipto, la Iglesia Presbiteriana organizó numerosos hospitales y escuelas, y se dedicó al adiestramiento de un pastorado egipcio. Un historiador católico ha escrito las siguientes palabras:

> Aunque la inmensa mayoría de sus seguidores proceden de las iglesias cópticas, no faltan unos pocos convertidos del islamismo. El presbiterianismo se ha distinguido en Egipto por las numerosas obras educativas, benéficas y sociales emprendidas en favor de la población... En la actualidad varias de estas obras pasan por un período crítico. Las autoridades gubernativas han cerrado una buena parte de sus escuelas y colegios.[20]

---

[19] *Ibid.*, pp. 123-126.
[20] *Ibid.*, p. 123.

Además de en Egipto, las misiones presbiterianas han sido fuertes en Siria y el Líbano, así como en Pakistán. La iglesia que surgió de la obra presbiteriana en Siria y Líbano recibe el nombre de Sínodo Nacional Evangélico de la Provincia de Siria y el Líbano. Además, los presbiterianos tienen obra en Irak y Sudán, aunque ésta ha tenido resultados menos amplios que las anteriores.

Las demás denominaciones protestantes tienen en el mundo musulmán trabajo menos extenso que el anglicanismo y el presbiterianismo.

Como en otros tantos campos misioneros, han aparecido en el mundo musulmán diversos grupos que no se relacionan directamente con una iglesia determinada. Uno de éstos es la *North Africa Mission*, cuyo carácter es semejante al de la *China Inland Mission*, y que trabaja especialmente en Marruecos. Hay además numerosos grupos pentecostales que parecen florecer, aunque es difícil determinar si su incremento se debe a la conversión de musulmanes al cristianismo o a la atracción que tales grupos ejercen sobre personas ya cristianas.

Otra fuente importante de obra misionera entre los musulmanes son las sociedades bíblicas, especialmente la británica, aunque en los últimos años una porción creciente del trabajo de distribución de la Biblia ha quedado en manos de las sociedades americanas.

Hay también una potente estación de radio en Etiopía cuyo propósito es trasmitir programas cristianos hacia el mundo musulmán sin encontrarse sujeta a las vicisitudes y restricciones de la política y los gobiernos de los países musulmanes. También es interesante notar que del norte de Africa se transmiten hacia España programas protestantes.

Como juicio general sobre las misiones protestantes en el mundo musulmán podemos citar de nuevo al Padre Damboriena:

> En nuestro recorrido por países musulmanes, hemos comprobado la hermosa labor de nuestros hermanos separados por medio de instituciones benéficas y educativas. Las primeras cubren una extensa gama que va desde los grandes "Hospitales Americanos", hasta los botiquines de tugurio, pasando por clínicas ambulantes, lanchas motoras médicas, etc. Nadie duda por un momento de la dosis de abnegación y de calidad cristiana escondida en esos hombres y mujeres que consagran sus vidas a hacer bien a sus prójimos. Pero, además, aquella caridad practicada en nombre de Cristo, se convierte pronto en un medio de apostolado eficaz para mover

los corazones. Los hondos prejuicios acumulados durante generaciones caen por tierra al contacto con la mano bondadosa del buen samaritano.[21]

Según el propio Padre Damboriena, los misioneros protestantes en el mundo musulmán eran en el año 1961 unos 500 —esta cifra, sin embargo, incluye también el esfuerzo misionero entre los mahometanos en las Indias Orientales.

Por último, debemos señalar el esfuerzo misionero protestante entre los numerosos judíos del Cercano Oriente. La mayor parte de este esfuerzo fue realizado por la *London Society for Promoting Christianity amongst the Jews*,[22] fundada en el año 1809 para trabajar en pro de la conversión de los judíos de Abisinia, pero que laboró también en Marruecos, Túnez, Argelia, Arabia y otros países del mundo musulmán. Además, la Iglesia de Escocia estableció una misión para los judíos en Alejandría, y la *American Board* hizo lo propio en Turquía. Entre los misioneros protestantes a los judíos merecen especial mención Joseph Wolff y Henry Aaron Stern, ambos de origen judío.

B. LA IGLESIA DE ETIOPIA

Antes de pasar a discutir las misiones católicas y protestantes en el Africa ecuatorial y del sur, debemos recordar la existencia de un fuerte número de cristianos de fe monofisita en Etiopía. Los orígenes de esta iglesia, según hemos señalado anteriormente, se remontan al siglo IV. Aunque algunos piensan que la conversión de Etiopía fue en extremo superficial, el hecho es que la iglesia de ese país, separada del resto de la cristiandad por las invasiones musulmanas, pudo subsistir a través

---

[21] *Ibid.*, pp. 128-129.
[22] W. T. Gidney, *The History of the London Society for Promoting Christianity amongst the Jews* (London, 1908); del mismo autor, *Sites and Scenes: A Description of the Oriental Missions of the London Society for Promoting Christianity amongst the Jews* (London, 1897).

de toda la Edad Media y aun hasta nuestros días. En el año 1960 la Iglesia de Etiopía contaba con unos 8.000.000 de fieles, mientras que había en el país 6.950.000 musulmanes, 909.000 paganos, 62.500 católicos y 16.000 protestantes.[23] El incremento de la población musulmana no se debía a la conversión de cristianos al Islam, sino a la inmigración de personas que eran anteriormente mahometanas. En todo caso, la iglesia etíope no se distinguió por su interés misionero, y para nuestra historia basta con mencionar su presencia y señalar el hecho de que hubo intentos por parte de los católicos, y aun de los ortodoxos rusos, de lograr la conversión de los etíopes a su fe. Hubo también misioneros protestantes tanto entre los paganos y mahometanos como entre los cristianos etíopes, aunque el propósito de las misiones entre estos últimos fue casi siempre el de lograr un despertar en la iglesia nacional más bien que el de fundar nuevas iglesias protestantes.

C. LAS MISIONES PROTESTANTES EN EL ÁFRICA NEGRA

A principios del siglo XIX el interior del Africa era desconocido para el hombre blanco. Aparte de la franja musulmana del norte del continente, y de las colonias que habían establecido en las costas algunas potencias europeas, Africa era suficientemente desconocida para merecer el título de "el continente negro". Incluso las antiguas colonias portuguesas a que nos hemos referido en un capítulo anterior estaban casi abandonadas, especialmente en lo que al trabajo misionero se refiere. Aunque Portugal reclamaba para sí buena parte del territorio del interior de Africa, lo cierto era que nunca había logrado explorar esos territorios. Sin embargo, el Africa no podía dejar de sentir las consecuencias del gran impulso misionero del siglo XIX. Las campañas en Inglaterra contra el tráfico de esclavos, el interés colonizador de las grandes potencias marítimas, el afán de explorar y descubrir nuevas

---

[23] E. Dessarre, *L'Afrique Noire Chrétienne* (Paris, 1960), p. 9.

tierras que hervía en la sangre europea de esos años, y sobre todo el impulso misionero, no podían sino penetrar los enigmas del continente africano. Si se hace caso omiso de los pequeños núcleos católicos en Angola y Mozambique —que estaban casi totalmente abandonados por la Iglesia y carentes de sacerdotes— fueron los protestantes quienes primero comenzaron la expansión de su fe en el Africa. En la fundación de Liberia y Sierra Leona se conjugaba el interés por devolver los esclavos liberados a su continente de origen con la esperanza de que fueran punto de partida para la expansión de la fe que habían adquirido de sus antiguos amos. En la colonización holandesa y británica en el sur de Africa los propósitos religiosos no eran preponderantes, pero pronto hubo sociedades misioneras que vieron en esa colonización una oportunidad para penetrar al continente negro. Durante todo el siglo XIX, fueron misioneros como Roberto Moffat y David Livingstone —y hombres inspirados por ellos, como Henry M. Stanley— quienes abrieron camino al comercio y la civilización occidentales, al mismo tiempo que hacían todo lo posible por evitar los desmanes y crueldades que producía el tráfico de esclavos. Aun en el siglo XX hubo misioneros protestantes que hicieron mucho por el desarrollo físico y espiritual del Africa, y entre los cuales merece citarse, más por ser un símbolo que por ser el único, Alberto Schweitzer.

1. La fundación de Liberia y Sierra Leona.

En Inglaterra, y debido sobre todo a la influencia de la fe cristiana, surgió primero en Europa el sentimiento antiesclavista. Como consecuencia de ese sentimiento el Parlamento aprobó leyes y el país siguió políticas que a la larga obligaron al resto de las potencias europeas a abandonar el tráfico de esclavos. Además se hizo todo lo posible por devolver al Africa a quienes habían sido arrancados de ella por la fuerza. Este esfuerzo comenzó en el año 1787, cuando los ingleses llevaron al territorio de Sierra Leona el primer contingente de esclavos liberados. Más tarde llegaron otros colonos negros procedentes de Norteamérica, donde los movimientos antiesclavistas de Inglaterra se hacían sentir. Debido a su conexión estrecha con la Gran Bretaña, era de esperarse que pronto comenzaran los misioneros ingleses a trabajar en Sierra Leona, y esto fue lo que sucedió cuando la *Church Missionary*

Society comenzó a trabajar allí —de hecho, Sierra Leona fue el primer campo misionero de esa sociedad anglicana. El resultado de esta obra fue la llamada *Sierra Leona Pastorate Church*, que es independiente de la Iglesia Anglicana pero guarda comunión con ella. También los metodistas establecieron misiones prósperas en Sierra Leona. Más tarde penetraron otros grupos protestantes, así como la Iglesia Católica, pero éstos no lograron el arraigo que tenían la *Pastorate Church* y el metodismo.[24]

El origen de Liberia fue semejante, aunque posterior, al de Sierra Leona. Liberia fue uno de los resultados de la fuerte campaña antiesclavista en los Estados Unidos que sacudió al país durante toda la primera mitad del siglo XIX y cuya culminación fue la emancipación de los esclavos y una sangrienta guerra civil. En el año 1822, antes de que se aboliera la esclavitud, llegó a Liberia el primer contingente de esclavos libertos, enviado allí por un grupo de personas inspiradas por su fe cristiana. Más tarde vinieron otros, hasta llegar a formar un fuerte núcleo de población. Tras veinticinco años de dependencia de Norteamérica, esta última concedió la independencia a Liberia en el año 1847. Puesto que muchos de los antiguos esclavos norteamericanos que se establecieron en Liberia eran bautistas, era de esperarse que buena parte de la población de la nueva nación perteneciera al mismo grupo religioso. Además, las diversas sociedades misioneras bautistas de los Estados Unidos se ocuparon desde muy temprano de enviar misioneros, tanto blancos como negros, a Liberia. También los diversos grupos metodistas, así como la Iglesia Episcopal, lograron gran número de adherentes entre los colonos negros de Liberia.[25]

Es interesante notar que el experimento de Liberia sirvió para despertar un vivo interés misionero en los Estados Unidos. Prueba de ello es el hecho de que los primeros misioneros, tanto de la Iglesia Metodista Episcopal como de la agencia presbiteriana *Western Foreign Missionary Society*, fueron a Liberia.[26]

Además de los esclavos libertos que se establecieron en las costas de Liberia y Sierra Leona, había allí habitantes que se replegaron hacia

---

[24] J. Richter, *Geschichte der Evangelischen Mission in Africa* (Gütersloh, 1922), pp. 71-85.
[25] *Ibid.*, pp. 85-93.
[26] H.E.C., V, 451.

el interior del continente. Desde muy temprano se realizaron esfuerzos por alcanzar a esas personas. Tanto las sociedades misioneras británicas y norteamericanas como los cristianos de Liberia y Sierra Leona se dedicaron a esta labor misionera. El resultado fue que en el siglo XX Liberia era uno de los países del Africa en que había mayor proporción de cristianos, y del cual partieron misioneros hacia otros países del Africa.

2. *La Colonización Europea en el Africa del Sur.*

Aunque sus motivos propulsores no fueron esencialmente religiosos, debemos señalar aquí la presencia de un fuerte contingente de inmigrantes europeos protestantes en el sur del continente africano. Durante el siglo XVIII la mayor parte de estos inmigrantes procedía de Holanda, pero cuando en el año 1795 el territorio pasó a manos británicas, comenzaron a llegar inmigrantes ingleses y escoceses. Había además cierto número de hugonotes franceses. La presencia de estos diversos grupos produjo tensiones que en ocasiones dieron en el conflicto armado. Además, como sucedía en Australia, los colonos blancos veían a los aborígenes del continente como obstáculos a sus intereses económicos, y a menudo no parecían tener otro interés hacia ellos que el de exterminarlos. Al igual que en la colonización de América por parte de España, la Iglesia y las distintas organizaciones cristianas hicieron mucho por aliviar la situación de los habitantes originales del país. Sin embargo, en el siglo XX los habitantes blancos de la Unión de Africa del Sur eran conocidos en todo el mundo por su política inhumana ante la presencia de sus hermanos negros, y varias organizaciones eclesiásticas apoyaban esa política —o al menos no se oponían a ella.

Al principio, los colonos blancos del sur de Africa se limitaron a conservar su antigua fe. El resultado de esto fue el establecimiento en esa región de la Iglesia Anglicana y de la Iglesia Reformada Holandesa. Aunque la mayoría de sus miembros no se preocupaba por su responsabilidad misionera, pronto aparecieron en estas iglesias quienes tomaron en serio tal responsabilidad y emprendieron el trabajo de la predicación a los habitantes de raza negra. En esta obra participaron también misioneros de otras iglesias, procedentes sobre todo de la Gran Bretaña y de los Estados Unidos.

En cuanto a los métodos de aquellas primeras misiones, resulta interesante citar las siguientes líneas, tomadas del diario de un holandés para el año 1758:

> Abril 17. — Comenzamos a tener escuela para los jóvenes esclavos, bajo la responsabilidad del capellán. Para estimular a los esclavos a atender en la escuela, y para inducirles a aprender las oraciones cristianas se le prometió a cada uno que al terminar su tarea se le daría un vaso de brandy y dos pulgadas de tabaco.[27]

3. Las Misiones a partir de la Colonización en el Africa del Sur. David Livingstone y su Influencia.

Los colonos holandeses en el Africa del Sur no se ocuparon de la propagación de su fe más allá de las fronteras de sus propias colonias. Muchos de ellos se ocuparon de la evangelización de sus propios esclavos, pero fueron pocos los que se preocuparon por cristianizar a los africanos que aún conservaban su libertad. Lentamente, y en parte debido al ejemplo de otros cristianos, las iglesias holandesas de Africa del Sur comenzaron a interesarse en la obra misionera, y llegaron a establecer trabajo en Rodesia, Niasalandia y Nigeria.

Sin embargo, Johannes Theodorus van der Kemp,[28] el más notable de los misioneros holandeses, no trabajó bajo los auspicios de la Iglesia Reformada Holandesa, sino de la *London Missionary Society*. Van der Kemp fue el primer misionero de esa sociedad en el Africa, y debido a su ejemplo la *London Missionary Society* pudo contar con un crecido número de misioneros distinguidos, entre ellos el notabilísimo David Livingstone. Van der Kemp sentía un gran aprecio por la vida y las costumbres de los africanos, hasta el punto de pensar que las mismas tenían grandes ventajas sobre las que seguían los europeos. Su ejemplo fue imitado por varios misioneros que, al igual que él, adoptaron en su casi totalidad las costumbres africanas y contrajeron matrimonio con mujeres oriundas del continente. Otros misioneros destacados de la

---

[27] Citado en: J. Du Plessis, *A History of Christian Missions in South Africa* (London, 1911), p. 30.
[28] D. C. van der Kemp, *Levensgeschiedenis van Johannes Theodorus van der Kemp* (Amsterdam, 1864), *passim*.; A. D. Martin, *Doctor Vanderkemp* (Westminster, 1931), *passim*.

London Missionary Society fueron John Philip [29] y Roberto Moffat.[30] Ambos se hicieron conocer por su oposición al tráfico de esclavos y por su devoción y amor sincero hacia los africanos. Roberto Moffat fue el instrumento que Dios utilizó para llamar a David Livingstone al trabajo misionero en Africa. Más tarde éste contrajo matrimonio con una hija de Moffat.

David Livingstone fue sin lugar a dudas el más notable misionero en el Africa.[31] Nació en un humilde hogar de Escocia en el año 1813. Los escasos recursos económicos de su familia no le permitieron gozar durante su niñez de una educación formal, y tuvo que comenzar a trabajar en un telar a los diez años de edad. Su interés en la lectura era tal que, al tiempo que trabajaba, colocaba un libro frente a sí. Por las noches, tras una larga jornada de trabajo, asistía a la escuela durante dos horas. De este modo logró una educación fundamental que le permitió emprender estudios médicos y teológicos cuando se sintió llamado al trabajo misionero. Al principio su propósito era partir hacia la China, pero ciertas dificultades en la realización de ese proyecto, y la influencia de Roberto Moffat durante una de las visitas de éste a la Gran Bretaña, le llamaron al Africa.

David Livingstone llegó a la Ciudad del Cabo a principios del año 1841, y pasó los primeros años de su trabajo misionero bajo la dirección de Roberto Moffat, que había establecido un centro misionero en Kurumán. Sus primeros años en Africa fueron los más sedentarios de toda la vida de Livingstone en ese continente. Tras trabajar algún tiempo con Moffat contrajo matrimonio con su hija María, de la que tuvo cuatro hijos. Incluso durante ese período mostró su interés en ir siempre allende las fronteras del mundo conocido. Realizó varios viajes de cientos de millas a partir de Kurumán, casi siempre sobre el lomo de un buey, pero a menudo su energía era tal que los bueyes se cansaban y tenía que continuar su camino a pie. En estos viajes Livingstone

---

[29] J. Philip, *Researches in South Africa* (London, 1828).
[30] R. Moffat, *Missionary Labours and Scenes in Southern Africa* (London, 1842); *The Matabele Journals of Robert Moffat* (London, 1945); J. S. Moffat (hijo de R. Moffat), *The Lives of Robert and Mary Moffat* (London, 1886); la mejor biografía reciente es: W. C. Northcott, *Robert Moffat: Pioneer in Africa, 1817-1870* (London, 1961).
[31] La bibliografía acerca de Livingstone es inmensa. Véase la que aparece en: G. Seaver, *David Livingstone: His Life and Letters* (New York, 1957), pp. 634-635.

llevaba el impulso de una profunda curiosidad hacia lo desconocido, pero también y sobre todo el deseo de predicar el Evangelio a los cientos de tribus que aún no lo habían escuchado. Una de las cosas que más le desalentaban era la tendencia de muchos misioneros a permanecer cerca de los centros de civilización, sin tratar de penetrar el Africa con su mensaje redentor.

Tras pasar unos once años con su suegro Moffat, Livingstone decidió emprender viajes más ambiciosos. Ya había atravesado repetidamente el desierto de Kalajari, y descubierto el lago Ngami —que más tarde se secaría y daría lugar a amplias llanuras aptas para el pastoreo. En uno de los viajes a través del Kalajari Livingstone perdió uno de sus hijos, y en otro toda su familia estuvo en grave peligro. Esto le hizo tomar la decisión de enviarles a la Gran Bretaña antes de emprender su gran viaje a través del Africa. Comenzó entonces sobre el lomo de su buey Simbad, y a menudo en canoas por los grandes ríos africanos, un viaje que le llevó a través de todo el continente. En este viaje descubrió las cataratas que llamó Victoria en honor de la reina de Inglaterra. Repetidamente —un total de 27 veces— fue atacado por fiebres capaces de matar a un hombre de menos resistencia que la suya. En cada aldea donde llegaba establecía magníficas relaciones con los habitantes del país, en parte debido a su conocimiento médico, pero sobre todo por razón de su carácter dulce, afable y respetuoso. A través de Africa, Livingstone fue dejando una estela de admiradores. Un ejemplo notable del carácter de Livingstone y de su respeto hacia los africanos fue el hecho de que, cuando llegó a la costa y se encontró allí un barco dispuesto a llevarle a la Gran Bretaña, se negó a embarcar en él porque había prometido al jefe de los africanos que le acompañaban que les llevaría de regreso a sus hogares. A pesar de las dificultades del viaje, Livingstone resistió la tentación que se le ofrecía y regresó con sus cargadores. Gestos como éste crearon entre los africanos un sentimiento de confianza hacia él que llegó a convertirse en una leyenda que se extendía aun a lugares que él nunca visitó.

Cuando Livingstone regresó por primera vez a la Gran Bretaña tras dieciséis años de ausencia, las noticias de sus viajes le habían precedido y se le trató como a un héroe nacional. Sus narraciones acerca de las maravillas y oportunidades del Africa y su reto a la conciencia cristiana hicieron que pronto se ofrecieran numerosos jóvenes para continuar el trabajo misionero.

Debido a la influencia de Livingstone en este viaje se organizaron varios grupos de interés misionero, especialmente el de las Misiones Universitarias, que surgió de un discurso suyo en la Universidad de Cambridge y que más tarde tendría gran importancia en la proclamación del mensaje cristiano en el Africa.

Por otra parte, las vívidas descripciones de Livingstone acerca del tráfico de esclavos y los sufrimientos que acarreaba en el interior del continente contribuyeron a avivar la llama del movimiento antiesclavista, aunque por lo pronto sus resultados no fueron visibles.

Al regresar al Africa, Livingstone lo hizo bajo los auspicios del gobierno británico, y no de la *London Missionary Society*. Se trataba de dirigir una expedición que debía navegar por el río Zambeze con el propósito de abrir rutas comerciales hacia el interior del continente. Livingstone estaba convencido de que la mejor manera de detener el tráfico de esclavos era establecer un tipo de comercio que, al mismo tiempo que más humano, fuese también más lucrativo. Por otra parte, Livingstone no compartía totalmente el sentimiento de van der Kemp según el cual la vida primitiva de los africanos era superior a la de los europeos. Había visto demasiado sufrimiento que podría ser aliviado con sus propios conocimientos médicos para dejarse llevar por tal romanticismo. El creía en la necesidad de llevar al Africa los adelantos técnicos y médicos del mundo occidental, pero no creía en una superioridad implícita de todo lo occidental por encima de lo africano. Al contrario, apreciaba grandemente muchas de las costumbres y virtudes de los africanos, y trataba de buscar un medio para que éstos pudiesen establecer con el hombre blanco relaciones cordiales distintas a las que producía el tráfico de esclavos. Por esta razón veía su expedición al Zambeze bajo los auspicios del gobierno británico como parte de su trabajo misionero.

La expedición de Livingstone por el Zambeze fracasó. El río no resultó ser tan fácilmente navegable como él había creído. El vapor que el gobierno le facilitó para la excursión era totalmente inadecuado, y a menudo sufría averías que eran difíciles de reparar en el interior del continente. Las relaciones entre Livingstone y la mayoría de sus acompañantes blancos se hicieron cada vez más tensas. A la postre, la expedición se abandonó y Livingstone, en otro viaje memorable, llevó su vapor hasta la India, para allí venderlo. En el entretanto, su esposa había muerto en la Gran Bretaña.

En 1864 Livingstone regresó a las Islas Británicas para allí contar los sufrimientos inhumanos que producía el tráfico de esclavos, y crear entre el público británico el estado de conciencia que más tarde llevaría a la abolición de ese tráfico.

Durante toda su vida Livingstone estuvo profundamente interesado en descubrir las fuentes del Nilo. Creía que así podría comprender mejor todo el sistema de drenaje del Africa, y establecer nuevos medios de comunicación entre el Mediterráneo y el corazón del continente. En el año 1866 regresó al Africa con el propósito de emprender una nueva expedición en busca de las fuentes del Nilo. En esta ocasión, como en tantas otras, no llevaba acompañante europeo alguno, sino que viajaba con un grupo de fieles servidores africanos. De nuevo encontró numerosas aldeas destruidas a consecuencia del tráfico de esclavos, y de nuevo escribió cartas en las que describía las tragedias de ese comercio. Dos años pasó internado en el continente, hasta que regresó a la población de Ujiji, en la región del lago Tangañica, cuando ya todos le daban por muerto. Allí le encontró pocos días después el norteamericano Henry M. Stanley, enviado por un diario de los Estados Unidos con el propósito de buscarlo. Stanley y Livingstone pasaron unos pocos meses juntos, y la impresión del viejo misionero sobre el joven periodista fue tal que éste dedicó el resto de sus días a la exploración del Africa.

Aunque Stanley hizo todo lo posible por persuadir a Livingstone a regresar a Inglaterra, éste permaneció firme en su decisión de dedicar el resto de su vida a explorar el continente africano y predicar a quienes aún no habían oído el Evangelio. Fue así que partió en el último de sus viajes, que duró diez meses de penalidades y hacia el fin del cual tuvo que ser cargado por sus fieles servidores africanos. El día 1º de mayo de 1873 éstos le encontraron muerto de rodillas junto a su cama y, siguiendo sus instrucciones, enterraron su corazón en tierra africana y cargaron su cuerpo hasta la costa, de donde fue llevado a la Gran Bretaña para ser enterrado en la Abadía de Westminster. En el día de hoy, junto a las cataratas de Victoria, que él descubrió, se alza una estatua de Livingstone en gesto de marcha, como un memorial del modo en que su espíritu infatigable imprimió su sello sobre el continente africano. Su recuerdo vive aún en muchas tribus y aldeas, sin que el creciente sentimiento nacionalista y la repulsión muchas veces justificada hacia el hombre blanco hayan logrado borrarlo.

El interés multiforme de Livingstone como misionero, como explorador y sobre todo como benefactor de los africanos puede verse en las siguientes líneas de una carta suya a su cuñado John Smith Moffat, quien, como su padre, fue un notable misionero en el Africa:

> ¿Practican las avestruces la monogamia o la poligamia? Trata de contar con tu reloj los pasos que dan cuando corren a toda velocidad y luego mide el largo de cada paso. Trata de descubrir la raíz y la planta mediante la cual los hotentotes hacen fermentar su bebida. ¿Hay realmente algo irreligioso en la Boguera (ceremonia de iniciación)? ¿O es algo más que un mero rito político? ¿Hay algo además de lana que pueda ser una inversión útil para los bechuanas, que haría que su tierra produjese más y les ayudaría a establecerse en ella?... Anota las enfermedades para poder recomendar el clima a los enfermos. Es necesario hacer algo para evitar que los boers se adueñen de la tierra...[32]

Además de la influencia que Livingstone ejerció en el Africa, las noticias de sus expediciones y obra misionera hicieron que se produjese en Europa y los Estados Unidos un inmenso movimiento dirigido hacia el Africa. En buena medida por razón de su muerte y de la obra que él había hecho en vida, la Gran Bretaña utilizó su poderío para poner fin al tráfico de esclavos en el sufrido continente africano. Aunque los moravos, metodistas y bautistas habían estado trabajando antes en el Africa, las noticias de Livingstone y especialmente del drama de su muerte, dieron nuevo ímpetu a sus empresas misioneras. Varias denominaciones comenzaron a proyectar misiones en el Africa a raíz de la obra de Livingstone.

Un contemporáneo de Livingstone que también tuvo gran influencia en la penetración del cristianismo hacia el centro del Africa fue Cecil Rhodes, en cuyo honor Rodesia lleva su nombre. Al igual que Livingstone, Rhode era inspirado por un profundo sentido de responsabilidad cristiana y de compasión hacia los africanos, e hizo mucho por abrir el continente negro al tráfico y las misiones procedentes del mundo blanco. Rhodes se inclinaba más a pensar en términos de cierta superioridad por parte de los hombres blancos, a quienes en consecuencia

---

[32] Citado en: Northcott, *Livingstone in Africa* (London, 1957), p. 48.

tocaba la responsabilidad de dirigir a los africanos por los caminos del progreso. En esto difería de Livingstone, quien, tras haber visto los desmanes del tráfico de esclavos, no podía pensar del hombre blanco en tales términos. Pero también Rhodes estaba animado de un profundo espíritu cristiano, que contribuyó a dar a la colonización británica emprendida por su inspiración cierto carácter menos brutal y más humano.[33]

Livingstone fue sólo uno de los muchos misioneros que contribuyeron a penetrar en el continente africano con el mensaje evangélico. Naturalmente, tras ellos seguían los colonos y comerciantes, cuyos intereses no eran siempre tan humanitarios. Pero es necesario señalar que la presencia de la empresa misionera contribuyó a hacer más llevadero el impacto del mundo blanco sobre el mundo negro, que hubiera tenido lugar aun sin la presencia de los misioneros, y hubiera sido entonces mucho más despiadado.

D. LAS MISIONES CATOLICAS EN AFRICA

Aunque los católicos se habían establecido en el Africa mucho antes que los protestantes —en las colonias portuguesas de Angola y Mozambique— su trabajo misionero en ese continente había quedado prácticamente abandonado, y no fue sino después de las exploraciones y labores de los primeros protestantes, y en parte como reacción frente a ellas, que la Iglesia Católica se ocupó activamente del trabajo en el Africa.

Los proyectos de penetración católica se movían en tres direcciones: a partir del occidente, del oriente y del norte. Esto marca un contraste claro con las misiones protestantes, que partieron principalmente desde el sur, aunque hubo también fuertes núcleos protestantes en Liberia y Sierra Leona.

En el occidente, la Iglesia Católica estableció en el año 1842 el Vicariato Apostólico de las Dos Guineas, que trabajó principalmente

---

[33] Esto, hasta que en el siglo XX los colonos blancos de Rodesia, inspirados por sus vecinos de la Unión de Sudáfrica, intentaron establecer un estado basado en la supremacía de los blancos por encima de la mayoría negra.

en el Gabón, Angola y el Congo. De estas primeras misiones la que más penetró hacia el interior del continente fue la de Landana, en el Congo, y aun ésta no muy profundamente.[34]

En el oriente, la Iglesia Católica estableció en el año 1860 la Prefectura Apostólica de Zanzíbar, cuyo propósito era usar esta isla como punto de partida para la penetración del continente africano. Es interesante notar que éste era el mismo plan de la *Church Missionary Society* anglicana, que se estableció en Zanzíbar en el año 1876 y que trabajó en el continente africano antes que los misioneros católicos procedentes de la misma isla.[35]

El proyecto de evangelización del Africa central a través de misiones que debían remontar el Nilo se halla íntimamente ligado con el nombre y la vida del Padre Daniel Comboni. Este sentía una profunda pasión por la evangelización del Africa central. Puesto que varios intentos anteriores habían fracasado debido a que muchos misioneros morían víctimas de las fiebres y de las inclemencias del clima, se había optado por llevar africanos a Europa y allí prepararlos. Este plan fracasó también, pues los africanos adaptados a la vida en Europa resultaban incapaces de una nueva adaptación a su tierra. Por esta razón Comboni concibió el plan de establecer varios centros alrededor del continente, en sitios en que las condiciones no fuesen demasiado inhóspitas para los europeos, pero que tampoco arrancasen a los africanos del contacto con los suyos. En tales centros debían prepararse africanos que luego trabajarían entre sus hermanos de raza. Aunque Comboni recibió el apoyo moral de Roma y de la *Sacra Congregatio de Propaganda Fide*, no logró el apoyo material necesario para la fundación de los diversos centros que proyectaba, y debió contentarse con sólo uno, bajo su dirección personal. A través de toda su vida Comboni se dedicó a este trabajo, aunque sus resultados no fueron tantos como los que él esperaba, ya que nunca recibió ayuda de Roma.[36]

Fue cuando llegaron a Roma y a otras capitales católicas del continente europeo las noticias de las expediciones de Livingstone y de la obra de otros protestantes, que los católicos comenzaron a preocuparse

---

[34] M. B. Storme, "La pénétration missionnaire en Afrique équatoriale", *Studia Missionalia*, VII (1953), p. 300.
[35] *Ibid.*, p. 301.
[36] *Ibid.*, pp. 302-303.

activa y seriamente por el trabajo misionero en el Africa. Aun entonces, la *Sacra Congregatio de Propaganda Fide* trabajaba independientemente del rey Leopoldo II de Bélgica, quien tenía verdadero interés en el desarrollo de las misiones católicas en el centro de Africa, pero carecía de la confianza de la *Propaganda*.

Inspirado por los descubrimientos de Livingstone, Stanley y otros, Leopoldo II convocó en el año 1876 una Conferencia Internacional de Geografía, que se reunió en Bruselas.[37] El resultado de esta conferencia fue la organización de una Asociación Internacional Africana, cuyo propósito era la penetración del continente, llevando a él las supuestas ventajas de la civilización occidental. Aunque la Asociación creía que la predicación del Evangelio era una de las bases necesarias para su tarea, afirmó su carácter laico, y declaró que el trabajo misionero quedaba propiamente en manos de las iglesias, y que la Asociación misma no debía ocuparse de él. Con gran realismo, y dándose cuenta de que la mayor parte del trabajo de exploración africana estaba siendo llevada a cabo por protestantes, el rey Leopoldo, aunque personalmente favorecía el trabajo misionero de los católicos, accedió a la creación de esta asociación de carácter laico, y aceptó su presidencia. La *Sacra Congregatio de Propaganda Fide*, en lugar de cooperar con los propósitos de la Asociación Internacional Africana, se mostró suspicaz de ella, especialmente después que el obispo Lavigerie —a quien ya hemos visto como el fundador de los Padres Blancos en el norte de Africa— presentó un informe en el cual declaraba que la Asociación no era sino un frente mediante el cual los protestantes trataban de lograr el apoyo de católicos confiados —entre ellos el rey de Bélgica.[38]

Durante todo el siglo XIX las misiones católicas en el Congo se caracterizaban por el modo en que la presencia de misioneros protestantes, o el temor a esa presencia, las aguijoneaban. Lavigerie se mostraba suspicaz hacia la Asociación Internacional Africana porque ésta estaba dispuesta a permitir la entrada de misioneros protestantes en el Africa. Sus Padres Blancos fueron una de las principales fuerzas misioneras católicas en el Africa, pero en más de una ocasión parecían estar más interesados en competir con los misioneros protestantes que en la evangelización de las muchas tribus animistas del continente.

[37] *Ibid.*, pp. 306-308.
[38] *Ibid.*, p. 312.

Algo semejante puede decirse acerca de los Padres del Espíritu Santo, que fueron otra de las principales órdenes que trabajaron activamente en las misiones africanas. Aunque estos misioneros se habían establecido en Landana antes de la penetración de la región por parte de los protestantes, cuando en el año 1877 Stanley abrió el camino hacia el interior del Africa a través del río Congo, la principal motivación misionera de esta orden parece haber sido la "extrema importancia de que se establezcan misiones prontamente en Stanley-Pool y en el Alto Ogoué, antes de que los ministros del error y de la mentira vengan a infectar esas regiones con sus doctrinas perversas".[39] Antes de que estos misioneros católicos siguieran la ruta de Stanley, se habían establecido en ella los bautistas británicos y la *Livingstone Inland Mission* (una organización que había surgido debido a la inspiración de Livingstone y de la *China Inland Mission*). Cuando los católicos siguieron en sus pasos, buena parte de su trabajo fue de competencia más bien que de simple evangelización.

Durante toda la segunda mitad del siglo XIX las misiones católicas en el Africa se vieron obstaculizadas y debilitadas por repetidos conflictos de jurisdicción. Cuando la *Sacra Congregatio de Propaganda Fide* decidió conceder a los Padres Blancos el derecho a establecerse en lo que antes había sido, al menos nominalmente, territorio bajo la jurisdicción del vicariato de Comboni, éste calificó esa decisión como "un fortísimo dolor de muelas", que no desapareció hasta su muerte.[40] También los padres del Santo Espíritu tuvieron varios conflictos de jurisdicción con los Padres Blancos.

Todo esto se complicó porque las diversas potencias de Europa trataban de establecerse en el Africa y temían que la presencia de misioneros procedentes de potencias rivales sirvieran de avanzada a sus intereses políticos. Portugal reclamaba aún los antiguos derechos del padroado que le habían sido concedidos a raíz de sus descubrimientos y conquistas, pero que en el siglo XIX, debido a la decadencia del poderío portugués, eran un impedimento más bien que una ayuda a las misiones católicas. Francia y Bélgica se disputaban el dominio del valle del Congo, y Portugal, a pesar de su debilidad política, militar y económica, hacía demandas territoriales. Inglaterra estuvo dispuesta a ce-

[39] *Ibid.*, p. 318.
[40] *Ibid.*, p. 316.

der sus pretensiones coloniales en el Africa ecuatorial a favor de Portugal, siempre que éste se comprometiese a prohibir el tráfico de esclavos —una actitud en la que podía verse claramente la influencia de la obra de Livingstone. Por fin, en el año 1884 se reunieron en Berlín los representantes de las distintas potencias que se disputaban los territorios africanos. Allí quedó básicamente resuelto el problema político, y al rey Leopoldo II de Bélgica se le concedió la autoridad sobre el "Estado Independiente del Congo". Leopoldo II insistió en la necesidad de que se enviasen a sus territorios misioneros belgas, pues temía —al parecer con razón— que los misioneros franceses servirían de avanzada a los intereses de ese país. Puesto que la iglesia católica belga estaba profundamente envuelta en misiones en Mongolia y en otras regiones del Oriente, durante años fue imposible lograr un número suficiente de misioneros belgas para trabajar en el Congo.[41] Todo esto, además de presentar ante los africanos los peores aspectos de la cultura europea, demoró la penetración católica en el interior del continente.

Durante el siglo XX el catolicismo romano en el centro del Africa creció mucho más rápidamente que durante el siglo XIX. En términos generales se trataba de una continuación de los esfuerzos comenzados en el siglo anterior, aunque mejor organizados, con más personal y recursos, y gozando del prestigio creciente de la civilización occidental entre los africanos. Durante la primera mitad del siglo XX el crecimiento numérico del catolicismo romano en las colonias pertenecientes a potencias católicas fue sorprendente, especialmente en el Congo Belga.

Sin embargo, el creciente sentimiento nacionalista pronto comenzó a causar estragos en las misiones católicas. Puesto que muchas de ellas estaban estrechamente unidas al poder colonial —mucho más que las protestantes— sufrieron severamente cuando el sentir de los africanos se volvió contra las empresas coloniales. En lugares como el Congo esta unión demasiado estrecha entre los intereses coloniales y la empresa misionera tuvo por consecuencia la destrucción de buena parte del trabajo eclesiástico, así como la muerte violenta y a menudo atroz de muchos misioneros —aunque es necesario señalar que la mayor parte de quienes murieron a manos de los extremistas africanos estaban pagando por los pecados de otros.

[41] *Ibid.*, pp. 327-332.

Al igual que las misiones protestantes, las católicas se enfrentaban a los problemas del avance del Islam y de la relación entre la vida y el mensaje cristianos y las antiguas costumbres africanas. Como la mayoría de los misioneros y dirigentes eclesiásticos protestantes, los católicos insistían en la monogamia.

E. EL CRISTIANISMO EN MADAGASCAR

Aunque Madagascar se encuentra geográficamente muy cerca del continente africano, la mayor parte de su población guarda una relación racial más estrecha con los habitantes de las islas del Pacífico que con los africanos. Además, antiguos contactos con los árabes y otros pueblos del Océano Indico les hicieron partícipes de una cultura más avanzada que la de los polinesios. A principios del siglo XIX, la tribu de los Jova dominaba la isla, pues uno de sus reyes, haciendo uso de armas que había obtenido de comerciantes occidentales a cambio de esclavos, logró sujetar a los demás habitantes a su dominio político. Más tarde los ingleses, llevados por su celo antiesclavista, consintieron en firmar con el rey de Madagascar un tratado según el cual éste se comprometía a prohibir el tráfico de esclavos a cambio de ciertas cantidades anuales en armas y otros productos occidentales.

Anteriormente los franceses habían intentado establecerse en la isla, pero el primer misionero cristiano llegó a Tananarive —la capital— en el año 1820.[42] Su nombre era David Jones, y fue enviado por la *London Missionary Society*, a la que nos hemos referido repetidamente. Jones y quienes le siguieron lograron fundar una iglesia que mostró ser lo suficientemente fuerte como para poder resistir los embates de veinticinco años de persecuciones, durante los cuales una reina opuesta al cristianismo infligió a los adherentes de la fe extranjera graves castigos, inclusive la muerte y el ser vendidos como esclavos.

Cuando un cambio en la situación política de la isla facilitó las condiciones del trabajo misionero, la *London Missionary Society* envió

---

[42] H.E.C., V, 303; E. H. Haynes, *David Jones: Dauntless Pioneer* (London, 1923), p. 47.

nuevos representantes, especialmente después que la reina Ranavalona II y su esposo fueron bautizados.⁴³ A partir de entonces, el trabajo protestante en Madagascar continuó un progreso ininterrumpido.

A instancias de la *London Missionary Society,* que veía en las oportunidades que Madagascar ofrecía un reto mucho mayor que el que ella podía aceptar, penetraron en la isla otras organizaciones misioneras, entre ellas la organización anglicana conocida como la *Church Missionary Society,* la *Society for the Propagation of the Gospel in Foreign Parts,* los cuáqueros y un fuerte contingente de luteranos procedentes de Noruega. Todas estas organizaciones trabajaron en estrecha cooperación, y establecieron escuelas, dispensarios y otros centros de servicio social.

El catolicismo romano penetró en Madagascar durante el período de persecuciones que ya hemos señalado. Durante los primeros años, las adversas condiciones políticas evitaron que se propagara. Pero más tarde, apoyado por el poderío francés, logró crecer más que el protestantismo. Tras largas tensiones con la Gran Bretaña, Francia logró que aquélla reconociera su protectorado sobre Madagascar. Cinco años después, en 1897, los franceses derrocaron a la casa reinante de Madagascar e hicieron de la isla una colonia francesa.⁴⁴ Como era de esperarse, esto tendió a dar más fuerza a las misiones católicas y a dificultar el trabajo protestante. Puesto que los católicos acusaban a los protestantes de oponerse al régimen francés, éstos optaron por pasar buena parte de su obra a la *Société des Missions Evangéliques de Paris,* que por su carácter francés no podía ser acusada de favorecer los intereses británicos.⁴⁵

Aunque al principio los misioneros católicos apoyaron las acciones de Francia en Madagascar, a la larga sus propias misiones sufrieron, pues el gobierno francés, reflejando el creciente anticlericalismo de Francia, comenzó a dificultar la obra de todos los misioneros. Además, cuando comenzó a surgir un sentimiento nacionalista en Madagascar frente al dominio colonial, buena parte de ese sentimiento fue dirigido

---

⁴³ Malzac, *Histoire du Royaume Hova depuis ses origines jusqu'à sa fin* (Tananarive, 1912), p. 401. Este autor no siente simpatía alguna hacia los misioneros protestantes, pero su obra está llena de datos interesantes.
⁴⁴ *Ibid.,* pp.631-633.
⁴⁵ Acerca de toda la historia de las misiones en Madagascar, pero especialmente de las de esta sociedad, véase: G. Mondain, *Un siècle de missions à Madagascar* (Paris, 1948).

contra las misiones, especialmente las católicas. En la rebelión que tuvo lugar a fines del siglo XIX se manifestó la ira del pueblo contra el trabajo cristiano y contra toda influencia extranjera.

Durante el siglo XX tanto el protestantismo como el catolicismo continuaron creciendo, aunque a mediados de siglo la mayoría de los habitantes de la isla no había aceptado el cristianismo. La Iglesia Católica contaba aproximadamente con dos veces el número de adherentes que el protestantismo. Al igual que en otros campos misioneros, las iglesias protestantes habían sentido en Madagascar la necesidad de trabajar juntas. En el año 1934 casi todos los cuerpos protestantes adoptaron el nombre conjunto de "Iglesia Protestante Unida de Madagascar", aunque sin llegar a una unión total. Había además conversaciones de unión orgánica entre diversas ramas del protestantismo.

CONSIDERACIONES GENERALES

En el año 1850 Africa era un continente desconocido y carente de todo contacto con el mundo exterior, así como de las ventajas y desventajas de la tecnología moderna. Cien años más tarde, el continente africano se incorporaba al mundo de las naciones, y surgían en él numerosos países independientes. Esto iba unido a un profundo sentimiento nacionalista que se rebelaba con razón contra los abusos y el paternalismo del hombre blanco, pero que a menudo tendía a olvidar el espíritu de sacrificio con que muchos blancos, especialmente misioneros, llevaron al Africa lo que creían ser las ventajas de su civilización y de su fe. Es de esperarse que tras algunos años, cuando haya pasado el apogeo de la afirmación nacionalista, el continente africano tendrá más libertad para apreciar objetivamente el daño y provecho que trajeron los colonos y los misioneros. En el entretanto, hay en el Africa numerosas iglesias que surgieron de la obra misionera, y que pasan actualmente por la difícil prueba de participar en el despertar de sus naciones sin por ello abandonar "el depósito de la fe".

Además del nacionalismo, las iglesias cristianas en el Africa se enfrentan a dos problemas estrechamente relacionados con éste: el del grado en el cual el cristianismo puede adaptarse a la antigua cultura africana y el de la expansión del Islam.

En la antigua cultura africana existían prácticas que los cristianos han considerado tradicionalmente como incompatibles con su fe. Dos de estas prácticas son el culto a los antepasados y la poligamia. Los primeros misioneros cristianos y la casi totalidad de sus sucesores insistían en la necesidad de abandonar tales costumbres antes de abrazar el cristianismo. Livingstone se negaba a ofrecer la comunión a quienes practicasen la poligamia. Pero el problema es harto complejo, pues el culto a los antepasados se halla estrechamente ligado con el sentimiento de lealtad social a la tribu, y es al mismo tiempo una práctica religiosa y una costumbre social y política. Lo mismo sucede con la poligamia, cuya abolición implicaría que muchas mujeres quedarían desamparadas al ser repudiadas por sus esposos. Hay en el Africa varias sectas cristianas que permiten la poligamia y que se rebelan contra el intento por parte de las iglesias históricas y de los misioneros extranjeros de imponer en el Africa lo que ellos dicen ser meras costumbres europeas.

Todo esto presta auge al Islam, que permite la poligamia y que al mismo tiempo, debido en parte a su larga tradición bélica, parece adaptarse mejor a las condiciones sociales y al nacionalismo africano. La propaganda islámica lleva el apoyo decidido del gobierno del Egipto, que trata de extender su influencia hacia el sur. A mediados del siglo XX el principal contrincante del cristianismo en el Africa negra parece ser el Islam.

Esta situación es tanto más difícil por cuanto el Islam —junto al judaísmo— ha sido tradicionalmente uno de los obstáculos más difíciles en las misiones cristianas. Los pocos territorios musulmanes que el cristianismo ha logrado recuperar —España y Sicilia— han sido objeto de conquistas más bien que de misiones. Durante todo el siglo XIX, mientras la fe cristiana avanzaba a pasos agigantados por todo el globo, en el mundo musulmán los conversos fueron un número reducidísimo. Luego, es de esperarse que quienes hoy aceptan el Islam debido a sus sentimientos nacionalistas y viendo en él un modo de retener la poligamia serán en los años por venir —aun cuando haya pasado la presente ola nacionalista— un fuerte foco de resistencia al cristianismo.

9 | LA AMERICA LATINA*

Al igual que en el resto del mundo, el siglo XIX se caracterizó en la América Latina por una serie de cambios profundos que habrían de afectar nuestra historia. En el campo de la vida civil y política, el principal de estos cambios fue la independencia de las nuevas naciones americanas. En el campo propio de la historia de las misiones, el más notable acontecimiento fue la introducción del cristianismo protestante, que se hizo posible gracias a las nuevas condiciones políticas e intelectuales.

A. LAS NUEVAS CONDICIONES

Durante todo el siglo XVIII el poderío y el prestigio españoles en América Latina habían ido decayendo. Excepción hecha del reinado de Carlos III, el trono español había estado ocupado por una sucesión

---

* Queremos repetir aquí lo que ya dijimos en nuestra "Advertencia Preliminar": la historia de las misiones en la América Latina aún está por escribirse. Faltan muchos estudios preliminares que han de hacerse antes de que esa historia pueda escribirse. Por tanto, este capítulo tendrá sus altas y sus bajas según el valor y la amplitud de la bibliografía disponible para cada sección (ver Nota de página 21).

casi ininterrumpida de gobernantes débiles e incapaces. La corte decrépita de España requería cada día más ingresos de colonias que, debido en buena parte a su mala administración, eran incapaces de suplir las demandas de la Península. Los indios, excluidos como estaban del goce de los beneficios de una sociedad en la que ellos eran la principal fuente de riqueza, no sentían apego alguno a la dominación europea. Los mestizos estaban en condiciones poco mejores. Los negros, en su inmensa mayoría sometidos a la esclavitud, apenas contaban en la urdimbre de la sociedad. Los criollos eran quienes llevaban la carga pesada de la administración y del comercio, pero se les excluía de los más altos honores en las propias tierras en que habían nacido. Los peninsulares, privilegiados con dichos honores y con las cargas más fáciles, eran los únicos verdaderamente interesados en la permanencia del *statu quo*, y en la obediencia incondicional al gobierno de España —pero eran sólo una fracción pequeñísima de la población. Por último, las ideas que llegaban de Francia y las noticias procedentes de los Estados Unidos producían un estado de desasosiego general y de insatisfacción con la condición reinante.

Aparte de la rebelión de Túpac Amaru, en el siglo XVIII, y de las gestiones infructuosas de Francisco de Miranda en la Europa prerevolucionaria, los grandes movimientos en pro de la independencia de las colonias españolas en América comenzaron en ocasión de las guerras napoleónicas. Al principio se trató, no de un movimiento de oposición a la corona española, sino del establecimiento de gobiernos que no reconocían la autoridad del usurpador José Bonaparte. Pero a la larga, y debido en buena parte a la falta de habilidad de Fernando VII, el resultado fue la declaración de independencia por parte de los gobiernos así constituidos, o por parte de rebeldes criollos y mestizos frente a esos gobiernos. En quince años, entre 1810 y 1825, España perdió la casi totalidad de sus colonias en América. En éstas se establecieron gobiernos más o menos estables, y se hizo sentir en mayor o menor grado el influjo de las ideas revolucionarias procedentes de Francia. Aunque la larga tradición de unión entre Iglesia y Estado evitó que se produjesen inmediatamente grandes cambios en ese sentido, la América Latina se dirigía hacia la separación entre ambas instituciones que caracterizaba a la Revolución Francesa y a la República Norteamericana.

El proceso de independencia comenzó en el Brasil antes que en el resto de la América Latina, cuando en el año 1807 la corte de los Braganza se vio obligada a abandonar Lisboa ante la invasión bonapartista. Quince años más tarde uno de sus descendientes proclamaba la independencia del país y constituía el Imperio del Brasil. Sin embargo, esto no trajo los cambios políticos y sociales que la población deseaba, y fueron necesarios varios años antes de que se produjesen. En todo caso, con la proclamación de la independencia del Brasil, el gobierno de Lisboa perdía su más importante colonia.

La propia Francia sufrió pérdidas territoriales en América a consecuencia de las guerras napoleónicas, pues, aunque la aventura de Toussaint L'Ouverture culminó en la muerte de éste, al año siguiente —1804— Haití era independiente.

La división política de la América Latina en el año 1825 era muy distinta de lo que llegaría a ser en el siglo XX, pero ya desde aquella fecha resultaba claro que España, Portugal y Francia se verían obligadas a renunciar a sus amplias pretensiones territoriales en América. Esta realidad histórica se vio reforzada en 1823 con la "Doctrina de Monroe".

Aunque en ciertos círculos se ha creado la leyenda de que las revoluciones latinoamericanas iban dirigidas contra los abusos de la Iglesia Católica, los hechos no parecen corroborar tal interpretación. Miranda, Hidalgo, Morelos, Moreno y San Martín estaban a favor de la continuación de los antiguos privilegios de la Iglesia, y Bolívar fue el único de entre los principales dirigentes de la lucha por la independencia que abogó por la separación entre la Iglesia y el Estado.[1] Lo que sucedió fue más bien que el propio clero católico se dividió entre criollos y peninsulares y que, ya que los altos cargos eclesiásticos estaban en manos de los últimos, la mayoría de la alta jerarquía católica se declaró en contra de la independencia.[2] Puesto que dicha jerarquía y la casa de Borbón tenían mucho más peso en Roma que el bajo clero,

---

[1] J. L. Mecham, *Church and State in Latin America* (Chapel Hill, N. C., 1934), pp. 51-54. Los inspiradores de la revolución cubana sí abogaron desde un principio por la libertad de cultos y la separación entre Iglesia y Estado. Pero esto fue medio siglo más tarde. Véase: G. Figuero, *La Iglesia y su doctrina en la independencia de América* (Caracas, 1960), que trata de mostrar la relación entre la doctrina de la Iglesia y los ideales de la independencia.
[2] D. Barrios Arana, "La acción del clero en la revolución de la independencia de América", en *La Iglesia frente a la emancipación americana* (Santiago, 1960).

la actitud de los papas fue opuesta a la independencia de América.[3] La consecuencia natural de esto fue que pronto apareció una fuerte minoría anticlerical que se oponía, no tanto a los dogmas de la Iglesia como a la excesiva influencia que ésta parecía tener en los destinos políticos de América.

Por otra parte, el logro final de la independencia hizo que regresase a España la mayoría de los sacerdotes peninsulares, que, a pesar de su carácter conservador, eran los más preparados. Esto colocó a la Iglesia Romana en nuevas estrecheces. Si antes no había logrado erradicar los vestigios de las antiguas religiones entre los indios y negros del continente, ni tampoco regular las costumbres y eliminar los abusos de los colonos blancos, mucho menos lo lograría ahora que, escasa de recursos humanos y sujeta a gobiernos inestables —aunque dueña de inmensas fortunas— tenía que enfrentarse a situaciones radicalmente nuevas.

La Iglesia Católica en la América Latina tardaría más de un siglo en reponerse de lo que para ella fueron los desastres de principios del siglo XIX.

En el entretanto, el protestantismo hizo su aparición en un continente que estaba "blanco para la siega".

A la narración de esa historia en cada región de nuestro continente debemos dedicar el resto de este capítulo.

B. EL CRISTIANISMO EN LA ARGENTINA

1. El Catolicismo Romano.

Como en otros países de América Latina, la independencia argentina no iba dirigida en sus orígenes contra la Iglesia Católica. Aunque se produjo en Argentina la división entre el alto y el bajo clero que ya hemos señalado como una característica general de la lucha por la inde-

---

[3] M. L. Amunátegui, "Encíclicas de los Papas Pío VII y León XII contra la independencia de la América española", en *La Iglesia frente a la emancipación americana*.

pendencia, hubo suficiente representación de la Iglesia entre los revolucionarios para asegurar la continuación de sus antiguos privilegios. Así, por ejemplo, la constitución del 1819 dice:

> La religión católica, apostólica, romana es la religión del Estado. El gobierno le debe la más enérgica y poderosa protección y los habitantes del territorio todo respeto, cualquiera que sean sus opiniones privadas.[4]

Sin embargo —debido a las nuevas libertades— pronto se esparcieron por el país las ideas de la Revolución Francesa con respecto a las relaciones entre la Iglesia y el Estado, y esto vino a culminar con la reforma de Rivadavia.[5]

Ante la independencia argentina —como ante la independencia del resto de la América Latina— Roma se encontraba en un dilema. Si reconocía a un gobierno cuya independencia no era aún cosa segura, nombrando obispos o nuncios sin tener en cuenta el antiguo derecho de patronato de los reyes de España, estaría incurriendo en la ira de esos reyes, así como de las demás casas reinantes de Europa, que se oponían a la independencia de nuestra América. Si, por el contrario, continuaba acatando el patronato regio de España, las iglesias quedarían carentes de supervisión episcopal y surgirían movimientos de oposición a la autoridad romana.

---

[4] Artículo primero.
[5] Combinando las ideas importadas de Europa con las necesidades políticas del momento, y especialmente con el hecho de que la Santa Sede se negaba a reconocer al gobierno argentino, el presidente Rivadavia comenzó una política que llevaba hacia la limitación de la ingerencia de toda autoridad extranjera en la iglesia argentina, y al establecimiento de una iglesia de carácter nacional. Su gestión no iba dirigida —o al menos él no lo creía así— contra los dogmas de la Iglesia, sino sólo contra la manera en que ésta utilizaba su poder con fines políticos. Un buen número de prelados argentinos le apoyaba en sus intentos de limitar la ingerencia extranjera con pretextos eclesiásticos. El principal opositor de Rivadavia fue Mariano Medrano. Véase: Américo A. Tonda, *Rivadavia y Medrano: Sus actuaciones en la Reforma Eclesiástica* (Santa Fe, Argentina, 1952). Rivadavia contaba con el apoyo de un fuerte bando liberal, cuyas opiniones circulaban en los periódicos *Argos, El Ambigú, El Americano, La Abeja Argentina* y *El Centinela* (J. Alameda, *Argentina católica*; Buenos Aires, 1935, p. 153). Véase también: G. Gallardo, *La política religiosa de Rivadavia* (Buenos Aires, 1962); H. E. Frizzi de Longon, *Rivadavia y la Reforma Eclesiástica* (Buenos Aires, 1947).

Roma siguió este último curso, con el resultado de una enorme pérdida de popularidad, además de que el gobierno reclamó para sí el derecho de un patronato nacional.[6]

Durante el siglo XIX la Iglesia Católica, a pesar de sus dificultades políticas, continuó su obra misionera. Los salesianos —de los cuales el primero fue el padre Costamagna— se establecieron en la Patagonia.[7] En la misma región, y por iniciativa del arzobispo Aneiros, se establecieron los lazaristas.[8] Por último, los franciscanos se hicieron cargo de varias reducciones de indios[9] y establecieron algunos colegios de misiones, entre ellos los de Tarija y Salta.[10]

---

[6] Mecham, *op. cit.*, pp. 282-284. Durante la dictadura de Rosas, éste utilizó la Iglesia a su antojo, combinando el uso del derecho de patronato con amplias concesiones y agudas restricciones (Alameda, *op. cit.*, pp. 169-174).

A la caída de Rosas, la constitución del 1853, al tiempo que afirmaba que el catolicismo era la religión del Estado, garantizaba la libertad de cultos (Artículo tercero; tal libertad fue objeto de serio debate en la Asamblea Constituyente: Mecham, *op. cit.*, p. 287). El patronato nacional quedaba en manos del presidente de la república (Artículo 86). Desde el punto de vista de nuestra historia, resulta interesante notar que esa constitución colocaba la responsabilidad misionera entre los indios en manos del Congreso (Mecham, *loc. cit.*). En el año 1856, el Congreso instituyó un Ministerio de Justicia, Culto e Instrucción Pública, una de cuyas responsabilidades era el trabajo misionero (*Colección completa de Leyes Nacionales*; Buenos Aires, 1918, Vol. I, 233-234). Urquiza trató también de restablecer relaciones con Roma, pero sus gestiones fracasaron (Alameda, *op. cit.*, pp. 176-177).

Durante el gobierno de Mitre, y a solicitud de éste ante Roma, la sede de Buenos Aires fue hecha metropolitana, con jurisdicción sobre las provincias de Córdoba, Salta, San Juan y Paraná (*Ibid.*, p. 179). Más tarde se añadió la provincia de La Plata.

La segunda mitad del siglo XVIII trajo al gobierno argentino una serie de presidentes y ministros que se oponían al excesivo poder del catolicismo romano en el país. Sarmiento abogó por la escuela laica, y unos años más tarde, en el 1884, el ministro Eduardo Wilde proclamó la enseñanza laica (*Ibid.*, p. 179). Esto trajo amarga oposición, que se complicó porque la dirección de la escuela normal que se proyectaba en Buenos Aires estaría en manos de protestantes. La oposición de la jerarquía eclesiástica fue firme, pero más firme fue la posición del gobierno, y en el año 1884 el representante de la Santa Sede fue expulsado del país. Aunque las relaciones con Roma se restablecieron en 1887, la escuela laica continuó. Un año más tarde el Parlamento sancionó el matrimonio civil (*Ibid.*, p. 182).

[7] *Ibid.*, pp. 194-199; J. C. Zuretti, *Historia eclesiástica argentina* (Buenos Aires, 1945), pp. 276-278.

[8] Zuretti, *op. cit.*, pp. 274-275.

[9] *Ibid.*, pp. 271-272.

[10] *Ibid.*, pp. 272-274.

El siglo XX trajo a la Iglesia Católica en la Argentina un desarrollo indudable. En 1910 se estableció en Buenos Aires la Universidad Católica.[11] En 1934, en su bula *Nobilis Argentinae Ecclesiae*, el papa Pío XI estableció trece nuevas diócesis en el país.[12] Al año siguiente, el arzobispo de Buenos Aires recibió el título de cardenal.

En 1960 la Iglesia Católica contaba en la Argentina con treinta y cinco diócesis comprendidas en nueve provincias. Como en todo el resto de la América Latina, uno de sus más graves problemas era la falta de sacerdotes.[13]

2. *El Protestantismo.*

Los primeros protestantes en suelo argentino fueron inmigrantes procedentes de los países europeos en que el protestantismo era fuerte. Aún antes de la independencia, había en Argentina algunos ingleses y escoceses.[14] Pero fue Rivadavia quien primero se interesó oficial y activamente en la introducción de gran número de inmigrantes.[15] A fin de facilitar la venida de colonos escoceses, se les garantizó la libertad de culto,[16] y en el año 1825, bajo contrato con el gobierno, llegó el primer contingente numeroso de inmigrantes. Sin embargo, en el año 1820, aun antes de que se garantizase la libertad de culto a los extranjeros, se había celebrado el primer servicio protestante en suelo argentino. Quienes participaron de él fueron nueve inmigrantes británicos, y quien lo dirigió fue Diego Thomson, el precursor de las misiones protestantes en la América Latina.

Diego Thomson,[17] bautista, hizo sus estudios de teología en la Universidad de Glasgow, en su Escocia nativa. Tras un pastorado en Es-

---

[11] *Ibid.*, p. 315.
[12] *Ibid.*, pp. 310-314.
[13] La provincia de Córdoba, que era la que estaba en mejores condiciones en ese sentido, contaba con un sacerdote por cada 2.800 fieles, y con un promedio de 10.600 fieles por parroquia. En la diócesis de Jujuy, donde el problema era más agudo, había un sacerdote por cada 10.900 fieles, y un promedio de 23.800 católicos por parroquia (W. J. Gibbons *et alii, Basic Ecclesiastical Statistics for Latin America: 1960*; Maryknoll, N. Y., 1960, pp. 2-5).
[14] J. C. Varetto, *El Apóstol del Plata: Juan F. Thomson* (Buenos Aires, 1943), p. 14.
[15] *Ibid.*, pp. 14-15.
[16] *Ibid.*, p. 23.
[17] J. C. Varetto, *Diego Thomson* (Buenos Aires, 1918).

cocia se dedicó a estudiar el español y los métodos de educación de Lancaster —cuáquero que había desarrollado un método pedagógico que por aquel entonces parecía revolucionario. Armado de su fe, sus estudios teológicos, su conocimiento del español y la técnica pedagógica lancasteriana, Thomson pidió a la *British and Foreign Bible Society* que le nombrase su agente en América Latina. Así se hizo, y el 6 de octubre del año 1818, provisto de cartas de referencia de Su Majestad Británica, desembarcó en Buenos Aires como propagandista de un nuevo método educativo y de un viejo libro. Entre ambas funciones había una estrecha relación, pues la Biblia era precisamente el texto del sistema lancasteriano, además de que tanto ese sistema como la libre lectura del Libro Sagrado eran temas que interesaban a los elementos más progresistas del continente.

En la Argentina, Diego Thomson realizó una labor tan notable que, cuando decidió partir hacia otras tierras del continente, fue hecho ciudadano del país.

En 1821, tras una breve visita al Uruguay, partió para Chile. Allí su éxito no fue menor que en la Argentina, y lo mismo puede decirse de su obra en el Perú, Ecuador, Colombia, México y Cuba.[18] En esos países contó con el apoyo y la simpatía de personajes tan distinguidos como Bernardo O'Higgins, José de San Martín y Simón Bolívar. Su obra en Cuba es especialmente notable por cuanto, a pesar de que ese país no era aún independiente y existían en él todas las dificultades para la obra evangélica inherentes a su condición de colonia española, Thomson recorrió la isla de un extremo al otro vendiendo Biblias y dando testimonio de su fe. En Colombia fundó la primera sociedad bíblica en nuestro continente, en la que participaban varios clérigos de carácter progresista.

Thomson murió en Londres a la edad de sesenta y dos años, tras haber laborado, no sólo en la América Latina, sino también en España, Portugal y Canadá. Su obra había sido la del sembrador que regó su semilla donde fue posible, esperando que alguna diera fruto. Aunque no fundó comunidades protestantes en la América Latina, es de supo-

---

[18] Thomson estuvo en Puerto Rico en el año 1833, pero nada sabemos acerca de sus actividades en esa isla.

nerse que algunas de las muchas personas que establecieron relaciones con él llegaron más tarde a formar parte de tales comunidades.

Aun antes de la muerte de Thomson, la Sociedad Bíblica había enviado otro representante a la América Latina: Lucas Matthews, que durante los años 1826 y 1827 recorrió la Argentina y visitó además Chile, Bolivia, Perú y Colombia. En este último país desapareció sin que hayan podido saberse las circunstancias de tal hecho.[19]

En la segunda mitad del siglo XIX la Sociedad Bíblica Americana continuó el trabajo comenzado por su colega británica, y su más destacado agente en nuestra América fue el escocés Andrés M. Milne.[20]

Durante más de cincuenta años no se predicó sino a los inmigrantes y en su lengua, pues las autoridades se oponían a la predicación protestante en castellano. Esta se comenzó en el año 1867,[21] y fue no tanto el resultado de la obra misionera del exterior como la consecuencia de la fe profunda de algunos de los inmigrantes escoceses, sostenida por la labor de ministros extranjeros que trabajaban entre ellos.[22]

Quien predicó el primer sermón protestante en lengua española fue John Francis Thomson, más conocido como Juan F. Thomson, quien bajo la influencia del misionero Goodfellow decidió dedicarse a la predicación del Evangelio. Thomson hizo sus estudios teológicos en la Ohio Wesleyan University, en los Estados Unidos, y regresó a la

---

[19] T. S. Goslin, *Los evangélicos en la América Latina* (Buenos Aires, 1956), p. 29.
[20] *Ibid.*, p. 30.
[21] Esta es la fecha que da Goslin, *op. cit.*, p. 37. Lo mismo dice Varetto, *El Apóstol...*, p. 52. P. D. Mitchell, *Misión y comisión del metodismo* (México, 1949), p. 156, afirma que fue en el año 1868. La fecha correcta es 1867.
[22] En 1823 llegaron a Buenos Aires dos misioneros presbiterianos —J. C. Brigham y T. Parvin— con el propósito de establecer obra en lengua castellana, y reunieron una comunidad de inmigrantes a los que predicaban en inglés, como paso previo al día en que pudiesen comenzar la predicación en español (Goslin, *op. cit.*, pp. 30-31; Varetto, *El Apóstol...*, pp. 29-30; J. Orin Oliphant, "The Parvin-Brigham Mission to Latin America, 1823-1826", *Church History*, XIV, 1945, pp. 85-103). Trece años más tarde, por dificultades económicas, los presbiterianos se retiraron. La obra siguió a cargo de uno de sus miembros, William Junor, hasta que, poco más tarde, llegó el metodista John Dempster (Varetto, *El Apóstol...*, pp. 31-32). Este se ganó la confianza del grupo de Junor, y llegó a ser su pastor. Su propósito fue la predicación en castellano, pero era la época de la dictadura de Rosas, y éste se lo prohibió explícitamente. Le sucedió el pastor Norris (*Ibid.*, pp. 33-34), que había estado trabajando en Montevideo y quien en el año 1843 inauguró el primer templo protestante de Buenos Aires, perteneciente a la Iglesia Metodista Episcopal. En el año 1856 llegó el Dr. William Goodfellow para hacerse cargo de la obra metodista en Argentina (*Ibid.*, pp. 34-36).

Argentina en el año 1866. Allí, en el hogar de doña Fermina León de Aldeber, predicó el primer sermón protestante en español de que tenemos noticias. El día 25 de mayo de 1867, y en el templo de habla inglesa de la calle Cangallo, en Buenos Aires, Thomson celebró el primer culto público en español. Su éxito fue inmenso, y pronto se le pidió que predicara también en Montevideo. Así lo hizo, y comenzó a dividir su tiempo entre las dos capitales. A menudo su predicación era de carácter polémico, y en más de una ocasión sostuvo debates con clérigos catolicorromanos. Tras un ministerio fructífero tanto en Uruguay como en la Argentina, Thomson se retiró. Murió, casi a los noventa años de edad, en 1933. Su biógrafo Varetto nos da el siguiente testimonio de sus últimos momentos:

> Una de las últimas escenas de su vida fue ésta: Lo cuidaba su hija Catalina. Dícele ella: "¿Sabes que yo estoy contigo?" Responde: "Sí, pero hay otro". "¿Quién?", dijo ella. "¡Jesucristo!", respondió.[23]

La obra metodista continuó creciendo en la Argentina. En el año 1871 se predicó el primer sermón en Rosario.[24] Poco después las damas metodistas de los Estados Unidos comenzaron una escuela en esa ciudad.[25] En el 1913 se fundó en Buenos Aires el Colegio Ward, en el cual cooperan los metodistas y los discípulos de Cristo.[26]

Varios años antes de que Thomson predicara su primer sermón en español, los anglicanos se habían interesado en las misiones en la América Latina. Al principio, este interés se manifestó sólo entre algunos, y sus misiones fueron sobre todo entre los indígenas, pues los dirigentes anglicanos no creían que debían hacer trabajo misionero entre los católicos del continente. El primer anglicano que trabajó como misionero en la América Latina fue Allen Gardiner.[27] Este era un capitán

---

[23] *Ibid.*, p. 312.
[24] Goslin, *op. cit.*, p. 38; A. G. Tallon, *Historia del metodismo en el Río de la Plata* (Buenos Aires, 1936), p. 69.
[25] Goslin, *op. cit.*, p. 38.
[26] En 1957 la Iglesia Metodista contaba en la Argentina con 5.660 miembros, 47 pastores nacionales y 10 misioneros (P. Damboriena, *El protestantismo en América Latina*, 2 Vols. (Friburgo, 1962, (1963, cuadro 21). Los datos que ofrece Damboriena no son siempre exactos. Pero a pesar de ello son los más completos que hay para el protestantismo latinoamericano.
[27] A. Canclini, *Hasta lo último de la tierra: Allen Gardiner y las misiones en Patagonia* (Buenos Aires, 1951).

de la marina británica que había visitado Chile en el año 1822 y había comenzado a interesarse en el trabajo misionero en aquel lugar. Su obra comenzó entre los araucanos en el 1838, pero cuatro años más tarde decidió dedicarse a trabajar en la Tierra del Fuego. Su proyecto era establecerse en las Islas Malvinas para, a partir de allí, emprender misiones en el continente. Tras varios viajes misioneros a Chile y Bolivia, Gardiner y siete compañeros desembarcaron en Tierra del Fuego. El barco que debía venir seis meses después con nuevas provisiones nunca llegó, y cuando algunos meses más tarde otro navío fue en busca de ellos encontró que habían muerto de hambre.[28] La tragedia se hizo aún más dramática cuando el hijo de Gardiner, junto a otro contingente de misioneros, fue muerto y devorado por los indios.

El capitán Gardiner había logrado fundar en Inglaterra una "Sociedad Misionera Patagónica". Esta continúa existiendo hasta el presente bajo el nombre de Sociedad Misionera Sudamericana. Además, y cumpliendo con ello el proyecto de Gardiner, en 1863 se estableció en las islas Malvinas el sacerdote anglicano Stirling,[29] que seis años después fue consagrado obispo de esas islas. A partir de allí, Stirling y los suyos organizaron numerosas misiones a los indios de la Argentina. Al mismo tiempo, existía un activo trabajo religioso entre los inmigrantes de origen anglicano.[30]

Los bautistas también comenzaron su obra en la Argentina durante el siglo XIX.[31] Diego Thomson era bautista, pero el primer pastor que vino como tal fue Pablo Besson,[32] que comenzó su trabajo entre algunos bautistas franceses que se habían establecido en Santa Fe. Fue un ardiente adalid de la libertad religiosa y de la separación entre la Iglesia y el Estado, además de que dio a conocer los principios evangélicos a

---

[28] Las últimas líneas de su diario decían: "Grandes y maravillosas son las gracias de amor de mi bondadoso Dios. Me ha preservado hasta ahora, y durante cuatro días, aunque sin alimento corporal, sin ningún sufrimiento de hambre o sed". A. Canclini, *Ultimos Documentos del capitán Allen F. Gardiner* (México, 1959), p. 90.
[29] F. C. MacDonald, *Bishop Stirling of the Falklands* (London, 1929).
[30] En el año 1957 había en la Argentina 2.500 miembros comulgantes de la Iglesia Anglicana, además de otro número igual que estaba al cuidado de la Sociedad Misionera Sudamericana (Damboriena, *El protestantismo...*, *loc. cit.*).
[31] Varios, *Los bautistas en las repúblicas del Plata* (Buenos Aires, 1930).
[32] S. Canclini, *Pablo Besson: Un heraldo de la libertad cristiana* (Buenos Aires, 1933).

través de frecuentes artículos en los periódicos de las principales ciudades de la Argentina.

En el año 1957 el principal grupo bautista era el de los Bautistas del Sur, que contaban entonces con unos 12.000 miembros. Es notable el hecho de que su pastorado estaba compuesto por 150 pastores nacionales y sólo 15 misioneros.[33]

No podemos siquiera mencionar aquí todas las denominaciones y agencias misioneras que trabajan o han trabajado en la Argentina. Baste decir que Damboriena señala 63 grupos distintos.[34] Las denominaciones numéricamente más fuertes son las que proceden de inmigrantes protestantes —alemanes, daneses, noruegos, suecos, holandeses y valdenses italianos, suizos y franceses— y las Asambleas Pentecostales de Canadá. En total, la comunidad evangélica argentina es de aproximadamente 400.000 personas.[35]

De igual modo que en todo el mundo cristiano, el siglo XX se ha caracterizado en la Argentina por un fuerte movimiento ecuménico. La actual Federación Argentina de Iglesias Evangélicas, fundada en 1958, comprende varias de las principales iglesias, así como organismos tales como las Sociedades Bíblicas Unidas, la librería La Aurora y la Facultad Evangélica, y forma a su vez parte de la Confederación de las Iglesias Evangélicas del Río de la Plata. Hay además conversaciones de unión orgánica entre varias denominaciones.

A través de su obra de publicaciones y de educación teológica, el protestantismo argentino ha influido grandemente en el resto del continente. Una institución que en este sentido es digna de mención es la Facultad Evangélica de Teología de Buenos Aires, en la que cooperan cuatro denominaciones protestantes, y que bajo la dirección del Dr. B. Foster Stockwell alcanzó un alto grado de desarrollo.

3. *El Cristianismo Ortodoxo.*

Entre los muchos inmigrantes que llegaron a la Argentina a fines del siglo XIX y principios del XX, había gran número de ortodoxos,

---

[33] Damboriena, *El protestantismo...*, *loc. cit.*
[34] *Ibid.* Esta lista, sin embargo, incluye agencias tales como la Sociedad Bíblica, la Y.W.C.A. y el Comité de Literatura Cristiana. Incluye también grupos como los mormones y los testigos de Jehová.
[35] *Ibid.*, cuadro 20.

especialmente rusos y sirios. Tras la revolución rusa, llegó a la Argentina un fuerte contingente de exiliados, y más tarde, a medida que el comunismo conquistaba los países de Europa oriental, fueron llegando otros grupos semejantes. Quien más se destacó en la organización de parroquias para estos inmigrantes fue el sacerdote Constantino Israstzov. En el año 1934 el Sínodo Ruso en el Exilio creó la diócesis de la Argentina y colocó a su cabeza al padre Israstzov, aunque dándole el título de protopresbítero en lugar del de obispo, ya que era casado.[36] También hay en la Argentina iglesias ortodoxas griegas y sirias.

C. EL CRISTIANISMO EN EL URUGUAY

1. El Catolicismo Romano.

En el año 1830, cuando la República Oriental del Uruguay logró su independencia, su primera constitución afirmó la libertad de cultos, pero al mismo tiempo continuó dando al catolicismo el carácter de religión del Estado y reclamó para el presidente el derecho del patronato nacional.[37] En ese mismo año se pidió a la Santa Sede que proveyera una jerarquía eclesiástica para el Uruguay estableciendo un episcopado de Montevideo, pues la dependencia eclesiástica de Buenos Aires no era del agrado de los uruguayos. Esta petición no tuvo respuesta afirmativa hasta que, cuarenta años después, se creó la diócesis de Montevideo.

En las largas luchas entre "blancos" y "colorados", éstos últimos tendían a ser más liberales que sus opositores. Puesto que los "colorados" tuvieron el poder más frecuentemente que los "blancos", el país se dirigió lentamente hacia la concesión de mayores libertades religiosas.[38] Por último, la constitución de 1919 cortó definitivamente toda

---

[36] Bolshakoff, op. cit., pp. 93-94.
[37] Artículos 5 y 81. Citados en: Mecham, op. cit., p. 331.
[38] En 1837 se concedió validez legal al matrimonio civil (Mecham, op. cit., p. 333). En 1838 los franciscanos fueron expulsados, y algunos años después se hizo lo propio con los jesuitas (Ibid., pp. 333-334). El motivo propulsor de estas medidas parece haber sido un anticlericalismo creciente, así como el sentimiento de que no

unión entre Iglesia y Estado, y se puso término a la instrucción religiosa en las escuelas públicas.

Como era de esperarse, estas medidas recibían el apoyo de las ideas positivistas que procedían de Francia, y muchos fueron los que en el Uruguay confundieron el liberalismo político y religioso con el positivismo de Comte. El resultado fue que en la primera mitad del siglo XX el Uruguay era conocido en toda la América Latina como uno de los países más secularizados del continente, aunque la mayoría de la población aún decía ser católica.[39]

Puesto que la inmensa mayoría de la población uruguaya descendía de razas tradicionalmente cristianas, el gran reto misionero que el siglo XX presentaba a ese país era el testimonio cristiano en los "ámbitos descristianizados". A mediados de siglo la Iglesia apenas comenzaba a responder a este reto.

2. El Protestantismo.

El precursor de la obra protestante en el Uruguay fue Diego Thomson, quien visitó Montevideo cuando estaba establecido en Buenos Aires.[40] Aunque no tenemos noticias extensas acerca de su obra en el Uruguay, donde se dedicó especialmente a establecer el sistema lancasteriano de educación, es de suponerse que Thomson también aprovechó la oportunidad para vender algunas Biblias y abrir así el camino al trabajo evangélico.

---

se debían permitir organizaciones que estimulaban el celibato en un país subpoblado. Más tarde se estableció el Registro del Estado Civil, que quitó de las manos de la Iglesia la responsabilidad y autoridad en lo que a los registros demográficos se refería. Cada año se limitó más la ayuda económica a la Iglesia por parte del Estado.

[39] En 1960, la Iglesia Católica en el Uruguay tenía un arzobispo en Montevideo y diócesis en Florida, Melo, Salto y San José de Mayo. Había un total de 688 sacerdotes, y 308 conventos y monasterios. De los 2.811.000 habitantes del país, 2.517.000 eran católicos, al menos nominales. Esto quería decir que había un sacerdote por cada 3.650 católicos (Gibbons, *op. cit.*, pp. 26-27).

[40] Goslin, *op. cit.*, p. 18.

Más tarde la obra de Thomson fue continuada por la Sociedad Bíblica Americana, que en el año 1864 nombró a Andrés M. Milne su agente en Montevideo. Milne se mostró digno sucesor de Thomson, y se dedicó asiduamente a la distribución de las Escrituras en el Uruguay y en algunas regiones de la Argentina. Milne describía su obra como sigue:

> Ando con mis libros de casa en casa. En las noches de 7 a 10 voy a los cafés y billares, donde la gente está reunida, y así tengo la oportunidad de hablarles cuando están desocupados. De este modo a veces vendo más libros en una hora que en todo el día. Si se consigue que una persona compre, hay otras que lo imitan. Me alegro de poder decir que mi trabajo está dando resultados. Aquí la Biblia no es más despreciada por su relación con el protestantismo.[41]

Como veremos más adelante, en la casa de Milne se celebraron los primeros cultos en español en el Uruguay. Pero además su obra fue notable también porque a través de ella Francisco Penzotti tuvo sus primeros contactos con la Sociedad Bíblica Americana, cuyo más destacado agente en la América Latina llegó a ser.[42]

Por otra parte, hubo comunidades de inmigrantes protestantes antes de que se comenzara a predicar en castellano o se establecieran comunidades protestantes de habla hispana.[43]

En el Uruguay, como en la Argentina, le cupo a Juan F. Thomson el honor de predicar el primer sermón en castellano. Esto tuvo lugar cuando, en 1867, algunos inmigrantes cristianos que habían comenzado a reunirse con el apoyo de los metodistas, y que contaban ahora con la ayuda y la dirección de Milne, pidieron que Thomson comenzara a predicar en Montevideo. A propósito de esa primera reunión, la propia esposa de Thomson cuenta:

---

[41] Varetto, *El apóstol...*, p. 75.
[42] *Ibid.*, p. 76. Acerca de Penzotti, véase: A. Celada, *Un apóstol contemporáneo* (Buenos Aires, 1945), *passim*.
[43] En el año 1839 los metodistas comenzaron trabajo entre los inmigrantes británicos, pero el mismo perdió mucho ímpetu cuando, en 1842, su pastor Guillermo Norris partió hacia Buenos Aires (Varetto, *El apóstol...*, pp. 71-73). En 1844 los anglicanos establecieron una capilla dedicada a servir especialmente a los súbditos británicos, con el apoyo económico de su gobierno (Goslin, *op. cit.*, p. 34). Pocos años después llegó el primer contingente de valdenses procedente de Italia (*Ibid.*, p. 39).

La primera reunión se celebró cierta noche en una piecita a la calle que tenía el señor Milne en la casa que habitaba en la Calle Convención, a media cuadra de la calle 18 de Julio. Después de algún tiempo pasado en oración, salieron todos en diversas direcciones, y cada uno de ellos atajaba a los transeúntes y les preguntaba si no querían ir a escuchar un sermón evangélico. Con la cortesía que distingue a la gente castellana, los interpelados contestaban: "¡Cómo no!" "Sí, señor" y entonces eran guiados a la piecita de Milne y se celebraba el culto. Así se comenzó la obra en Montevideo, saliendo a la calle a invitar a todo transeúnte, hasta que se logró formar un núcleo de oyentes.[44]

A partir de aquel día, el metodismo ha continuado trabajando en el Uruguay, donde cuenta actualmente con poco más de 1.600 miembros.[45] Un aspecto notable de su obra ha sido el Instituto Crandon, fundado en el año 1878 y en el cual cooperan metodistas y discípulos de Cristo. Este Instituto fue el primero en toda la América del Sur en ofrecer un curso de economía doméstica, lo que se hizo en 1923.[46]

Los valdenses, llegados como inmigrantes en 1856, pronto comenzaron a predicar en español, y en 1967 tenían unos 16.000 miembros.

A mediados del siglo XX, ninguno de los diversos grupos no católicos había logrado atraer un fuerte número de creyentes.[47] Esto parece haberse debido, en parte al menos, a que algunas de las tendencias de pensamiento anticlerical que al principio parecieron favorecer al protestantismo frente al catolicismo resultaron ser a la larga opuestas a toda forma de cristianismo.

Varias de las principales iglesias protestantes del Uruguay se unieron en el año 1956 en un organismo ecuménico que recibe el nombre de Federación de Iglesias Evangélicas en el Uruguay.[48] Además, algunas de las iglesias evangélicas del país participan en conversaciones de unión juntamente con las de la Argentina.

---

[44] Varetto, *El Apóstol*..., p. 78.
[45] Damboriena, *El protestantismo*..., p. 157.
[46] Mitchell, *op. cit.*, p. 159.
[47] En el año 1962, los adventistas contaban en el Uruguay con 2.057 miembros, los bautistas con 716, y los evangélicos alemanes con 454 (Damboriena, *El protestantismo*..., Vol. II, p. 157).
[48] *Ibid.*, p. 212.

D. EL CRISTIANISMO EN EL PARAGUAY

1. El Catolicismo Romano.

Durante todo el siglo XIX, la Iglesia Católica en el Paraguay se caracterizó por su sujeción al Estado. Primero fue la dictadura de José Gaspar Rodríguez Francia, que se daba a sí mismo el título de "El Supremo". Luego fue la de Carlos Antonio López y de su hijo Francisco Solano López. Bajo estas dictaduras la Iglesia vino a ser un instrumento en manos del Estado. El confesonario era un medio de espionaje universal, pues los dictadores reclamaban para sí el derecho de patronato sobre la Iglesia, y aunque Roma nunca reconoció oficialmente ese derecho, sí lo reconoció en la práctica nombrando obispos que eran simples instrumentos de los dictadores.[49] Las propiedades de la Iglesia fueron confiscadas por Francia, y nunca le fueron totalmente restituidas. Con la ayuda del clero, los dictadores —especialmente Francisco Solano López— crearon entre los indios paraguayos el fanatismo aguerrido que les caracterizó en la guerra de la Triple Alianza, cuyo resultado final fue la caída de López e inmensas pérdidas territoriales, económicas y humanas para el Paraguay.[50]

La constitución de 1870 era semejante a la de Argentina en lo que a la religión se refiere. Si bien el catolicismo era la religión del Estado, se garantizaba también la libertad de cultos. El derecho de patronato seguía estando en manos del presidente.[51]

Tradicionalmente se ha culpado a los jesuitas por las dificultades que ha tenido el Paraguay en su desarrollo político. Se dice que el excesivo paternalismo de sus misiones no preparó a los indios para la vida democrática. Esto es así sólo si se entiende como un error de omisión y se le ve dentro del contexto de la enorme obra que los jesuitas realizaron en el Paraguay. Es cierto que sus misiones eran en extremo paternalistas, pero también es cierto que, de no haber habido tales misiones en el Paraguay, la situación hubiera sido mucho peor.

---

[49] Mecham, *op. cit.*, pp. 236-239.
[50] P. Raine, *Paraguay* (New Brunswick, N. J., 1956), pp. 154-194.
[51] Mecham, *op. cit.*, pp. 240 y 242.

Durante todo el siglo XX la Iglesia Católica en el Paraguay no ha logrado reponerse de sus pérdidas del siglo XIX, y todavía en el año 1960 había en el país sólo 313 sacerdotes.[52]

2. *El Protestantismo.*

Las condiciones políticas del Paraguay antes de la guerra de la Triple Alianza impidieron la penetración del protestantismo en el país. Hasta donde sabemos, sólo la Sociedad Bíblica Americana pudo establecer obra en el Paraguay antes de esa terrible guerra.[53]

En el año 1871, a raíz de la guerra de la Triple Alianza, un grupo de paraguayos pidió a los metodistas que comenzaran obra en su país. Debido a diversas circunstancias, esto no fue posible hasta el año 1886, cuando dos pastores metodistas comenzaron a trabajar en Asunción. Estos pastores se dedicaron al trabajo tanto religioso como de educación, y pronto tenían dos escuelas, además de iglesias en Asunción y otros lugares del país.[54]

Dos años más tarde la *South American Missionary Society* se estableció en el Paraguay.[55] En 1893, y entre inmigrantes, se fundó en Asunción una iglesia luterana.[56]

Durante la primera mitad del siglo XX el protestantismo en el Paraguay logró nuevo ímpetu debido a la penetración del país por nuevas agencias misioneras y al establecimiento de colonias de inmigrantes protestantes.

Aunque ninguna de las empresas misioneras protestantes logró gran número de conversos en el Paraguay, la obra que más se destacó

---

[52] De ellos 148 residían en la diócesis de Asunción. Esto quiere decir que había sólo 165 en todas las demás diócesis. En el Alto Paraná había 12.850 católicos por cada sacerdote. En Asunción, en cambio, había un sacerdote para cada 4.650 fieles. Además de la archidiócesis de Asunción, había cuatro diócesis y dos vicariatos apostólicos —uno en el Chaco y otro en Pilcomayo (Gibbons, *op. cit.*, pp. 22-23).
[53] Damboriena, *El protestantismo...*, Vol. II, p. 134.
[54] Goslin, *op. cit.*, pp. 38-39.
[55] Damboriena, *El protestantismo...*, Vol. II, p. 134.
[56] Goslin, *op. cit.*, p. 39.

en este sentido fue la de la Unión Misionera del Nuevo Testamento, que en 1957 llegó a contar con 1.500 miembros.[57] También trabajaban en el Paraguay, entre otros, los discípulos de Cristo —a quienes los metodistas traspasaron su obra a principios de siglo—,[58] el Ejército de Salvación y los bautistas del sur.

El principal grupo de inmigrantes al Paraguay fue el de los menonitas del Canadá, que decidieron buscar un nuevo lugar donde establecerse cuando el gobierno canadiense se negó a continuar concediéndoles los antiguos privilegios y libertades que habían sido una de las principales condiciones de su establecimiento en ese país. En el año 1926, 1.778 personas partieron de Manitoba. Tras dos años de vicisitudes, epidemias y desengaños, 1.361 de ellas se establecieron en el Chaco Paraguayo, donde fundaron la colonia de Menno. Poco después se fundaron otras colonias menonitas, aunque siempre en lugares apartados de los centros de población.[59]

A raíz de la toma del poder en Alemania por el partido nacionalsocialista, un grupo de refugiados huteritas, siguiendo el ejemplo de los menonitas, se estableció en el Paraguay.[60]

Puesto que las razones que les llevaron al Paraguay se relacionaban más con la conservación de su fe que con la comunicación de la misma, estos grupos no se distinguieron por su actividad misionera. Como es de suponerse, su presencia e influencia han contribuido a la penetración del protestantismo en el Paraguay, y algunos de entre ellos se han dedicado a la labor misionera, pero ésta no ha sido uno de los principales intereses de la mayoría.

En términos generales, el protestantismo ha tenido en el Paraguay un impacto mucho menos notable que en la mayoría de los demás países de la América Latina.

---

[57] Damboriena, *El protestantismo*..., Vol. II, p. 135.
[58] Goslin, *op. cit.*, pp. 43-44.
[59] J. W. Fretz, *Pilgrims in Paraguay: The Story of Mennonite Colonization in South America* (Scottdale, Pa., 1953); H. Hack, *Die Kolonisation der Mennoniten im paraguaischen Chaco* (Amsterdam, o.d.); A. E. Krause, *Mennonite Settlement in the Paraguayan Chaco* (Chicago, 1952).
[60] Fretz, *op. cit.*, pp. 53-59.

E. EL CRISTIANISMO EN BOLIVIA

1. El Catolicismo Romano.

Por las mismas razones que en otros países de la América Latina, la inmensa mayoría del alto clero católico de Bolivia se opuso a la independencia del país. Sin embargo, esto no llevó a los patriotas del Alto Perú a pensar en la necesidad de la separación entre la Iglesia y el Estado, y cuando Bolívar propuso su constitución en la que la Iglesia no estuviese unida al Estado, la Asamblea Constituyente se negó a seguir en este punto los deseos del Libertador.[61] Durante todo el siglo XIX y buena parte del XX el gobierno boliviano siguió reclamando para sí el derecho de patronato nacional, y éste fue reconocido por Roma, aunque no de palabra, al menos de hecho. En el año 1871 se otorgó la libertad de cultos en las colonias de inmigrantes, y en el 1905 esa libertad se extendió a todo el país.[62] En 1911 el matrimonio civil se hizo obligatorio, aunque luego se eximió a los indios de esa obligatoriedad y se declaró que en su caso el matrimonio eclesiástico tenía validez legal.[63]

Con todo y a pesar de no estar dispuestos a divorciar el Estado de la Iglesia, los primeros dirigentes políticos de la naciente república no estaban tampoco dispuestos a permitir que la Iglesia continuase siendo un centro de oposición a la independencia recién ganada. Por esta razón se promulgaron leyes que tendían a hacer de la Iglesia un organismo más nacional y menos extranjero, especialmente la ley del 22 de agosto de 1826, que iba dirigida contra el excesivo poder de las órdenes mendicantes.[64] Esta actitud del gobierno, juntamente con la inestabilidad de los primeros años del siglo y la ruptura del cordón umbilical que la unía a España, colocaron a la Iglesia en serias dificultades que se hicieron sentir en toda la vida religiosa de la nación, pero especialmente en las misiones entre los indios.

---

[61] Mecham, *op. cit.*, pp. 221-222.
[62] *Ibid.*, p. 223.
[63] *Ibid.*, p. 229.
[64] Véase el texto en A. Barrado Manzano, *Las misiones franciscanas en Bolivia* (Sevilla, 1945), pp. 17-18.

Fueron los franciscanos, dirigidos por el padre Andrés Herrero, quienes primero lograron restaurar sus misiones entre los indios. Este trabajo misionero se llevó a cabo principalmente mediante "colegios apostólicos" como los de Tarija, San José de la Paz, Santa Ana de Sucre —que no tuvo tanto éxito como los demás— y Potosí.[65] La mayor parte del personal de estos colegios procedía de Europa, pues la iglesia boliviana no parecía capaz de producir un número adecuado de sacerdotes.[66]

A principios del siglo XX se crearon los vicariatos apostólicos de Beni y del Chaco, a los que luego se agregaron otros hasta el número de seis.[67]

Entre las diversas órdenes que trabajaban en Bolivia, los Padres de Maryknoll merecen mención especial por su obra renovadora.[68]

2. El Protestantismo.

Puesto que, como hemos señalado más arriba, no fue sino en el año 1905 que se garantizó en Bolivia la libertad de cultos, la mayoría de los intentos misioneros protestantes durante el siglo XIX careció de resultados permanentes. Goslin ha resumido aquellos primeros intentos como sigue:

> En 1827 el señor Lucas Mathews hizo un viaje de colportaje a Potosí, Sucre, Cochabamba y La Paz. Pero el primer esfuerzo para establecer una obra, según sabemos fue el del renombrado capitán Allen Gardiner, quien se dirigió a Bolivia en 1846 con el propósito de alcanzar las tribus del interior. Durante un viaje de varios meses, visitó a Potosí y emprendió el estudio del quechua. Estableció algunos contactos amistosos con los nativos, y se granjeó la simpatía de algunos líderes políticos. Pero debido a la in-

---

[65] *Ibid.*, pp. 19-34.
[66] Gibbons, *op. cit.*, pp. 4-5. La escasez de sacerdotes no era tan aguda como en otras partes de la América Latina pues, mientras que en Corocoro había 8.850 católicos por sacerdote, en el vicariato de Pando había sólo 1.700.
[67] *Ibid.*
[68] Véase la biografía de uno de ellos: F. X. Lyons, *Something for God: The Life of Maryknoll's Brother Gonzaga* (New York, 1960).

fluencia del clero, el gobierno le negó el permiso para la continuación de la misión. No obstante una enfermedad ocasionada por la altura, Gardiner fue a la capital para entrevistarse personalmente con algunos adalides y luego consiguió el permiso anhelado. Se le impuso dos condiciones: (1) limitarse a los aborígenes, (2) no hacer proselitismo entre católicos romanos con quienes pudiera tener algún contacto. Gardiner aceptó estas condiciones y volvió a Inglaterra para luego enviar desde allí a otro misionero que colaborara con un tal González, a quien había dejado en Potosí. En 1847 la Sociedad Misionera de la Patagonia resolvió enviar a un señor Robles, protestante español. Desgraciadamente, mientras Robles estaba en viaje estalló una revolución en Bolivia y fue derrocado el gobierno liberal. Los dos jóvenes españoles ya no podían llevar a cabo su obra. Por consiguiente, por orden de la Sociedad la obra fue abandonada.

El tercer obrero que penetró en Bolivia fue el señor José Mongiardino, representante de la Sociedad Bíblica Británica y Extranjera, quien llegó a Bolivia en 1880. Cuando el obispo católico se informó de que había llegado al país este obrero, el prelado replicó: "¡Pero no salió todavía!" Mongiardino siguió su obra a pesar de amenazas y fue asesinado en las montañas. Encontraron su cuerpo que había sido arrojado al río con una piedra atada al cuello.

En 1883, el Reverendo Lino Abeledo fue nombrado por la Sociedad Inglesa para llevar a cabo otra tentativa con el fin de hacer llegar las Escrituras a Bolivia. Sus amigos le suplicaron que no fuera. Pero él y otro obrero emprendieron el viaje. Las autoridades confiscaron sus Biblias en la frontera, y parece que no penetraron mucho en el país, por razones de salud. Pero después de trámites legales se dejó aclarado que las leyes del país no prohibían la importación de la Biblia en Bolivia.

Este mismo año vio también un "raid" por los agentes de la Sociedad Bíblica Americana. Lograron cruzar el país y llegar a Chile, vendiendo y distribuyendo Biblias en todas las zonas visitadas. En este grupito se encontraban Andrés Milne, Francisco Penzotti y un colportor llamado Gandolfo. Vendieron más de 5.000 libros. Al año siguiente Penzotti hizo otro viaje con otros dos colportores.[69]

---

[69] Goslin, *op. cit.*, pp. 56-57.

LA AMERICA LATINA

Los primeros en lograr establecer obra permanente en Bolivia fueron los bautistas del Canadá, cuyo primer misionero fue Archibald Brownlee Reekie. Tras una breve visita a Bolivia en 1896, Reekie comenzó su obra permanente tres años más tarde. La iglesia que él estableció en Oruro es la más antigua iglesia protestante del país. A principios del siglo XX eran ya ocho los misioneros bautistas canadienses que trabajaban en Bolivia,[70] y en 1957 los bautistas contaban con 738 miembros y una "comunidad total" de 8.000.[71] En 1962 había 42 iglesias organizadas y aproximadamente otras 50 congregaciones.[72] En 1941 se fundó en Cochabamba el Seminario Teológico Bautista, que contaba en 1957 con treinta y dos estudiantes ministeriales.[73] Aunque su principal trabajo consistía en la predicación y la fundación de iglesias, los bautistas del Canadá tenían en Bolivia varios centros de educación y servicio médico, un centro agrícola y dos librerías.[74]

La obra metodista en Bolivia comenzó antes que la bautista, cuando Taylor emprendió la evangelización de la costa del Pacífico. Pero, puesto que los territorios donde Taylor predicó pasaron luego a Chile, podemos decir que el primer metodista en predicar en lo que hoy es Bolivia fue Juan F. Thomson, a quien ya hemos encontrado en Argentina y Uruguay, y quien en los años 1890 y 1891 predicó en La Paz. Tampoco esta obra fue permanente, y no fue sino en el año 1901 que comenzó en firme el trabajo metodista. Aunque el primer obrero metodista en Bolivia fue nombrado pastor de La Paz, durante muchos años la Iglesia Metodista en el país se dedicó más al establecimiento de escuelas y a la labor médica que a la organización de iglesias. Sus principales centros docentes son los "Institutos Americanos" de La Paz —fundado en 1907— y Cochabamba —fundado en 1912. En el campo médico, los metodistas tienen el Pfeiffer Memorial Hospital y la Clínica Americana.[75] En el año 1957 la Iglesia Metodista tenía en Bolivia 511 miembros.[76]

[70] *Ibid.*, pp. 57-58. Véase también N. H. Dabbs, *Dawn over the Bolivian Hills* (no place, 1952).
[71] Damboriena, *El protestantismo...*, cuadro 22.
[72] Canadian Baptist Foreign Mission Board, *The Church Overseas*, 1963, p. 63. Este informe, pp. 62-88, es el más completo que conocemos acerca de la obra bautista en Bolivia.
[73] Damboriena, *El protestantismo...*, Vol. I, p. 95.
[74] *The Canadian Baptist Overseas Missionary Digest*, 1959, pp. 98-145.
[75] Damboriena, *El protestantismo...*, Vol. II, p. 47.
[76] *Ibid.*, cuadro 22.

La *Bolivian Indian Mission*[77] es una organización semejante a la *China Inland Mission*. Fue organizada en el año 1907, y en 1957 contaba con 885 miembros.[78] Su avance parece haber sido más rápido en los últimos años que a raíz de su fundación.

Aparte del catolicismo romano, el mayor grupo religioso de Bolivia es el de los adventistas, que en 1957 contaba con 5.918 miembros.[79]

En 1951 se fundó en Bolivia la organización *Iglesias Evangélicas Unidas*, que comprendía a la mayor parte de los cuerpos protestantes.

F. EL CRISTIANISMO EN CHILE

1. *El Catolicismo Romano.*

Al igual que en el resto de la América Latina, la historia de la Iglesia Católica Romana en Chile durante el siglo XIX estuvo estrechamente ligada a las vicisitudes políticas del país. Los primeros años fueron difíciles, pues las luchas independentistas le habían hecho perder mucho de su prestigio y poderío. Desde el principio, el gobierno nacional reclamó para sí el derecho de patronato sobre la Iglesia. Aunque no oficialmente, Roma reconoció ese derecho en la práctica. No fue sino hasta el año 1925 que se declaró oficialmente la separación entre la Iglesia y el Estado, así como la libertad de cultos. Pero ya en la segunda mitad del siglo XIX, bajo la dirección de José Manuel Balmaceda, el gobierno había promulgado leyes que garantizaban la libertad de cultos y eliminaban los privilegios de la Iglesia Católica.[80]

Durante toda la segunda mitad del siglo XIX la Iglesia Católica perdió mucha energía en el intento vano de retener sus antiguos privilegios, pero ya a comienzos del siglo XX se veían señales de que la nueva generación católica se percataba de la novedad de los tiempos y

---

[77] Véase, S. R. Hawthorne, *Cloud Country Sojourn* (Cochabamba, n.d.), *passim*.
[78] Damboriena, *El protestantismo*..., Vol. II, cuadro 22.
[79] *Ibid*. Acerca de los métodos que han permitido a los adventistas crecer de tal manera, véase el primer volumen de esa obra, pp. 121-138. Hay aquí mucho que aprender acerca de métodos misioneros.
[80] Mecham, *op. cit.*, pp. 246-274.

estaba dispuesta a trabajar dentro del nuevo contexto. A partir de entonces, y cada vez más, hubo un fuerte sector entre los dirigentes católicos que abogaba por que la Iglesia tomase más en cuenta las necesidades reales del país. En el año 1952 se constituyó la *Acción Católica Rural*, que ha sido uno de los principales agentes en la reconstrucción y reforma rural en Chile.[81] Además se organizó un Movimiento de Democracia Cristiana, que era uno de los partidos más progresistas del país y que en la segunda mitad del siglo XX llegó al poder.

A mediados del siglo XX la Iglesia Católica en Chile realizaba obra misionera en dos vicariatos apostólicos y una prelatura nullius.[82] Quizá el más notable esfuerzo de esta índole sea el de los capuchinos bávaros en la Araucania, que comenzó en el año 1898.

El número de sacerdotes era relativamente alto, pues eran pocas las regiones del país donde había más de 4.000 fieles por sacerdote.

2. *El Protestantismo.*

Como hemos dicho anteriormente, el primer obrero protestante en Chile fue el bautista Diego Thomson, que en el año 1821, y por invitación de Bernardo O'Higgins, visitó el país como representante de las escuelas lancasterianas y de la Sociedad Bíblica Británica y Extranjera. Thomson permaneció en Chile sólo un año, pero a su partida su obra fue continuada por Anthony Eaton. A partir de entonces, la Sociedad Bíblica Británica y Extranjera continuó obra en Chile, y poco después le siguió la Sociedad Bíblica Americana.

También hemos mencionado anteriormente los intentos del capitán Gardiner de establecer obra en la Araucania y en la Tierra del Fuego, así como los esfuerzos fallidos de su hijo en este último lugar. Poco después un nieto del capitán Gardiner intentaba continuar su obra como médico misionero en Chile, pero murió al llegar a Valparaíso. Algo más tarde, la *South American Missionary Society*, inspirada por el ejemplo

---

[81] O. Domínguez, *El campesino chileno y la Acción Católica Rural* (Santiago, 1961), *passim.*
[82] I. Alonso y otros, *La Iglesia en Chile* (Madrid, 1962). Esta obra incluye magníficos estudios sociográficos y cuadros estadísticos.

de los Gardiner, comenzó en el sur del país una obra más duradera.[83]

Por otra parte, desde la primera mitad del siglo XIX hubo en Chile inmigrantes anglicanos y luteranos. Los anglicanos eran especialmente numerosos en la zona de Valparaíso, puesto que era allí donde tenía sus oficinas centrales la escuadra británica del Pacífico. Su primer servicio religioso —que parece haber sido también el primero del país— se celebró en una casa particular en el año 1837.[84] En términos generales, la Iglesia Anglicana se limitó a ministrar a las necesidades religiosas de los inmigrantes, e hizo poco trabajo misionero.

Los primeros luteranos parecen haber llegado a Chile en el año 1846, y a mediados del siglo XX eran unos 7.000. Pero estos inmigrantes tampoco se ocupaban mayormente de la evangelización de los chilenos. Con respecto a ellos, dice Vergara:

> Como la anglicana, la iglesia luterana tiene por fin casi exclusivo la atención espiritual de los alemanes residentes. Hasta ahora el culto se ha hecho en alemán, pero la presencia de pastores recién llegados a Chile, con estudios en Argentina —donde se halla su Seminario— ha hecho posible la realización de programas en castellano.[85]

Hay también en Chile luteranos de origen escandinavo, húngaro y báltico, además de luteranos del sínodo de Missouri. Pero todos éstos son grupos pequeños.

El verdadero fundador de la obra protestante chilena en lengua castellana fue el pastor David Trumbull, que había estudiado en las universidades de Yale y Princeton y fue enviado a Chile por la *Foreign Evangelical Union* de los Estados Unidos. Trumbull llegó a Valparaíso en el año 1846, con la misión de ocuparse de las necesidades religiosas de los inmigrantes y marinos de habla inglesa que llevaban a la región. Durante años su obra se limitó a las personas de habla inglesa, aunque siempre soñó con la predicación en castellano a los chilenos. En 1855 se construyó el primer templo protestante de Chile, al que, debido a la oposición del clero, fue necesario rodear de un alto muro, y en el

---

[83] En el año 1957 la obra de la *South American Missionary Society* contaba en Chile con 1.800 miembros (Damboriena, *El protestantismo*..., Vol. II, cuadro 24).
[84] I. Vergara, *El protestantismo en Chile* (Santiago, 1962), p. 25.
[85] *Ibid.*, p. 33.

que había que cuidar de cantar de tal manera que los transeúntes pudieran sentirse atraídos.

Puesto que las leyes del país prohibían todo otro culto que el catolicorromano, Trumbull se dedicó a lograr mayores concesiones legales. En esto tenía el apoyo del creciente sentimiento liberal de las clases intelectuales del país. Primero logró concesiones para los extranjeros residentes de religión no católica, y por fin pudo comenzar la predicación en español, de modo que la primera iglesia protestante de habla castellana quedó fundada en el año 1868, con cuatro miembros chilenos. En el entretanto habían llegado otros misioneros con el propósito de colaborar con Trumbull.

En el año 1876 la obra de la *Foreign Evangelical Union* pasó a manos de la Iglesia Presbiteriana, y por esta razón once años más tarde las comunidades organizadas por Trumbull se constituyeron en un presbiterio.[86]

La obra metodista en Chile comenzó en el año 1877, a raíz de los viajes de William Taylor por la costa del Pacífico sudamericano.[87] El trabajo de Taylor consistía en establecer contacto con inmigrantes de habla inglesa que estuviesen interesados en tener escuelas y servicios religiosos dirigidos por metodistas norteamericanos. Luego se ocupaba de reclutar misioneros en Norteamérica y enviarlos a la América del Sur, donde debían buscar sus propios medios de subsistencia. Casi siempre estos medios venían de las escuelas que se fundaban juntamente con las congregaciones metodistas, así como de donativos por parte de las personas interesadas en la localidad. Como es de suponerse, este método de trabajo colocaba a los misioneros en condiciones estrechísimas, y fueron varios los que se vieron obligados a regresar a los Estados Unidos. Empero la mayoría permaneció, y pronto hubo comunidades metodistas de habla inglesa en varios puntos de la costa sudamericana del Pacífico.

---

[86] *Ibid.*, pp. 36-41. A pesar de ser la primera iglesia protestante en Chile, la Iglesia Presbiteriana no creció tanto como otros grupos protestantes, y en el año 1957 sólo contaba con 2.127 miembros (Damboriena, *El protestantismo...*, cuadro 24).

[87] G. F. Arms, *History of the William Taylor Self-Supporting Mission in South America* (New York, 1921), *passim*. Véase también el resumen castellano: *El origen del metodismo y su implantación en la costa occidental de Sud América* (Santiago, 1923).

Lo que permitió el avance de la obra metodista entre personas de habla española fue la conversión de Juan Canut de Bon. Canut era de origen español y había sido jesuita, aunque había abandonado el hábito antes de conocer el protestantismo. En Chile se unió a la Iglesia Presbiteriana, pero poco después decidió regresar al catolicismo, y así lo hizo. Fue en el norte del país, y a través de la obra de Taylor, que Canut conoció el metodismo. Cuando volvió a establecerse en Santiago ya era metodista, aunque todavía no se dedicaba a la predicación. En el año 1888 un pastor metodista norteamericano comenzó a predicar en español, y desde muy temprano Juan Canut de Bon fue su ayudante. En 1890 se le nombró pastor, y dedicó los seis años restantes de su vida a la predicación del Evangelio y al establecimiento de iglesias metodistas. Su popularidad llegó a ser tan grande que desde entonces se comenzó a dar a los protestantes el título despectivo de "canutos", que llevan hasta el día de hoy.[88]

Ya en el año 1893 las iglesias metodistas fundadas por Taylor se habían unido al metodismo norteamericano, y en 1897 se organizó una conferencia que incluía a Chile y Perú.

Desde sus comienzos, la obra metodista en Chile se ha destacado por su labor en los campos de la educación, la asistencia social y la reconstrucción rural. Sus más notables instituciones en estos sentidos son el Santiago College, el English College, el Instituto *Sweet Memorial*, el Centro de Vida Rural Duncan Mangun y El Vergel. Este último centro se ha destacado por sus investigaciones de carácter agrícola en pro del mejoramiento de las condiciones económicas de la región.[89]

A pesar de los muchos años que lleva trabajando en el país y de los fuertes subsidios que recibe del extranjero en 1957 la Iglesia Metodista contaba sólo con 4.107 miembros.[90] Por otra parte, es notable el hecho de que los principales movimientos pentecostales del país, que constituyen uno de los episodios más importantes de la expansión protestante en la América Latina, han surgido de la Iglesia Metodista.

El trabajo de la Alianza Cristiana y Misionera en Chile comenzó en 1897 entre los colonos alemanes, pero pronto se extendió a los chi-

---

[88] Vergara, *op. cit.*, pp. 51-63.
[89] Damboriena, *El protestantismo*..., pp. 65-66.
[90] *Ibid.*, cuadro 24.

lenos. Un aspecto importante de su obra es su imprenta, que produce 15.000.000 de páginas impresas al año.[91]

La obra de los bautistas en Chile data también de fines del siglo XIX, aunque la organización de la primera iglesia bautista con miembros chilenos tuvo lugar en el año 1908. En la década del 1880 se organizaron a lo menos tres iglesias bautistas entre colonos alemanes del país. Pero el verdadero comienzo de la Iglesia Bautista de Chile tuvo lugar cuando un misionero perteneciente a la Alianza Cristiana y Misionera se separó de ella con cuatro pastores y unos 300 miembros. Estos pidieron ayuda a la Convención Bautista del Brasil, y a través de ella se organizaron y se hicieron dependientes de la Convención Bautista del Sur de los Estados Unidos.[92]

El Ejército de Salvación comenzó su obra en Chile en 1909. Como es su costumbre, ha establecido varios centros de trabajo social, especialmente hospederías para hombres y para mujeres, así como hogares de niños y niñas.[93] Un aspecto negativo de su obra parece ser el hecho de que, según las estadísticas de Damboriena, cuenta con 91 pastores extranjeros, y los 45 obreros nacionales son clasificados como "auxiliares".[94]

Uno de los fenómenos más notables de la historia del protestantismo en Chile es el movimiento pentecostal. Este comenzó en el año 1902 en la Iglesia Metodista de Valparaíso, cuyo pastor era el misionero Willis C. Hoover.[95] Durante el período que va de 1902 a 1909 las manifestaciones pentecostales se limitaron a la Iglesia Metodista de Valparaíso, pero ya en este último año comenzaron a extenderse a otras iglesias. En 1910 la Conferencia Anual de Chile condenó el movimiento, y el resultado de esta acción fue la organización de la Iglesia Metodista

---

[91] Vergara, *op. cit.*, p. 74. Según sus propios dirigentes, cuentan **aproximadamente** con 5.000 miembros activos (*Ibid*), mientras que otras estadísticas dan la cifra de 2.622 miembros (Damboriena, *El protestantismo*..., Vol. II, cuadro 24).
[92] En 1957 contaban con 179 lugares de predicación y 6.406 miembros (Damboriena, *El protestantismo*..., Vol. II, cuadro 24).
[93] Vergara, *op. cit.*, p. 100.
[94] Damboriena, *El protestantismo*..., Vol. II, cuadro 24.
[95] W. C. Hoover, *Historia del avivamiento pentecostal en Chile* (Valparaíso, 1948), *passim*.

Pentecostal, formada por las personas de tendencias pentecostales entre los metodistas. En aquella fecha esta iglesia contaba con sólo tres congregaciones, pero ya en 1929 contaba con 22.[96]

Poco después se produjo un cisma dentro de la Iglesia Metodista Pentecostal, cuando la mayoría de la Conferencia Anual, bajo la dirección del pastor Umaña, quiso que el pastor Hoover renunciara. Este se retiró junto con Víctor Pavez y otros, para formar la Iglesia Evangélica Pentecostal. El grupo de Umaña conservó el título de Iglesia Metodista Pentecostal.[97] Aunque no había estadísticas exactas, a mediados del siglo XX se calculaba que los miembros de la Iglesia Metodista Pentecostal eran por lo menos 200.000, y quizá 480.000.[98] La Iglesia Evangélica Pentecostal contaba en la misma época con unos 150.000 miembros en Chile, y tenía además misiones en Argentina, Bolivia, Perú y Uruguay.[99] Otro de los más notables grupos del país es la Iglesia Pentecostal de Chile, dirigida por el pastor Enrique Chávez, y que surgió en el año 1942 de la Iglesia Metodista Pentecostal.[100] Esta tiene su centro en Curicó, y es miembro del Consejo Mundial de Iglesias.

Puesto que son varias las iglesias pentecostales, no cabe duda de que el total de sus miembros pasa del medio millón. Han trabajado principalmente entre las personas de la clase obrera, pero comienzan a extenderse también hacia la clase media. Una de sus características más notables es el hecho de que se sostienen a sí mismas, con poca o ninguna ayuda del extranjero. Buena parte de su expansión es llevada a cabo, no por pastores remunerados, sino por personas que tienen otra ocupación o que, a lo menos, dividen su tiempo entre el pastorado y algún trabajo económicamente productivo. Esto es especialmente cierto de las congregaciones pequeñas.

El impulso que ha dado origen al movimiento pentecostal de Chile ha servido también para hacer aparecer un sinnúmero de pequeñas agrupaciones que han surgido por desmembramiento de las iglesias pen-

---

[96] Vergara, *op. cit.*, pp. 116-117.
[97] *Ibid.*, pp. 118-119.
[98] *Ibid.*, p. 121.
[99] *Ibid.*, p. 122.
[100] *Ibid.*, p. 163.

tecostales o de algunas de las iglesias históricas, y que, al igual que las iglesias pentecostales, son de carácter nacional.[101]

Uno de los aspectos negativos que se han señalado acerca del avance protestante en Chile es su carencia de doctrina social que pueda ayudar a la reconstrucción del país, así como su falta de influencia en los círculos en los que se forja el pensamiento constructivo de la nación. De las iglesias protestantes, sólo la metodista tiene un Credo Social, y el número de sus miembros es tan pequeño que no puede ejercer una verdadera influencia en el país. Los grandes grupos pentecostales se ocupan de la reconstrucción social de ciertas pequeñas comunidades; pero no tienen programas que alcancen a la totalidad del país.[102] Sin embargo, es de notarse que los grupos pentecostales, por el solo hecho de su enorme membresía, llegan a ser ya un factor político en la nación y, si bien carecen de doctrinas sociales definidas que puedan hacer su acción más efectiva, su importancia en el destino político y social de Chile es enorme.

G. EL CRISTIANISMO EN EL PERU

1. *El Catolicismo Romano.*

La alta jerarquía eclesiástica del Perú se opuso a la independencia del país, mientras que la mayoría de los clérigos rurales tendía a ver con simpatía la causa de los insurgentes. Tras la independencia, sólo quedaba en el país un obispo, y éste era realista.[103] Tanto José de San

---

[101] Para dar una idea de la multiplicidad de estos grupos, podemos mencionar la Iglesia Aliancista Nacional de Sostén y Gobierno Propio, la Iglesia Aliancista Nacional, la Iglesia Universal de Cristo, la Iglesia Evangélica Universal, la Iglesia Evangélica Universal de Cristo, la Misión Iglesia del Señor, la Iglesia del Señor, la Iglesia del Señor que El Ganó con su Sangre, la Iglesia del Señor Apostólica, la Congregación Evangélica de la Fe Apostólica del Séptimo Día, el Templo de la Fe Apostólica, la Iglesia del Señor de la Fe Apostólica, y muchas otras de nombres semejantes.

[102] *Ibid.*, pp. 238-244.

[103] Mecham, *op. cit.*, pp. 197-198.

Martín como Simón Bolívar abogaron por una unión entre Iglesia y Estado en la que se estableciera, sin embargo, la libertad de cultos.[104] Pero el país no estaba listo para tales libertades, y ni uno ni otro de los dos libertadores pudo evitar que se estableciera una estrecha unión entre Iglesia y Estado que continuaría hasta bien entrado el siglo XX.[105] El gobierno reclamó para sí el derecho de patronato, que el papa Pío IX reconoció con ciertas limitaciones. No fue sino en el año 1915 que se garantizó la libertad de cultos.

La Iglesia Católica del Perú no parece haber reaccionado ante las nuevas circunstancias de igual modo que la de Chile, pues lo que parece haber sucedido es que la jerarquía se ha hecho cada vez más conservadora y el clero más escaso y menos preparado y selecto.[106]

En el campo estrictamente misionero, se destacan las misiones dominicas en la región de Urubamba, llenas de episodios de abnegación y sacrificio,[107] y las de los redentoristas franceses de Huanta y Caracora.[108]

2. El Protestantismo.

Ya en la segunda mitad del siglo XVI la Inquisición había condenado a varios protestantes en el Perú, pero todos éstos eran extranjeros.[109]

Como en tantos otros países de la América Latina, el precursor del protestantismo en el Perú fue Diego Thomson, quien llegó al país en

---

[104] *Ibid.*, pp. 194-195, 198. De hecho, Bolívar hubiera preferido la separación entre la Iglesia y el Estado, pero la situación política del Perú le llevó a proponer una solución intermedia.
[105] *Ibid.*, pp. 196-202.
[106] En el año 1961, mientras la casi totalidad del clero secular dedicado al trabajo parroquial era nacional, todo lo contrario sucedía con el clero regular, que era la mayoría. I. Alonso y otros, *La Iglesia en Perú y Bolivia* (Friburgo, Suiza, 1961), pp. 57-61. En la jerarquía había 21 cargos que el gobierno exigía estuviesen en manos nacionales. Todos los demás estaban ocupados por extranjeros (*Ibid.*, pp. 42-43). Había cuatro provincias eclesiásticas y siete vicariatos apostólicos además de una prefectura apostólica. En la diócesis de Sicuani llegaba a haber 19.400 católicos por cada sacerdote, y en otras regiones la situación era poco mejor (Gibbons, *op cit.*, pp. 24-27).
[107] *¡Urubamba! Misiones dominicas en el Perú* (sin datos de lugar ni fecha).
[108] Th. Roth, *Au Pérou: Le Père J. M. Chouvenee, Apôtre des Indiens* (Lyon, 1936). Este libro, por otra parte, es ejemplo del conservatismo extremo de muchos dirigentes católicos del Perú.
[109] W. O. Bahamonde, *The Establishment of Evangelical Christianity in Peru: 1822-1900* (Tesis publicada privadamente en Hartford, 1952), pp. 8-11.

1822 por invitación de José de San Martín. Este hizo desalojar un convento para que Thomson estableciera en él una escuela lancasteriana. Con la ayuda de un sacerdote, Thomson organizó dos escuelas en el país y distribuyó cientos de Biblias. En términos generales, su trabajo fue bien recibido por la población y por la casi totalidad del clero, que no se opuso a la venta pública de las Escrituras. De hecho, el principal obstáculo con que tropezó parece haber sido la lentitud con que llegaban las Biblias desde la Gran Bretaña. Debido a su inspiración, se tradujo al quechua el Evangelio de San Lucas. Por fin, en septiembre del año 1824, debido a la ocupación española y a su deseo de visitar el Ecuador y Colombia, Thomson partió del Perú, dejando tras sí personas encargadas de la distribución de la Biblia. El sistema lancasteriano de educación perduró hasta 1850.[110]

En 1828 Lucas Mathews, representante de la Sociedad Bíblica Británica y Extranjera, visitó el Perú para continuar la obra de Thomson. Aunque su acogida no fue tan favorable como la de su predecesor, Mathews logró vender varios cientos de Biblias.[111] Poco antes, un agente de la Sociedad Bíblica Americana, Brigham, había visitado el país.[112] También se produjeron en esa época traducciones al quechua y al aymara, pero no se publicaron inmediatamente.[113] A pesar de todos estos esfuerzos, y debido a las vicisitudes políticas del país y a los obstáculos que presentaban los gobiernos conservadores, no fue sino en 1901 que la Sociedad Bíblica Británica y Extranjera fundó su primera agencia permanente en el Perú.[114]

Durante todo el siglo XVIII, y hasta 1888, la historia del protestantismo en el Perú se limita al establecimiento de comunidades de inmigrantes protestantes y a empresas misioneras que no pudieron permanecer en el país.[115]

---

[110] *Ibid.*, pp. 22-23.
[111] *Ibid.*, pp. 36-37.
[112] *Ibid.*, pp. 45-46.
[113] *Ibid.*, pp. 38-41.
[114] Goslin, *op. cit.*, p. 61.
[115] La primera iglesia protestante del Perú fue organizada en 1849 y, **para cumplir con las leyes**, se le dio el título oficial de "Sociedad Anglo-Americana de Instrucción Primaria y Debates" (*Ibid.*, pp. 61-62; Bahamonde, *op. cit.*, pp. 58-61).
La *South American Missionary Society* estableció obra entre las personas de habla inglesa del Callao en el año 1864. Pronto esta obra se extendió a las personas de habla española, especialmente a través de la escuela que funcionaba junto a ella. La consecuencia de esto fue una enconada controversia en la que

La primera iglesia protestante en lograr establecerse definitivamente en el Perú fue la metodista, gracias al celo y a la constancia de Francisco Penzotti. Como hemos visto anteriormente, Penzotti se convirtió en Montevideo a través de la obra de J. F. Thomson. Luego trabajó en la distribución de la Biblia junto a Andrés M. Milne y Tomás B. Wood. En esta labor llegó a ser el más destacado héroe del protestantismo latinoamericano. Su obra más notable tuvo lugar en el Perú a partir del año 1888, aunque antes había estado dos veces en el país.

Penzotti fue enviado al Perú por la Sociedad Bíblica Americana con el propósito de hacer circular las Escrituras, y se dedicó arduamente a esa tarea. Pero estaba convencido de que era necesario comenzar en el Perú la predicación evangélica en lengua española. Con este propósito pidió y obtuvo el uso de una antigua iglesia anglicana, hasta que se vio obligado a abandonarla cuando los clérigos amenazaron con dinamitarla. Continuó entonces su obra en un viejo almacén y, ya que la

---

la jerarquía catolicorromana trató de aplastar la naciente iglesia. Esto ganó para los protestantes la simpatía y la atención de los liberales. A pesar de la oposición de la jerarquía católica, la misión continuó, y pronto se estableció obra en las islas Chinchas, en Tacna y en Arica. En todos estos centros se trabajaba con las personas de habla inglesa y se alcanzaba a los peruanos sólo indirectamente a través de la escuela y del contacto personal. La obra de la *South American Missionary Society* en el Perú fue clausurada en el año 1877 (Bahamonde, *op. cit.*, pp. 62-80).

William Taylor realizó en el Perú un trabajo semejante al que ya hemos visto en Chile. Se estableció obra metodista en Mollendo, Tacna e Iquique —que entonces pertenecía al Perú— y más tarde en el Callao. Empero las dificultades económicas y la falta de personal hicieron que en el año 1887 se clausurara la obra del Callao, que era la única que continuaba funcionando (*Ibid.*, pp. 80-85). Al año siguiente, y procedente de la región de La Plata, el metodismo volvería a entrar en el país. Pero antes de narrar el regreso del metodismo al Perú debemos mencionar el intento por parte de los presbiterianos de establecer obra religiosa en el país.

La misión presbiteriana en el Perú comenzó en el año 1884 debido a las gestiones de David Trumbull —el misionero a quien ya hemos encontrado en Chile. La Junta de Misiones Presbiteriana envió al misionero J. M. Thomson, que se estableció en el Callao y organizó obra en inglés y español, además de una escuela que fue colocada bajo la dirección de otro misionero. Sin embargo, en 1886 fue necesario clausurar esa obra. La mayor parte de los residentes extranjeros que antes habían sostenido la misión había abandonado la ciudad, y la Junta de Misiones se veía incapacitada de sostener económicamente la obra comenzada (*Ibid.*, pp. 85-88).

ley prohibía la celebración de cultos públicos, distribuía con anterioridad boletos a quienes deseaban participar del servicio. De este modo la reunión era legalmente de carácter privado. En 1890 la congregación dirigida por Penzotti se organizó como iglesia metodista.

Lo más notable de la obra de Penzotti en el Perú fue la manera en que logró vencer la oposición del clero y de los elementos ultraconservadores de la nación. Constantemente se le perseguía, y por dos veces fue encarcelado. En la segunda ocasión estuvo preso 8 meses y 2 días en un calabozo insalubre. Mediante artimañas legales se le mantuvo preso aun cuando los tribunales le absolvieron repetidamente. Finalmente, el diario *New York Herald* tomó cartas en el asunto, y el resultado fue un movimiento tal de opinión pública en los Estados Unidos y otros países del mundo que el Perú —que buscaba ansiosamente el modo de atraer inmigrantes extranjeros— se vio obligado a poner en libertad a Penzotti. A partir de entonces fue posible predicar con cierto grado de libertad.[116]

Como ejemplo del carácter indomable de Penzotti podemos citar las siguientes líneas que escribió en la pared de su calabozo bajo un poema de carácter pesimista que algún preso había escrito:

> ¿Qué me importan del mundo las penas
> y doblada tener la cerviz?
> ¿Qué me importa que esté entre cadenas,
> Si me espera una patria feliz?
> Resignado, tranquilo y dichoso,
> De la aurora me encuentra la luz,
> Porque sé que Jesús bondadoso
> Por su pueblo ha expirado en la cruz.[117]

A pesar de sus orígenes heroicos, la Iglesia Metodista no avanzó rápidamente en el Perú, y en el año 1957 contaba sólo con 790 miembros.[118] Había además varias escuelas de gran prestigio, entre las que se destacaban la escuela "Victoria" de Lima y la de El Callao.

---

[116] *Ibid.*, pp. 89-115.
[117] *Ibid.*, p. 107.
[118] Damboriena, *El protestantismo...*, Vol. II, cuadro 37. En el año 1949 Mitchell daba la cifra de mil miembros (*op. cit.*, p. 153).

A fines del siglo XIX la "Mision Peruana" comenzó obra en el Cuzco y Trujillo,[119] y por la misma época los adventistas se establecieron en el país. El éxito de éstos últimos fue grande, y a mediados del siglo XX eran el principal grupo religioso no católico del país, con más de 19.500 miembros.[120]

Durante el siglo XX los grupos protestantes se multiplicaron en el Perú, como en todo el resto de la América Latina.

En 1902 llegaron los miembros de la *California Holiness Mission*; en 1909, el *Salvation Army*; en 1913, la *Iglesia de los Nazarenos*; en 1916, los *presbiterianos escoceses*; en 1922, los primeros *grupos pentecostales*; en 1928, la *South American Mission*, y en 1934, la *Peruvian Inland Mission*. En esta última fecha el Perú daba cabida a unas 14 distintas clases de sociedades misioneras protestantes. En la postguerra, con el arribo de sectas pentecostales y escatológicas —así como de grupos especialmente dedicados a las poblaciones indias— el número de comunidades ha ascendido a unas veinticinco.[121]

H. EL CRISTIANISMO EN EL ECUADOR

1. El Catolicismo Romano.

Tras la independencia, el primer grave problema de la Iglesia Católica en la Gran Colombia —lo que hoy es Ecuador, Colombia, Panamá y Venezuela— fue el de las relaciones entre la sede romana y el nuevo gobierno. Puesto que Roma no podía reconocer a éste último sin incurrir en la enemistad de España, y puesto que el gobierno de la Gran Colombia reclamaba para sí el derecho de patronato de que antes Es-

---

[119] Bahamonde, *op. cit.*, pp. 124-133.
[120] Damboriena, *El protestantismo...*, Vol. II, cuadro 37.
[121] *Ibid.*, Vol. II, pp. 139-140. En el año 1957 los grupos que contaban con mayor número de miembros, aparte de los adventistas, eran la Iglesia Evangélica Peruana, fundada en 1922 por el presbiteriano escocés John Ritchie (7.725 miembros), los nazarenos (1.478 miembros) y las Asambleas de Dios (1.245 miembros) (*Ibid.*, Vol. II, cuadro 37).

paña había gozado, las dificultades en la elección de los obispos eran inmensas, y hubo diócesis que estuvieron vacantes por largo tiempo.

El Ecuador se separó de la Gran Colombia en 1830, y no fue sino un tercio de siglo más tarde, durante el gobierno férreo y ultraconservador de Gabriel García Moreno, que se llegó al Concordato de 1862. En dicho Concordato se daba a Roma más autoridad sobre la Iglesia Católica en el Ecuador que la que había tenido durante el régimen español. Este estado de cosas continuó hasta la revolución liberal de 1895, cuando se comenzó toda una serie de medidas que iban contra lo que la Iglesia Católica consideraba sus derechos. En el año 1899 el gobierno volvió a reclamar para sí el derecho de patronato; en el 1900 se estableció el registro civil; en el 1902, el matrimonio civil; finalmente, en el año 1907 se proclamó la separación entre la Iglesia y el Estado y se garantizaba además la libertad de cultos. Las relaciones diplomáticas entre el Ecuador y la Santa Sede fueron interrumpidas hasta que, en 1937, se llegó a un *modus vivendi*.[122] La constitución de 1946 garantiza la libertad de conciencia.[123]

Tras el Concordato de 1862, muchas de las antiguas misiones católicas entre los indios fueron abandonadas. Pero desde la época de García Moreno se continuó el avance hacia las selvas orientales. En este avance se distinguieron los franciscanos, salesianos, jesuitas y dominicos.[124]

2. *El Protestantismo.*

La historia de los primeros pasos del protestantismo en el Ecuador es semejante a la de otros países que ya hemos estudiado, y en ella encontramos los mismos nombres que ya hemos conocido en la Argentina, Uruguay, Chile y Perú. Diego Thomson visitó el país en el año 1824, y en el 1828 le siguió Lucas Mathews. William Taylor visitó

---

[122] J. I. Larrea, *La Iglesia y el Estado en el Ecuador* (Sevilla, 1954), pp. 28-45.
[123] L. Linke, *Ecuador: Land of Contrasts* (London, 1960), pp. 107-108.
[124] H.E.C., V, p. 94. En el año 1960 el país estaba dividido en las provincias de Quito, Cuenca y Guayaquil, además de cuatro vicariatos apostólicos. Uno de éstos, el de Esmeraldas, comprendía 61.776 millas cuadradas y estaba dividido sólo en 8 parroquias, atendidas por 12 sacerdotes. Uno de los aspectos más tristes de la Iglesia Católica en el Ecuador parecía ser el hecho de que tenía sólo 158 seminaristas en todo el país (Gibbons, *op. cit.*, pp. 20-23).

Guayaquil y logró instalar allí al pastor J. G. Price, cuya obra duró sólo unos pocos meses. Penzotti y Milne intentaron en vano introducir Biblias en el Ecuador.[125]

A raíz de la revolución liberal, el presidente Eloy Alfaro —que antes había leído una Biblia que le había obsequiado un pastor presbiteriano a bordo de un buque ecuatoriano— hizo arreglos para que los metodistas comenzaran trabajo de educación en el país. Esta obra empero fue suspendida a los pocos años.[126]

Con el visto bueno del propio Alfaro, el misionero norteamericano W. E. Reed llegó al país en el año 1896 como representante de la Unión Misionera del Evangelio. Después pasó al servicio de la Alianza Cristiana y Misionera. Hasta el día de hoy estos dos son los principales grupos protestantes del país.[127]

Merecen citarse también los esfuerzos de "La Voz de los Andes", que trasmite en varios idiomas y se oye en todo el mundo, y la Misión Unida Indígena Andina, que era un esfuerzo unido para alcanzar a los indios del campo aunque más tarde se extendió también a las ciudades. Además trabajaban en el Ecuador los luteranos, los bautistas del sur y los hermanos (*Christian Missions in Many Lands*). En 1965 se organizó la Iglesia Evangélica Unida del Ecuador, de la que forman parte la Misión Unida Indígena Andina y los hermanos.

Sólo el 0,27 % de la población del Ecuador es protestante.[128]

I. EL CRISTIANISMO EN COLOMBIA Y PANAMA

Puesto que durante todo el siglo XIX Panamá perteneció a Colombia tanto política como eclesiásticamente, conviene discutir ambos países bajo el mismo encabezamiento.

---

[125] Goslin, *op. cit.*, pp. 73-74.
[126] *Ibid.* Aunque los metodistas se retiraron, dejaron su huella en el país a través de la escuela normal Manuela Cañizares, fundada por ellos, que es hoy una de las instituciones más prestigiosas del país.
[127] En el año 1957 el primero contaba con 400 miembros, y el segundo con 1.190 (Damboriena, *El protestantismo...*, Vol. II, cuadro 29).
[128] *Ibid.*, Vol. II, p. 90.

LA AMERICA LATINA

1. El Catolicismo Romano.

La constitución de la Gran Colombia del año 1830 declaraba que el catolicismo romano era la religión del Estado, y prohibía todo otro culto.[129] Cuando se desmembró la Gran Colombia y se organizó el estado de Nueva Granada, se mantuvieron vigentes los mismos reglamentos en lo que a la religión se refiere. Por esta razón la gran cuestión religiosa durante toda la primera mitad del siglo XIX fue la del patronato nacional, y aun ésta no fue tan grave como en otros países de la América Latina.

Durante la segunda mitad del siglo XIX y la primera del XX, la cuestión religiosa continuó siendo uno de los principales problemas políticos de Colombia, pues los liberales y los conservadores se distinguían principalmente por sus respectivas posiciones en cuanto a las relaciones entre la Iglesia y el Estado.[130]

En el siglo XIX Panamá siguió la política religiosa de Colombia, pero desde su independencia, en el año 1904, se garantizó la libertad de cultos.[131]

De todos los países de la América Latina, es Colombia el que más sujeto ha estado al catolicismo organizado, y el país en que el clero ha tenido mayor influencia en los asuntos políticos. Repetidamente se ha consagrado la nación al Sagrado Corazón de Jesús. Salvo algunos casos

---

[129] Acerca de la participación del clero en la emancipación de Colombia, véase: R. Jaramillo, *El clero en la independencia* (Medellín, 1946).

[130] En el año 1849 los liberales llegaron al poder en la persona de José Hilario López. A partir de entonces, y hasta 1880, Colombia se distinguió por su legislación en que se limitaban los fueros y privilegios del clero. En 1853 se promulgó una nueva constitución, que garantizaba la libertad de cultos.
Los conservadores regresaron al poder cuando el presidente Rafael Núñez, que había sido electo por los liberales, comenzó a inclinarse hacia la posición conservadora. Esto parece haberse debido, en parte al menos, a que Núñez se convenció de que el excesivo idealismo de los dirigentes liberales llevaba al país por caminos de una inestabilidad constante que impedía su desarrollo. En todo caso, el resultado neto de la acción de Núñez fue el comienzo de una reacción clerical que llevó el Concordato de 1887 con Roma. Durante el resto de aquel siglo y buena parte del siguiente, el Concordato de 1887 reguló, no sólo la vida estrictamente religiosa del país, sino también su educación y buena parte de su política interna (Mecham, *op. cit.*, pp. 141-170).

[131] El registro demográfico está en manos del Estado, y lo mismo sucede con los cementerios. El matrimonio civil es válido, y el religioso sólo lo es cuando se le inscribe en los registros del Estado (*Ibid.*, pp. 391-392).

aislados —que se han hecho más comunes después del Segundo Concilio Vaticano— el clero no parece percatarse del carácter anacrónico de sus posiciones.[132]

A principios del siglo XIX, y a consecuencia de la decadencia española y de las guerras de independencia, la mayor parte de la extensa obra misionera que se había emprendido en el interior de Colombia y en las selvas de Panamá quedó abandonada.[133] Pero ya a mediados de siglo comenzaba de nuevo el esfuerzo misionero católico, que cobró mayor impulso cuando el Concordato de 1887 estableció que el gobierno debía darle un subsidio.[134]. En el año 1953, de las 41 jurisdicciones eclesiásticas de Colombia, 18 eran territorios misionales.[135] En estos territorios, que abarcaban 845.000 kilómetros cuadrados, laboraban 215 sacerdotes, de los cuales la mayoría era extranjera.[136]

Uno de los episodios más tristes en la historia de nuestra América fue la violencia que se posesionó de Colombia durante la quinta y sexta décadas del siglo XX, y que se extendió por casi todo el territorio nacional.[137] Aunque en círculos protestantes se ha destacado la persecución al protestantismo que tuvo lugar durante ese período, el hecho es que la violencia fue de carácter general, y que la Iglesia Católica en Colombia nada hizo —o nada pudo hacer— por evitarla.

La República de Panamá se encuentra dividida eclesiásticamente en la archidiócesis de Panamá, la diócesis de David y el vicariato apostólico de Darién. Naturalmente, el esfuerzo misionero se centra en este último. Debido a la situación misionera de la región, todas las parroquias del vicariato se encuentran en la ciudad de Colón, y todos los

---

[132] Véase, por ejemplo: *Jesucristo y Colombia* (Bogotá, 1952).
[133] Severino de Santa Teresa, *Historia documentada de la Iglesia en Urabá y el Darién*, Vol. V (Bogotá, 1957), pp. 31-55.
[134] Artículo 25. Véanse también los artículos 11 y 31.
[135] Once vicariatos y siete prefecturas apostólicas. J. Arango Uribe, "El movimiento misional en Colombia", *Studia Missionalia*, VIII (1954), p. 106. En 1961 las prefecturas apostólicas eran ocho (Gibbons, *op. cit.*, p. 20).
[136] Arango Uribe, *op. cit.*, p. 129. En Colombia la escasez de sacerdotes no ha sido tan aguda como en el resto del continente, aunque sí hay una gran desigualdad en lo que a su distribución territorial se refiere. Así, por ejemplo, en el año 1961 había en Bogotá un sacerdote por cada 1.700 católicos, mientras que en Montería había uno por cada 11.600 (Gibbons, *op. cit.*, pp. 20-21).
[137] Mons. Germán Guzmán, O. Fals Borda y E. Umaña Luna, *La violencia en Colombia* (Bogotá, 1962).

sacerdotes son regulares. Hay 64 capillas rurales que son atendidas desde la ciudad, especialmente por los Misioneros del Corazón de María y la Congregación de la Misión. Un aspecto negativo de esta obra es que, de los 22 sacerdotes que a ella se dedican, solo dos son panameños y uno es mejicano —los demás son españoles y norteamericanos.[138]

2. El Protestantismo.

Los primeros protestantes en establecerse en lo que hoy es Colombia fueron los inmigrantes —en su mayoría anglosajones y negros de cultura inglesa— que en el siglo XVII comenzaron a llegar a las islas de San Andrés, Providencia y Santa Catalina. Aunque dichas islas se hallan mucho más cerca de Nicaragua que de Colombia, y aunque en ellas se habla el inglés más bien que el español, a partir de 1803 quedaron bajo la jurisdicción del Vicariato de Santa Fe, y así pasaron a formar parte de la actual República de Colombia. De sus siete mil habitantes, la casi totalidad es protestante.[139]

Pero, debido a su composición étnica y a su tradición cultural, no puede decirse que estas islas sean verdaderamente parte de la América Latina.

Durante las guerras de independencia, algunos extranjeros de ideas liberales llegaron a Colombia con el propósito de participar de la campaña contra España. Muchas de estas personas eran protestantes y permanecieron en el país después que éste conquistó la independencia. Pero aun entonces su interés no fue hacer a los colombianos partícipes de su fe, sino más bien contribuir al desarrollo político de la naciente república.

Diego Thomson, a quien ya hemos encontrado en otros países de nuestra América, fue el primer misionero protestante en llegar a Colombia. En 1825 visitó la ciudad de Bogotá, donde fue muy bien recibido por los elementos liberales del gobierno y del clero. Allí tuvo uno

---

[138] I. Alonso y G. Garrido, *La Iglesia en América Central y el Caribe* (Friburgo, Suiza, 1962), p. 236.
[139] F. Ordóñez, *Historia del cristianismo evangélico en Colombia* (Cali, 1956), pp. 13-15.

de los más brillantes éxitos de su carrera, pues logró fundar una Sociedad Bíblica Colombiana con el apoyo tanto del gobierno como de la alta jerarquía eclesiástica. Las siguientes palabras son tomadas de un periódico de entonces:

> El objeto exclusivo de la Sociedad Bíblica que se acaba de establecer en Colombia es proporcionar a todos los colombianos la lectura de la Palabra divina en nuestro propio idioma... Si esto es vituperable; si esto es capaz de producir censuras acres y extemporáneas, sería poner al pueblo de Colombia al nivel de los más bárbaros del mundo. La Sociedad Bíblica se ha instalado con acuerdo y aprobación de los sabios jefes, encargados del poder ejecutivo de la República y del gobierno eclesiástico del Arzobispado, a quienes pertenece exclusivamente y sin disputa el velar sobre la felicidad espiritual de los pueblos...[140]

A la partida de Thomson la Sociedad Bíblica Colombiana comenzó a perder fuerzas, y tres años más tarde Lucas Mathews, sucesor de Thomson como agente de la Sociedad Bíblica Británica y Extranjera, apenas pudo encontrar algunos vestigios de su obra. Con la misteriosa desaparición de Mathews en un viaje por el río Magdalena terminó este episodio del esfuerzo misionero protestante en Colombia.

En 1855 el ex fraile Ramón Montsalvatge, de origen catalán, pero ordenado ministro protestante en Génova, naufragó cerca de Cartagena. En esa ciudad fue tan bien recibido que, en lugar de proseguir viaje hacia Venezuela, como había pensado, decidió permanecer allí. Durante más de doce años predicó el Evangelio en Cartagena, y logró reunir un núcleo de creyentes protestantes. Desafortunadamente, no se sabe cuál fue su paradero, ni tampoco la historia subsiguiente de la congregación por él fundada.[141]

Aparte de los antecedentes esporádicos, el fundador del protestantismo en Colombia fue Henry Barrington Pratt.

> En la primavera del año 1854, siendo estudiante del famoso Seminario Presbiteriano de Princeton, se ofreció voluntariamente para ir a trabajar como misionero en el Oeste del Africa, pues

---

[140] Citado en Ordóñez, *op. cit.*, p. 19.
[141] *Ibid.*, pp. 24-26.

había resuelto dedicar su vida al servicio de Cristo. Dios tenía, sin embargo, un plan diferente. A tiempo que los miembros de la Junta de Misiones Extranjeras de la Iglesia Presbiteriana estaban estudiando la petición del joven, recibieron una insinuante carta procedente de un remoto país, casi desconocido, situado en la América del Sur y que llevaba por nombre Nueva Granada. La carta iba firmada por el Coronel Jaime Fraser, de la Legión Británica, y en ella pedía encarecidamente se enviara misioneros evangélicos al país, ya que la necesidad era muy grande, y las circunstancias del momento, favorables. La Junta estudió la petición con interés, ya que desde años atrás habían deseado hacer algo por los países del Sur. Consultada la voluntad del joven aspirante a misionero, éste recibió con agrado el cambio sugerido, como una clara indicación de la voluntad de Dios. Sin pérdida de tiempo se dedicó a estudiar el idioma de Castilla, con tan buenos resultados que cuando llegó el tiempo de viajar a su destino ya podía hacerse entender regularmente.[142]

Pratt laboró en Colombia desde 1856 hasta 1859, y luego desde 1869 hasta 1878. Durante ese período, con la ayuda de otros misioneros que fueron llegando, produjo gran cantidad de literatura evangélica —entre ella, la Versión Moderna de la Biblia. La primera iglesia evangélica se organizó en Bogotá en 1861, durante la ausencia de Pratt —ausencia debida a la Guerra Civil en los Estados Unidos. Pero aún entonces todos sus miembros eran extranjeros. Los dos primeros miembros colombianos fueron recibidos en el año 1865.[143]

A partir de entonces la Iglesia Presbiteriana ha continuado trabajando en Colombia. En el año 1877 se fundó el "Colegio Americano" de Bogotá, y poco después se fundaron otras instituciones semejantes en otras regiones del país. En 1937 se organizó el Sínodo de Colombia, que ha ido independizándose paulatinamente de la iglesia madre —aunque es necesario notar que en los últimos años este proceso de independencia ha creado fricciones desafortunadas.

La Iglesia Presbiteriana de Colombia se ha caracterizado por su labor en el campo de la educación y por el grado de preparación de

---

[142] *Ibid.*, pp. 28-29.
[143] *Ibid.*, p. 41.

buen número de sus pastores.[144] Empero su crecimiento numérico ha sido extremadamente lento.[145]

En el año 1908 comenzó su trabajo en Colombia la Unión Misionera Evangélica. Su primer misionero fue Carlos Chapman, quien había laborado anteriormente en las selvas del Ecuador. El señor Chapman y otros misioneros que más tarde vinieron a ayudarle comenzaron su obra como colportores, viajando extensamente y dando a conocer la Biblia. Por fin se establecieron en Cali, y de allí su obra se extendió hacia Palmira, de donde a su vez pasó a los indios del interior. Chapman murió en Palmira en 1952, pero ya entonces se habían organizado varias congregaciones y escuelas, además de la clínica "Maranatha". Debido a su situación geográfica en una de las regiones donde se desató la violencia a partir de 1948, la Unión Misionera Evangélica fue una de las principales víctimas de esa situación, y sus miembros fueron testigos de algunas de las peores atrocidades cometidas durante ese tiempo.[146] A pesar de ello, el movimiento siguió creciendo, aunque a un paso moderado.[147]

Además de estas dos denominaciones, merecen mencionarse la Alianza Evangélica,[148] la Alianza Cristiana y Misionera,[149] la Iglesia Presbiteriana de Cumberland,[150] la Misión Evangélica Luterana,[151] la

---

[144] El dato que aparece en el cuadro 25 de Damboriena (*El protestantismo*..., Vol. II), según el cual hay 13 pastores extranjeros y ninguno nacional, es erróneo.
[145] Según Damboriena (*Ibid.*), cuentan con 1.328 miembros y una "comunidad total" de 6.650.
[146] Ordóñez, *Historia*..., pp. 132-165.
[147] Damboriena, *El protestantismo*..., Vol. II, cuadro 25.
[148] La Alianza Evangélica comenzó a trabajar en Colombia en 1918. Sus primeros misioneros procedían de Venezuela, donde se habían establecido anteriormente (Ordóñez, *Historia*..., pp. 166-175). En 1957 contaban con 450 miembros y una "comunidad total" de 1.350 (Damboriena, cuadro 25).
[149] La Alianza Cristiana y Misionera comenzó a trabajar en Colombia en la tercera década del siglo XX (Damboriena, Vol. II, p. 78, afirma que en 1922, mientras que Ordóñez, p. 187, da la fecha de 1925). Es una de las denominaciones que ha crecido más rápidamente, pues en 1957 contaba con 1.145 miembros y 71 lugares de culto (Damboriena, cuadro 25).
[150] Su primer misionero llegó en 1927 (Ordóñez, p. 221; Damboriena, Vol. II, p. 74 afirma que fue en 1926). Su trabajo se ha extendido especialmente en Cali y sus inmediaciones (Ordóñez, pp. 221-232). En 1957 tenían 850 miembros, 25 lugares de culto y una "comunidad total" de 1.500 (Damboriena, cuadro 23).
[151] La Misión Evangélica Luterana, procedente de los EE.UU., llegó en 1936, y durante años se limitó a trabajar en la región de Boyacá, aunque después se extendió a Medellín (Ordóñez, pp. 268-273). En 1957 su "comunidad total" era de unas dos mil personas (Damboriena, cuadro 23).

LA AMERICA LATINA

Misión Latinoamericana [152] y la Iglesia Bautista del Sur.[153] En 1950 se constituyó la Confederación Evangélica de Colombia, que incluye el 90 % de los protestantes del país.

Al estudiar las estadísticas referentes a los miembros con que cuenta cada denominación en Colombia, resulta claro que, excepto los Bautistas del Sur, todas las denominaciones han crecido muy lentamente. Esto es cierto tanto de las iglesias históricas como de los grupos fundamentalistas y pentecostales.

Por último, antes de pasar a Panamá, debemos decir unas palabras acerca de la persecución en Colombia. En 1953 la Confederación Evangénica de Colombia publicó el siguiente informe acerca de los resultados de esa persecución:

> Destrucción de iglesias: 42 iglesias han sido completamente destruidas por incendios y dinamita y 31 edificios usados por evangélicos han sido averiados durante el mismo período de cinco años; 10 propiedades de las iglesias evangélicas fueron decomisadas por oficiales del Gobierno o por civiles respaldados por la policía nacional.
>
> Cierre de escuelas evangélicas desde 1948: 100 escuelas evangélicas de enseñanza primaria han sido cerradas, 54 de ellas por orden del Gobierno, las otras por causas directas dentro de la persecución contra el protestantismo.
>
> Asesinatos de evangélicos: 51 evangélicos han sido asesinados a causa de su fe religiosa durante el período de cinco años desde 1948. Esta lista de mártires de mitad del siglo XX incluye hom-

---

[152] El Dr. Harry Strachan, fundador del Seminario Bíblico Latinoamericano de San José, Costa Rica, estuvo interesado en Colombia aún antes de la fundación de dicho seminario. Por fin, en el año 1937, llegaron a Colombia dos enfermeras norteamericanas y un joven colombiano graduado del Seminario Latinoamericano. Desde entonces esta obra ha continuado creciendo, y en 1957 contaba con 506 miembros y una "comunidad total" de 1,270 (Damboriena, cuadro 23). Hay dos cosas dignas de mención en lo que a esta obra se refiere: en primer lugar, desde sus orígenes muchos de sus obreros han sido colombianos, por lo general graduados del Seminario de San José. En segundo lugar, es notable la obra de las lanchas que desde hace varias décadas (1939) recorren los ríos del departamento de Bolívar llevando servicios médicos y religiosos (Ordóñez, pp. 274-282).
[153] Los primeros bautistas del sur llegaron en 1941 (Ordóñez) ó 1942 (Damboriena). Su trabajo ha sido más activo en las ciudades, y especialmente en Barranquilla, donde cuentan con un hospital. Su crecimiento ha sido rapidísimo, pues, si las estadísticas son fidedignas, a los quince años de su llegada al país contaban con 1.265 miembros y 73 lugares de culto (Damboriena, cuadro 23).

bres, mujeres y niños. De estas muertes, 28 ocurrieron a manos de la policía nacional y de oficiales del mismo Gobierno.[154]

No cabe duda de que éste es uno de los episodios más tristes en la historia de la Iglesia del siglo XX —tanto más triste por cuanto se trata de una persecución de cristianos por parte de cristianos. Los católicos dicen —no sin razón— que lo sucedido no se debió sólo a razones religiosas, sino que muchos protestantes sufrieron a causa de sus convicciones políticas en un período de violencia política. Alegan además que muchos protestantes no han tenido el respeto y el tacto necesarios para convivir con un pueblo de profundas convicciones católicas. Por su parte, los protestantes afirman —y prueban— que en repetidas ocasiones las autoridades católicas incitaron a las masas a la violencia.

La primera denominación protestante en trabajar en Panamá fue la metodista.

Guillermo Taylor introdujo el metodismo en Panamá en 1877 cuando era parte de Colombia. En 1886 el Rdo. Francisco G. Penzotti predicó por todo el país. Pero la obra no se estableció sobre base firme hasta 1905, cuando el Rdo. J. C. Elkins fue nombrado como misionero.[155]

Empero, la obra metodista se desarrolló lentamente, y en 1957, aunque contaba con casi dos mil miembros, tenía sólo un pastor panameño.[156]

Además de los metodistas, se distinguen por su obra en Panamá los episcopales, los bautistas —especialmente los del sur—, el Ejército de Salvación y la Iglesia Internacional del Evangelio Cuadrangular.[157]

[154] Citado en Damboriena, *El protestantismo*..., Vol. II, p. 72.
[155] P. D. Mitchell, *Misión y comisión*..., p. 149.
[156] Damboriena, *El protestantismo*..., Vol. II, cuadro 35.
[157] No hemos podido obtener datos exactos acerca de la mayoría de estas denominaciones. En las estadísticas de varias de ellas se engloba a Panamá con otros países, lo cual hace difícil ofrecer datos concretos referentes a Panamá. Al parecer, son los "cuadrangulares" quienes han logrado más adeptos (Damboriena, *El protestantismo*..., Vol. II, p. 133).

El crecimiento numérico del protestantismo en Panamá fue mayor en las primeras décadas del siglo XX, pero después de 1952 no ha logrado mantenerse a la par con el aumento de la población.[158]

J. EL CRISTIANISMO EN VENEZUELA

1. El Catolicismo Romano.

Después de su separación de la Gran Colombia, Venezuela siguió una política de unión entre la Iglesia y el Estado, reclamando para este último el derecho de patronato sobre aquélla.[159] Debido a la escasez de obispos y sacerdotes, así como a su sujeción al gobierno, la Iglesia fue perdiendo prestigio y poder hasta que en la penúltima década del siglo XIX, bajo la dictadura de Antonio Guzmán Blanco, se intentó nacionalizarla.[160] Naturalmente, durante todo este período se hicieron pocos esfuerzos misioneros, y aún éstos muy débiles.

Puede decirse que el trabajo misionero entre los indios de Venezuela —es decir, hacia el sur del país— comenzó de nuevo en 1891, cuando el gobierno invitó a los capuchinos a hacerse cargo de las misiones entre los indios.[161] Este trabajo ha sido muy fructífero, y ya bien entrado el siglo XX continuaba penetrando regiones donde antes no se había oído la predicación cristiana.[162] En esta obra les ayudaban religiosos de otras órdenes.[163]

---

[158] En 1938 el protestantismo en Panamá contaba con el 2,79 % de la población, y en 1952 esa cifra llegó al 6,20 %. Hasta entonces Panamá fue el país de la América Latina con mayor proporción de protestantes. Pero en 1961 —nueve años más tarde— los protestantes eran sólo el 4,01 % de la población, y cuatro países —Chile, Haití, Puerto Rico y Brasil— superaban a Panamá en ese sentido (Damboriena, *El protestantismo*..., Vol. II, p. 25, cuadro 14).
[159] En realidad, la primera constitución de Venezuela siguió el ejemplo de las viejas constituciones de la Gran Colombia y no trató el asunto de las relaciones entre la Iglesia y el Estado. Pero ese mismo año el Congreso reclamó para el gobierno el derecho de patronato eclesiástico (Mecham, *op. cit.*, p. 122).
[160] *Ibid.*, p. 133.
[161] *Ibid.*, p. 135.
[162] H.E.C., VII, p. 168.
[163] En 1956, los territorios misionales de Venezuela eran cuatro vicariatos apostólicos, todos al sur del país. En ellos trabajaban a lo menos 63 sacerdotes regulares y dos diocesanos (Gibbons, *op. cit.*, p. 38). El área de estos vicariatos fluctuaba entre poco más de nueve mil y sesenta y siete mil millas cuadradas (*Ibid.*, p. 39).

2. El Protestantismo.

Venezuela es, junto al Ecuador, uno de los países latinoamericanos en que menos se ha difundido el protestantismo.[164]

Los primeros esfuerzos protestantes parecen haberse debido a las Sociedades Bíblicas. La primera se fundó en 1826, y fue de escasa duración. Unos treinta años después el ex fraile Montsalvatge —a quien ya hemos encontrado en Colombia— distribuyó algunos ejemplares de las Escrituras. En 1886 llegaron Milne y Penzotti, y desde entonces hubo en el país una sucesión casi ininterrumpida de agentes bíblicos.[165]

En la última década del siglo XIX comenzaron a establecerse en Venezuela algunos misioneros. De éstos los primeros parecen haber sido los metodistas del sur, que llegaron en 1890[166] y que pasaron su obra a los presbiterianos en 1900.[167] A partir de entonces los presbiterianos han continuado trabajando en Venezuela, pero su crecimiento numérico no ha sido espectacular.[168] También a fines del siglo XIX vinieron los hermanos, procedentes de Canadá.[169] Más tarde llegaron la Misión Alianza Evangélica,[170] los hermanos de Plymouth,[171] los bautistas del sur,[172] las Asambleas de Dios,[173] la "New Tribes Mission"[174] y la "Orinoco River Mission".[175]

---

[164] En 1957, alcanzaba sólo el 0,38 % de la población (Damboriena, *El protestantismo...*, Vol. II, p. 25, cuadro 14).
[165] Goslin, *op. cit.*, pp. 79-80.
[166] *Ibid.*, p. 80.
[167] Damboriena, *El protestantismo...*, Vol. II, p. 160.
[168] En 1957 contaban con 500 miembros, una "comunidad total" de 1.300 y 15 lugares de culto (*Ibid.*, cuadro 41).
[169] En 1957 contaban con 2.000 miembros y 60 lugares de culto (*Ibid.*).
[170] Llegó en 1906, y en 1957 contaba con poco menos de 2.000 miembros y con 35 lugares de predicación.
[171] Damboriena (*Ibid.*, p. 162) afirma que las cifras de 1952 son iguales a las de 1939: 600 miembros. No nos ha sido posible determinar la razón de esto.
[172] Los bautistas del sur llegaron en 1949. En 1957 decían tener 484 miembros y 30 lugares de predicación (*Ibid.*, cuadro 41).
[173] Los grupos pentecostales crecen en Venezuela con una rapidez vertiginosa. No hay datos fidedignos acerca del número de sus miembros, pero se hallan en todas las regiones del país. El principal de estos grupos es el de las Asambleas de Dios, que en 1957 contaba con 692 miembros (*Ibid.*).
[174] Lo único que sabemos acerca de su obra en Venezuela es que cuenta con 37 misioneros —16 hombres y 21 mujeres (*Ibid.*).
[175] Esta misión se estableció en Venezuela en 1920. Desde entonces se ha extendido con rapidez. En 1957 contaba con 39 lugares de culto (*Ibid.*), mientras que en 1961 tenía 71, además de un colegio y un instituto bíblico (*Ibid.*, p. 164).

K. EL CRISTIANISMO EN EL BRASIL

1. El Catolicismo Romano.

En el Brasil, la obra de la Iglesia Católica nunca había tenido el alcance que tuvo en los países colonizados por España. Como hemos visto en otro capítulo, esto se debió principalmente a que Portugal tenía otros territorios, al parecer más prometedores, que colonizar. Por otra parte, la continuidad política entre el período colonial y el del imperio facilitó la continuidad religiosa, y no hubo en el Brasil conflictos entre la Iglesia y el Estado como los que tuvieron lugar en otros países de la América Latina. Si la Iglesia fue débil después de la independencia, esto no se debió a luchas acerca del patronato o la libertad de las órdenes monásticas, sino a la debilidad de la misma Iglesia durante el período colonial. Como ejemplo de esto, podemos señalar la lentitud con que se estableció la jerarquía eclesiástica, tanto antes como después de la independencia. A los cien años de colonizado, el Brasil contaba sólo con un obispado, el de San Salvador; cien años después, tenía siete; al fin del otro siglo, diez; y a los cuatrocientos años de su fundación, doce.[176] Si se tienen en cuenta la inmensidad geográfica del país y el aumento de la población durante esos cuatrocientos años, se verá que el desarrollo de la jerarquía fue extremadamente lento.

Durante el período del imperio —proclamado en 1822— el Estado fue limitando y tomando para sí varios de los antiguos derechos de la Iglesia. Pero la buena disposición del clero —en su mayoría liberal— hacia tales medidas, evitó mayores conflictos, aun cuando, en 1827, el imperio declaró que el patronato eclesiástico correspondía al gobierno por derecho propio, y no por una concesión del Papa.[177] Poco después, Pedro II proscribió las órdenes religiosas dirigidas desde el extranjero.[178] Ya en esa época, las pocas misiones que antes se pudieron fundar habían caído en un estado de abandono casi total. En los últimos veinte años del gobierno de don Pedro II, hubo algunas misiones franciscanas en

---

[176] J. C. de Moraes Carneiro, *O catolicismo no Brasil* (Río de Janeiro, 1950), p. 175.
[177] *Ibid.*, p. 142. Véase también: H.E.C., V, 85.
[178] H.E.C., V, 86.

el interior, capuchinas en la costa, y dominicas en el Alto Araguay, aunque siempre bajo la supervisión del Estado.[179] En 1883 los salesianos se establecieron en el país, especialmente en el Matto Grosso,[180] y en 1894 llegaron los redentoristas, cuyo principal trabajo misionero tuvo lugar en Minas y Goiás.[181]

En 1889 se proclamó la república, y dos meses después —ya en 1890— se decretó la separación entre la Iglesia y el Estado, la libertad de cultos y de asociación religiosa, y el derecho de todas las confesiones e iglesias a la personalidad jurídica.[182]

Aunque los católicos conservadores esperaban que la proclamación de la república, con su nueva política religiosa, sería un serio revés para la Iglesia, lo que sucedió fue todo lo contrario. La Iglesia, privada de una tutela que le daba cierta seguridad, pero que le quitaba toda iniciativa, quedó libre para lanzarse a nuevas empresas misioneras. Durante la última década del siglo XIX y la primera del XX, misioneros procedentes de varios países de Europa emprendieron de nuevo la evangelización de los indios.[183]

Durante todo el siglo XX continuó la labor misionera en el interior del país, pero en 1956 había 32 territorios que la Iglesia todavía llamaba "misionales".[184] Y aún entonces, el principal problema misionero no estaba tanto entre las tribus del interior como en las grandes masas "descristianizadas" de las ciudades.

2. *El Protestantismo.*

Fue en el Brasil que tuvo lugar el primer intento por parte de los protestantes de establecerse en lo que hoy es la América Latina.[185] Esto

---

[179] B. de Vaulx, *History of the Missions* (New York, 1961).
[180] Moraes Carneiro, *op. cit.*, p. 167.
[181] *Ibid.*, p. 172.
[182] *Ibid.*, p. 213.
[183] De Vaulx, *op. cit.*, p. 174. Entre estos misioneros merecen destacarse los salesianos, los padres del Espíritu Santo, los padres del Verbo Divino, los franciscanos, los benedictinos y los capuchinos.
[184] Todos estos territorios eran prelaturas "nullius", y en ellas laboraban poco más de 500 sacerdotes, (Gibbons, *op. cit.*, pp. 11-23).
[185] G. Báez Camargo, "The Earliest Protestant Missionary Venture in Latin America", *Church History*, XXI (1952). La fuente original es Jean Crespin en sus *Actes des Martyrs*, y la porción referente a este episodio ha sido publicada en

sucedió en el año 1557, cuando la iglesia de Ginebra envió dos pastores reformados a la colonia que en Río de Janeiro había fundado el francés Villegaignon. Pero este intento terminó en tragedia cuando Villegaignon traicionó las esperanzas puestas en él por el partido protestante.

Doscientos cincuenta años más tarde, esta vez como resultado del tratado que Portugal firmó con Inglaterra en 1810, el protestantismo volvió a establecerse en el Brasil. Al principio se trataba sólo de pequeñas congregaciones de inmigrantes anglosajones y alemanes.[186] En 1835, los metodistas norteamericanos enviaron un representante con el fin de indagar acerca de las posibilidades de establecer obra en el Brasil. Poco después fundaron una pequeña escuela que tenía algunos discípulos brasileños, pero esta obra no fue continuada.[187] También las Sociedades Bíblicas, tanto la británica como la americana, enviaron Biblias al Brasil desde comienzos del siglo XIX, aunque no fue sino en la segunda mitad del siglo que se establecieron agencias definitivas.[188]

Durante el gobierno de don Pedro II aparecieron en el Brasil las primeras misiones extranjeras. Esto se debió en parte a la posición liberal y en cierta medida anticlerical del propio don Pedro, y en parte a la necesidad que el Brasil tenía de atraer inmigrantes de los países protestantes. Durante este período, el más notable misionero protestante fue el médico escocés Robert Reid Kalley. La salud de su esposa le obligó a establecerse en la isla de Madeira, donde en 1838 comenzó un trabajo de servicios médicos combinados con la predicación del Evangelio. Sus conversos fueron tantos que se desató una persecución violenta contra él y los suyos. Millares de ellos se vieron obligados a refugiarse en los Estados Unidos. De allí el propio doctor Kalley pasó al Brasil acompañado de un pequeño núcleo de sus seguidores. En el

---

versión española por Báez-Camargo (México 1955). Esta edición incluye también la versión portuguesa de Domingos Ribeiro. Véase también: O. Reverdin, *Quatorze Calvinistes chez les Topinambous* (Genève, 1957).

[186] La primera piedra de la capilla inglesa fue colocada en 1810, y en 1837 se fundaron dos iglesias alemanas (E.-G. Léonard, *O protestantismo brasileiro*, São Paulo, 1963, p. 41). Véase también: F. Schröder, *Brasilien und Wittenberg: Ursprung und Gestaltung deutschen evangelischen Kirchentums in Brasilien* (Berlin, 1936).
[187] Léonard, *op. cit.*, p. 42.
[188] Goslin, *op. cit.*, pp. 108-109.

Brasil, Kalley confió la mayor parte de la obra de propaganda evangélica a sus discípulos portugueses, y él se dedicó a establecer buenas relaciones con las autoridades del país, particularmente con el emperador. Además escribió y tradujo varias obras y apoyó vigorosamente a las Sociedades Bíblicas. Fue él quien, en 1858, bautizó al primer brasileño protestante. Este acontecimiento produjo la oposición del partido clerical, pero Kalley se defendió con sabiduría y moderación. Por su diligencia y firmeza, y a través de una serie de casos que fueron llevados ante los principales juristas del país, el protestantismo obtuvo cierta consideración legal, y hasta se llegó a conceder validez al matrimonio protestante. Kalley fundó en Río de Janeiro la Igreja Evangélica Fluminense, que existe aún en nuestros días.[189]

En 1859, la Iglesia Presbiteriana de los Estados Unidos comenzó trabajo en el Brasil, y fue éste el primer intento misionero que logró resultados permanentes. Su fundador fue A. G. Simonton, joven ministro norteamericano de gran temple y audacia.[190] Simonton trabajó en armonía con Kalley, aunque al principio este último temió que el ímpetu de aquél pudiera causar una oposición violenta por parte de las autoridades y poner en peligro toda la obra evangélica. Primeramente los presbiterianos trabajaron en Río, y luego se extendieron hacia São Paulo. Simonton murió en el año 1867, pero ya dos años antes se había constituido el presbiterio de Río de Janeiro, y en él había sido ordenado el ex sacerdote José Manuel da Conceição, quien llegaría a ser una de las figuras más notables de los primeros años del protestantismo en el Brasil.

José Manuel da Conceição[191] nació en São Paulo en 1822, y fue ordenado sacerdote a la edad de 23 años. Desde muy temprano comenzó a interesarse en el estudio de la Biblia y en la reforma de la Iglesia según la enseñanza escrituraria. Este interés le valió los títulos de "padre protestante" y "padre loco". Cuando contaba con 40 años de edad sufrió una profunda crisis espiritual semejante a la de Lutero, precisamente acerca de la cuestión de la justificación por la fe y la relación que esto tiene con las indulgencias y las obras meritorias. Por razón de esta crisis, abandonó el sacerdocio y se retiró al campo. Allí lo visitó

---

[189] Léonard, *op. cit.*, pp. 49-54.
[190] J. Andrade Ferreira, *História da Igreja Presbiteriana do Brasil* (São Paulo, 1959), Vol. I, pp. 9-60.
[191] Boarnerges Ribeiro, *O Padre Protestante: José Manuel da Conceição* (São Paulo, 1950).

el misionero protestante Blackford, quien había oído hablar de este "padre protestante". En 1864 fue bautizado en la Iglesia Presbiteriana de Río de Janeiro.

Tras su bautismo, el "padre protestante" se sentía apesadumbrado por haber enseñado lo que él ahora consideraba error catolicorromano. Por esta razón escribió una "profesión de fe evangélica", en la que exponía su crisis espiritual y las razones que le habían llevado a abrazar el protestantismo. Luego se dirigió a Brotas, la última parroquia donde había ejercido el sacerdocio católico. Allí comenzó a predicar su nuevo mensaje, y fundó una iglesia presbiteriana que creció rápidamente y que fue también un centro misionero a partir del cual se fundaron otras iglesias.[192]

Después de fundar la Iglesia Presbiteriana de Brotas, Conceição comenzó una vida de predicador itinerante, visitando especialmente los lugares en que había sido sacerdote. Durante cuatro años, su predicación esparció y sembró la fe evangélica, al tiempo que sus viajes y privaciones iban minando su salud. Pronto los misioneros comenzaron a oponerse a la estrategia de Conceição, que no parecía capaz de pasar de la evangelización a la organización de la iglesia. Pero el "padre loco" continuó sus viajes evangelísticos hasta que cayó desplomado en el camino en el año 1873. Sus últimos instantes fueron tales que quien le acompañó en el lecho de muerte, que ni siquiera le conocía, se sintió impulsado a estudiar y aceptar la fe protestante y a escribir una biografía de Conceição.

Acerca de los métodos y la actitud misionera de Conceição, es importante señalar que éste no quería que su mensaje consistiera principalmente en la negación de todo cuanto fuese catolicorromano. Al contrario, trataba de presentar un mensaje que fuese la purificación y culminación de lo que sus oyentes habían recibido de sus antepasados.

A partir de la época de Conceição y los primeros misioneros, el presbiterianismo brasileño ha continuado desarrollándose. En 1957 contaba con más de 76.000 miembros, organizados en seis sínodos diferentes. Para la preparación de sus pastores, cuenta con varios institutos bíblicos y tres seminarios —el de Campinas, el Seminario Presbiteriano do Norte y el Seminario Presbiteriano do Centenario. Tiene además

---

[192] En 1867, tenía 61 miembros; en 1874, 140 (Léonard, *op. cit.*, pp. 59-60).

varias publicaciones periódicas, una casa editora y varios programas radiales.[193]

Todo este desarrollo no se ha logrado sin dolores de crecimiento. El principal problema ha sido el de las relaciones entre la Iglesia brasileña y las de los Estados Unidos —tanto del norte como del sur— que con sus misioneros y sus fondos contribuyen a la obra en el Brasil. Desde los inicios de su trabajo, los misioneros norteamericanos habían afirmado su intención de entregar la dirección y sostenimiento de la iglesia a los brasileños tan pronto como fuese posible. Pero este principio, que resulta tan claro en la teoría, es muy difícil de llevar a la práctica.

Los conflictos entre los brasileños y los misioneros comenzaron a fines del siglo XIX. La figura principal entre los propugnadores de una iglesia autónoma era Eduardo Carlos Pereira, hábilmente secundado por su amigo Remigio de Cerqueira Leite. Aunque los pastores brasileños constituían todavía una minoría, Pereira pudo aumentar su influencia aprovechando la división que existía entre los misioneros procedentes del norte de los Estados Unidos y los que venían del sur. Colocándose entre ambos grupos, y sirviendo de balanza, el pequeño núcleo brasileño constituía un poder que tenía que ser tomado en cuenta. Era también una época de gran auge del sentimiento nacionalista, lo cual contribuía a despertar el interés en la formación de una iglesia presbiteriana autónoma.

Al principio, Pereira y los suyos se limitaron a la fundación de una "Sociedad Brasileña de Tratados Evangélicos", que publicaba folletos escritos casi exclusivamente por pastores nacionales.[194] A esto siguió un "plan de misiones nacionales".

Pero el verdadero punto de conflicto estuvo en la cuestión de las escuelas y seminarios, y especialmente del Instituto Mackenzie. La mayoría de los misioneros procedentes del norte de los Estados Unidos pensaba que el mejor medio para la evangelización del Brasil era el establecimiento de escuelas que sirvieran para poner a los brasileños en contacto con la cultura y el protestantismo de los Estados Unidos. Pereira y los suyos abogaban por que se dedicasen los fondos misioneros a

---

[193] Damboriena, *El protestantismo...*, Vol. II, pp. 53-54.
[194] Léonard, *op. cit.*, p. 137.

una obra de evangelización más directa, y especialmente a la preparación de ministros nacionales. Su principal opositor en este proyecto era el doctor Horace Lane, director del Instituto Mackenzie. Aunque Pereira logró que se enviase una solicitud a los Estados Unidos en el sentido de que los fondos se empleasen para métodos más directos de evangelización, su campaña no dio resultados por razón de la oposición de los misioneros del norte.[195]

Relegada a un segundo plano la cuestión de los colegios, Pereira comenzó una nueva campaña que dio lugar a lo que se conoce como "la cuestión masónica". Muchos de los misioneros norteamericanos eran masones, y lo mismo sucedía con algunos pastores nacionales y con buen número de los miembros de las iglesias. Pereira afirmaba que, puesto que la masonería parte de presuposiciones que dan excesivo valor al hombre, y puesto que el Gran Arquitecto del Universo no es en modo alguno el Dios Trino de la Iglesia Cristiana, un verdadero creyente en Jesucristo no podía ser masón. Esto dio lugar a una amarga controversia, primero entre los presbiterianos, y luego entre los demás protestantes del país. En el Brasil, con una fuerte tradición positivista, y donde un humanismo racionalista podía muy bien constituirse en religión, la cuestión masónica tenía indudablemente gran importancia.

Cuando el sínodo de 1903 se negó a declarar la masonería incompatible con el cristianismo, Eduardo Carlos Pereira se retiró de él junto a un grupo de sus partidarios. Ya en ese momento, se trataba más de un sentimiento contra los misioneros que de otra cuestión, y se dice que algunos de los partidarios de Pereira se retiraron del Concilio gritando "abajo el americanismo".[196]

Pereira y los suyos constituyeron la Iglesia Presbiteriana Independiente, que perdura hasta el día de hoy y que en 1957 contaba con más de 22.000 miembros.[197] En cuanto a Pereira, continuó luchando por el crecimiento de esta nueva iglesia y por la evangelización del Brasil, aunque lentamente fue haciendo más moderada su posición nacio-

---

[195] *Ibid.*, pp. 139-148. Años después, la Universidad Mackenzie vino a ser una institución no-denominacional (Damboriena, *El protestantismo...*, Vol. II, p. 54).
[196] Léonard, *op. cit.*, pp. 147-157. Es interesante notar que trece años más tarde la Asamblea General de la Iglesia Presbiteriana en el Brasil declaró que esa iglesia "jamás reconoció y no reconoce la compatibilidad de la masonería con la profesión del Evangelio" (*Ibid.*, p. 160).
[197] Damboriena, *El protestantismo...*, Vol. II, cuadro 23.

nalista. En los últimos años de su vida se entregó a un misticismo profético según el cual Jesucristo habría de volver en breve.[198]

Aunque la Iglesia Episcopal de los Estados Unidos había intentado establecerse en el Brasil desde 1853,[199] su obra permanente comenzó en 1888. Esta misión se estableció con la venia y cooperación de los presbiterianos, que dieron a los episcopales la responsabilidad de trabajar en el estado de Río Grande do Sul, de donde retiraron al misionero que allí trabajaba a fin de dejar el campo libre a los episcopales. Estos celebraron su primer servicio en 1890 en Porto Alegre. Poco después llegó otro contingente de misioneros, y ya en el año 1899 había un obispo residente de la Iglesia Episcopal en el Brasil.[200]

La segunda mitad del siglo XIX vio el comienzo de varias empresas misioneras en el Brasil. Después de la guerra civil en los Estados Unidos, muchos sureños de ese país emigraron hacia el Brasil, y las iglesias de donde procedían comenzaron a tener conciencia de la necesidad de enviar misioneros. Así, la Iglesia Metodista Episcopal se estableció en el Brasil en 1870 —pues la obra que antes habían comenzado los metodistas no duró más que unos pocos años. Lo mismo sucedió con los presbiterianos del sur, que penetraron en el país en 1871, y con los bautistas, cuya obra data de 1881. Casi a fin de siglo, en 1893, los congregacionalistas norteamericanos organizaron una misión a la que dieron el título de "Help for Brazil".[201]

A partir de la obra de los primeros misioneros, el protestantismo ha continuado desarrollándose de manera sorprendente.

> En el Brasil de 1855, aparte de las colonias extranjeras, no había protestantismo alguno. En 1888, la iglesia Presbiteriana, entonces la más desarrollada del país, contaba con más de 50 comunidades para apenas 20 misioneros. En 1895, el misionero bautista Taylor calculaba en cerca de 30.000 el número de brasileños que podrían llamarse evangélicos de una u otra denominación, con apenas

---

[198] Léonard, *op. cit.*, p. 165.
[199] El intento de 1853 terminó cuando el misionero que había sido enviado a Río de Janeiro naufragó en el camino y decidió regresar a su país (Goslin, *op. cit.*, p. 111). Poco después le siguió Richard Holden, quien comenzó su obra en el Pará y luego fue agente de la Sociedad Bíblica Británica y Extranjera en Río. (Léonard, *op. cit.*, pp. 73-75).
[200] Goslin, *op. cit.*, pp. 111-112.
[201] Léonard, *op. cit.*, pp. 74-77.

una centena de predicadores, entre los cuales ya se hacen notar claramente los nacionales. En 1940, según los datos del censo general, ese número llegaba a 1.074.857 (incluyendo las colonias extranjeras).[202]

Este desarrollo se ha logrado con un número sorprendentemente bajo de misioneros, y se ha debido en buena medida a las conversiones espontáneas mediante la lectura de la Biblia, y a la obra de brasileños convertidos al protestantismo. También los portugueses han tenido una importancia grande en la expansión del cristianismo desde que el doctor Kalley llegó al Brasil con su contingente de conversos de esa nacionalidad. Además, la amplia inmigración procedente de países protestantes ha contribuido al aumento numérico del protestantismo en el Brasil. Aunque tal inmigración no se ha debido a intereses misioneros, algunas de las iglesias surgidas de ella, al entrar en contacto con la población y cultura del país, han comenzado a sentir una obligación misionera.

Al igual que la Iglesia Presbiteriana, pero en menor grado, las demás denominaciones del Brasil tuvieron dificultades de crecimiento en lo que se refiere a las relaciones entre los misioneros extranjeros y los dirigentes nacionales. Aparte de la Iglesia Presbiteriana, la denominación que más sufrió por causa de esta tensión fue la Bautista. En ella, el principal dirigente de los nacionales fue Antonio Pereira, quien, al igual que Eduardo Carlos Pereira en la Iglesia Presbiteriana, se separó de su denominación, creando una organización bautista independiente. Pero este cisma perdió gran parte de su impulso cuando su dirigente regresó a la Iglesia Católica.[203] Poco tiempo después surgió en el norte, y bajo la dirección de Adrião Bernardes, otro movimiento de independencia eclesiástica que dio origen a un cisma mucho mayor que el de Pereira. Entre los bautistas, sin embargo, el problema de la creación de una iglesia autónoma tomó un giro diferente del que había tomado entre los presbiterianos, pues la organización congregacionalista de las iglesias bautistas hacía que se produjese una situación mucho más fluida que la que existía en otras denominaciones. Así, entre los bautistas, la solución que se halló al problema fue el desarrollo de un sistema ultra-congregacionalista. A esto contribuyó el propio Adrião

---

[202] *Ibid.*, p. 85.
[203] *Ibid.*, p. 169.

Bernardes, que veía en este sistema la ocasión para destruir la centralización del poder en manos de agentes extranjeros.

Las demás iglesias del Brasil han tenido problemas semejantes a los de la presbiteriana y la bautista, aunque en menor grado. Paulatinamente, todas han colocado en posiciones de mayor responsabilidad a los dirigentes nacionales, aunque hay algunas que aún dependen en exceso de fondos procedentes de los Estados Unidos.

Otro modo de establecer una iglesia autónoma ha sido el seguido por los pentecostales. Este movimiento penetró en el Brasil cuando, en 1911, algunos misioneros pentecostales suecos comenzaron a trabajar en Belém. Los dos grupos más fuertes son las Asambleas de Dios y las Congregaciones Cristianas del Brasil. Las primeras son especialmente numerosas en el norte del país, mientras que lo contrario ocurre con las últimas, que son numerosas en el estado de São Paulo y los alrededores. Aunque no hay estadísticas fidedignas acerca de la membresía de estas y otras organizaciones pentecostales, se estima que ésta se aproxima al millón. La inmensa mayoría de los pentecostales pertenece a los dos grupos que hemos mencionado, y su organización es mucho más estable que la del pentecostalismo de otros países de la América Latina. Es triste notar, sin embargo, que también en el Brasil proliferan los pequeños grupos de tendencias pentecostales, muchos de los cuales ponen la revelación personal por encima de la revelación en Jesucristo y en las Escrituras. En ocasiones alguna de estas pequeñas comunidades produce un escándalo que va en perjuicio de todo el pentecostalismo y aun de todo el protestantismo brasileño.[204]

La presencia del movimiento pentecostal ha contribuido a dar al protestantismo brasileño un punto de contacto con el proletariado del país. Esto es de suma importancia, pues uno de los problemas más agudos del Brasil es la condición del proletariado, especialmente el urbano. Cabe señalar, sin embargo, que son las iglesias históricas las que más han reflexionado acerca de las implicaciones del Evangelio para las condiciones sociales del Brasil, mientras que son los grupos pentecostales los que han establecido un contacto estrecho con las personas más afectadas por esas condiciones. Esta dicotomía de contactos

---

[204] Por ejemplo, el caso del homicidio ritual de una mujer a quien se pretendía sanar de demencia (*Ibid.*, pp. 351-352).

e intereses no puede sino ser perjudicial tanto para el protestantismo como para la masa obrera misma.

Juntamente con Chile, Haití y Puerto Rico, el Brasil es uno de los países de la América Latina en que existe mayor proporción de protestantes (el 6,06 % de la población).[205] Además, más de la mitad de los protestantes latinoamericanos son brasileños.[206]

3. El Cristianismo Oriental.

Hay en el Brasil un reducido número de cristianos orientales. Algunos pertenecen a la Iglesia de Armenia y otros a la Iglesia Ortodoxa de Siria.[207] Pero la mayoría está constituida por rusos expatriados a partir de la revolución comunista. El Sínodo Ruso en el Exilio nombró en el año 1934 un obispo de São Paulo, que tiene jurisdicción sobre las comunidades ortodoxas rusas de la América del Sur.[208]

L. EL CRISTIANISMO EN LA AMERICA CENTRAL

1. El Catolicismo Romano.

Mientras perteneció al Imperio Mexicano de Iturbide, la América Central siguió la política religiosa de éste, que consistía en proteger los privilegios de la Iglesia. Esta política continuó cuando la América Central proclamó su independencia. Con la constitución de los Estados Federados de Centro América, y debido a la lucha entre liberales y conservadores, las relaciones entre la Iglesia y el Estado comenzaron a sufrir. La cuestión más delicada era la del patronato nacional, que se complicaba aun más que en los otros países de la América española por cuanto

---

[205] Damboriena, *El protestantismo*..., cuadro 14, p. 25.
[206] *Ibid.*, cuadro 20, p. 29; según este cuadro, hay en el continente unos 7.710.000 protestantes, y de éstos unos 4.071.000 están en el Brasil.
[207] H.E.C., VII, 182.
[208] Bolshakoff, *op. cit.*, pp. 93-95.

se discutía si pertenecía al gobierno federal o a los diversos gobiernos estatales. Esta situación salió a la superficie con la cuestión de la diócesis de San Salvador, erigida por el gobierno local contra la voluntad de las autoridades federales y aún de Roma. Algo semejante sucedió en San José, aunque el conflicto se evitó cuando el fraile que había sido nombrado obispo se negó a aceptar esa dignidad.[209]

La lucha entre liberales y conservadores dio en el predominio de aquéllos durante los últimos diez años de la Federación (1829-1839). Durante ese período se promulgó la tolerancia religiosa, y los registros civiles se colocaron en manos del Estado. El gobierno abolió las órdenes monásticas y confiscó su propiedad. El resultado de todo esto fue la violenta reacción conservadora que, con el apoyo de la mayoría del clero, puso término a la Federación, dividiéndole en las actuales repúblicas centroamericanas.[210]

A partir de la disolución de la Federación, las diversas repúblicas centroamericanas han seguido diversos caminos políticos, aunque la tendencia general ha sido hacia la separación entre la Iglesia y el Estado.

En *Guatemala*, los conservadores perdieron el poder con la revolución de Manuel García Granados. El gobierno liberal que entonces se estableció promulgó leyes con respecto a la Iglesia que continuaron vigentes hasta bien avanzado el siglo XX —aunque algo modificadas por el concordato de 1888, en el cual el gobierno renunció al derecho de patronato nacional, mientras que el papado abandonó toda pretensión de privilegios especiales para la Iglesia en Guatemala.[211] Esta situación ha sido algo desfavorable para la Iglesia Católica en Guatemala, así como para lo que concierne a su labor misionera. Aunque los más de los sacerdotes diocesanos son guatemaltecos, casi todos los regulares son extranjeros —la tercera parte, españoles.[212] La labor misionera se encuentra centrada en una administración apostólica y en una prelatura *nullius*, y en ella se destaca la labor de los Padres de Mariknoll y de los franciscanos.[213] Sin embargo, la situación misionera de Guatemala es bastante triste, por razón de la inmensa proporción

---

[209] Mecham, *op. cit.*, pp. 365-368.
[210] *Ibid.*, pp. 369-373.
[211] *Ibid.*, pp. 375-379.
[212] I. Alonso y G. Garrido, *La Iglesia en América Central y el Caribe* (Friburgo, Suiza, 1962), pp. 180-181.
[213] *Ibid.*, pp. 169 y 187.

de la población que vive en el interior, lejos de toda ministración eclesiástica. En los últimos años esta situación ha mejorado gracias al considerable aumento del número de sacerdotes regulares que trabajan en el país, aunque cabe preguntarse si esta mejoría ha de ser permanente, ya que se debe a sacerdotes extranjeros que han llegado al país recientemente.[214]

La historia eclesiástica en *El Salvador* es semejante a la de Guatemala. En 1842, el Papa accedió a una petición de la nueva república e instituyó la diócesis de San Salvador. Durante los primeros años, el gobierno fue conservador y protegió los privilegios de la Iglesia y del clero. Pero en 1871 se produjo una reacción liberal semejante a la de Guatemala. Dicha revolución, y la constitución que en 1886 surgió de ella, se caracterizaron por su interés en la separación entre la Iglesia y el Estado. A partir de entonces, la constitución de El Salvador ha garantizado la libertad de cultos, el carácter laico de la educación y la legalidad del matrimonio civil. La provincia eclesiástica de El Salvador está compuesta por la archidiócesis y cuatro diócesis sufragáneas.[215] La casi totalidad del clero religioso es extranjera, mientras que lo contrario sucede con el clero diocesano.[216] Aunque El Salvador no tiene el problema misionero que representan las diversas culturas indígenas en algunos países centroamericanos, esto no quiere decir que no haya un verdadero problema de escasez de sacerdotes, ya que hay 14.410 personas por cada sacerdote dedicado a trabajo parroquial.[217]

En *Honduras*, el partido conservador no logró retener el poder mucho más tiempo que en Guatemala y El Salvador. En 1880, los liberales revocaron el concordato que había sido firmado en 1852, y promulgaron una constitución que separaba la Iglesia del Estado y garantizaba la libertad religiosa. A partir de entonces, a pesar de algunas dificultades surgidas del sentimiento católico de la población, las leyes han garantizado esta libertad.[218]

La situación de la Iglesia en Honduras es una de las más deprimentes de toda la América Latina. En el año 1962 había en el país

---

[214] *Ibid.*, p. 190.
[215] *Ibid.*, p. 154.
[216] *Ibid.*, pp. 157 y 160.
[217] *Ibid.*, p. 155.
[218] Mecham, *op. cit.*, pp. 383-386.

sólo 154 sacerdotes.[219] Aunque los cargos de administración están en manos de sacerdotes hondureños, todos los religiosos que se ocupan en parroquias son extranjeros, y casi la mitad de los sacerdotes diocesanos también lo es.[220] Este dato es tanto más desalentador por cuanto el número de sacerdotes diocesanos se encuentra en vías de disminución, al tiempo que la población aumenta con una rapidez sorprendente.[221]

En lo que se refiere a las misiones, éstas se llevan a cabo en el vicariato apostólico de San Pedro Sula y en la prelatura nullius de la Inmaculada Concepción de Olancho.[222] La totalidad de los sacerdotes que trabajan en las parroquias de estas dos circunscripciones es extranjera.[223]

En *Nicaragua*, la historia de las relaciones entre la Iglesia y el Estado ha sido algo diferente. Los conservadores dominaron el país durante casi todo el siglo XIX, y en 1862 se firmó un concordato con el Vaticano. No fue sino en 1894, bajo la dictadura de Zelaya, que se promulgaron leyes contra los privilegios de la Iglesia y el clero. A Zelaya le sucedió una reacción conservadora que determinó las relaciones entre la Iglesia Católica y el Estado durante las primeras décadas del siglo XX. Cuando los liberales volvieron a hacerse dueños del poder, se siguió una serie de medidas que tendían a separar la Iglesia del Estado. De ellas, la que más se discutió fue la ley de "prelación del matrimonio civil al religioso", que exigía que se celebrase un matrimonio civil como requisito previo al religioso. Esto causó violentas protestas por parte de la jerarquía eclesiástica, y en algunos lugares se produjeron disturbios y motines.[224] Pero Nicaragua, como el resto del mundo, se dirigía hacia la separación entre Iglesia y Estado, y todo esfuerzo por evitarla sería en vano.

A pesar de los privilegios legales de que ha gozado, la Iglesia no ha mostrado una vitalidad propia. Observadores católicos pueden decir:

> La primera impresión que producen las cifras es que nos encontramos ante un país de insignificante a nula vitalidad religiosa.

---

[219] Alonso y Garrido, *op. cit.*, p. 197.
[220] *Ibid.*, p. 203.
[221] *Ibid.*, p. 207.
[222] *Ibid.*, p. 196.
[223] *Ibid.*, pp. 197 y 203.
[224] Enciclopedia Universal Ilustrada (Espasa-Calpe) Suplemento, 1940-41, p. 1376.

Veamos las razones: el número de parroquias y de sacerdotes diocesanos permanece estancado durante el intervalo de quince años considerado; el de los sacerdotes, en conjunto, tiende a disminuir; y sólo prodúcense aumentos en la cantidad de religiosos de ambos sexos...

Desde 1957 ha disminuido el número total de parroquias y el de sacerdotes seculares; en cambio, los religiosos aumentaron en un 15 o un 20 %. Ello hace que el núcleo sacerdotal sólo haya aumentado en un 5 %, aproximadamente, desde 1957. Compárense con estas cifras las de población, cuyo aumento se calcula, para idéntico período, en un 25 %, y se comprenderá cómo el número de fieles que cada sacerdote debe atender, técnicamente, es cada vez mayor.[225]

En lo que se refiere a las misiones, éstas tienen lugar especialmente en el vicariato apostólico de Bluefields, donde laboran 23 sacerdotes y un hermano lego, todos capuchinos y norteamericanos.[226] Aunque esta obra ha sido de mucho provecho para la región, su carácter marcadamente extranjero refleja la falta de vitalidad de la iglesia nicaragüense.

En *Costa Rica*, las relaciones entre la Iglesia y el Estado han sido más cordiales que en el resto de la América Central.

Las relaciones político-eclesiásticas en Costa Rica han sido las más íntimas y armoniosas de todas las repúblicas centroamericanas. Ha habido conflictos ocasionales de jurisdicción entre los oficiales laicos y clericales, es cierto, y algunos prelados costarricenses han sufrido el exilio, pero, afortunadamente para los intereses de la Iglesia, el Estado siempre la mostrado una actitud tolerante.[227]

La condición de la Iglesia en Costa Rica es poco mejor que la que existe en otros países de la América Central. En 1962 había en el país 247 sacerdotes, de los cuales sólo 107 eran nacionales.[228] Refiriéndose a la relación entre la población y el número de sacerdotes, los observadores católicos se muestran pesimistas:

---

[225] Alonso y Garrido, *op. cit.*, p. 224.
[226] *Ibid.*, p. 216.
[227] Mecham, *op. cit.*, p. 391.
[228] Alonso y Garrido, *op. cit.*, pp. 130 y 137.

Mirando un poco más atrás y observando las cifras de 1912, vemos que éstas (en forma relativa) son mucho mejores que las actuales. Es decir, la situación religiosa en general ha empeorado.[229]

La actividad misionera católica en el país se centra en el vicariato apostólico de Limón, donde trabajan, además de dos sacerdotes diocesanos, los religiosos lazaristas.[230]

Con esto terminamos nuestra rápida ojeada de la obra catolicorromana en la América Central a partir de la independencia. En términos generales, podemos decir que las relaciones entre la Iglesia y el Estado se han hecho cada vez menos estrechas, aunque el catolicismo ha logrado retener la adhesión, al menos nominal, de la inmensa mayoría de la población. Sin embargo, la Iglesia Católica de la América Central se muestra carente de vitalidad propia en más alto grado que la de la mayoría de los países de la América Latina. Esto resulta especialmente obvio en lo que se refiere al trabajo misionero, que ha quedado en manos casi exclusivamente extranjeras.

2. El Protestantismo.[231]

Aunque, valiéndose de la influencia británica, el protestantismo penetró en Belice mucho antes; el primer intento de realizar obra protestante en las repúblicas de la América Central tuvo lugar en 1824, cuando un bautista inglés hizo una breve visita a *Guatemala*. Esta visita, y otras que le siguieron, no tuvieron resultados permanentes.[232] Lo mismo puede decirse de la obra de Frederick Crowe, quien pasó varios años en Guatemala distribuyendo la Biblia y predicando el Evangelio, hasta que fue arrestado y expulsado del país.[233]

---

[229] *Ibid.*, p. 147.
[230] *Ibid.*, pp. 131 y 142.
[231] Para toda esta sección hemos dependido básicamente de la obra de Kenneth G. Grubb, *Religion in Central America* (London, 1937), poniendo sus datos al día con la ayuda de las obras de Damboriena y otros.
[232] Grubb, *op. cit.*, p. 31.
[233] *Ibid.*, p. 61. La obra de Crowe dejó cierta huella en el país por cuanto Lorenzo Montúfar, el gran estadista liberal de Guatemala, recibió de él buena parte de su educación y de sus ideas.

La primera obra permanente en Guatemala se estableció cuando el presidente liberal Justo Rufino Barrios, en una visita a Nueva York, invitó a los presbiterianos del norte a establecer misiones en su patria. La Junta Presbiteriana aprovechó la ocasión para enviar al misionero John C. Hill, quien en el año 1884 organizó la primera iglesia protestante del país. Cuando, algún tiempo después, Hill se vio obligado a regresar a su patria por motivos de salud, le sucedió el misionero Edward M. Haymaker, quien trabajó en Guatemala por más de 50 años. Desde sus propios comienzos, la misión presbiteriana en Guatemala realizó una activa labor de educación. Se fundaron varias escuelas tanto en la capital como en otras ciudades. Lo mismo puede decirse acerca del trabajo médico, aunque el primer hospital no se fundó sino en 1913. Desgraciadamente, diversas dificultades, sobre todo los terremotos, que han escrito páginas tan trágicas en la historia de Guatemala, han dado rudos golpes a la obra presbiteriana. A pesar de esto, el presbiterianismo ha continuado desarrollándose en el país, y cuenta con un seminario en la capital, además de varios centros de trabajo entre los indios, especialmente los quiché y los mam.[234]. En 1957, los presbiterianos contaban con 4.500 miembros.[235]

En 1899 la Misión Centroamericana comenzó a trabajar en Guatemala. Esta misión había sido fundada en Texas en 1890 por el pastor congregacionalista Scofield. Sus principios y organización eran semejantes a los de la China Inland Mission; es decir, se trataba de una "misión de fe" en la cual trabajaban misioneros de diversas denominaciones y sin el apoyo de una junta o de un presupuesto. Como veremos más adelante, la Misión Centroamericana trabajaba en otros países de Centroamérica desde 1891. Pero no fue sino en 1899 que sus primeros misioneros llegaron a Guatemala. A partir de entonces, la Misión Centroamericana ha continuado su obra en el país. Esta ha sido principalmente de carácter evangelístico, aunque se ha hecho también algo en el campo de la educación. Una de sus instituciones notables es el Robinson Bible Institute, fundado junto al lago Atitlán en 1923. En este instituto se preparan evangelistas indígenas que han de predicar y enseñar en sus propios idiomas y dialectos. También merece mencionarse

---

[234] *Ibid.*, pp. 62-63; Goslin, *op. cit.*, pp. 84-86; Damboriena, *El protestantismo*..., Vol. II, pp. 100-101.
[235] Damboriena, *El protestantismo*..., Vol. II, cuadro 30.

el Instituto Bíblico Central, en la capital, que se dedica a la preparación de pastores de habla española.[236]

Además de estas dos denominaciones, que son las principales del país, trabajan en Guatemala unas veinte más. Entre ellas merecen mencionarse los metodistas primitivos,[237] los bautistas del sur,[238] los amigos [239] y los nazarenos.[240] Además, es notable la obra de traducción bíblica a los diversos dialectos indios que llevan a cabo los Traductores Wicliffe.[241]

En cuanto a la proporción de su población que ha abrazado la fe protestante, Guatemala se encuentra en el sexto lugar entre los países de la América Latina.[242] Aproximadamente la mitad de los protestantes de la América Central es guatemalteca.[243]

La obra protestante en *El Salvador* fue comenzada en 1896 por la Misión Centroamericana. Esta recibió el apoyo de Francisco Penzotti, que había visitado el país anteriormente. A pesar de que muchos misioneros se han visto obligados a abandonar el país por causas de salud,

---

[236] Grubb, *op. cit.*, pp. 63-64; Goslin, *op. cit.*, pp. 86-90.
[237] "Cuentan con 41 capillas a cargo de siete misioneros extranjeros y de 17 nacionales. Sus adeptos han aumentado en casi un millar desde 1952, pasando ahora de los 1.900, de ellos tres cuartas partes prácticos." (Damboriena, *El protestantismo...*, Vol. II, p. 101).
[238] "Sus primeros enviados llegan a Guatemala en 1949. Al presente, su localización y actividades resultan un tanto desconcertantes al observador. En Bingle-Grubb sólo figuran con cinco misioneros extranjeros y 12 auxiliares nacionales. Afirman tener solamente 1.503 miembros comunicantes, y, sin embargo, aducen al mismo tiempo una comunidad total de 75.845 adeptos. De modo parecido, no se llega a comprender cómo un número tan reducido de misioneros haya podido abrir en ocho años nada menos que 75 capillas." (*Ibid.*, p. 102).
[239] Comenzaron su obra en Guatemala en 1902, y su fuerza se concentra en la región de Chiquimula (Grubb, *op. cit.*, señala que sus estadísticas afirman que tienen 7.000 miembros practicantes, pero pone en duda la exactitud de ese dato).
[240] En 1901, la Misión Pentecostal de Nashville comenzó obra en la región de Zacapa. Este trabajo pasó a manos de los nazarenos en 1915 (Grubb, *op. cit.*, pp. 64-65). "Poseen su centro principal en Cobán, donde regentan una floreciente escuela primaria y su Colegio Bíblico para la formación de pastores nacionales. Trabajan también en las diócesis de Peten, Zapaca y Los Verapaces. Las últimas estadísticas nos hablan de la presencia de 17 misioneros norteamericanos, a quienes ayudan 56 auxiliares guatemaltecos. Es de suponer que las 51 capillas que tenían en 1957 se habrán elevado a esta fecha a más de 60. El número global de adeptos es incierto. La cifra aproximada es de 3.000, de los que casi la mitad parecen practicantes." (Damboriena, *El protestantismo...*, Vol. II, p. 103).
[241] Damboriena, *El protestantismo...*, Vol. II, p. 104.
[242] *Ibid.*, cuadro 14.
[243] Grubb, *op. cit.*, p. 44. Esto es, no contando a Panamá como parte de la América Central.

la obra de la Misión Centroamericana ha continuado progresando, y en 1957 contaba con 2.300 miembros y trabajaba en varias regiones del país, incluyendo algunas poblaciones indígenas.[244]

Los bautistas del norte de los Estados Unidos —"American Baptists"— comenzaron a trabajar en El Salvador en 1911. A partir de entonces, se han extendido a catorce departamentos del país, y cuentan con casi 2.000 miembros. Tienen colegios notables en San Salvador y Santa Ana, además de trabajo misionero entre los indios pipil de la costa. En 1934 se organizó la Convención Bautista de El Salvador.[245]

Las Asambleas de Dios constituyen la denominación que más se ha extendido en El Salvador. Desconocemos cómo llegaron al país, pero su crecimiento ha sido sorprendente. Tienen casi 200 capillas y más de 400 lugares de predicación. En algunas campañas evangelísticas han reunido más de 5.000 personas por noche. Como en otros países, su labor se ha limitado prácticamente a la evangelización y el establecimiento de comunidades cristianas.[246]

De todos los países de la América Latina —excepto Cuba después de la revolución de 1959—, El Salvador es el país con mayor proporción de ministros nacionales. En 1961, éstos alcanzaban el 86 % del total.[247]

El protestantismo penetró en *Honduras* en 1859, por razón del tratado según el cual la Gran Bretaña cedió a Honduras las Islas de la Bahía. Puesto que la población de estas islas era protestante, podemos decir que desde entonces hubo hondureños de esa fe. Sin embargo, estas personas eran de habla inglesa, y no puede decirse que su traspaso a la soberanía hondureña haya representado un verdadero comienzo del protestantismo en ese país.[248]

Los primeros en establecer verdadero trabajo misionero entre los hondureños fueron los representantes de la Misión Centroamericana.

---

[244] Grubb, *op. cit.*, p. 76; Goslin, *op. cit.*, pp. 88-89; Damboriena, *El protestantismo...*, Vol. II, p. 98.
[245] Grubb, *op. cit.*, pp. 76-77; Damboriena, *El protestantismo...*, Vol. II, cuadro 29.
[246] Damboriena, *El protestantismo...*, Vol. II, pp. 97-98.
[247] *Ibid.*, cuadro 12.
[248] Sí hubo intentos por parte de algunos católicos de forzar la conversión de los habitantes de las Islas de la Bahía. Además, cuando algunos de éstos pasaron a la tierra firme, les siguieron los pastores metodistas y anglicanos. Pero todo este trabajo se limitó a las personas de habla inglesa. Grubb, *op. cit.*, pp. 85-86. Acerca del intento de forzar a los habitantes de las Islas de la Bahía a hacerse católicos, véase: Mecham, *op. cit.*, p. 384.

Estos comenzaron su obra en 1896, y encontraron un apoyo inesperado en la aldea de El Paraíso. Años antes, alguien había intentado establecer una iglesia no católica en la región vecina. Al parecer, logró buen número de seguidores antes de que las autoridades se posesionaran de él y le dieran muerte. Ante estos acontecimientos, sus seguidores se refugiaron en un lugar casi inaccesible al que dieron el nombre de El Paraíso. Cuando llegaron los misioneros centroamericanos, estas personas les prestaron su apoyo, y El Paraíso vino a ser un centro del que partieron muchos hondureños para la evangelización del resto del país.[249] A partir de entonces, los centroamericanos continuaron trabajando en el país, y son hoy la principal denominación protestante.[250]

En 1898 llegaron los hermanos, que se establecieron en San Pedro Sula. Su trabajo no se ha desarrollado grandemente, aunque debemos mencionar su misión entre los caribes en el pueblo de Trujillo.[251]

Los amigos llegaron a Honduras, procedentes de Guatemala, en 1911. Tras grandes dificultades iniciales, su trabajo comenzó a desarrollarse. En 1957 contaban con más de mil miembros, atendidos por sólo dos misioneras extranjeras y diez obreros nacionales.[252]

La Iglesia Evangélica y Reformada tiene en San Pedro Sula una obra que data de 1920 y que incluye una magnífica escuela y un dispensario. A partir de San Pedro Sula, se ha extendido a la región vecina, pero no lo ha hecho aún por todo el país. Aunque sus miembros no son tan numerosos como los de otras denominaciones, es indudablemente la denominación que se ha establecido en la república con más firmeza.[253]

A partir de su obra entre los indígenas misquitos de la costa de Nicaragua —obra a que hemos de referirnos en breve— los moravos se han establecido en Honduras, donde cuentan con casi mil miembros.[254]

Aparte de Costa Rica, Honduras es el país de la América Central en que el protestantismo ha logrado menor crecimiento numérico. Esto

---

[249] Grubb, *op. cit.*, p. 84.
[250] Las estadísticas en cuanto al número de sus miembros muestran una disminución notable en los últimos años (Damboriena, *El protestantismo*..., Vol. II, p. 114). Sospechamos que tales estadísticas no reflejan la realidad, y que la aparente disminución se debe al empleo de criterios más estrictos en los cómputos más recientes.
[251] Grubb, *op. cit.*, p. 86.
[252] *Ibid.*, pp. 84-85; Damboriena, *El protestantismo*..., Vol. II, p. 113.
[253] Grubb, *op. cit.*, p. 85; Damboriena, *El protestantismo*..., Vol. II, pp. 112-113.
[254] Grubb, *op. cit.*, p. 86; Damboriena, *El protestantismo*..., Vol. II, cuadro 32.

es tanto más notable por cuanto es también uno de los países que cuentan con mayor proporción de obreros en relación al número total de creyentes. Esta situación parece deberse en parte a la fecha tardía en que comenzó el trabajo misionero protestante; en parte, a las condiciones insalubres de algunas regiones del país, que han impedido la permanencia prolongada de muchos misioneros; y en parte, a la escasa cooperación entre las diversas denominaciones, que, cuando más, se ha reducido a la delimitación de campos de trabajo.

La primera misión protestante en *Nicaragua* fue establecida por los hermanos moravos en 1849, entre los misquitos de la costa oriental. La actividad de la Iglesia Católica en esta región había sido prácticamente nula, y la obra evangélica fue muy bien recibida, especialmente después del bautismo de la princesa Matilda. Además del trabajo evangelístico, los misioneros establecieron tiendas en que vendían diversos productos a los indígenas. Pero este aspecto de su obra fue abandonado en 1922. A partir de Misquitia, los misioneros se extendieron a la región habitada por los indígenas sumus. Los primeros conversos de entre éstos fueron bautizados en 1878. Entre ambas tribus, la labor de los misioneros ha contribuido a mejorar las condiciones de vida y el nivel de la educación. Fueron los misioneros moravos quienes compusieron gramáticas y diccionarios del idioma misquito, además de traducir a él el Nuevo Testamento. En cuanto al idioma sumu, la actividad de los misioneros ha sido menos amplia, pero existe a lo menos una gramática producto de sus labores.

Junto a los moravos, operan en la región de Misquitia los anglicanos. Los bautistas están también presentes, aunque sólo son numerosos en las Islas del Maíz. En fecha relativamente reciente, la Iglesia Católica ha establecido el vicariato apostólico de Bluefields, penetrando así en una región que tenía abandonada.[255]

En 1900, la Misión Centroamericana se estableció en Nicaragua, donde su trabajo no ha sido tan constante como sería deseable. Actúa especialmente en Managua, Granada, y las inmediaciones de ambas. Además de la obra evangelística, ofrece servicios médicos en clínicas

---

[255] Grubb, *op. cit.*, pp. 91-93. Es de notarse que los misioneros también han contribuido al ejercicio efectivo de la soberanía de Nicaragua sobre la región, sobre todo tratando de hacer más general el conocimiento del español.

ambulantes. A pesar de que lleva ya más de medio siglo de fundada, esta obra ha rendido frutos escasos.[256]

Los bautistas comenzaron a trabajar en Nicaragua en 1917.[257] El centro de su trabajo está en Managua, donde tienen varias iglesias y capillas, además de un hospital y algunas escuelas. El hospital sirve a unos 400 pacientes internos al año y ofrece más de 6.000 consultas. A partir de Managua, los bautistas se han extendido por lo menos a seis departamentos. Su número crece rápidamente, y no cabe duda de que, aparte del catolicismo romano y quizá de los moravos en el oriente, son la denominación que ejerce mayor influencia en el país.[258]

Además de las denominaciones ya mencionadas, merecen citarse los nazarenos —en Managua, León y Granada— y las Asambleas de Dios —especialmente fuertes en León y Granada.[259]

Guatemala es el único país de la América Latina que aventaja a Nicaragua en cuanto al porcentaje de protestantes dentro de la población total.[260]

La situación de *Costa Rica* es bien distinta de la de Guatemala y Nicaragua. Menos del 1 % de la población de Costa Rica es protestante. Y esto es tanto más notable por cuanto fue en ese país que primero comenzó a trabajar la Misión Centroamericana, y es también allí que existen algunas de las más conocidas instituciones misioneras de la América Central. Esto parece deberse a varios factores: la recia tradición española del país; la importancia excesiva que se la ha dado a la evangelización en masa por encima de la organización de iglesias; la práctica de algunas denominaciones de dar a cada congregación, por pequeña que sea, un pastor de tiempo completo; la falta de cooperación entre las diversas denominaciones, etc., etc.

La Misión Centroamericana fue organizada en Texas en respuesta a un llamado procedente de Costa Rica, y fue a esta república que, en 1891, se dirigieron sus primeros misioneros. Sin embargo, la activi-

---

[256] Grubb, *op. cit.*, p. 94; Damboriena, *El protestantismo*..., Vol. II, cuadro 34.
[257] Grubb, *op. cit.*, p. 94; Damboriena, *El protestantismo*..., Vol. II, p. 129, afirma que fue en 1918.
[258] Grubb, *op. cit.*, pp. 94-95; Damboriena, *El protestantismo*..., Vol. II, p. 129. Las estadísticas de este último no parecen ser exactas, sobre todo en lo que al número de pastores se refiere.
[259] Las estadísticas acerca de los nazarenos y las Asambleas de Dios resultan confusas. Véase Damboriena, *El protestantismo*..., Vol. II, p. 129.
[260] *Ibid.*, cuadro 14.

dad de esta organización en Costa Rica ha fluctuado mucho, y en 1957 contaba sólo con 529 miembros comunicantes.[261]

La Misión Latinoamericana fue organizada en 1921, y se estableció en San José. Desde sus comienzos, su interés primordial estaba en la evangelización del continente más que en el establecimiento y la organización de iglesias. En 1922 esta "misión" fundó el Instituto Bíblico, en el que durante los primeros años cooperaron los metodistas y los centroamericanos. Este Instituto, que se conoce como el Seminario Bíblico Latinoamericano, es la institución de educación teológica más prestigiosa de la América Central. Sus graduados se encuentran esparcidos por todo el continente, sirviendo en diversas denominaciones. Ultimamente se ha hecho mucho por mejorar el nivel de los estudios que allí se ofrecen. El Seminario tiene también un curso por correspondencia.

Además del Seminario, la Misión Latinoamericana tiene en Costa Rica 69 lugares de culto, con 800 miembros, un hospital, una granja agrícola, una revista y una casa editora.[262] Aunque el número de miembros que esta misión ha logrado reunir después de 40 años es reducido, no debe olvidarse que buena parte de su trabajo ha estado en la preparación de pastores para otras denominaciones del continente. Además, en muchas ocasiones su interés en la evangelización en masa por encima del establecimiento de iglesias ha contribuido a lo reducido del número de sus miembros comunicantes.

Los metodistas trabajan en Costa Rica desde 1918. Sus principales iglesias están en San José y Alajuela. En Villa Quesada existe también una iglesia fuerte, además de un centro rural. Su principal obra de educación es la Escuela Metodista de San José. En la zona bananera existen numerosas iglesias, aunque muchas de éstas con escaso número de miembros. Para la educación teológica, se ha establecido hace algunos años en Alajuela la Escuela de Preparación de Obreros Metodistas.

Además de las denominaciones ya mencionadas, merecen citarse en Costa Rica las Asambleas de Dios [263] y los Bautistas del Sur.[264]

---

[261] *Ibid.*, cuadro 26.
[262] *Ibid.*, p. 83.
[263] En 1957, cuando apenas comenzaban a trabajar en el país, contaban con tres lugares de culto y 116 miembros comunicantes (*Ibid.*, cuadro 26).
[264] Abrieron obra en Costa Rica en 1949. Ocho años más tarde tenían diez lugares de culto y 412 miembros, pero todavía no tenían pastores nacionales (*Ibid.*).

En la ciudad de Alajuela tiene su centro Alfalit, organización interdenominacional que trabaja en toda la América hispana y cuyos propósitos son la alfabetización, la preparación y distribución de literatura cristiana sencilla, y la evangelización. Su obra se realiza a través de iglesias y concilios de iglesias en los distintos países.

Hay también en San José una escuela que enseña el español a los misioneros de diversas denominaciones que han de trabajar en la América Latina.

Un aspecto negativo del protestantismo costarricense es el número reducido de fieles que hay por cada obrero responsable de ellos. En este sentido, la situación de Costa Rica es la peor de toda la América Latina.[265]

Tras esta breve ojeada a la obra protestante en Centroamérica, vemos que es casi imposible hacer generalizaciones acerca de ella. Mientras el crecimiento numérico de las denominaciones protestantes en Costa Rica ha sido extremadamente lento, todo lo contrario sucede en Nicaragua y Guatemala. Aunque las instituciones misioneras parecen ser más numerosas en Costa Rica, muchas de éstas tienen un interés continental. Lo contrario sucede en los demás países centroamericanos, donde las denominaciones tienen un interés casi exclusivamente nacional. Sólo en la región de Misquitia y en las Islas de la Bahía el protestantismo ha logrado atraer a la mayoría de los habitantes. A diferencia de otras regiones de la América Latina, el protestantismo en la América Central ha recibido muy poco incremento numérico a través de la inmigración. Luego, si bien su fuerza numérica no parece ser muy grande, es necesario recordar que casi toda ella es producto del evangelismo directo.

M. EL CRISTIANISMO EN MEXICO

1. El Catolicismo Romano.

De toda la América Latina, es México el país en que la historia de la Iglesia Católica ha sido más turbulenta. Esto se ha debido a la frecuente

---

[265] *Ibid.*, cuadro 18.

fluctuación de las relaciones entre la Iglesia y el Estado, unas veces cordiales, otras prácticamente inexistentes, y otras francamente hostiles.[266]

La independencia mexicana recibió el apoyo decidido del clero, que veía en la constitución española de 1812, con su sello liberal, un ataque a los derechos y privilegios de la Iglesia.

Lo característico del primer movimiento emancipador mexicano consiste en que fueron sacerdotes sus principales promotores, y que el principal de ellos, Morelos, se hallase inmune de todo filosofismo librepensador a lo Miranda, y patrocinara resueltamente la intolerancia de cultos. No es sólo que los estandartes de la Virgen de Guadalupe guíen a las montoneras de Hidalgo y a las tropas de Morelos, sino que la Constitución de Chilpacingo, no contenta con declarar la religión católica apostólica romana religión única del Estado, niegue la ciudadanía al extranjero que no sea católico o al nacional que caiga en el "crimen" de herejía o de apostasía.[267]

Sin embargo, junto a los elementos conservadores que veían en la independencia un modo de evitar que se extendiese a México la situación española, había otros elementos republicanos para los cuales la independencia era un paso previo al establecimiento de un gobierno liberal. Por esta razón, y también porque la Santa Sede no quería reconocer la legitimidad de una nación cuya supervivencia era aún dudosa, se dieron en México los mismos problemas referentes al patronato nacional y a las sedes que iban quedando vacantes que hemos visto en otros países de la América Latina. Desde los inicios de la independencia, los diversos gobiernos mexicanos trataron de establecer relaciones con la Santa Sede, pero no tuvieron buen éxito, y en 1829 no quedaba un solo obispo en el país.[268] Por fin, en 1831, Gregorio XVI designó seis

---

[266] Mecham, *op. cit.*, pp. 395-501; L. Medina Ascencio, *La Santa Sede y la emancipación mexicana* (Guadalajara, 1946); J. Ramírez Cabañas, *Las relaciones entre México y el Vaticano* (México, 1928); J.-L. Dassault, *L'Église et l'État modernes du Méxique* (Paris, 1964).
[267] P. de Leturia, *Relaciones entre la Santa Sede e Hispanoamérica*, Vol. II (Romae, 1959), p. 69.
[268] J. J. Considine, *The Church in the New Latin America* (Notre Dame, Indiana, 1964), p. 203. Al año siguiente, el gobierno se negó a recibir vicarios apostólicos (H.E.C., V, 72-73).

obispos, no en virtud del patronato nacional, sino *motu proprio*.[269] Pero en 1833, con la reforma de Gómez Farías,[270] volvieron a surgir las tensiones entre la Iglesia y el Estado, hasta que la reacción del año siguiente volvió a conceder a la Iglesia sus antiguos fueros.[271] Estas fluctuaciones en las relaciones entre la Iglesia y el Estado continuaron a través de toda la primera mitad del siglo XIX, hasta que la revolución de Ayutla depuso al dictador Antonio López de Santa Ana.

Estas vicisitudes políticas durante la primera mitad del siglo XIX tuvieron por consecuencia la casi total desaparición del trabajo misionero en suelo mexicano. Buena parte de esta decadencia de las misiones se debió a leyes y decretos del gobierno. Así, por ejemplo, en 1827, cuando los españoles fueron expulsados de México, las órdenes religiosas se vieron privadas de la mayoría de sus miembros. Algún tiempo después, las misiones en la Baja California fueron nacionalizadas, y a los pocos años sólo quedaban en ellas seis sacerdotes.[272]

Durante toda la primera mitad del siglo XIX, la oposición entre liberales por una parte, y clérigos y conservadores por otra, se limitó al conflicto de intereses e ideales de dos grupos minoritarios dentro de la nación mexicana. Pero a partir de la revolución de Ayutla la situación comenzó a plantearse de otra manera, y el partido liberal y anticlerical comenzó a tener en cuenta las verdaderas necesidades de los desposeídos, en su mayoría indígenas y mestizos, que constituían la inmensa mayoría de la población. Frente a estas necesidades se alzaba el poder económico de los conservadores, y especialmente de la Iglesia, que unía al poder que le daban sus posesiones temporales la autoridad adquirida a través de los siglos en que había tenido en sus manos la dirección espiritual del pueblo. Por estas razones, el sentimiento anticlerical fue haciéndose cada vez más común, al tiempo que dejaba de ser la posición de unos pocos idealistas con una educación privilegiada para volverse la pasión de gran número de otras personas menos afortunadas. En tales circunstancias, la posición de las autoridades eclesiásticas se hizo cada vez más insostenible, aunque el clero se negara a percatarse de ello.

---

[269] Mecham, *op. cit.*, p. 407. Era la época del gobierno ultramontano de Bustamante, que estaba dispuesto a renunciar al patronato nacional.
[270] Acerca de esta reforma, hay opiniones encontradas. Véase un resumen de ellas en Mecham, *op. cit.*, pp. 408-410.
[271] *Ibid.*, pp. 416-419.
[272] H.E.C., V, p. 91.

Con la revolución de Ayutla, y especialmente a partir de la presidencia de Benito Juárez, quedó demostrado que el pueblo mexicano, católico fiel en lo que a su fe se refería, no estaba dispuesto a continuar aceptando las condiciones que la organización eclesiástica le imponía.[273]

Durante toda la turbulenta historia política de México en la segunda mitad del siglo XIX y las primeras décadas del XX, las autoridades eclesiásticas se asieron, como de una tabla de salvación, de cuanto gobierno impopular y conservador apareció. Primero fue el efímero imperio de Maximiliano, y luego la larga dictadura de Porfirio Díaz. Cuando el presidente Maderos fue asesinado y le sucedió Victoriano Huerta, se celebraron misas de acción de gracias porque el país había sido librado providencialmente de su presidente constitucional. La campaña de Venustiano Carranza contra el usurpador Huerta y en pro de un gobierno constitucional recibió la más decidida oposición del clero, lo que a su vez hizo que un movimiento cuyo propósito esencial era la restauración del orden político se dejase llevar por violentos sentimientos anticlericales. Resultado de esta actitud de la Iglesia fueron los muchos actos de violencia que contra ella se cometieron por parte de los seguidores de Carranza, y muy especialmente por Pancho Villa y los suyos. Cuando Carranza propuso una constitución en la que se prohibía que instituciones religiosas tuvieran propiedades destinadas al lucro y no al culto, los constituyentes dieron un paso más lejos declarando que aun los edificios de la Iglesia eran propiedad del Estado. Sin embargo, ni Carranza ni Obregón aplicaron las leyes religiosas en todo su rigor, pues deseaban evitar un conflicto prolongado con el clero, y sabían también que éste cumplía ciertas funciones, especialmente en el campo de la educación, que el gobierno no estaba todavía capacitado para llenar.[274]

En 1925 se intentó crear una "Iglesia Ortodoxa Católica Apostólica Mexicana". Esta contaba con el apoyo del gobierno, y su cabeza era un "Patriarca de México". Pero este intento de establecer una iglesia nacional frente a la romana no tuvo gran éxito.[275] Medio siglo antes —como veremos más adelante— Benito Juárez había intentado crear un rival para el catolicismo con la introducción del cristianismo protestante.

---

[273] Mecham, *op. cit.*, pp. 427-455.
[274] *Ibid.*, pp. 456-476.
[275] *Ibid.*, pp. 476-478; *The International Review of Missions*, XXIII (1934), p. 98.

Si bien Carranza y Obregón no aplicaron a la Iglesia todo el rigor de la Constitución de 1917, ésta siempre fue un peligro para la Iglesia Católica. En 1926, bajo la presidencia de Plutarco Elías Calles, el peligro se hizo realidad. En respuesta a declaraciones por parte de la jerarquía católica en el sentido de que la constitución y las leyes religiosas eran injustas, el presidente Calles comenzó a aplicarlas. Se siguió una serie de medidas que limitaban cada vez más la libertad y autoridad de los sacerdotes. Frente a ellas la jerarquía decidió suspender los servicios religiosos. La revuelta de los *cristeros* y las gestiones de algunos católicos en pro de una intervención norteamericana parecieron confirmar las sospechas del gobierno en el sentido de que la oposición católica se inclinaba a la rebelión e incluso a la traición. En 1929 se logró una especie de armisticio que sólo pudo durar dos años y que quedó roto cuando los gobiernos estatales —con la anuencia del gobierno federal— comenzaron a limitar el número de sacerdotes que podían trabajar en sus territorios. La intervención del papa Pío XI en 1932 tuvo consecuencias adversas, pues una vez más se acusó a los católicos de servir a intereses extranjeros. La influencia del socialismo en diversas formas, especialmente en la marxista se hizo sentir en los círculos intelectuales y comenzó a ser llevada a las escuelas.

Pero esta especie de guerra entre el Estado y la Iglesia no podía durar en un país en que la mayoría de la población era católica. Si bien eran muchos los mexicanos que reaccionaban violentamente contra los poderes excesivos de la Iglesia, eran más los que sentían la necesidad y el apoyo de la fe que ella les había enseñado. Por esta razón, y de manera muy paulatina, el conflicto entre la Iglesia y el Estado ha ido desapareciendo. Las leyes de los tiempos revolucionarios no han sido abrogadas, pero tampoco se aplican en todo su rigor. Lentamente, el clero mexicano ha aprendido a aceptar la autoridad del gobierno en lo que a cuestiones seculares se refiere. Al mismo tiempo, el gobierno ha aprendido a respetar la libertad de la Iglesia en lo que a la religión se refiere.[276] Pero es necesario señalar que la cuestión no está aún resuelta, pues, si bien resulta imposible para un teólogo cristiano abogar por una unión entre la Iglesia y el Estado como la que existía antes de la independencia, no resulta más fácil abogar por una dicotomía entre lo secular y lo religioso que, por muy útil que resulte para restaurar la

---

[276] Dassault, *op. cit.*, passim.

unidad de un país dividido, constituye una negación del señorío universal de Cristo.

El resultado de todos estos conflictos, especialmente después de pasada la fase violenta, no ha sido del todo desfavorable para la Iglesia Católica. Librada del peso del *status quo* y de la administración de propiedades que nada tenían que ver con su función propia, la Iglesia ha logrado colocarse de nuevo a la vanguardia del pensamiento y las acciones mexicanas. De hecho, en México tienen su centro algunas de las principales corrientes de renovación de la Iglesia Católica en la América Latina. No obstante el sentimiento anticlerical que aún subsiste, la casi totalidad de la población se llama aún católica. Además, es notable el hecho de que, a pesar de las medidas revolucionarias contra las escuelas y las instituciones de caridad católicas, en 1956 la Iglesia tenía en México 1.942 escuelas y 354 instituciones de caridad.[277]

En lo que a las misiones se refiere, hay en México dos territorios bajo la *Sacra Congregatio de Propaganda Fide*: los vicariatos apostólicos de Baja California y Tarahumara.[278] En ambos se lleva a cabo un intenso trabajo, no sólo de predicación, sino también de educación, puesto que hay 25 escuelas en la Baja California y 14 en Tarahumara.[279]

2. *El protestantismo.*

Aparte de un breve y heroico servicio fúnebre celebrado en 1824,[280] y de algunos esfuerzos de la Sociedad Bíblica Americana a través de J. C. Brigham, el precursor del protestantismo en México —como en tantos otros países de la América Latina— fue Diego Thomson.[281]

---

[277] Gibbons, *op. cit.*, p. 53. En 1964 había en las escuelas 451.611 niños (Considine, *op. cit.*, p. 204).
[278] Ríos, "México misionero", *Studia Missionalia*, VIII (1953), pp. 281-301.
[279] Gibbons, *op. cit.*, p. 57. El vicariato apostólico de Tarahumara es relativamente reciente, pues fue fundado en 1950.
[280] "Un zapatero norteamericano, sentado a la puerta de su negocio en la capital, no quiso arrodillarse al paso de una procesión religiosa. Un mexicano le ordenó que lo hiciera, y como el norteamericano se negara, desenvainó su espada y lo ultimó. Un joven viajero, llamado Blake, determinó darle sepultura evangélica, y, mientras le arrojaban piedras, leyó el ritual junto a la fosa que se cavó en los jardines de Chapultepec." (Goslin, *op. cit.*, p. 92).
[281] H. Westrup P., *Paladines del Evangelio en México* (México, 1953), páginas 130-136.

Thomson desembarcó en el puerto de Veracruz en 1827, e inmediatamente se dirigió a la capital federal. Allí tuvo la buena fortuna de descubrir en el almacén de una librería un cargamento de Biblias que había quedado sin vender debido a una prohibición del Cabildo Metropolitano. Sin mayores dificultades, logró comprar el cargamento en cuestión y, mediante una propaganda osada, venderlo en su totalidad. Lo mismo hizo con otro cargamento enviado de Veracruz en una recua de mulas, aunque en este caso salió de los confines de la capital hacia Guanajuato, Guadalajara, Aguascalientes y Zacatecas. De regreso a México, el Cabildo Metropolitano le prohibió continuar vendiendo Biblias, pero Thomson supo abrirse paso a través de sus relaciones con las personas más ilustradas de la ciudad y de su carácter de representante del método lancasteriano de educación, en cuya capacidad contaba con el apoyo del gobierno. Sin embargo, la pasión que le impulsaba siempre a dar a conocer la Biblia en nuevas tierras le hizo partir hacia las Antillas. De allí regresó a México al poco tiempo, aunque en esta segunda ocasión encontró que las circunstancias eran aún menos propicias que anteriormente. Cercado por todas partes por los obstáculos que el gobierno y el clero ponían a su paso, decidió abandonar el país.

La penetración de la Biblia en México continuó aún después de la partida de Thomson. Especialmente durante la guerra de México con los Estados Unidos, en los años 1846-1848, los contactos de los mexicanos con los norteamericanos, a pesar de sus aspectos trágicos, sirvieron para dar a conocer la Biblia. Se dice que algunos mexicanos afirmaban que los triunfos de los ejércitos del norte se debían al libro misterioso que algunos de sus soldados llevaban. Finalmente, en 1873, la Sociedad Bíblica Americana estableció una agencia en México.[282]

La primera denominación protestante en comenzar obra permanente en México fue la Iglesia Protestante Episcopal de los Estados Unidos. Los orígenes de esta obra se remontan al año 1853, es decir, cuatro años antes de que Benito Juárez proclamara la libertad de cultos.

En 1853 E. C. Nicholson, un ministro de la Iglesia Protestante Episcopal de los Estados Unidos, organizó en el estado de Chihua-

---

[282] Goslin, *op. cit.*, p. 93.

hua la Sociedad Apostólica Mejicana. Esta sociedad empleaba en sus cultos el *Libro de Oración Común.*

En 1861 Ramón Lozano se separó de la iglesia católica y estableció en su parroquia la "Iglesia mejicana", con estatutos provisionales. Le siguió otro ex sacerdote, Aguilar Bermúdez, quien empezó sus prédicas en 1865 y organizó una congregación en la capital. Cuando murió, su feligresía pidió la ayuda de la Iglesia Protestante Episcopal de los Estados Unidos. Algunos fondos fueron enviados por el obispo de aquella iglesia en Nueva Orleans. El grupo eligió a un nuevo pastor, Enrique C. Riley, que había nacido en Chile de padres norteamericanos. Su venida fue auspiciada por la Unión Evangélica Americana y Extranjera, la misma que enviara a Trumbull a Chile. La obra de Riley suscitó de inmedito mucha oposición clerical. El presidente Juárez asistía a los cultos con su familia. Don Manuel Aguas, famoso fraile dominico, quiso refutar a Riley y terminó por convertirse él mismo al evangelio, lo que causó gran escándalo entre los romanistas. Tal fue así que más de cuarenta creyentes perdieron sus vidas en los disturbios. La congregación de Riley llegó a formar parte eventual de la Iglesia Protestante Episcopal en Méjico.[283]

Algunos años más tarde, don Manuel Aguas fue electo obispo de esta nueva "Iglesia de Jesús". Aunque Aguas murió antes de ser consagrado, otro obispo fue electo y consagrado en 1879. A partir de entonces, los episcopales han continuado trabajando en el país, aunque en 1906 vinieron a formar parte integrante de la Iglesia Protestante Episcopal de los Estados Unidos. Buena parte de sus esfuerzos se ha dedicado a la obra de educación, y el crecimiento de su membresía ha sido prácticamente nulo.[284]

Los amigos o cuáqueros comenzaron obra en México en 1871. Al principio tuvieron dificultades, pero luego lograron cierto crecimiento.

---

[283] *Ibid.*, pp. 103 y 95.
[284] Si comparamos los datos de Goslin (*op. cit.*, p. 103) con los de Damboriena (*El protestantismo*..., Vol. II, cuadro 33), debemos más bien decir que su membresía ha decrecido. Según Goslin, en 1879 había en México 50 iglesias episcopales con una asistencia total de 7.000 personas y 3.500 miembros comunicantes. Según Damboriena, en 1957, aunque los episcopales tenían una "comunidad total" de casi 11.000 personas, sólo contaban con 898 miembros comunicantes y 42 lugares de culto.

El período de la revolución vio una rápida disminución en el número de sus miembros.²⁸⁵ Al parecer, esta disminución ha continuado.²⁸⁶

La misma década que vio el comienzo del trabajo de los amigos vio también los inicios de la obra misionera presbiteriana, congregacionalista y metodista, quienes construyeron sobre el fundamento de la obra de la misionera independiente Melinda Rankin, mientras que los metodistas tuvieron por punto de partida el trabajo de Sóstenes Juárez.

Melinda Rankin se sintió impulsada a trabajar en México por los informes que de ese país recibió de labios de los soldados que regresaban a los Estados Unidos después de la guerra con México. Puesto que no contaba con el apoyo de junta alguna, trabajó independientemente. Al principio se estableció junto a la frontera mexicana, del lado de los Estados Unidos; pero a partir de 1866 se radicó en Monterrey. Cuando, unos seis años más tarde, se vio obligada a regresar a su patria por razones de salud, traspasó su obra a los congregacionalistas y presbiterianos del norte. Al parecer, tuvo gran éxito, y éste se debió en buena parte al modo en que supo organizar y movilizar a los propios mexicanos para la evangelización de su país.²⁸⁷

Los comienzos de la obra congregacionalista en México fueron arduos. Sus primeros intentos tuvieron lugar en Guadalajara, donde la oposición a ellos fue a tal punto violenta que uno de sus misioneros vino a ser el primer mártir protestante del país. Cuando la señorita Rankin les traspasó su obra en Monterrey y sus alrededores, los congregacionalistas vieron abierta ante sí una nueva puerta. Con la división territorial que tuvo lugar en los años 1914 y 1919, les correspondieron los territorios de la costa del pacífico al norte de Michoacán.²⁸⁸ Al parecer, su crecimiento numérico fue satisfactorio antes de la revolución, pero a partir de entonces ha quedado estancado.²⁸⁹ Cooperan en el Seminario Teológico Unido de la ciudad de México.

---

285 En 1910 tenían 670 miembros; en 1938, sólo 200 (D. McGavran, *Church Growth in México*, Grand Rapids, Mich., 1962, p. 126).
286 En 1957, tenían sólo 150 miembros comunicantes (Damboriena, *El protestantismo*..., Vol. II, cuadro 33).
287 Véase su obra: *Twenty Years Among the Mexicans*; hay un juicio adverso de su persona y obra en: Westrup, *op. cit.*, p. 23.
288 Damboriena, *El protestantismo*..., Vol. II, p. 117.
289 En 1910 tenían 1.540 miembros; en 1938, sólo 600; en 1962, la misma cantidad (McGavran, *op. cit.*, p. 130).

La obra de los presbiterianos en México comenzó cuando en 1871, y en el estado de Zacatecas, una congregación organizada por el impulso misionero de la señorita Rankin pidió que se le enviase un pastor. Puesto que quienes apoyaban a la señorita Rankin no podían hacerlo, pidieron ayuda a la Iglesia Presbiteriana de los Estados Unidos a través de su junta en la ciudad de Nueva York. Esta les envió siete misioneros que se establecieron en la capital; pero pronto su obra se extendió a los estados vecinos. En 1883 fueron ordenados diez ministros mexicanos y se organizó el primer presbiterio del país. En el entretanto, los presbiterianos del sur de los Estados Unidos también habían comenzado obra en México, y en 1888 constituyeron su primer presbiterio.[290] Como en el caso de las denominaciones que ya hemos estudiado, la membresía de los presbiterianos creció rápidamente hasta el año 1910, y luego decreció durante el período de la revolución —aunque no tan marcadamente como la de los congregacionalistas y los amigos. Sin embargo, una vez pasado el peligro revolucionario, la Iglesia Presbiteriana creció rápidamente, hasta tal punto que en 1962 era la mayor de todas las denominaciones protestantes del país.[291] Buena parte de este crecimiento numérico ha tenido lugar en Tabasco, donde parece estarse operando una conversión en masa de la población mestiza. También han crecido rápidamente los presbiterios de Chiapas y Yucatán.[292] Tienen gran número de institutos bíblicos y escuelas para diaconisas, además del Seminario Teológico Presbiteriano, éste último en la capital.[293]

El año de 1872 marca el comienzo de la obra metodista en México. La Iglesia Metodista de México es el producto de la obra misionera de la Iglesia Metodista Episcopal y la Iglesia Metodista Episcopal del Sur. Ambas ramas empezaron trabajo en México en el mismo año, 1872. El territorio se dividió entre los dos grupos y una cosa rara sucedió, es decir, la Iglesia Metodista del Sur se dedicaba a la evangelización de la parte septentrional del país,

---

[290] Goslin, *op. cit.*, pp. 98-99.
[291] En 1910, tenían 5.700 miembros; en 1930, éstos eran 5.300; en 1962, habían alcanzado la cifra de 42.000 (McGavran, *op. cit.*, p. 130).
[292] Hay un buen estudio de esta conversión en masa en: *Ibid.*, pp. 79-97.
[293] La lista de estas instituciones con sus direcciones y en algunos casos una breve descripción, puede verse en: P. Rivera, *Instituciones protestantes en México* (México, 1962), pp. 70-71.

mientras la Iglesia Metodista denominada comúnmente "del Norte" trabajaba en la parte meridional del país.[294]

La Iglesia Metodista Episcopal del Sur contó con el apoyo de Sóstenes Juárez, quien se había convertido al protestantismo a través de la lectura de la Biblia y ya en 1865 había predicado el primer sermón protestante en la ciudad de México. En 1873 fue ordenado ministro metodista, y a partir de entonces sus seguidores formaron parte de esa iglesia.[295]

En el 1930, los grupos salidos de las misiones metodistas norteamericanas se unieron en la Iglesia Metodista de México.[296] El desarrollo numérico del metodismo mexicano ha seguido una pauta semejante a la del presbiterianismo: un rápido crecimiento hasta 1910, luego una pérdida hasta 1938, y por último un nuevo aumento.[297] Junto a los congregacionalistas y los discípulos de Cristo, los metodistas cooperan en el Seminario Teológico Unido de México. Tienen además una escuela para diaconisas en la misma ciudad, y buen número de instituciones docentes esparcidas por todo el país.[298]

Las otras denominaciones que comenzaron obra misionera en México durante el siglo XIX fueron los bautistas, tanto del norte como del sur, y los discípulos de Cristo. Los bautistas del norte intentaron establecerse en México en 1870, pero no lograron fundar una obra definitiva sino en 1881. Los primeros cultos en la capital tuvieron lugar dos años después, y en 1887 construyeron su primer templo. Los bautistas del sur comenzaron su obra por la misma época, y se concentraron en Saltillo y sus alrededores.[299] Los diversos grupos bautistas cuentan con varios seminarios e institutos bíblicos, además de tres escuelas.[300] La pauta de su crecimiento numérico ha sido distinta de la de los presbiterianos y metodistas por una parte y de la de los congregacionalistas

---

[294] Mitchell, *op. cit.*, p. 144.
[295] Goslin, *op. cit.*, p. 94.
[296] Mitchell, *loc. cit.*
[297] En 1910, había en México 12.470 metodistas; en 1938, eran 10.300; en 1962, ascendían a 33.000 (McGavran, *op. cit.*, p. 130).
[298] Rivera, *op. cit.*, pp. 69 y 79-80.
[299] Goslin, *op. cit.*, p. 104.
[300] Rivera, *op. cit.*, pp. 66 y 79.

por otra, pues han continuado creciendo a paso moderado, pero firme, sin que la revolución parezca haberles afectado en modo alguno.[301]

Por su parte, los discípulos comenzaron su obra en 1894, pero su crecimiento numérico ha sido notablemente lento.[302] En lo que se refiere a la educación, puede decirse que sostienen varios centros de enseñanza que van desde la escuela elemental hasta la preparación para el pastorado en el Seminario Teológico Unido de México.

Todo lo que hasta aquí hemos dicho sobre el protestantismo en México se refiere a la obra de iglesias establecidas en los Estados Unidos que de una u otra manera comenzaron trabajo misionero al sur de la frontera durante el siglo XIX. Sin embargo, buena parte del crecimiento numérico del protestantismo durante el siglo XX se debe a la aparición de movimientos pentecostales cuya historia es difícil de descubrir y mucho más difícil aun de describir. Varios de estos movimientos echaron sus raíces en México durante el período revolucionario.[303] Esto es tanto más notable puesto que durante ese período todas las iglesias históricas estaban perdiendo miembros. Al parecer, esto se debió principalmente al modo en que dichos nuevos grupos trabajaban, sin depender de pastores especializados, sino más bien colocándose bajo el pastorado de algún miembro sobresaliente de la propia comunidad. Además, el concepto fundamental de estos grupos que hace de cada miembro un misionero de Cristo ha contribuido a su rápido crecimiento numérico, tanto en épocas de adversidad como en períodos más propicios.

Ya que es imposible narrar los orígenes de todos estos movimientos, daremos a manera de ejemplo el caso de Venancio Hernández y su pueblo otomí. El señor Hernández se convirtió en una congregación pentecostal mientras trabajaba en los Estados Unidos. Al regresar a México, se propuso buscar la conversión de los indios otomíes. Para ello, comenzó por dedicar todo un año a mostrar su interés en sus compañeros de raza, y sólo después de ese período comenzó a predicarles el Evangelio. La respuesta de sus compañeros fue casi instantánea, y

---

[301] En 1910, había 1.202 bautistas del norte, y 1.428 del sur; en 1930, respectivamente, 3.440 y 2.442; en 1962, llegaron a 5.000 y 7.640 (McGavran, *op. cit.*, p. 130).
[302] De 900 miembros en 1910, bajaron a 600 en 1938, y en 1962 sólo contaban con 1.000 miembros comunicantes.
[303] Las Asambleas de Dios, los nazarenos, los pentecostales suecos, los pentecostales de santidad, etc.

debido a ello se les expulsó de la hacienda en que trabajaban. Esto sirvió de ocasión al señor Hernández para mostrar el poder del Evangelio para redimir la totalidad de la vida. Con su pequeño núcleo de conversos, se estableció en un terreno árido, y mediante el esfuerzo continuo logró hacerlo producir. Repitiendo este proceso, y mediante el testimonio constante de todos los conversos, el movimiento fue creciendo entre los otomíes hasta tal punto que en 1962 contaba con 5.000 miembros en plena comunión, y había señales de que la conversión en masa comenzaba a prender entre la población mestiza de la región. De sus muchas consecuencias sociales y económicas, merecen citarse la construcción de caminos y carreteras uniendo los diferentes centros de población, y la organización de un seguro de salud que hace accesible los servicios médicos a las personas más pobres de la comunidad.[304]

Después de Brasil y Chile, es México el país de la América Latina en que hay más protestantes.[305] Sin embargo, debido al alto número de habitantes del país, los protestantes alcanzan sólo al 2,62 % de la población total, lo cual coloca al protestantismo mexicano por debajo del promedio latinoamericano en lo que se refiere a la proporción de la población que ha abrazado el protestantismo.[306]

N. EL CRISTIANISMO EN LAS ANTILLAS

1. El Catolicismo Romano.

El primer país antillano en independizarse del dominio europeo fue *Haití*, que en 1803 echó de su suelo a los colonos franceses. Este movimiento independentista tomó un carácter racial, y la casi totalidad de los blancos fue expulsada —con la excepción de algunos sacerdotes a quienes se permitió permanecer en la isla a fin de que administrasen los sacramentos. El nuevo estado se caracterizó por su adhesión al catolicismo —todas sus constituciones hacían de él la religión oficial—

---
[304] Este resumen ha sido tomado de McGavran, *op. cit.*, pp. 99-101.
[305] 243.181 en 1961 (Damboriena, *El protestantismo...*, Vol. II, cuadro 5).
[306] *Ibid.*, cuadro 14.

unida a un espíritu de tolerancia hacia las demás religiones —pues esas mismas constituciones garantizaban la libertad de conciencia. Sin embargo, la Iglesia Católica pronto cayó en un estado de abandono casi total, pues el gobierno reclamaba para sí un derecho de patronato que la Santa Sede no estaba dispuesta a concederle. En tales circunstancias, la escasez de sacerdotes fue cada vez mayor, y cuando se firmó un concordato en 1860, ya el mal estaba hecho: la población, que siempre había conservado buena parte de sus ritos y religiones africanas, había vuelto a encontrar en ellos el centro de su fe. A partir de entonces, a pesar de todos los esfuerzos de parte del clero, no ha sido posible crear en Haití un catolicismo pujante.[307] El "vuduismo", un sincretismo de religiones africanas con un barniz de catolicismo, continúa siendo la principal influencia religiosa del país, lo cual hace de todo él un vasto territorio misionero apenas labrado. La inmensa mayoría del clero es extranjera, y los sacerdotes nacionales no ocupan los puestos de mayor responsabilidad.[308] Sólo hay un sacerdote en el ministerio parroquial por cada 11.600 habitantes.[309] Al parecer, sólo en los campos de la educación y las instituciones benéficas ha logrado el catolicismo hacer una verdadera contribución a la vida de Haití, pues el sistema público de escuelas y hospitales es deficiente e inadecuado, lo que hace de las escuelas e instituciones benéficas de la Iglesia importantes instrumentos de educación y servicio.[310]

Lo que es hoy la *República Dominicana* estuvo supeditado a Haití desde 1822 hasta 1844. Puesto que durante ese período el gobierno haitiano había roto relaciones con la Santa Sede con motivo de la cuestión del patronato, los dominicanos resultaron partícipes de un cisma por el que no eran responsables. Fue por esta razón que el lema de la independencia dominicana fue "Dios, patria y libertad". A partir de 1844, y hasta bien avanzado el siglo XX, todas las constituciones de la República Dominicana concedían al catolicismo romano la categoría de religión del Estado, aunque esto no ha sido obstáculo para que se garantice también la tolerancia religiosa. A diferencia de casi todos los otros países de la América Latina, y a pesar de que podría suponerse lo

---

[307] Mecham, *op. cit.*, pp. 340-349.
[308] Alonso y Garrido, *op. cit.*, pp. 25-27.
[309] *Ibid.*, p. 28.
[310] Considine, *op. cit.*, p. 197.

contrario debido a la aceptación del catolicismo como religión del Estado, la cuestión del patronato nacional nunca ha sido grave, y en 1884 se llegó a un convenio con la Santa Sede según el cual el Papa nombraría al arzobispo de Santo Domingo de entre una terna enviada por el congreso dominicano. También es de notarse el hecho de que algunos prelados han ocupado altos cargos en el gobierno —inclusive la presidencia—, pero no como representantes de la Iglesia, sino en su condición de ciudadanos privados y por razón de su elección para esos cargos.[311]

La presente división territorial de la Iglesia en la República Dominicana data sólo de 1959, e incluye, además de la archidiócesis, tres diócesis y una prelatura *nullius*.[312] El trabajo misionero se concentra en esa última, donde todos los sacerdotes son extranjeros. También lo son todos los sacerdotes regulares que trabajan en parroquias, a más de la tercera parte de los diocesanos en la misma función.[313] Al parecer, la población aumenta más rápidamente que el número de católicos.[314] Y la situación es aun más crítica en lo que se refiere al número de sacerdotes que el país produce, claramente insuficiente.[315]

Cuando terminó el dominio español sobre *Cuba*, en el año 1898, el sentimiento anticlerical era grande, pues toda la alta jerarquía del país y la casi totalidad del clero se habían opuesto a la independencia. Fueron los cuatro años de ocupación norteamericana, durante los cuales los gobernadores Brooke y Wood hicieron todo lo posible por llevar al

---

[311] Mecham, *op. cit.*, pp. 349-354.
[312] Alonso y Garrido, *op. cit.*, p. 71.
[313] *Ibid.*, p. 79.
[314] De 1935 a 1950, la población aumentó en un 44,37 %, mientras que el número de católicos ascendió en un 43,85 %. Durante el mismo período, el crecimiento protestante fue de un 98,5 % (*Ibid.*, p. 85).
[315] "Los sacerdotes seculares eran menos en 1944 que en 1912 y se mantienen estacionarios o incluso disminuyen hasta 1954, en que se inicia un rápido y continuado aumento hasta 1960, duplicándose entre estas dos fechas y aumentando en 20 sacerdotes sólo en los dos últimos años. Este aumento se debe al clero extranjero, españoles, pues los ordenados entre 1954 y 1960 no pasan de 29 y el aumento habido es de 52. En 1960 son 99 los sacerdotes seculares, de ellos 66 nativos, justamente el número de diocesanos existentes en 1912.

"Los sacerdotes regulares siguen en aumento muy rápido y continuo, de sólo ocho en 1912 a 184 en 1960, originando un cambio substancial en la composición del clero en favor de los religiosos y de los extranjeros, pues si no lo son todos, sí una gran mayoría (son extranjeros todos los dedicados a trabajos parroquiales, de los que únicamente conocemos la nacionalidad)." (*Ibid.*, p. 86).

país por caminos de moderación, los que evitaron que se tomaran en Cuba fuertes medidas contra la Iglesia. El resultado de estas circunstancias fue que todas las constituciones de Cuba afirmaran la separación entre la Iglesia y el Estado, así como la libertad de cultos, y que no se produjesen en esa república los conflictos que caracterizaron los primeros años de la independencia de otros países latinoamericanos.[316]

Desde los últimos tiempos del dominio español, la Iglesia Católica en Cuba había probado estar en franca decadencia, y esta situación continuó durante los primeros años de la nueva república. Sin embargo, en la tercera década del siglo, y en buena medida debido a la influencia de Acción Católica, comenzaron a aparecer señales de nueva vida: el número de sacerdotes nacionales aumentó, se empezó a colocar en sus manos más responsabilidad, se introdujeron nuevos movimientos religiosos católicos, se fundaron escuelas e instituciones benéficas, etc.[317] Mediante este proceso de crecimiento, en 1956 llegó a haber en el país casi 300 escuelas católicas, además de 67 instituciones de caridad. En la misma fecha los más altos cargos de la jerarquía estaban en manos de nacionales y el arzobispo de La Habana, también cubano, gozaba del rango cardenalicio.[318] Al parecer, el futuro del catolicismo era brillante.

Por otra parte, es necesario señalar que había ciertas prácticas de la Iglesia que —aunque corrientes en otros países de la América Latina— más tarde servirían de base —algunos dirían que de excusa— para los ataques a la Iglesia por parte del régimen de Fidel Castro. Entre estas prácticas merecen citarse la de suplir la falta de sacerdotes nacionales con sacerdotes españoles cuyo carácter conservador les restaba simpatías entre el pueblo, la de participar en demasía del boato de gobiernos impopulares como el de Batista, y la de servirse de la lotería y de los cementerios para llenar algunas de sus necesidades económicas.[319]

---

[316] Mecham, *op. cit.*, pp. 354-359.
[317] Considine, *op. cit.*, p. 184.
[318] Gibbons, *op. cit.*, pp. 44-45.
[319] Todo esto puede verse en: L. Dewart, *Christianity and Revolution* (New York, 1963). Esta obra, sin embargo, debido a su propósito de mostrar la incapacidad de los dirigentes católicos en Cuba para enfrentarse a la situación revolucionaria, llega a dar la impresión de que la jerarquía pudo haber evitado la condición presente. Esta interpretación parece errada por dos razones: por una parte, culpa en demasía a la jerarquía, y por otra parte no toma en cuenta cuán limitada fue siempre la influencia de la Iglesia en el pueblo cubano.

Con la revolución de 1959 las circunstancias cambiaron para la Iglesia Católica. Al principio pareció que las relaciones entre la Iglesia y el Estado continuarían siendo lo que hasta entonces habían sido. Pero pronto comenzaron los conflictos —primero acerca de educación religiosa, luego sobre las propiedades eclesiásticas, y por último sobre cuestiones de carácter ideológico. Un año después de la toma del poder por parte de Fidel Castro, comenzó el éxodo de sacerdotes. Los primeros en partir —en exilio voluntario— fueron dos clérigos que se habían distinguido por su participación en la lucha contra Batista. Estos fueron seguidos por otros en número cada vez mayor, hasta que el propio gobierno comenzó a expulsar por centenares a sacerdotes y prelados —tanto nacionales como extranjeros. Debido a estas circunstancias, a fines de 1965 quedaban muy pocos sacerdotes en el país —aunque debemos señalar que en esa misma fecha se rumoreaba que existían negociaciones secretas entre las autoridades eclesiásticas y civiles para permitir la entrada de un número de sacerdotes extranjeros con el visto bueno del gobierno.

En cuanto al desarrollo mismo de la Iglesia a partir de la revolución, la carencia de estadísticas fidedignas hace imposible dar datos concretos. Los informes dan a entender que ha habido un aumento notable en la asistencia a la iglesia y en el número de católicos practicantes, mientras que el número de católicos nominales ha disminuido. Esto resulta comprensible debido a la polarización de los sentimientos, que hace que muchos que antes eran católicos sólo de nombre ahora encuentren en su participación en la vida religiosa un apoyo y un modo de protesta silente contra el gobierno, al tiempo que otros que también eran anteriormente católicos sólo de nombre han optado ahora por abandonar esa fe externa para evitar dificultades y al mismo tiempo poder participar más plenamente de las nuevas circunstancias.

Puerto Rico pasó a manos norteamericanas en 1898 como resultado de la Guerra Hispanoamericana. Las primeras consecuencias que esto tuvo para la Iglesia fueron la separación entre ella y el Estado y el establecimiento de la libertad de cultos. En cuanto a las cuestiones del patronato y de las propiedades eclesiásticas, la primera desapareció con la separación entre los poderes civiles y eclesiásticos, y la segunda se resolvió mediante un acuerdo que resultó del agrado de ambas partes.

Sin embargo, la separación de España afectó grandemente a la Iglesia en Puerto Rico. Ya desde principios del siglo XIX se veía cierta decadencia en el nivel de la vida eclesiástica, pero esta decadencia se había detenido en algo por el influjo de sacerdotes leales a España procedentes de las nuevas repúblicas hispanoamericanas. Con el cese del dominio español sobre Puerto Rico, comenzó a disminuir el número de sacerdotes en la Isla. Esta disminución continuó hasta 1930, cuando de nuevo comenzó a aumentar el número de sacerdotes, aunque a un ritmo muy lento. A partir de 1950 este proceso se aceleró, y ya en 1955 había en Puerto Rico el mismo número de sacerdotes diocesanos que en 1910. Pero aún este desarrollo reciente no ha logrado recuperar el terreno perdido.[320] A fin de solucionar esta situación, se han enviado a Puerto Rico grandes contingentes de religiosos extranjeros, a tal punto que en 1960 los sacerdotes regulares —en cuya casi totalidad eran extranjeros— constituían el 80 % del clero.[321]

Además de las actividades parroquiales, la Iglesia Católica en Puerto Rico se ha distinguido por su trabajo en la educación. En este campo cuenta con gran número de centros y con la Universidad Católica de Ponce.

No hay en Puerto Rico territorios misionales en el sentido estricto, sino que toda la isla está bajo la jurisdicción de la jerarquía diocesana local.

2. *El protestantismo.*

La obra misionera protestante en *Haití* comenzó en 1807, cuando los metodistas británicos enviaron pastores para ocuparse de los inmigrantes protestantes que llegaban al país procedentes de las colonias británicas en el Caribe. Esta obra ha continuado a través de los años, aunque con un crecimiento numérico escaso, y en 1962 contaba con

---

[320] Garrido y Alonso, *op. cit.*, p. 59. De 1910 a 1960, la población aumentó en un 121 %, mientras que el número de sacerdotes sólo subió en un 16 %.
[321] *Ibid.* Es necesario señalar, sin embargo, que, aunque la mayoría de los sacerdotes es extranjera, la casi totalidad de las posiciones de mayor responsabilidad está en manos de nacionales.

2.149 miembros.[322] Sin embargo, a pesar de su escaso número, esta iglesia ha tenido gran importancia en el desarrollo intelectual de Haití, pues fue uno de sus misioneros —con la ayuda de un profesor universitario— quien primero redujo a la escritura el idioma *creole*, hablado por la mayoría de los haitianos. En 1943 se emprendió una campaña de alfabetización que seis años después había logrado enseñar a leer a 10.000 personas. En vista del éxito de esta obra, el gobierno comenzó a interesarse por la educación del pueblo en el idioma vernáculo, lo cual produjo una verdadera revolución en todo el sistema educativo de la nación.[323]

Los bautistas penetraron en Haití en 1823, fecha en que la *Baptist Missionary Society* de Massachusetts envió al país su primer misionero —el pastor Thomas Paul, de Boston. Pero esta obra no continuó. Poco después, se interesaron en Haití los bautistas libres y la *Baptist Missionary Society*, de Londres, que más tarde traspasó sus intereses en ese territorio a su hermana sociedad de Jamaica.[324] Por último, en 1923 —un siglo después de la llegada de Paul— la *American Baptist Home Mission Society* emprendió obra en esta república. Aunque esta sociedad fue de las últimas en llegar, su trabajo ha sido el más fructífero, y ya en 1962 contaba con más de 30.000 miembros.[325] El crecimiento de esta obra tiene algunas de las características de una conversión en masa, y es uno de los aspectos más notables del protestantismo en Haití. Además, existen en Haití otros grupos bautistas, entre los cuales merece citarse la Iglesia Bautista de Jacmel, producto de la antigua misión bautista británica.[326]

---

[322] *World Christian Handbook, 1962*, p. 117. Al parecer, el aumento numérico se ha acelerado en los últimos años, pues en 1957 los metodistas eran sólo 1.627. Otros grupos metodistas que trabajan en Haití son la *Iglesia Metodista Episcopal Africana* (250 miembros en 1962) y la *Iglesia Metodista Wesleyana* (1.502 miembros practicantes en 1962). Ambas proceden de los Estados Unidos, y su llegada es relativamente reciente (Damboriena, *El protestantismo...*, Vol. II, p. 107).
[323] *World Christian Handbook, 1949*, p. 110.
[324] *Panama Congress Report* (New York, 1917), Vol. I, p. 162.
[325] *World Christian Handbook*, loc. cit.
[326] En 1962 contaba con 3.000 miembros (*Ibid.*). El hecho de que en 1949 la cifra fuese igual hace sospechar que esta iglesia, o crece muy lentamente, o no lleva estadísticas adecuadas. Véase Damboriena, *El protestantismo...*, Vol. II, p. 108.

LA AMERICA LATINA

Los orígenes de la Iglesia Episcopal de Haití se remontan al año 1861, cuando 110 negros norteamericanos, en la esperanza de encontrar mejores condiciones de vida que las que imperaban en los Estados Unidos, emigraron hacia la república antillana.[327] Entre ellos iba el pastor James Theodore Holly, quien seis años antes había visitado el país con el fin de explorar las posibilidades de establecer en él obra misionera. Los primeros años fueron de grandes dificultades.

> En 18 meses, la malaria y la tifoidea se habían llevado a 43 de los emigrantes —entre ellos, cinco de los ocho miembros de la familia de Holly. El resto se dividió. Una porción partió para Jamaica, otros regresaron a los Estados Unidos y una veintena —entre ellos Holly— permaneció en el país.[328]

En 1862 Holly hizo una breve visita a los Estados Unidos con el propósito de interesar a la Iglesia Episcopal de ese país en la obra de Haití. Como resultado de sus gestiones, en octubre del año siguiente la iglesia norteamericana comenzó a tomar responsabilidad por el trabajo iniciado por Holly, y decidió colocar a la naciente iglesia bajo la jurisdicción provisional del obispo de Delaware. Cuando éste visitó a Haití un mes después, pudo confirmar a 36 personas. Había además un número de candidatos a órdenes que el pastor Holly había estado preparando.[329]

En 1874, la Convención General de la Iglesia Episcopal decidió independizar a la nueva iglesia bajo el título de Iglesia Apostólica Ortodoxa Haitiana. Dos años después, en la ciudad de Nueva York, Holly fue consagrado obispo de Haití, cargo que ocupó con distinción hasta su muerte en 1911. En el entretanto, la iglesia había continuado creciendo, y contaba con poco menos de 2.000 miembros y una docena de pastores.[330]

A la muerte del obispo Holly, el clero haitiano pidió que se hiciera de Haití un distrito misionero de la Iglesia Protestante Episcopal de los Estados Unidos. Esta petición fue aceptada por la Convención General

---

[327] J. E. Millien, *Une idée du premier cinquantenaire de l'Église Épiscopale d'Haïti: (1861-1911)*, manuscrito inédito en la biblioteca del Seminario Episcopal del Caribe, Carolina, Puerto Rico, pp. 5-7.
[328] *Ibid.*, p. 7.
[329] *Ibid.*, pp. 10-11.
[330] *Ibid.*, pp. 11ss. También: *A Short History of the Episcopal Church in Haiti* (sin lugar ni fecha), pp. 4-5.

de 1913, pero en el entretanto la iglesia haitiana había caído en un caos del que no comenzaría a salir hasta 1923.[331] A principios de ese año fue consagrado el primer obispo misionero de Haití, Harry Roberts Carson. Trabajador infatigable, Carson comenzó a reorganizar la iglesia, e introdujo la orden de las Hermanas de Santa Margarita, que desde entonces se han distinguido en la labor educativa; además reconstruyó la iglesia de la Santa Trinidad en Port-au-Prince. Cuando Carson se retiró en 1943, dejó una iglesia debidamente organizada y en franca vía de crecimiento.[332] Le sucedió el obispo Voegeli, quien ocupó el episcopado hasta bien avanzada la segunda mitad del siglo.

En 1964 la Iglesia Episcopal de Haití contaba con poco menos de 14.000 miembros confirmados.[333]

Además de las denominaciones ya mencionadas, merecen citarse en Haití la Iglesia de Dios (de Cleveland), los nazarenos, la *West Indies Mission* y la *Unevangelized Fields Mission*.[334]

Haití es el segundo país de la América Latina en lo que se refiere al porcentaje de protestantes sobre la población total.[335] En cuanto al número absoluto de protestantes, es el quinto,[336] y en lo tocante a la proporción de ministros nacionales sólo El Salvador y Brasil le superan.[337]

El protestantismo penetró en el territorio de lo que es hoy la *República Dominicana* durante el período de la dominación haitiana. En 1824 el presidente de Haití, Jean Pierre Boyer, decidió que sería sabio estimular la inmigración por parte de negros norteamericanos que pudieran ayudar a poblar la isla y a mejorar los métodos de agricultura.

---

[331] W. Dalzon, *Coup d'œil sur l'histoire de l'Église Épiscopale d'Haïti: 1911-1938*, manuscrito inédito en la biblioteca del Seminario Episcopal del Caribe, Carolina, Puerto Rico, 1964, pp. 4-17.
[332] *Ibid.*, pp. 17-26. *A Short History...*, pp. 5-6.
[333] El *Journal de la Soixante-douxième Convocation de l'Église Épiscopale d'Haïti, 21-22 Janvier, 1964*, da el total de 13.867. La cifra de Damboriena (*El protestantismo...*, Vol. II, p. 105) para el año 1957 es algo mayor.
[334] Damboriena, *El protestantismo...*, Vol. II, pp. 109-110. Las estadísticas y los datos históricos referentes a estas denominaciones resultan en extremo confusos.
[335] *Ibid.*, p. 25.
[336] *Ibid.*, p. 29.
[337] *Ibid.*, p. 23.

LA AMERICA LATINA

Los primeros contingentes de inmigrantes se establecieron en Samaná y Puerto Plata en 1824. A partir de allí se extendieron por toda la península de Samaná y llevaron consigo su fe. Diez años después de su llegada, solicitaron pastores a los Estados Unidos e Inglaterra. En ese mismo año de 1834, y procedente de Inglaterra, llegó el primer pastor metodista. Poco después le siguió un colega norteamericano de la Iglesia Metodista Episcopal Africana. A partir de entonces han continuado celebrándose servicios metodistas en la región, y se han organizado nuevas iglesias. A principios del siglo XX, se comenzó a celebrar servicios en español, aunque durante largo tiempo se continuó celebrándolos también en inglés.[338]

El trabajo estrictamente misionero en la República Dominicana surgió por iniciativa de los protestantes de Puerto Rico y de los misioneros que allí trabajaban. En 1911, la iglesia presbiteriana de la ciudad de Mayagüez, en Puerto Rico, ofreció una contribución para la obra misionera en la República Dominicana. Poco después, la Unión Evangélica de Puerto Rico envió al vecino país dos representantes a fin de investigar las posibilidades misioneras que allí había. Esta visita fue seguida por otra de tres colportores puertorriqueños. En 1916 el comité ejecutivo de la Unión Evangélica decidió pedir la ayuda de las juntas misioneras norteamericanas para la evangelización de Santo Domingo. También se nombró un comité local que organizaría en Puerto Rico una junta misionera para Santo Domingo en la que cooperarían los congregacionalistas, discípulos de Cristo, metodistas episcopales, presbiterianos y hermanos unidos. El resultado de todo esto fue que en el año 1920 se constituyó la Junta de Servicio Cristiano en Santo Domingo, en la que participaban los metodistas episcopales, presbiterianos y hermanos unidos.[339] Al momento de su fundación esta Junta constituía un experimento misionero sin precedente en toda la historia de la Iglesia. Nunca antes se habían concertado varias juntas misioneras denominacionales con el propósito de establecer en un país extranjero una sola iglesia unida. El resultado de este esfuerzo es la Iglesia Evangélica Dominicana.

Durante sus primeros años, la nueva obra en la República Dominicana estuvo a cargo del doctor Nathan Huffman, quien antes había sido misionero en Puerto Rico. Sus primeros colaboradores fueron tres

---

[338] E. A. Odell, *It Came to Pass* (New York, 1952), pp. 146-147.
[339] *Ibid.*, pp. 148-149.

pastores puertorriqueños —los señores Alberto Martínez, José Espada Marrero y Rafael Rodríguez— y trabajaron en la capital, San Pedro de Macorís y La Romana.[340] Además del trabajo propiamente evangelístico y del establecimiento de iglesias, la Junta de Servicio Cristiano en Santo Domingo se interesó en los servicios médicos, la obra de reconstrucción rural y la educación. En 1932, se fundó en Santo Domingo el Hospital Internacional, que sirvió también de escuela de enfermeras por un cuarto de siglo. Cuando el desarrollo de los servicios médicos ofrecidos por el gobierno hizo pensar a la Junta que debía cerrar su hospital y escuela de enfermeras en la capital, se establecieron clínicas en Barahona y en dos zonas pobres de la capital. En el campo de la educación, la Iglesia Evangélica Dominicana se distinguió por sus escuelas y muy especialmente por la Librería Dominicana, que durante muchos años sirvió en la producción y distribución de literatura cristiana, y que fue además un lugar de encuentro de los más distinguidos intelectuales del país en épocas de opresión y de estancamiento intelectual.[341]

En 1955, la Iglesia Evangélica Dominicana recibió su autonomía. A partir de entonces los representantes de la Junta de Servicio Cristiano no serían ya superintendentes de toda la Iglesia sino que su función consistiría sólo en mantener relaciones entre la Iglesia nacional y la Junta en Nueva York. Anteriormente, y de manera paulatina, se habían tomado pasos para preparar la Iglesia para la autonomía —especialmente la preparación de un pastorado y dirigentes laicos capaces de tomar sobre sí más responsabilidades. En 1963, la Iglesia Evangélica Dominicana tenía 27 iglesias organizadas, 19 pastores ordenados, otros 155 obreros y una membresía de 3.300.[342] Poco antes, los moravos habían decidido incorporar a la Iglesia Evangélica Dominicana las dos congregaciones que habían resultado de una obra emprendida en 1907.

Entre los inmigrantes que llegaron a la República Dominicana en el siglo XIX, había un buen número que pertenecía a la Iglesia Episcopal. Estos tenían gran interés en conservar su fe, y en 1898 lograron que el obispo Holly, de Haití, ordenara a su primer pastor —el reve-

---

[340] *Ibid.*, pp. 151-154.
[341] W. L. Wipfler, *The Churches in the Dominican Republic in the Light of History*, tesis inédita presentada al Union Theological Seminary, New York, 1964, pp. 165-174.
[342] *Ibid.*, pp. 177-178.

rendo Benjamin I. Wilson. Wilson estaba interesado en el trabajo misionero en español, y desde los inicios de su ministerio celebró servicios en ese idioma.[343] Sin embargo, la Iglesia Protestante Episcopal de los Estados Unidos no tomó gran interés en la República Dominicana hasta después de comenzada la ocupación de ese país por parte de las tropas norteamericanas, y entonces se dedicó casi exclusivamente a los extranjeros que residían allí. El trabajo entre los inmigrantes antillanos quedó relegado a segundo término, y la obra en español fue abandonada. La supervisión episcopal —primero bajo el obispo de Puerto Rico y, a partir de 1928, del de Haití— casi no existía, y cada misionero establecía su propia política. Bajo tales circunstancias, no ha de sorprendernos que la Iglesia Episcopal no haya crecido.[344]

El trabajo en español fue comenzado de nuevo en 1952, gracias a la iniciativa del reverendo Basden, oriundo de las Antillas británicas, y quien fue el único pastor local ordenado en treinta y cinco años.[345] A pesar de que su lengua materna era la inglesa, Basden comenzó a predicar en español en Puerto Plata, y a partir de entonces la Iglesia Episcopal ha continuado creciendo en la República Dominicana, al tiempo que pierde su carácter marcadamente extranjero. A pesar de los grandes pasos de avance que se han dado últimamente, esta iglesia no ha podido recuperar el tiempo perdido, especialmente en lo que se refiere al ministerio nacional. En 1957, contaba con nueve lugares de culto, poco más de 1.000 miembros, y sólo un pastor nacional.[346]

Como vemos, el protestantismo no ha logrado gran desarrollo en la República Dominicana. En 1961, sólo el 1,61 % de la población era protestante.[347]

Los primeros servicios protestantes celebrados en *Cuba* de que tenemos noticias tuvieron lugar en 1741, cuando los ingleses se apoderaron del valle de Guantánamo en una breve incursión bélica. Algo semejante sucedió en La Habana en 1762, cuando las tropas inglesas que ocupaban la ciudad tomaron el convento de San Francisco para en él celebrar sus oficios religiosos. Pero en ambos casos se trató sólo de una situación pasajera, y no se intentó comunicar a los habitantes de la isla la fe

---

[343] *Ibid.*, pp. 130-131.
[344] *Ibid.*, pp. 132-146.
[345] *Ibid.*, p. 147.
[346] Damboriena, *El protestantismo...*, Vol. II, cuadro 39.
[347] *Ibid.*, cuadro 14.

de los invasores ingleses. Durante la segunda mitad del siglo XIX, ante el creciente número de norteamericanos e ingleses establecidos en Cuba, la Iglesia Protestante Episcopal de los Estados Unidos comenzó a interesarse en la posibilidad de enviar allí un pastor que se hiciera cargo de sus necesidades religiosas. Por fin, en 1871, llegó a La Habana Edward Kenney, quien fue el primer pastor protestante en establecerse en Cuba.[348] Durante nueve años, Kenney trabajó incesantemente en La Habana y las ciudades vecinas. Aunque su labor fue casi exclusivamente entre personas de habla inglesa, logró reunir un pequeño número de creyentes cubanos. Cuando se vio obligado a regresar a su patria tras haber contraído la fiebre amarilla, otro pastor fue enviado a continuar su obra, pero sólo permaneció en el país por espacio de dos años.

Los verdaderos orígenes del protestantismo cubano han de encontrarse en los centenares de personas que partieron hacia el exilio en los Estados Unidos durante las luchas que en pro de la independencia tuvieron lugar a partir de 1868. En Cayo Hueso, Tampa, Filadelfia y Nueva York existían grandes comunidades cubanas entre las que los protestantes comenzaron a realizar obra. Pronto surgieron pastores cubanos que recibieron su preparación teológica en los Estados Unidos y se dedicaron a pastorear las colonias de expatriados. Fue entre tales colonias que primero surgió el interés por la evangelización de Cuba, de tal modo que a partir de 1882 se comenzó a enviar de regreso a algunos expatriados cubanos con el propósito de distribuir las Escrituras y explorar las posibilidades de establecer obra evangélica. Quienes más se distinguieron en este sentido fueron los episcopales, y muy especialmente entre ellos el señor Pedro Duarte, quien no se contentó con la distribución de la Biblia, sino que en 1884 reunió en la ciudad de Matanzas una congregación a la que dio el nombre de "Fieles a Jesús". El éxito de Duarte llevó a otras personas en los Estados Unidos a interesarse en el trabajo episcopal en Cuba. Una de estas personas fue el reverendo Juan B. Báez, pastor de la congregación cubana en Cayo Hueso, quien fue repetidamente a Matanzas, y por fin logró interesar al obispo de la Florida en la obra cubana. Por su parte, Duarte regresó a los Estados Unidos para hacer estudios teológicos y recibir las órdenes,

---

[348] Leopoldo J. Alard, *Proceso histórico de la Iglesia Episcopal en Cuba*, manuscrito inédito en la biblioteca del Seminario Episcopal del Caribe, Carolina, Puerto Rico, 1966, pp. 11-16.

tras lo cual volvió a hacerse cargo de su iglesia en Matanzas. En pocos años, había congregaciones episcopales, no sólo en Matanzas, sino también en La Habana y en las ciudades vecinas. De todas las principales ciudades llegaban solicitudes para que se estableciera en ellas obra episcopal. Todo esto no se hizo sin la oposición de las autoridades civiles y eclesiásticas, y el propio Duarte se vio obligado a sufrir cárcel por razón de su fe.[349]

Los últimos años del dominio español en Cuba fueron harto difíciles tanto para el pueblo en general como para el naciente protestantismo en particular. Duarte se vio envuelto en sospechas por parte de las autoridades españolas, y tuvo que expatriarse. Por razón de su partida y de los estragos de la guerra, se perdió mucho del terreno ganado. La única congregación que continuó reuniéndose regularmente fue un pequeño grupo de fieles en La Habana.

La intervención norteamericana en la guerra con España cambió este estado de cosas. Cuba quedó provisionalmente en manos de los Estados Unidos, y esto despertó en la Iglesia Protestante Episcopal de ese país un nuevo interés misionero. Duarte y otros expatriados pudieron regresar. Las casi desaparecidas congregaciones fueron reorganizadas, y ya en 1900 trabajaban en el país, además de dos misioneros norteamericanos, tres pastores cubanos. En La Habana y Matanzas se organizaron escuelas parroquiales y asilos para huérfanos. En 1901 la Convención General de la Iglesia Protestante Episcopal de los Estados Unidos constituyó oficialmente el "Distrito Misionero de Cuba". Hasta entonces, nunca se había reconocido oficialmente el trabajo que en Cuba se realizaba, pues muchos dirigentes episcopales consideraban erróneo el establecimiento de misiones en países católicos. En 1902, al ser consagrado un obispo para Puerto Rico, se le puso también a cargo de la Iglesia en Cuba. En 1904, dos años después de la Independencia, se eligió el primer obispo del Distrito Misionero de Cuba —el muy reverendo A. W. Knight.[350] A partir de entonces, la Iglesia Episcopal ha continuado un desarrollo progresivo. En 1951 se unió a la Iglesia Presbiteriana y a la Metodista en el Seminario Evangélico de Teología de Matanzas. El número de pastores nacionales fue cada vez mayor, y sobre sus hombros fueron colocándose nuevas responsabilidades, hasta

[349] *Ibid.*, pp. 17-31.
[350] *Ibid.*, pp. 34-42.

que esta iglesia tuvo su primer obispo nacional en la persona del muy reverendo Romualdo González. La revolución de 1959 parece haber afectado grandemente a esta denominación, pues en 1957 contaba con 8.634 miembros comunicantes,[351] y en 1965 ese número se había reducido a 3.712.[352] Además, todas sus escuelas y otras instituciones benéficas habían sido confiscadas por el gobierno.

Los orígenes de la Iglesia Presbiteriana en Cuba son semejantes a los de la Iglesia Episcopal. También surgió, no de la obra de misioneros extranjeros, sino del interés y la dedicación de cubanos que habían conocido el protestantismo durante su exilio en los Estados Unidos. El primero y más notable fue Evaristo Collazo, quien en 1890 escribió a los presbiterianos del sur de los Estados Unidos informándoles acerca de la existencia de tres congregaciones y una escuela para señoritas que él mismo, con la ayuda de su señora, había creado y sostenido hasta entonces. En respuesta a la carta de Collazo, un misionero presbiteriano que trabajaba en México fue enviado a Cuba, donde constituyó en iglesias presbiterianas las congregaciones fundadas por aquél. Poco después le siguieron otros dos misioneros, y además se destinaron fondos en los Estados Unidos para que Collazo pudiese dedicar todo su tiempo a la tarea pastoral. Pero todo esto quedó interrumpido durante la Guerra de Independencia, cuando los misioneros norteamericanos regresaron a su país y Collazo se unió al ejército libertador.

Tras la guerra, los misioneros presbiterianos del sur volvieron a Cuba, y a ellos se sumaron los del norte. Estos últimos laboraron especialmente en La Habana, con la colaboración de Collazo y de Pedro Rioseco, también cubano. Los presbiterianos del sur hicieron una gran contribución en el campo de la educación a través de sus misioneros Margaret E. Craig y Robert L. Wharton, quienes comenzaron en Cárdenas la escuela que luego recibió el nombre de "La Progresiva".

En 1909 los congregacionalistas traspasaron a los presbiterianos del norte la obra que habían comenzado en Cuba poco antes, pero que ya contaba con cinco centros de trabajo. En 1918 los discípulos de Cristo hicieron lo mismo con las tres congregaciones y un pastor que tenían en Cuba —el Rdo. Julio Fuentes, quien llegó a ser el primer superinten-

---

[351] Damboriena, *El protestantismo...*, Vol. II, cuadro 27.
[352] *Diario de la quincuagésima séptima convocación anual de la Iglesia Episcopal en la Diócesis Misionera de Cuba.*

dente cubano de la misión presbiteriana. Puesto que ese mismo año los presbiterianos del sur también traspasaron su obra a sus hermanos del norte, la obra presbiteriana en Cuba quedó enteramente bajo la responsabilidad de los del norte.[353]

Durante las primeras décadas del siglo XX, los presbiterianos cubanos recibieron su educación teológica en México. Más tarde comenzó a utilizarse para ese propósito el Seminario Evangélico de Puerto Rico. Por último, en 1947, se fundó en la ciudad de Matanzas, Cuba, el Seminario Evangélico de Teología. En él cooperaban al principio los presbiterianos y metodistas, y más tarde los episcopales.

De todas las iglesias de Cuba, la presbiteriana parece ser la que menos ha sufrido tras la revolución de 1959. Esto es tanto más notable por cuanto antes de la revolución esta denominación trabajó casi exclusivamente en las ciudades y entre la alta clase media. Aunque no tenemos estadísticas recientes, podemos señalar que en 1957 había en Cuba 3.241 presbiterianos, con una "comunidad total" de 21.000.[354]

También el metodismo penetró en Cuba a través de los expatriados en los Estados Unidos. En 1873 el pastos Charles Fulwood, de la Iglesia Metodista Episcopal del Sur, comenzó una obra entre los cubanos residentes en Cayo Hueso.[355] En 1883, la Conferencia de la Florida envió dos misioneros cubanos a su país de origen: Enrique B. Someillán y Aurelio Silvera. Después de reunir una pequeña congregación que celebraba sus servicios en un hotel de la capital, Someillán regresó a los Estados Unidos y dejó a Silvera a cargo de la obra. En 1888 Silvera organizó una iglesia que contaba con 194 miembros. Ese mismo año llegó al país el primer misionero norteamericano, J. J. Ransom. Poco después le siguieron otros pastores cubanos procedentes de la Florida, entre ellos Clemente Moya, Miguel Pérez Arnaldo e Isidoro E. Barredo.

La Guerra de Independencia, que comenzó en 1895, interrumpió la floreciente obra metodista, pues el gobierno español tomó medidas que hacían difícil la continuación de la obra, y algunos de los dirigentes de ésta se sumaron al ejército libertador.

---

[353] Odell, *It Came to Pass*, pp. 79-97.
[354] Damboriena, *El protestantismo...*, Vol. II, cuadro 27.
[355] S. A. Neblett, *Methodism in Cuba: The First Thirteen Years* (Macon, Georgia, 1966), p. 11. En toda esta sección seguimos de cerca esta obra de uno de los más destacados misioneros metodistas en Cuba.

En 1898, tras la Guerra Hispanoamericana, comenzaron a hacerse preparativos para emprender de nuevo la obra interrumpida en Cuba. La Guerra Hispanoamericana había creado en los Estados Unidos gran interés hacia el país vecino, y en ella participaron muchos soldados, capellanes y médicos que regresaron a los Estados Unidos solicitando que se emprendiera obra en Cuba. En diciembre de 1898, luego de haber enviado dos representantes que exploraran las posibilidades que la isla ofrecía, la Conferencia de la Florida organizó un distrito misionero que incluía siete puntos de trabajo. Además de esto, pronto se organizó una red de escuelas que llegaron a tener gran prestigio, así como varios dispensarios en zonas rurales.

En 1957, había en Cuba poco más de ocho mil metodistas, a cargo de 47 pastores nacionales y nueve misioneros norteamericanos.[356]

Además de las tres denominaciones que ya hemos discutido, se distinguen en Cuba los bautistas, tanto del norte como del sur, que contaban en 1957 con unos 6.000 y 8.000 miembros, respectivamente. La obra bautista en Cuba comenzó en 1883, cuando Alberto J. Díaz, cubano convertido al protestantismo en Nueva York, regresó a su país como colportor bíblico. Dos años más tarde, Díaz organizó un pequeño núcleo de creyentes que tomó el nombre de "Iglesia Reformada de Cuba", y que más tarde estableció relaciones con los bautistas norteamericanos.

También trabajan en Cuba los amigos, el Ejército de Salvación, los luteranos de Missouri y varios grupos pentecostales.[357]

Los primeros servicios protestantes que se celebraron en *Puerto Rico* tuvieron lugar en el año 1598, cuando los ingleses tomaron la ciudad de San Juan y la retuvieron por espacio de cinco meses. En 1625, cuando los holandeses desembarcaron en la isla y bombardearon la capital durante cuatro días, es de suponerse que se celebraron también servicios religiosos protestantes. Pero estos fueron sólo breves incidentes en una larga historia en la que el Santo Oficio, la restricción del comercio y la prohibición de inmigración extranjera evitaron que Puerto Rico tuviera verdaderos contactos con el protestantismo. Cuando en 1846 la Junta de Comercio y Fomento dirigió al gobierno en la metrópoli una petición para que se autorizase la admisión de extranjeros en

---

[356] Damboriena, *El protestantismo*..., Vol. II, cuadro 27.
[357] *Ibid.*, pp. 88-89.

Puerto Rico sin exigirles que fuesen católicos, el gobierno de Madrid, a instancias del obispo de San Juan, no accedió a dicha petición.[358] Sin embargo, esto no impidió que se estableciesen algunos protestantes en la isla, pues en el año 1866 el general Marchesi juzgó conveniente que se designase un lugar en los cementerios para sepultar a los protestantes.[359] También tenemos noticias de que en 1853 un capitán de navío danés introdujo en la ciudad de Humacao una "Cartilla para Niños" que abundaba en los principios del protestantismo.[360]

Los verdaderos orígenes del protestantismo en Puerto Rico datan de la segunda mitad del siglo XIX, y se resumen en el siguiente párrafo de don Lidio Cruz Monclova:

> El 28 de noviembre de 1869, al amparo de las prescripciones del Decreto de 20 de septiembre anterior sobre tolerancia de cultos, aprobado por el Gobierno Provisional de la Revolución Española de septiembre de 1868, se verificaba en la ciudad de Ponce el primer servicio Protestante autorizado en la Isla. A dicho acto, celebrado en la residencia de don Otilio Salomons, asistieron más de doscientas personas, y la prédica estuvo a cargo del Reverendo Allen, Ministro de la Iglesia Reformada de San Thomas. En 1870 se autorizaba al Ministro holandés don Johannes Waldemar Zechune para establecer en Vieques una escuela para niños protestantes. Y en ese mismo año se establecía allí una iglesia de carácter Protestante. En 1872 se organizaban en congregación los protestantes de Fajardo, Luquillo y Naguabo, bajo la dirección del mismo Ministro Zechune. En 1873 era consagrada en la Avenida Sur, de Ponce, con el nombre de la Trinidad, una iglesia Protestante de la Congregación Episcopal, la cual fue erigida a un costo de trece mil quinientos pesos con las contribuciones de los afiliados de toda la Isla; era una edificación de estilo gótico construida de hierro galvanizado en el exterior y de madera en el interior, y tuvo por primer Ministro al Reverendo Alfredo Giolma. En abril de 1876 llegaba a Ponce, para hacerse cargo de dicha iglesia, cerrada desde 1874, el Reverendo don Zacarías Vall Espinosa, quien había sido Colegial del Mayor de San Agustín, de Canterbury, y era socio vitalicio y corresponsal de la Sociedad Anglo-

---

[358] L. Cruz Monclova, *Historia de Puerto Rico (Siglo XIX)* (San Juan, 1957-58), Vol. I, pp. 422-431.
[359] *Ibid.*, p. 571.
[360] *Ibid.*, p. 644.

Continental; y un año después, la iglesia contaba con una congregación de más de cuatrocientos miembros. Y en 1882 quedaba organizada en Vieques una Iglesia Anglicana.[361]

Aquella primera congregación anglicana estaba constituida principalmente por personas de origen anglo-sajón, y sus servicios se celebraban en inglés. Aun más, su primer templo fue construido en Inglaterra y enviado en secciones a la ciudad de Ponce, donde fue inaugurado en 1873. Cuando, un año más tarde, fue restaurada la monarquía española, se ordenó la clausura de este templo; pero poco después, por intercesión de la reina Victoria de Inglaterra, fue abierto de nuevo, aunque con ciertas limitaciones cuya función era impedir la propagación de la fe protestante. A pesar de ello, cuando en 1876 se hizo cargo de la parroquia el padre Z. Vall Espinosa, español educado en Inglaterra, comenzaron a celebrarse servicios en castellano.

Como ya hemos visto más arriba, al mismo tiempo que comenzaba su obra en Ponce, la Iglesia Anglicana trabajaba también en Vieques, donde Johannes Waldemar Zechune estableció una "Escuela Inglesa". En 1883 se celebraron los primeros servicios, aunque en idioma inglés.[362]

La Guerra Hispanoamericana de 1898, con el consiguiente cambio de soberanías en Puerto Rico, hizo aconsejable el traspaso de la naciente obra de la jurisdicción de la Iglesia de Inglaterra a la de la Iglesia Protestante Episcopal de los Estados Unidos. Esta se hizo responsable de la obra en Puerto Rico, quien a su vez nombró al primer misionero en la ciudad de San Juan, así como a otro que se haría cargo de la iglesia de Ponce, que había quedado prácticamente abandonada al retirarse el padre Vall Espinosa.[363]

En 1902 fue electo el primer obispo misionero de Puerto Rico, y la elección cayó sobre James Heartt Van Buren, hasta entonces rector de la parroquia de San Juan. A partir de ese momento la obra episcopal continuó creciendo y echando raíces en el país, hasta que en 1964, en la persona del muy Reverendo Francisco Reus Froilán, la Iglesia Epis-

---

[361] *Ibid.*, Vol. II, pp. 852-853.
[362] V. Burset, *The First Fifty Years of the Protestant Episcopal Church in Puerto Rico* (manuscrito inédito en la biblioteca del Seminario Episcopal del Caribe, Carolina, P. R.), pp. 17-27.
[363] *Ibid.*, p. 29.

copal tuvo su primer obispo puertorriqueño.[364] Alrededor de esa fecha, dicha iglesia contaba con poco más de 3.000 miembros.[365]

Un episodio notable en el crecimiento de la Iglesia Episcopal en Puerto Rico fue la anexión a ese cuerpo de la Iglesia de Jesús, fundada en 1902 por Manuel Ferrando. Este era de origen español, y había llegado a Puerto Rico por primera vez como capellán del ejército norteamericano. Después de la guerra, se estableció en Quebrada Limón, cerca de Ponce, y allí se dedicó a reunir una congregación y a preparar pastores y diaconisas, además de organizar un orfelinato. Cuando, veinte años más tarde, la Iglesia de Jesús se unió a la Episcopal, ésta ganó un obispo —el propio Manuel Ferrando— cuatro sacerdotes y más de dos mil miembros.[366]

En 1961 se fundó en Carolina, a pocos kilómetros al este de San Juan, el Seminario Episcopal del Caribe, cuyo propósito es educar pastores, no sólo para Puerto Rico, sino también para todo el Caribe.

Aunque cuando los presbiterianos llegaron a Puerto Rico, en el año 1899, ya estaban en la Isla otras tres denominaciones, el hecho de que a ellos se sumara la obra fundada por Antonio Badillo Hernández nos lleva a considerarles antes que a esas otras denominaciones. En 1868, durante una visita a la vecina isla de Saint Thomas, Badillo Hernández adquirió un ejemplar de la Biblia, en versión inglesa. De regreso a su tierra, se dedicó al estudio de su nueva adquisición, y a través de ella llegó a abrazar las doctrinas propias del protestantismo, que luego comunicó a sus familiares y amigos. A su muerte, sus enseñanzas no desaparecieron, sino que continuaron a través de su viuda e hijos, de modo que en 1900, cuando llegó a Aguadilla el misionero presbiteriano Underwood, encontró allí un grupo de "creyentes en la Palabra" cuyas doctrinas eran las mismas del protestantismo. Este fue el primer núcleo de la naciente Iglesia Presbiteriana en Puerto Rico.[367]

---

[364] M. Arce Trías, "Consagran Primer Obispo Nativo de la Iglesia Episcopal de Puerto Rico", *El Debate*, IV, Núm. 189 (1964), p. 3.
[365] Damboriena, *El protestantismo...*, Vol. II, cuadro 38.
[366] Estos datos han sido tomados de un manuscrito inédito y anónimo que se encuentra en la biblioteca del Seminario Episcopal del Caribe. Llegaron hasta mí por conducto del Sr. Donald Moore, quien se ha dedicado a estudiar la historia del protestantismo en Puerto Rico, y a quien debo buena parte de los datos que aparecen en esta sección.
[367] B. Badillo Bello, "Influencia de una Biblia", *Puerto Rico Evangélico*, 10 de oct. de 1915, p. 17; M. A. Valentine, "Antonio Badillo Hernández", *La Voz Presbiteriana*, mayo de 1960, p. 11.

Si no se toma en cuenta el trabajo precursor de Antonio Badillo Hernández, la obra presbiteriana en Puerto Rico se remonta al año 1899, cuando llegaron los primeros misioneros. Antes de esta fecha, la Junta de Misiones Presbiteriana había hecho convenios con otras juntas misioneras para distribuir su obra en el territorio de Puerto Rico de tal modo que los misioneros de diversas denominaciones no compitiesen entre sí. En ese convenio había tocado a los presbiterianos la porción occidental de la isla. Por esta razón, el centro de la obra presbiteriana ha estado siempre en la ciudad de Mayagüez, en el extremo oeste de Puerto Rico. Pero también han trabajado intensamente en la capital, donde fundaron el Hospital Presbiteriano —que más tarde quedó en manos de una corporación privada.

Desde los inicios de su obra, los presbiterianos establecieron en Mayagüez un centro de preparación de pastores. En 1919, junto a varias otras denominaciones, constituyeron el Seminario Evangélico de Puerto Rico, donde actualmente se preparan sus pastores, y cuyo primer presidente fue el misionero presbiteriano James A. McAllister.

En 1964 había en Puerto Rico 52 iglesias presbiterianas, con poco más de 6.000 miembros.[368]

El pionero de la obra luterana en Puerto Rico fue el joven seminarista G. S. Swensson, quien en 1898, y por cuenta propia, emprendió una misión a Puerto Rico. El resultado de sus esfuerzos fue tal que el Concilio General Luterano envió otros misioneros a la isla, con lo cual se dio comienzo al trabajo misionero organizado.[369]

> El primero que en Puerto Rico y de manera oficial inició obra evangélica lo fue un joven luterano, estudiante de teología, llamado Gustavo Sigfri Swensson.
> Al enterarse dicho joven del cambio de soberanía habido en Puerto Rico, ardió en deseos de venir a esta isla a predicar el Evangelio. Al igual que aquellos cruzados de la fe de siglos pasados, el joven Swensson abandonó sus estudios y sin más apoyo moral y económico que su propio fervor cristiano y con sólo cinco dólares en sus bolsillos y una Biblia en sus manos, abordó el barco mercante

---

[368] *Minutes of the General Assembly of the United Presbyterian Church in the United States of America, 1965.*
[369] S. H. Swanson, *Foundation for Tomorrow: A Century of Progress in Augustana World Missions* (Philadelphia, 1960), pp. 22-23.

americano "Arcadia" y a Puerto Rico se dirigió. El día 5 de octubre de 1898 llegó a San Juan el valiente pionero de la fe. A fines de octubre del año 1899 llegaron a Puerto Rico los primeros dos misioneros luteranos, quienes de manera oficial se hicieron cargo de la obra ya iniciada, quedando el joven Swensson como su ayudante hasta septiembre del 1902, cuando regresara a los Estados Unidos a continuar sus estudios para el ministerio.[370]

A pesar de haber comenzado su predicación en una fecha tan temprana, en 1957 los luteranos contaban con sólo 2.265 miembros en Puerto Rico.[371]

Los bautistas de la "American Home Mission Society" llegaron a Puerto Rico a principios de 1899. Su primer misionero fue Hugo P. McCormick, quien hizo de la ciudad de Río Piedras su centro de operaciones. Allí celebró el primer servicio el 28 de febrero de 1899, y el éxito de su obra fue tal que en Río Piedras surgió una de las mayores iglesias evangélicas de la isla.[372]

Otro misionero notable fue A. B. Rudd, más conocido como "don Bartolo". Es de notarse que ya en 1928 partía hacia El Salvador el primer misionero bautista puertorriqueño.[373] Como la mayoría de las otras denominaciones protestantes, los bautistas fundaron varias instituciones de carácter benéfico y educativo, de las que la más notable fue quizá la Academia Bautista de Barranquitas.

En 1957, la Convención Bautista de Puerto Rico contaba con poco más de 6.000 miembros.[374]

La Iglesia Evangélica Unida de Puerto Rico surgió de la unión, en 1931, de las denominaciones Hermanos Unidos en Cristo, Cristiana y Congregacional.[375]

---

[370] J. L. Delgado, manuscrito inédito y sin título conservado por la Primera Iglesia Bautista de Río Piedras, Introducción, pp. 13-14.
[371] Damboriena, *El protestantismo*..., Vol. II, cuadro 38.
[372] Delgado, *op. cit.*, cap. I, pp. 10-12.
[373] Ch. S. Detweiler, *The Waiting Isles: Baptist Mission in the Caribbean* (Philadelphia, 1930), p. 53.
[374] Damboriena, *El protestantismo*..., Vol. II, cuadro 38.
[375] Para esta sección hemos dependido de: J. Díaz Acosta, *Historia de la Iglesia Evangélica Unida de Puerto Rico* (1949); y A. Arturet, *Desarrollo histórico de la Iglesia Evangélica Unida de Puerto Rico* (manuscrito inédito en la biblioteca del Seminario Evangélico de Puerto Rico).

La Iglesia de los Hermanos Unidos en Cristo comenzó su obra en Puerto Rico en el año 1899, cuando Nathan H. Huffman se estableció en Ponce. Un año más tarde quedó constituida en esa ciudad la primera congregación de los Hermanos Unidos. En 1901 vino a apoyar la obra de Huffman el misionero Philo W. Drury. A partir de entonces esta denominación comenzó una amplia expansión por la región sur de la isla, hasta tal punto que en la segunda década de su existencia comenzó a enviar misioneros puertorriqueños a la República Dominicana. En el entretanto, los pastores Drury y Huffman no habían perdido de vista la necesidad de coordinar su trabajo con el de otras denominaciones, y de llegar quizá hasta la unión orgánica con ellas.

La Iglesia Cristiana comenzó su obra en Puerto Rico en el año 1901, también en la ciudad de Ponce. De allí se extendió a Santa Isabel y Salinas, otras dos ciudades al sur de la isla. En 1911 fundó un dispensario, y un año después se construía en Ponce su primer templo.

La Iglesia Congregacional Cristiana también emprendió obra en Puerto Rico a principios de siglo, y se estableció en el extremo oriental de la isla, donde logró crear fuertes congregaciones en Humacao, Yabucoa y Fajardo. Además, esta misma denominación creó y sostuvo en Santurce, cerca de San Juan, el Instituto Blanche Kellogg, fundado en 1907, que fue durante muchos años una de las instituciones más prestigiosas de Puerto Rico.[376]

En 1931 estas tres denominaciones se unieron para dar origen a la Iglesia Evangélica Unida de Puerto Rico.

> Movidos por la firme y profunda convicción de que es la voluntad de Cristo que los creyentes en El estén unidos eficazmente en amor y en sus esfuerzos por el extendimiento de su reino, y que una reunión real y verdadera de las fuerzas denominacionales redundará en mayor gloria para nuestro Señor y reportará mayores beneficios en la salvación de almas y en el establecimiento de un orden social cristiano en nuestra isla, las denominaciones Congregacional, Cristiana y Hermanos Unidos en Cristo en Puerto Rico se unen solemnemente para formar la Iglesia Evangélica Unida de Puerto Rico[377]

---

[376] Durante la Segunda Guerra Mundial el Instituto cesó en su labor y pasó sus propiedades al gobierno.
[377] Citado en Arturet, *op. cit.*, pp. 143-144.

Esta unión era el resultado de los esfuerzos de varios dirigentes nacionales y extranjeros, entre los cuales se destacó el pastor Drury. Se esperaba que el resultado de la unión sería un crecimiento más rápido en todos los aspectos de la vida de la nueva iglesia. Sin embargo, las estadísticas muestran que, al menos en lo que al número de sus miembros se refiere, ese crecimiento no llegó a producirse. En efecto, en 1930 las tres denominaciones que se unieron contaban con 3.518 miembros,[378] y en 1957 su número era de sólo 4.931.[379] La lentitud de ese crecimiento puede deberse a las dificultades internas que surgieron en la Iglesia Evangélica Unida debido a que los principales problemas y conflictos que la unión acarrearía no se resolvieron de antemano, sino que se pospuso su solución para después de efectuada la unión. Quizá esta sea también la razón por la que la Iglesia Evangélica Unida, que en sus comienzos aspiraba a continuar el movimiento hacia la unión orgánica entre las diversas denominaciones en Puerto Rico, pronto abandonó esa aspiración y se contentó con trabajar paralelamente a las demás denominaciones.

La Iglesia Metodista comenzó a trabajar en Puerto Rico en marzo del año 1900, cuando llegó a la isla el misionero Charles W. Drees. Este se estableció en la capital, y a partir de ella el metodismo se extendió hacia Arecibo en el oeste y Guayama al sur.[380] Desde sus inicios la obra metodista se ocupó de la educación del pueblo. En el primer año del siglo se comenzó una escuela en San Juan, y poco después se estableció cerca de ella el orfelinato para niñas que luego vino a ser la prestigiosa Escuela Robinson. Además, los primeros pastores metodistas se ocuparon de enseñar a los adultos a leer, así como de proveerles una educación fundamental. Con el correr de los años, y según fue mejorando la instrucción pública, muchas de las escuelas parroquiales metodistas fueron clausuradas, y el trabajo educativo de esta denominación se concentró en unos pocos centros urbanos. En cuanto a su desarrollo numérico, esta denominación deja mucho que desear, pues en 1957, a pesar de contar con magníficos templos y otras facilidades físicas y con mayor número de pastores nacionales y extran-

[378] *Ibid.*, p. 131.
[379] Damboriena, *El protestantismo...*, Vol. II, cuadro 38.
[380] *El Defensor Cristiano*, 1ro. de abril de 1910, pp. 14-16.

jeros que cualquier otra denominación —excepto quizá las Asambleas de Dios— sólo tenía 4.675 miembros.[381]

Los primeros misioneros de la Iglesia Cristiana (Discípulos de Cristo) a Puerto Rico fueron J. A. Erwin y su esposa, quienes llegaron a la isla en 1899. Dos años más tarde Erwin fue nombrado juez de distrito para Puerto Rico, y la sociedad misionera de los Discípulos envió para sustituirle a W. M. Taylor y su señora. En siete años, Taylor, con la ayuda de algunos colaboradores que llegaron tras él, logró organizar dos iglesias y cinco misiones.[382]

A partir de entonces los Discípulos han continuado creciendo en Puerto Rico, y en 1957 contaban con más de 6.000 miembros.[383] En 1933 esta denominación inició conversaciones para unirse a la Iglesia Evangélica Unida de Puerto Rico; pero dicha unión nunca se llevó a cabo.[384]

Las Asambleas de Dios son la mayor denominación protestante en Puerto Rico, ya que en 1957 tenían casi 10.000 miembros.[385] Los orígenes de esta denominación se encuentran en un grupo de puertorriqueños que, a principios del siglo XX, se dirigieron a Hawaii en busca de mejores condiciones de vida. Casi todos eran católicos, pero muchos de ellos se relacionaron en Hawaii con iglesias protestantes. Fue allí que Juan L. Lugo y Salomón Feliciano tuvieron sus primeras experiencias pentecostales —aunque Feliciano había sido bautizado anteriormente en la Iglesia Metodista de Ponce, en Puerto Rico. En 1916, mientras residía en la ciudad de San Francisco, Lugo tuvo una visión en la que se sintió llevado a una alta colina desde la que podía ver la ciudad de Ponce. Tomando esto como un llamamiento del Señor, decidió aprestarse para ir a predicar el Evangelio a su tierra nativa.[386] Allí trabajó junto a Salomón Feliciano, quien había sido miembro de la Iglesia Metodista en Ponce, y más tarde había tenido en Hawaii y San Francisco experiencias pentecostales que le hicieron sentirse llamado a pre-

---

[381] Damboriena, *El protestantismo...*, Vol. II, cuadro 38.
[382] G. K. Lewis, *The American Christian Missionary Society and the Disciples of Christ* (St. Louis, Mo., 1937), p. 140.
[383] Damboriena, *El protestantismo...*, Vol. II, cuadro 38.
[384] Arturet, *op. cit.*, pp. 157-159.
[385] Damboriena, *El protestantismo...*, Vol. II, cuadro 38.
[386] J. L. Lugo, *Pentecostés en Puerto Rico* (San Juan, 1951), *passim*.

dicar el Evangelio en la República Dominicana. Mientras se aprestaba a ir a Santo Domingo, Feliciano colaboró con la obra de Lugo en Ponce. Esta obra creció rápidamente, no sólo por razón de sus nuevos conversos del catolicismo, sino también porque apareció una división en la Iglesia Metodista de Ponce, y un grupo de descontentos se unió al movimiento pentecostal. Algo semejante sucedió en Arecibo, donde una pequeña denominación surgida de una querella interna dentro de un grupo evangélico, y que se llamaba "Iglesia Puertorriqueña", se unió a las Asambleas de Dios. Sin embargo, debemos cuidarnos de no pensar que el gran crecimiento de esta denominación se debe a que haya logrado reunir grupos de descontentos procedentes de otras iglesias. Más bien deberíamos decir que el gran auge de las Asambleas de Dios —así como de otros grupos pentecostales— se debe al espíritu de testimonio constante que existe en la mayoría de sus miembros. Tal espíritu hace que no se espere que el pastor sea la persona que comunique el Evangelio a los no creyentes, sino que se vea en él más bien al maestro y director que organiza la tarea evangelística de toda la comunidad cristiana.

Un dato notable y muy interesante de este punto de vista de nuestra historia, es que las Asambleas de Dios —que reciben actualmente el nombre de Iglesia de Dios Pentecostal— tienen misioneros puertorriqueños en más de nueve países latinoamericanos, además de en España y Portugal.

Fue de la Iglesia de Dios Pentecostal de Arecibo que en 1938 surgió el movimiento de Mita, quien pretende encarnar al Espíritu Santo y ha logrado reunir un grupo numeroso de seguidores.

Entre las demás denominaciones que tienen obra en Puerto Rico, merecen citarse los menonitas, los nazarenos y la Alianza Cristiana y Misionera.[387]

La mayor parte de las denominaciones que hemos discutido se mostró interesada en la coordinación de su trabajo. Este interés dio origen en 1905 a la Federación de Iglesias Evangélicas en Puerto Rico, de la que formaban parte las iglesias Bautistas, Congregacional, Cristiana, Discípulos de Cristo, Metodista, Presbiteriana y de los Hermanos

---

[387] En 1957, estos grupos contaban, respectivamente, con 400, 360 y 794 miembros (Damboriena, *El protestantismo*..., Vol. II, cuadro 38).

Unidos. Fue en gran medida a través de la obra de la Federación que se estableció la revista *Puerto Rico Evangélico,* en la que cooperaban las mismas denominaciones que constituían la Federación. En 1916, y con el propósito de aplicar las resoluciones del Congreso de Panamá, la Federación se convirtió en la Unión Evangélica de Puerto Rico. De igual modo que la Federación había servido para la creación de *Puerto Rico Evangélico,* la Unión contribuyó al establecimiento del Seminario Evangélico de Puerto Rico, en el año 1919. En 1934, la Unión Evangélica fue sustituida por la Asociación de Iglesias Evangélicas de Puerto Rico, que en 1954 vino a ser el Concilio Evangélico. Aunque el trabajo ecuménico ha continuado siempre en Puerto Rico, no cabe duda de que alrededor de 1935 se comenzó a perder interés en la unión orgánica de las diversas denominaciones. En 1966, tal unión, que antes había sido uno de los objetivos principales de los dirigentes evangélicos, era rara vez discutida.[388]

Al terminar de estudiar el protestantismo en Puerto Rico, podemos hacer tres observaciones de interés para nuestra historia:

La primera observación es que en Puerto Rico, más que en ningún otro país de la América Latina, el protestantismo ha logrado penetrar todas las esferas económicas, políticas y sociales. Hay protestantes tanto entre el pueblo humilde y rural como en las más altas esferas políticas y académicas. Hasta qué punto esto se deba a la cercanía geográfica, política y económica de los Estados Unidos, y hasta qué punto se deba al interés que muchas denominaciones han puesto siempre en la labor educativa, es una cuestión a la que no podemos responder aquí.

La segunda observación es que las iglesias de Puerto Rico, que en otro tiempo señalaron el camino del protestantismo mundial creando una misión unida para la República Dominicana, y que llegaron a formar uniones tales como la Iglesia Evangélica Unida, a partir de la década de 1930 comenzaron a perder ese ímpetu renovador y misionero.

La tercera observación es que, al mismo tiempo que las denominaciones "históricas" perdían ese ímpetu, lo cobraba el movimiento pentecostal, en forma tal que a mediados del siglo XX Puerto Rico era un centro de misiones pentecostales.

---

[388] Puede verse un bosquejo de la historia del Concilio Evangélico de Puerto Rico en: M. Sáenz, *Economic Aspects of Church Development in Puerto Rico* (Ann Arbor, Mich., 1961), Appendix D, pp. 171-172.

CONSIDERACIONES GENERALES

La historia del desarrollo del cristianismo en la América Latina, que acabamos de narrar, nos permite hacer algunas consideraciones generales que pueden servir al lector para comprender mejor la situación religiosa de nuestro continente.

En lo que respecta a la Iglesia Católica, es de notarse que la independencia de los diversos países latinoamericanos casi siempre trajo un período de dificultades. Estas se debieron en ocasiones al carácter extremadamente conservador del alto clero, constituido casi siempre por españoles que se sentían obligados a defender las reclamaciones de su propia patria. Pero este factor no habría tenido consecuencias tan funestas de no haber sido por la cuestión del Patronato Nacional, que colocaba al Papa en la alternativa poco deseable de reconocer la soberanía insegura de las nuevas naciones, aún a costa del disgusto de la corona española, o permitir que las iglesias latinoamericanas quedaran privadas de obispos. Durante un largo período, la actitud de Roma siguió este último camino, lo cual resultó en perjuicio del catolicismo latinoamericano.

Según se fue resolviendo en cada país la cuestión del Patronato Nacional, comenzó un lento despertar del catolicismo romano, que tuvo lugar en buena medida mediante la importación de sacerdotes de diversos países europeos y norteamericanos. Pero ya en el siglo XX podía verse claramente el progreso del catolicismo romano en nuestro continente hacia el desarrollo de un clero nativo, y de manera muy particular hacia la constitución de una jerarquía de carácter nacional.

El Segundo Concilio Vaticano y el espíritu de renovación que le acompañó no podían dejar de hacer sentir su influencia en la Iglesia Católica latinoamericana. Aunque en diversos grados, inmediatamente después de la clausura de dicho Concilio podían verse sus consecuencias en la América Latina.

Con respecto al protestantismo, la primera consideración general que debemos hacer es que buena parte de su desarrollo tuvo lugar al principio a través de inmigrantes procedentes de países protestantes. Así hemos visto repetidamente en nuestra historia cómo los primeros protestantes en los diversos países latinoamericanos fueron inmigrantes llegados allí, no tanto por razones de orden religioso, como en busca de mejores condiciones de vida. Durante algún tiempo —en ocasiones por generaciones enteras— los inmigrantes protestantes no se ocuparon de comunicar su fe a los latinoamericanos con quienes convivían. Pero a la larga, debido al creciente contacto cultural, algunos miembros de esas comunidades de inmigrantes se sintieron impulsados a dar testimonio de su fe. En la segunda mitad del siglo XX todavía quedaban en la América Latina grandes contingentes de protestantes de habla extranjera, aunque también podía verse el modo en que sus descendientes trataban de establecer contacto más estrecho con la cultura que les rodeaba.

Otro factor que contribuyó al desarrollo del protestantismo en sus primeros años fue el liberalismo político y filosófico que acompañó a las gestas independentistas. Adalides políticos tales como O'Higgins, Sarmiento y Juárez vieron en el protestantismo un aliado contra la ignorancia de sus pueblos y contra el excesivo poder del clero. Esta actitud por parte de los liberales permitió al protestantismo fácil acceso a los círculos más elevados de varios países. Sin embargo, a la larga, el mismo espíritu liberal que había contribuido a su impulso inicial, vino a ser un obstáculo para las misiones protestantes. En efecto, el liberalismo, con su oposición a todo principio de autoridad religiosa y su énfasis en la dignidad humana, se oponía a los principios protestantes de la autoridad de las Escrituras y de la necesidad que el hombre tiene de una redención venida desde fuera. Un ejemplo claro de esta oposición fue la cuestión masónica en el Brasil.

En términos generales, puede decirse que el protestantismo que ha logrado mayor arraigo y extensión en nuestra América es el de carácter pentecostal. No es necesario ir muy lejos para encontrar las causas de este hecho. Baste decir que la convicción por parte de los pentecostales de que su vida y acción son dirigidas por el Espíritu Santo les lleva a una actitud de testimonio constante. Hasta qué punto este ímpetu continuará según las sucesivas generaciones pentecostales vayan ascendiendo en la escala social e intelectual, es una cuestión aún no resuelta. Pero por lo pronto es necesario que las iglesias "históricas" se planteen seriamente la cuestión del carácter de su propia misión en vista del hecho de ser ellas una minoría dentro del movimiento protestante latinoamericano.

Por último, quien haya leído el capítulo a que ahora ponemos fin se habrá percatado de que la historia del protestantismo en la América

Latina es en realidad la historia de ese movimiento en los diversos países de nuestro continente. Hay algunos casos —como el de Diego Thomson o el de las misiones puertorriqueñas en Santo Domingo— en que la historia del protestantismo en un país se enlaza a la de otro. Pero tales casos son una minoría dentro de toda una historia de empresas discordes y a veces hasta contradictorias. Esta falta de coordinación, que puede haber hecho nuestro propio capítulo difícil de leer, ha sido siempre uno de los puntos débiles de la obra protestante en la América Latina. Fue esta falta de coordinación la que impulsó a un buen número de dirigentes cristianos a convocar el Congreso sobre la Obra Cristiana en la América Latina, que se reunió en Panamá en 1916 y que fue el inicio de la cooperación evangélica continental. Sin embargo, cincuenta años más tarde se había hecho muy poco por llevar a la realidad una de sus más importantes recomendaciones:

> Nos parece de urgente necesidad a muchos de nosotros que, a pesar de las enormes dificultades, se haga un esfuerzo para que, en la medida de lo posible, se unan las secciones divididas de la iglesia de Cristo en Sudamérica.[389]

Lo que era "urgente necesidad" en 1916 sigue siéndolo medio siglo más tarde. Por ello, debemos terminar este capítulo haciendo nuestras las palabras del mensaje de la Segunda Conferencia Evangélica Latinoamericana, celebrada en Lima en 1961:

> Es nuestro firme propósito continuar manifestando en el futuro, cada vez de modo más claro y evidente, esta unidad que en Jesucristo ya tenemos. Para ello llamamos al pueblo evangélico a una más estrecha cooperación, un acercamiento más íntimo y, sobre todas las cosas, una oración ferviente y perseverante por la unidad del pueblo de Dios.[390]

---

[389] *Panama Congress Report* (New York, 1917), Vol. I, p. 100.
[390] *Cristo, la Esperanza para América Latina* (Buenos Aires, 1962), p. 23.

10 | CRISIS Y PROMESA DE LA MISION

Rara vez puede un historiador llegar a la narración de sus propios días con la certeza de que con ellos la historia que ha estado narrando entra en una fase radicalmente nueva. Esta es una de esas raras ocasiones.

Estamos presenciando un momento decisivo en la historia de las misiones, comparable al que plantearon las invasiones de los bárbaros o al que se abrió con el descubrimiento de América. Como todo momento de crisis, éste puede desconcertarnos y llevarnos a la angustia y la desesperación. Pero puede también abrir el camino para un florecimiento de nuestra misión tal como nunca antes lo habíamos visto ni soñado. En todo caso, de una cosa debemos estar ciertos: el Señor que proclamamos es también Señor de la historia; y, por mucho que la hora nos parezca oscura, sabemos que "los reinos del mundo han venido a ser los reinos del Señor y de su Cristo; y él reinará por los siglos de los siglos".[1]

La crisis actual de la Iglesia se describe frecuentemente haciendo referencia a la "era post-constantina". Aún cuando no estamos de acuerdo con muchas de las presuposiciones y las conclusiones que a menudo se envuelven en esa frase, nos parece que describe adecuadamente la situación actual de la Iglesia. La conversión de Constantino

---

[1] Apocalipsis xi: 15.

marca el comienzo de un período en que la Iglesia contó con el apoyo de la sociedad secular para el cumplimiento de su misión. No se trata sólo, como pudiera pensarse, del apoyo político del Estado. Se trata también del apoyo inadvertido que recibe la Iglesia dentro de una sociedad en la que ella es la más prestigiosa institución. En la Edad Media, y aún hasta tiempos recientes en muchos países, la Iglesia fue el centro de la vida cultural y científica. A menudo los movimientos monásticos tuvieron grandes consecuencias para el bienestar económico de una región. El Papa hablaba, y al grito de *Deus vult* Europa se derramaba sobre el Cercano Oriente. En los primeros años de la Edad Moderna, donde holló la bota del conquistador pisó también la planta del misionero, y donde ondeó el pendón de España se alzó también el símbolo de la cruz. ¡Cuán fácil fue para nuestros antepasados indígenas creer en el Dios de aquellos hombres de hierro que cual centauros cabalgaban en la selva antillana, con el rayo en la mano y en el pecho el sol! Cuando la India escuchó el Evangelio de labios de Carey, oyó también el trepidar de la imprenta y el rugir de los cañones. El Africa virgen abrió su negro vientre a la semilla europea como una adolescente fascinada por la fuerza y la técnica del hombre mayor que ella. Y su parto, cuyo dolor se siente aún desde Alabama hasta las selvas del Congo, resultó, como hijos gemelos, en una comunidad de naciones cada vez más industrializadas y en una comunidad de hombres que sirven al nombre de Cristo. Cual dos hermanas tomadas de la mano, la tecnología y la fe cristiana se pasearon por el mundo.

Puede decirse que la tecnología es la hermana menor de la fe cristiana. El hecho de que la aplicación de la ciencia a la vida surgiese con todo su ímpetu en el mundo cristiano no es mera coincidencia. Frente a todas las religiones místicas y espiritualistas del mundo, el cristianismo propone una fe cuyo punto focal es un acontecimiento histórico; una fe en un Dios creador de todo cuanto existe; una fe en un Dios que actúa dirigiendo los pasos de los hombres y de las naciones, y que con ello crea la historia; una fe en una consumación final en la que, no sólo las almas, sino también los cuerpos vivirán en Cristo. Porque el cristianismo toma en serio la historia y cuanto en ella existe, puede el hombre que cree en él tomar en serio todo cuanto le rodea; y ésa es la génesis de la tecnología. Cuando Livingstone sobre el lomo del buey Simbad atravesaba el Africa con la Biblia en una mano y el escalpelo en la otra, no había contradicción alguna entre ambas actividades, pues el Redentor cuyo mensaje proclamaba era también el Médico divino que en los caminos de Palestina sanó enfermos, limpió leprosos y echó fuera demonios. Un místico hindú o un monje budista nunca hubieran hecho los experimentos de Luis Pasteur o de George Washington Carver. Sólo entre cristianos, y a partir de la fe en un Dios Creador, Redentor y Consumador, pudo nacer la tecnología; y si a menudo la Iglesia se opuso a los nuevos experimentos y descubrimientos, se opuso con ello a la semilla nacida de su propia proclamación.

La tecnología, surgida al calor de la fe cristiana, puede continuar existiendo y aún florecer aparte de ella. En el Occidente, que le vio nacer, la nueva ciencia —con razón— proclamó su independencia de los moldes estrechos que pretendía imponerle la ortodoxia. Primero algunos hombres de profundo espíritu científico, y luego otros que querían sentirse libres para explotar los conocimientos técnicos como más les conviniese, se apartaron de la fe cristiana —los primeros con dolor, y con regocijo los otros. A las tierras donde predicaban los misioneros llegaron olas de aventureros que venían a servirse de su técnica para provecho personal y explotación de los demás. Llegaron también noticias de que en el Occidente supuestamente cristiano se distinguía claramente entre la fe y la tecnología; de que muchos científicos veían el cristianismo como una superstición anacrónica; de que países occidentales que se proclamaban ateos hacían grandes adelantos tecnológicos. Y el Oriente dijo al Occidente: "Queremos tu ciencia y tu técnica; queremos tu industria y tu organización; pero no queremos tu fe".

Tal es la situación del presente: las naciones buscan el adelanto técnico del Occidente y rechazan la fe cristiana. En muchos países orientales y africanos, las viejas religiones se han vuelto símbolo de la nacionalidad. La industria puede desarrollarse y quebrantar todos los moldes de vida de la vieja sociedad; a esto es difícil oponerse. ¡Ah, pero que no avance junto a la industria la fe cristiana, que destruye la religión de los antepasados y mina la nacionalidad!

Esto es lo que caracteriza a la llamada "era post-constantina": no el simple hecho de que la Iglesia haya perdido el apoyo del Estado —la verdad es que muchas veces no lo tuvo, aún durante la Edad Media— sino que ya no goza del prestigio que antes le daba su relación con la ciencia, el poderío y el desarrollo occidentales.

¿Cómo hemos de interpretar esta nueva situación? Debemos interpretarla a la luz del testimonio bíblico según el cual el Dios y Padre de nuestro Señor Jesucristo es también el Creador de los cielos y de la tierra. Las doctrinas de la creación y la redención, adecuadamente interpretadas, son la base de nuestro entendimiento de la acción de Dios en la hora en que nos ha tocado vivir.

Uno y el mismo Dios es quien actúa en nuestra creación y en nuestra redención. Luego, la acción de Dios en la redención no tiene lugar dentro de un mundo absolutamente hostil, dominio de otro dios —como diría Marción— sino que tiene lugar dentro de un mundo que existe por la voluntad del mismo Dios que nos redime en Jesucristo y por obra del Espíritu Santo. La redención no es radicalmente discontinua con la creación. El Redentor cuyo mensaje predicamos al hindú no es otro que el Dios que creó a ese mismo hindú. El Dios que actúa en la tecnología —aún en la tecnología secularizada—, en las naciones y en toda la historia universal es el mismo que en Jesucristo ha venido al mundo para redención de la humanidad. Luego, no podemos sencillamente condenar de manera universal y unívoca todo cuanto sucede en el mundo aparte del nombre de Cristo.

Y sin embargo, sabemos que la creación ha sido sujeta a vanidad; que entre el mundo tal como existe y la voluntad del Creador se interpone la rebelión humana. De ahí la necesidad de la redención. Aún cuando un solo Dios sea el mismo Creador y Redentor, esto no quiere decir que baste con la esfera de la creación para llegar a la redención. Sólo hay un Nombre debajo de los cielos, dado a los hombres, en el que podamos ser salvos: Jesucristo el Señor. Todos los demás nombres, todas las demás acciones, todas las demás esperanzas pueden existir por voluntad del Creador; pero ninguno de ellos es capaz de redimir. Por ello la Iglesia no puede jamás identificar su misión con la participación en esas realidades. La Iglesia y los cristianos deben participar de ellas, sí, porque el Creador es también el Dios de la Iglesia y ella es parte de la creación. Pero la esfera propia de la acción de la Iglesia no es sencillamente dar testimonio de la creación, sino dar testimonio de la redención que hay aún en medio de una creación sujeta a vanidad. Y esa redención se da única y exclusivamente en el nombre de Cristo.

Aún más, porque sabemos que el Creador es también Redentor, sabemos que la acción de Dios en la historia tiene el propósito específico de llevar a los hombres a Jesucristo. Es posible que la Iglesia y los cristianos tengamos dificultades para descubrir cómo Dios está realizando ese propósito. Es seguro que en el curso de la historia aparecerán los anticristos —hombres y movimientos que apartarán a los hombres de Jesucristo ofreciendo su propia especie y su propio medio de redención. Pero es mucho más seguro aún que el Dios Creador está llevando su mundo hacia el día en que "en el nombre de Jesús se doble toda rodilla de los que están en los cielos, y de los que en la tierra, y de los que debajo de la tierra; y toda lengua confiese que Jesucristo es el Señor, a la gloria de Dios Padre".[2]

¿Cómo está actuando Dios en las situaciones que hemos descrito arriba, para llevar a los hombres a Cristo? Es imposible saberlo a ciencia cierta. Mas, "como por espejo", con "temor y temblor", podemos sugerir que la penetración de la tecnología en el mundo no cristiano está siendo dirigida por Dios como una especie de *praeparatio evangelica*. Muchos de los cristianos de los primeros siglos, puestos ante la filosofía pagana, no veían en ella sólo un movimiento o esfuerzo humano, sino que la interpretaban como un modo en que Dios había estado preparando al mundo para recibir el Evangelio. La filosofía no era el Evangelio. La filosofía no llevaba necesariamente a la fe cristiana. Pero, a pesar de ello, Dios había dado a los griegos la filosofía a fin de utilizarla como instrumento para llevarles al Evangelio. Esto es lo que entendían por *praeparatio evangelica* aquellos ilustres antecesores nuestros en la fe.

De igual modo, nos atrevemos a sugerir que Dios está utilizando la avidez con que las naciones absorben la tecnología como una especie de *praeparatio evangelica* en nuestro siglo. En efecto, puesto que surgió entre cristianos, la tecnología occidental envuelve presuposiciones surgidas de la fe cristiana pero absolutamente incompatibles con las antiguas religiones del mundo. La tecnología, por ejemplo, requiere que se tomen en serio el mundo en que vivimos y las necesidades humanas. Luego, toda religión mística o escapista, aun cuando por el momento no vea por qué oponerse a la tecnología, a la larga descubrirá que sus presuposiciones y sus valores son incompatibles con los que se introducen subrepticiamente con el adelanto científico, que se ocupa de manera

[2] Filipenses ii: 10-11.

directa del mundo y de las necesidades humanas. La tecnología, por ejemplo, envuelve un concepto del tiempo según el cual éste sigue un curso lineal y no cíclico. Luego, todas las concepciones cíclicas que forman el trasfondo de tantas religiones están siendo socavadas por la tecnología. Cabe, por tanto, pensar que Dios está utilizando la tecnología, no sólo para mejorar las condiciones de vida de los hombres en el plano de la creación, sino también como una especie de *praeparatio evangelica* en el plano de la redención.

Empero la *praeparatio evangelica* no es el Evangelio. La *praeparatio evangelica* no lleva el nombre de Cristo. Y el Evangelio no es una presuposición histórica o filosófica —ni siquiera teológica— sino que es el nombre de Cristo. Es por esto que la Iglesia y los cristianos no podemos contentarnos con discernir las señales de la acción de Dios en el adelanto tecnológico, sino que tenemos que dar el testimonio que —por obra del Espíritu Santo— llevará al hombre del plano de la creación al de la redención; del plano de estar sujeto al señorío oculto de Dios al plano de confesar el único Nombre en que hay redención.

Esta es la misión de la Iglesia en el día de hoy. La misión de la Iglesia requiere presencia y participación en el mundo creado. Pero esa presencia y participación no son la misión. La misión es dar testimonio de nuestra fe en el Dios Creador que es también Redentor. Y el objetivo de este testimonio no es otro que la confesión del señorío de Jesucristo sobre la vida humana.

Las misiones están en un período de crisis. Pero su historia no toca aún a su fin, que sólo llegará en el día en que veremos "al Hijo del Hombre descendiendo en las nubes". Quizá se acerca, sí, el fin del tiempo en que las misiones se concebían fundamentalmente en términos geográficos. Ya son pocos los países en que no existe una iglesia nacional fuertemente arraigada. Pero al mismo tiempo van apareciendo en la sociedad "espacios descristianizados" —en la política, la educación, el trabajo, la economía, etc.— en que los hombres viven como si nunca hubiesen escuchado el mensaje de la cruz de Cristo. Tales espacios están a menudo más lejos de nosotros de lo que estaba el Africa de la Escocia de Livingstone. A ellos es necesario emprender misiones armadas del lenguaje casi extranjero que allí se habla; y armadas sobre todo de un ardiente deseo de dar testimonio de Cristo.

Las misiones en el futuro se enfrentarán a nuevas y mayores dificultades. Pero esas mismas dificultades les ayudarán a dar testimonio del Siervo Sufriente. Lo que no debemos hacer es descorazonarnos y perder la fe pensando que ya ha pasado el tiempo en que el mensaje de Jesucristo era pertinente a la condición humana. Hoy se requiere un gran esfuerzo para testificar, por ejemplo, en el campo de la medicina; pero el testimonio dado allí es tan válido como el que dieron otros cristianos en el corazón del Africa.

Estamos atravesando por un período de crisis en la misión de la Iglesia, es cierto; pero también es cierto que tenemos la promesa de que "ni una jota ni una tilde pasará de la ley, hasta que todo se haya cumplido".[3] En medio de la crisis, la promesa nos impulsa a emprender la tarea con bríos renovados. Y quien nos ha dado la promesa de su constante compañía y del triunfo final no es otro que nuestro Señor Jesucristo, vencedor de la muerte, Señor de señores, testigo fiel, que vive y reina con el Padre y el Espíritu Santo, un solo Dios, por los siglos de los siglos. Amén.

[3] Mateo v: 18.

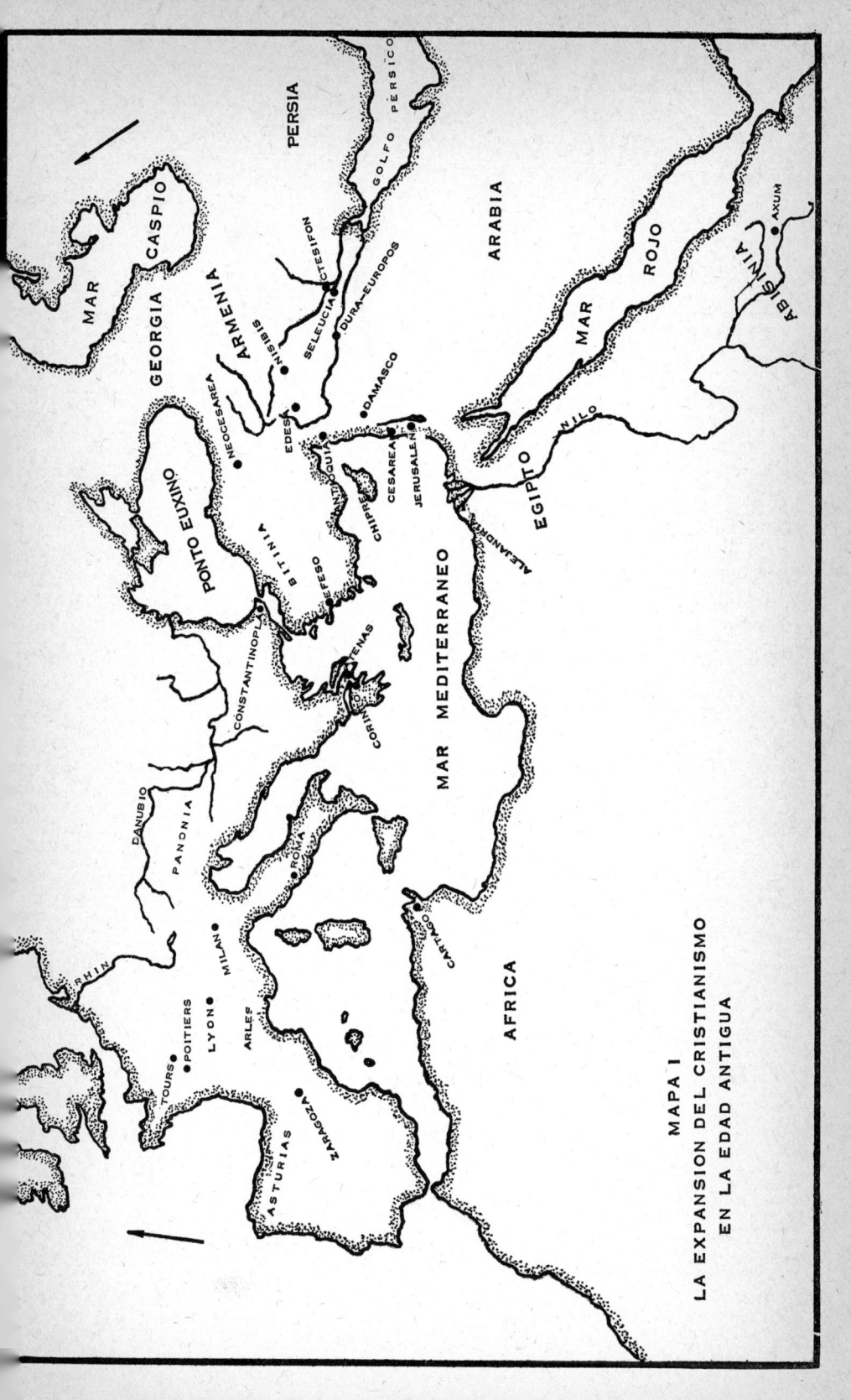

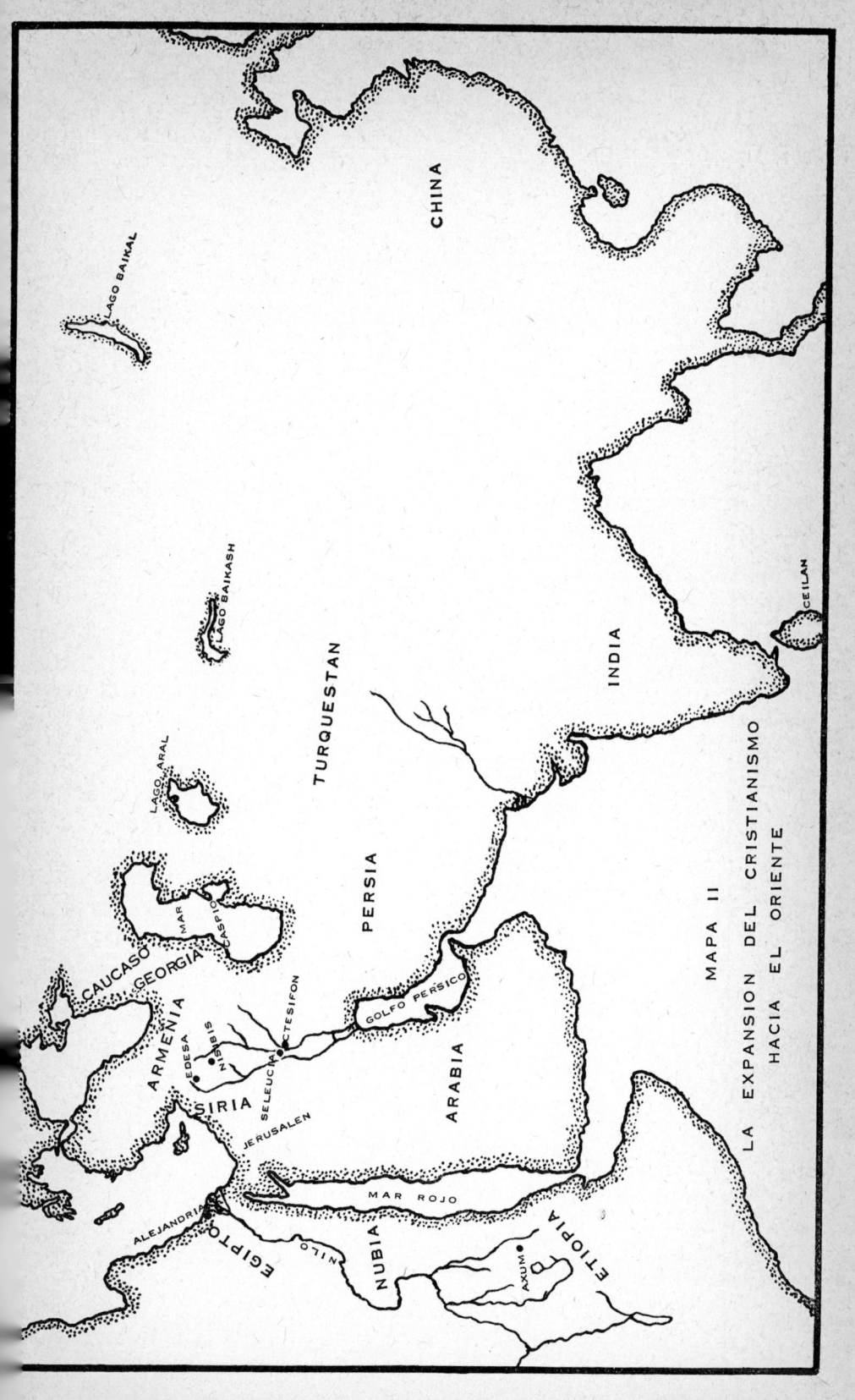

MAPA II
LA EXPANSION DEL CRISTIANISMO HACIA EL ORIENTE

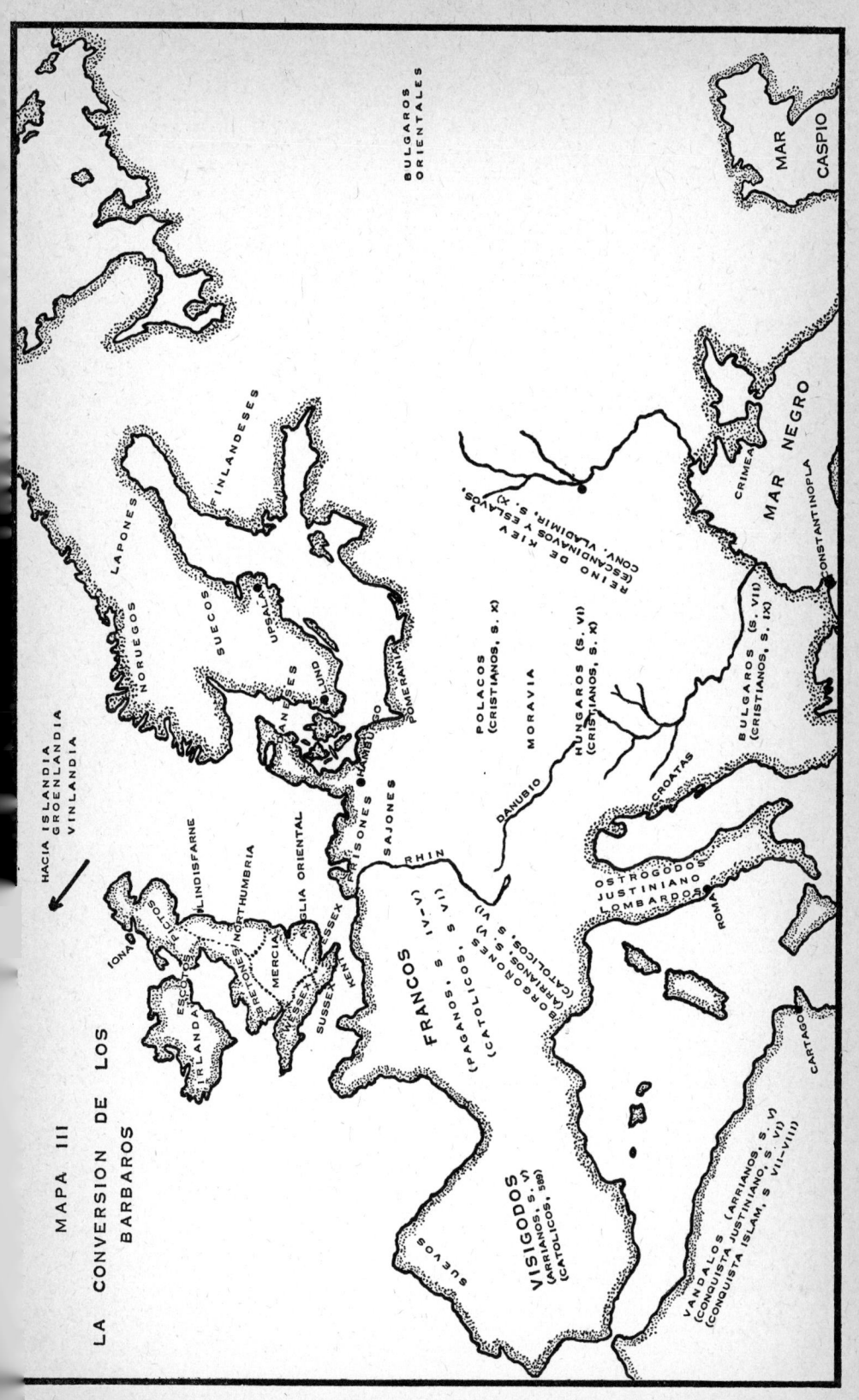

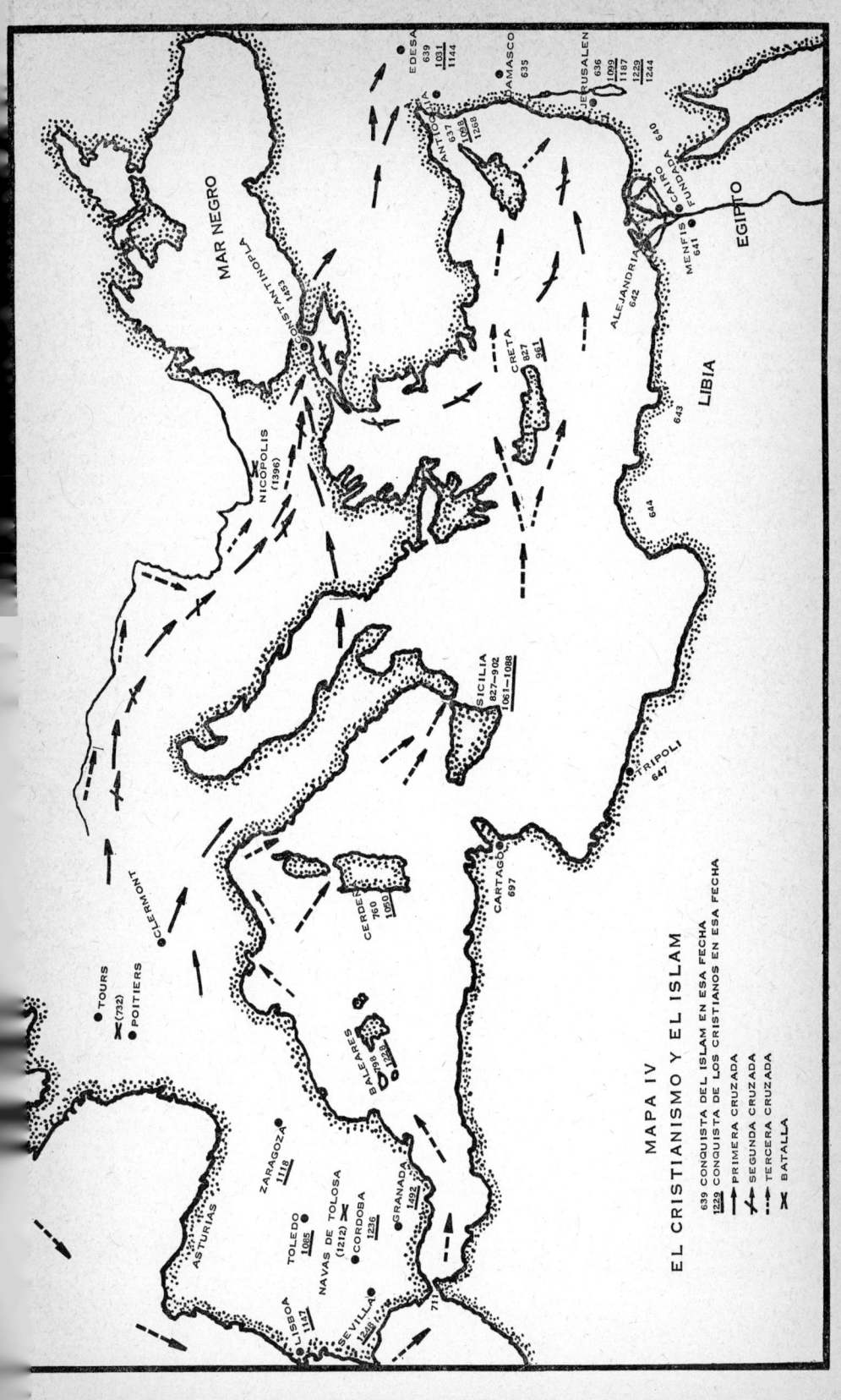

INDICES

INDICE DE NOMBRES DE PERSONAS

Abasida, 100
Abd-al-Malik, 99
Abeledo, Lino, 348
Abgaro IV, 74
Abgaro IX, 74
Acevedo, Diego de, 126
Acosta, José de, 182, 183
Adamnano, 93
Addison, J. T., 92, 96, 103
Aglipay, Gregorio, 257, 260
Aguas, Manuel, 405
Aguinaldo, 257, 258, 260
Agustín de Canterbury, 20, 90, 94, 95 96
Agustín de Hipona, 43, 64, 70, 87
Aidán, 93, 94
Airey, W. R. G., 288
Alarico, 86
Alberto el Grande, 127
Albuquerque, Alfonso de, 167
Alegre, F. J., 153
Alejandro VI, 142, 143, 167
Alí, 99
Alfaro, Eloy, 364
Alföldi, A., 61, 62, 63
Alfonso VIII de Castilla, 118
Alfonso (rey congolés), 171
Alameda, J., 331, 332
Alard, Leopoldo J., 422, 423
Almagro, Diego de, 140, 157, 161
Alonso, I., 351, 367, 386, 387, 388, 389, 411, 412, 415
Alopén, 98, 116
Alphandéry, P., 120
Altamira, R., 145
Altaner, B., 127
Alvarado, Pedro de, 155, 157
Allen, H. N., 270

Amando, 102
Ambrosio, 64, 67, 70, 71
Ammann, A. M., 115, 116
Amr (crónica), 81
Amr (general), 99
Amunátegui, M. L., 322
Anchieta, José de, 169
Andersen, W., 228
Anderson, C., 251
Anderson, A. O., 93, 211
Anderson, M. O., 93
Andrade Ferreira, J., 378
Andrews, M. P., 192
Aneiros (Arzobispo), 332
Ansgar, 105, 106, 108
Apolos, 38
Arbogasto, 68
Arce Trías, M., 429
Arcila Robledo, G., 156
Ardill, J. R., 90
Arenas, Pedro de, 140
Ares, M., 166
Arístides, 52
Aristóteles, 123
Armas Medina, F. de, 159
Arms, G. F., 345
Arnoldo de Colonia, 353
Artemio, 65
Arturet, A., 431, 432, 433, 434
Asbury, Francisco, 195, 201, 203
Atahualpa, 159
Atanasio, 81
Atenodoro de Neocesarea, 46, 47, 55
Attema, D. S., 81
Attwater, D., 236, 237, 297, 299
Averroes, 123
Azevedo, J. L. de, 169

459

Badillo Bello, B., 429
Badillo Hernández, Antonio, 429, 430
Báez Camargo, Gonzalo, 376
Báez, Juan B., 414
Bahamonde, W. O., 358, 359, 360, 361, 362
Balduino, 121
Ballesteros, Gaibrois, M., 153
Balmaceda, José Manuel, 360
Bapfylde, C. A., 255
Bardy, Gustave, 55, 57, 58
Barrado Manzano, A., 163, 346, 347
Barredo, Isidoro E., 425
Barrios Arana, D., 329
Barrios, Juan de los, 156
Barrios, Justo Rufino, 391
Bartolomé, 80
Basden, 421
Basilides, 43
Basilio I, 115
Basilio de Cesarea, 46, 47, 64
Bastide, R., 170
Baudiment, L., 181
Baumgarten, N. de, 107
Baunard, L., 302
Bayle, C., 141, 146, 152, 153, 154, 158, 262
Bayne, S. F., 248
Bazaco, E., 165
Beals, C., 193
Beda, 93, 95
Beltrán, Luis, 147
Berg, L., 141, 301
Bergmann, L., 200
Berky, A. S., 196
Bernabé (Seudo), 50, 51
Bernard, H., 178
Bernard, M. A., 257
Bernardes, Adrião, 384
Bernardo de Claraval, 120
Bessell, 70
Besson, Pablo, 337
Bettray, J., 177
Beyreuther, E., 198
Beza, Teodoro, 186, 187
Bidez, 67
Bieler, L., 90
Biermann, B., 143
Bigandet, P. A., 251
Blackford, 379

Blauw, Johannes, 32
Block, H., 68
Boardman, George D., 253
Boissevain, H. D. J., 190, 254
Bolívar, Simón, 329, 334, 346, 358
Bolshakoff, S., 129, 130, 184, 212, 339, 385
Bolton, H. E., 146
Bonaparte, José, 328
Bonifacio, 102, 103, 104, 105, 131
Borges, P., 141, 145, 147, 148
Boris de Bulgaria, 114.
Bortone, F., 176
Bousquet, G. H., 255
Boyer, Jean Pierre, 418
Braganza, 329
Brainerd, David, 195
Brancati de Laurea, 182
Bray, Thomas, 194
Bridio (rey picto), 93
Brigham, J. C., 335, 359, 403
Bright, W., 95
Brooke, James, 254, 255
Broomball, B., 281
Broonhall, M., 278
Brown, L. W., 79, 235
Browne, G. F., 96
Bucero, Martín, 185, 186
Bujnoch, J., 112
Bundgaard, N., 222
Burckhardt, I., 60
Burkitt, 74
Burnell, A. C., 80
Burset, V., 428
Bustamante, 400
Buler, C., 244

Cabaton, A., 254
Calid, 98
Calmon, P., 169
Calvino, Juan, 185, 186, 187, 208
Callenbach, J. R., 191
Calles, Plutarco Elías, 402
Cancer, Luis, 147
Canclini, A., 336, 337
Canclini, S., 337
Cantel, R., 169
Canut de Bon, Juan, 354
Canuto. *Véase* Knud, 106, 107, 108
Carey, Félix, 252

460

INDICE DE NOMBRES DE PERSONAS

Carey, Guillermo, 20, 195, 213 a 220, 221, 222, 224, 232, 233, 234, 242, 244, 251, 278, 293, 442
Carey, S. P., 213
Carlomagno, 104, 105, 113
Carlos Martel, 100, 102, 131
Carlos III de España, 327
Carlos V de Alemania (Carlos I de España), 136, 138, 145
Carson, Harry Roberts, 418
Carus, P., 98
Carver, George Washington, 443
Carranza, Venustiano, 401, 402
Carreño, A. M., 146, 153
Castro, Fidel, 413, 414
Castro Seoane, J., 142, 159
Cayo, 46
Ceccherelli, C., 153
Ceciliano, 55
Celada, A., 341
Celestino, 91
Celso, 56, 58
Cerqueira Leite, Remigio de, 380
Cipriano, 43, 50, 55
Cirilo, 111, 113, 114
Ciro (patriarca de Alejandría), 99
Clark, C. A., 272
Claver, Pedro, 150, 156
Clemente, Alejandrino, 42, 53, 55, 56, 80
Clemente Romano, 39
Clodoveo, 88, 89
Clotilde, 88
Clough, J. E., 243
Colón, Cristóbal, 133, 139, 140, 143, 151, 167, 170
Columba, 92, 94
Coll, J. M., 127
Collazo, Evaristo, 424
Comboni, Daniel, 318, 320
Comte, Augusto, 340
Condliffe, J. B., 288
Confucio, 179, 280
Considine, J. J., 399, 403, 411, 413
Constancio, 65, 66, 71
Constancio, Cloro, 61
Constante, 65
Constantino, 60, 63, 66, 77, 284, 441
Constantino (Apóstol a los eslavos). Véase Cirilo

Constantino II, 65
Córdova Salinas, D. de, 159
Cortés, Hernán, 140, 146, 153
Cosroes, 75
Costamagna, Padre, 332
Cotterill, H. V., 119
Courtenay, P., 247
Cook, 214, 285
Crespin, J., 189, 376
Crisóstomo. Véase Juan Crisóstomo
Cronin, V., 175, 176
Crowe, Frederick, 390
Cruz Monclova, L., 427
Cuevas, M., 152, 154
Cullmann, Oscar, 35
Cuminio, 93
Cureton, W., 74
Cutts, E. L., 95

Chapman, Carlos, 370
Charlevoix, P. F. J., 147
Chauleur, S., 43
Chávez, Enrique, 356
Chiang-Kai-Shek, 274, 283, 284
Chilperico, 88
Chinchilla Aguilar, E., 155
Chouvenee, J. M., 358
Christensen, J., 100
Christiani, L., 302

Dabbs, N. H., 349
Dahmen, P., 175, 176
Dalzon, W., 418
Dallet, Ch., 269
Damboriena, Prudencio, 278, 279, 280, 303, 304, 305, 306, 336, 337, 338, 342, 344, 345, 350, 352, 353, 354, 355, 361, 362, 364, 370, 371, 372, 373, 374, 380, 381, 385, 390, 391, 392, 393, 394, 396, 397, 398, 405, 406, 410, 416, 418, 421, 424, 425, 426, 429, 431, 433, 434, 435.
Da Conceição, José Manuel, 378, 379.
Da Silva, Rego, A., 171
Dassault, J.-L., 399, 402
Davis, F., 152
Dávila Garibi, I., 146
Dawson, C., 124
Decorme, G., 153
De Jesús, Tomás, 182

461

Delacroix, S., 238
Delaporte, L., 75
Delgado, J. L., 431
D'Elía, P. M., 178
De los Reyes, Isabelo, 257, 258
Dempster, John, 335
Depperman, K, 198
Dessarre, E., 307
Detweiler, Ch. S., 431
De Vaulx, B., 376
Dewart, L., 413
Díaz Acosta, J., 431
Díaz, Alberto J., 426
Díaz, Bartolomé, 167
Díaz del Castillo, Bernal, 146
Díaz de Solís, Juan, 139
Díaz, Porfirio, 401
Doerries, H., 60
Doggett, R. E., 221
Domingo de Guzmán, Santo, 123, 126, 131
Domínguez, O., 351
Dominian, H. G., 169
Douwes, J., 213
Drees, Charles, W., 433
Drury, Philo W., 432
Duarte, Pedro, 422, 423
Duchesne, 76
Dudden, J., 67, 68
Duff, Alexander, 241
Dunne, G. H., 172, 176
Dunne, P. M., 154
Du Plessis, J., 311
Dupront, A., 120
Dyer, H. S., 244

Eaton, Anthony, 351
Edesio, 81
Edwards, Jonathan, 195, 202
Edwin (rey de Northumbria), 96
Eekhof, A., 191
Egaña, A. de, 143, 160
Egede, Hans, 200
Eguia Ruiz, C., 162
El Cano, Sebastián, 133
Eligio, 102
Eliot, John, 193
Elkins, J. C., 372
Elsbree, O. W., 191, 192, 193, 194, 202, 203

Enrich, F., 161
Enrique el Halconero, 106, 113
Enrique el Navegante, 166
Eric el Bueno de Suecia, 128
Ernst, J. E., 193
Erwin, J. A., 434
Espada Marrero, José, 420
Esteban de Pema, 129
Esteban de Polonia, 113
Etelberto (rey de Kent), 95, 102
Eugenio, 68
Eusebio de Cesarea, 46, 61, 62, 70, 80
Evagrio, 46
Evans, E. W. P., 280
Exana, 81

Faidimo de Amasia, 47
Fancourt, H. C., 288
Farney, R., 67
Federico II de Alemania, 119, 128
Federico IV de Dinamarca, 197, 198
Feliciano, Salomón, 434, 435
Felipe II, 138, 164
Fenger, F., 198, 199
Fernández y Alvarez, F., 126
Fernando el Católico, 118, 119, 138, 141, 143, 144
Fernando, San, 118
Fernando VII, 328
Ferrando, Manuel, 429
Ferreira, Antonio, 383
Figueras, A., 141
Figuero, G., 329
Filón de Alejandría, 32
Finán, 94
Firth, C. B., 235, 236, 238, 239, 241, 242, 243, 246
Flaskamp, 102, 103
Floriano, A. C., 117
Focio, 111, 115
Folmer, H., 180
Foster, J., 116
Foucher de Charres, 120
Francisco de Asís, San, 123, 124, 125, 131, 296
Francisco de San José, fray, 160
Francisco Javier, San, 173, 175, 176, 262
Francke, August Hermann, 198, 203

INDICE DE NOMBRES DE PERSONAS

Fretz, J. W., 345
Frizzi de Longoni, H. E., 331
Frumencio, 81
Fuentes, Julio, 424
Fulwood, Charles, 425
Fuller, M. L. B., 244

Gairdner, W. H. T., 227
Gallardo, G., 331
García Arroyo, L., 175
García Granados, Manuel, 386
García Icazbalceta, 146
García Moreno, Gabriel, 363
Gardiner, Allen, 336, 337, 347, 348, 351, 352
Garitte, G., 76
Garnier, A. J., 280
Garrido, G., 367, 386, 387, 388, 389, 390, 411, 412, 415
Gaudefroy-Demombynes, M., 98, 100
Gaustad, E. S., 202
Geisa, 113
Gerhard, Johan, 187
Gerstner, J. H., 202
Gibbon, 75
Gibbons, W. J., 333, 340, 344, 347, 358, 363, 366, 373, 376, 403, 413
Gidney, W. T., 306
Giménez Fernández, M., 143, 145
Giolma, Alfredo, 427
Girbal y Barceló, Narciso, 160
Glazik J., 129, 183, 212, 263, 270, 277
Glucharev, Makarij, 211
Golubovicj, G., 124
Gómez, H., 115
Gómez Hoyos, R., 145
González de Agüero, Pedro, 160
González de Cossio, F., 153
González, Justo L., 49, 51, 54
González, Romualdo, 424
Goñi Gaztambide, J., 118
Gorce, M.-M., 127
Goodall, N., 229
Goodfellow, William, 335
Goslin, T. S., 335, 336, 340, 341, 344, 345, 347, 348, 349, 359, 364, 374, 377, 382, 391, 392, 393, 403, 404, 405, 407, 408
Goubeau de la Billenerie, J. F., 210

Gould, S. B., 255
Goyau, G., 181
Graciano, 67-68
Greenleaf, R. E., 154
Greenwood, G., 286
Gregorio de Neocesarea, 45 a 46-55, 57
Gregorio de Nisa, 45, 47
Gregorio el Grande, 94, 96
Gregorio el Iluminador, 4, 76
Gregorio II, 103
Gregorio VII, 109
Gregorio XVI, 399
Gribble, E. R., 286
Griffe, E., 44
Grivec, F., 111
Groot, J. M., 156
Grubb, Kenneth G., 390, 391, 392, 393, 394, 395, 396
Guillermo de Trípoli, 127
Gustavo Vasa, 136
Gützlaff, K., 279
Guzmán, Germán, 366

Haakon el Bueno, 107
Habig, M. A., 124
Hack, H., 345
Haendler, G., 71
Hallock, W. A., 194
Hanke, L., 144, 146
Harald Blaatand, 106, 107
Harald Haarfager, 108
Haraldsson, Olaf, 107, 108
Haroldo Diente Azul. *Véase* Harald Blaatand
Haskins, C. H., 122
Hasseltine, Anne, 252
Hawthorne, S. R., 350
Haymaker, Edward M., 391
Haynes, E. H., 322
Hefele, C. J., 44
Hellinghaus, I., 147
Hendrick, T. D., 44
Henry, S. C., 202
Heraclas, 56
Heraclides (Obispo de Arabia), 80
Hermias, 53
Hernáez, F. J., 142, 143, 144, 151, 155, 157, 160, 161, 163, 167, 170
Hernández y Sánchez-Barba, 166

Hernández, Venancio, 409, 410
Herrero, Andrés, 347
Heurnius, Justus, 191
Hidalgo, Miguel, 329, 399
Hilario de Poitiers, 71, 72
Hildebrando. *Véase* Gregorio VII
Hill, John C., 391
Hirzel, S., 200
Hoffman, R., 182
Hogg, W. R., 226
Holmes, T. S., 44
Holmes, W. G., 96
Holly, James Theodore, 417, 420
Hoover, W. C., 355, 356
Hossbach, W., 198
Huart, V., 75
Huerta, Victoriano, 401
Huffman, Nathan, 419, 432
Hus, Juan, 200
Hutton, 196

Igleheart, C. W., 264
Inocencio III, 123, 126
Ireneo, 44
Isabel la Católica, 118, 138, 144
Israstzov, Constantino, 339
Iturbide, 385
Izaguirre, B., 160

Jacobo Baradeo, 97
Jaramillo, R., 365
Jenkins, C. F., 196
Jenófanes de Colofón, 51
Jeremias, J., 33, 34
Jerónimo, San, 46, 64, 80
Jerónimo, San (de Rusia), 129
Jiménez de Cisneros, Cardenal, 119, 138
Jiménez Soler, A., 119
Jones, A. H. M., 60
Jones, David, 322
Jones, F. P., 284, 285
Joviano, 67
Juan de la Cosa, 139
Juan Crisóstomo, 70
Juan III de Portugal, 173
Juárez, Benito, 401, 404, 405, 438
Juárez, Sóstenes, 406, 408
Judson, Adinoram, 213, 222, 223, 250, 251 a 253

Judson, Edward, 251
Juliano, 66 a 67
Julio II, 143
Jung-Diefenbach, J., 102
Junor, William, 335
Justina, 71
Justiniano, 97
Justino Mártir, 50, 53, 54, 55, 56

Kagawa, Toyohiko, 267
Kalley, Robert R., 377, 378, 383
Keegan, G. J., 152
Keller, C. R., 222
Kemp, Johannes Theodorus van der, 311
Kenney, Edward, 422
Kentingern, 93
Kilger, L., 160
King, N. Q., 68
Kino, Eusebio, 146
Klein, F., 302
Knight, A. W., 423
Knud, 106, 108
Koch, H., 197
Konetzke, R., 153
Kornerup, Bjorn, 197
Koch, H., 106
Ko Tha Byu, 253
Kraig, Margaret E., 424
Kratz, G., 162
Kraus, 97
Krause, A. E., 345
Kuhn, W. E., 105
Kuruvilla, K. K., 80, 236
Kyaw Than, V., 253

Labourt, J., 78, 79, 97
Lactancio, 61, 70
La Motte Lambert, 181
Lancaster, 334
Lancknoronska, K., 113
Lane, Horace, 381
Lang, D. M., 77
Langlois, V. 75
Laning, J. T., 152
Lapeyre, G. G., 43
Larrea, J. I., 363
Larsen, K., 197
Las Casas, Bartolomé de, 144, 145, 146

INDICE DE NOMBRES DE PERSONAS

Latourette, Kenneth Scott, 20, 44, 45, 70, 74, 77, 97, 98, 113, 116, 128, 155, 157, 161, 166, 169, 176, 179, 180, 181, 195, 196, 199, 210, 221, 222, 223, 230, 237, 248, 249, 251, 253, 256, 258, 260, 261, 263, 268, 275, 276, 277, 279, 282, 284, 289, 301, 302, 309, 322, 363, 373, 375, 385, 399, 400
Laubach, Frank C., 260
Launay, A., 181, 249, 269
Laval-Montmorency, François Xavier de, 181
Lavigerie, Charles M. A., 302, 319
Lebreton, Jules, 48
Lee López, A., 157
Legaspi, 165
Leger, 111
Legge, J., 98
Leif, Ericson, 108
Leigh, Samuel, 288
Leite, S., 169
Lejarza, F. de, 141
Lemmens, L., 124
Léonard, E.-G., 377, 378, 379, 380, 381, 382, 383, 384
León de Aldeber, Fermina, 336
León I, 298
León X, 167
León XII, 330
Leopoldo II de Bélgica, 319, 321
Leszcynskij, Filoteo, 183
Letts, W. M., 91
Leturia, P. de, 399
Lewis, C. M., 152
Lewis, G. K., 434
Licinio, 62, 75
Lietzmann, H., 65
Lievens, Constant, 238
Lima, J. D., 169
Linke, L., 363
Lins, I., 169
Livingstone, David, 308, 311, 312 al 317, 318, 319, 320, 321, 325, 442, 446
Locher, G. P. H., 255
Loomie, A. J., 152
Lopetegui, L., 182, 183
López, Carlos Antonio, 343
López Jiménez, R., 155

López, José Hilario, 365
López de Santa Ana, Antonio, 400
López Martínez, N., 119
Lorch, H., 244
Lorenzana, A., 259
L'Ouverture, Toussant, 329
Loyola, Ignacio de, 141, 173
Lozano, Ramón, 405
Ludovico Pío, 105
Lugo, J. L., 434
Lulio, Raimundo, 125, 126, 296
Lull, Ramón. Véase Lulio, Raimundo
Luna, Pedro de, 127
Lutero, Martín, 134, 137, 185, (texto corregido), 199, 378
Lyons, F. X., 347

MacDonald, F. C., 337
Macedo Soares, J. C. de, 168
Macnicol, N., 244
Maderos, 401
Magallanes, 133, 164
Magencio, 62, 66
Mahoma, 98
Malzac, 323
Mandouze, A., 87
Mar Aba, 97
Marción, 51, 444
Marco Aurelio, 67, 86
Marchesi, 427
Mari, 81
Mariategui, Oliva, R., 163
Marsden, Samuel, 286, 288
Marshman, 216, 218, 278
Mar Simón XXI, 300
Martin-Achard, R., 31
Martin, A. D., 311
Martin, H., 227
Martín de Tours, 64, 70, 71
Martínez, Alberto, 420
Martyn, Henri, 431
Mateos, F., 142, 160, 162
Mathews, Lucas, 335, 347, 359, 363, 368
Mathieson, A., 251
Maurice, J., 61
Maximiliano, 401
Máximo, 73
Maxton, C. H., 202
Mayhew, Zacarías, 194

465

Maza, F. de la, 155
McAllister, James A., 430
McCormick, H. P., 431
McFarland, G. B., 250
McGavran, D., 406, 407, 408, 409, 410
McGilvary, D., 250
Mecham, J. L., 329, 332, 339, 343, 346, 350, 357, 358, 365, 373, 386, 387, 389, 393, 399, 400, 401, 411, 412, 413
Medina Ascencio, L., 399
Medina, J. T., 154, 161
Medrano, Mariano, 331
Mega, P., 156
Megapolensis, Johannes, 191
Mehden, F. R., von der, 253
Meissner, J. L. G, 92, 93, 94
Melanchton, Felipe, 185
Melitón de Sardis, 50
Menéndez Pelayo, M., 138
Mercado, P. de, 185
Merino, M., 147, 165
Mesot, J., 70
Mesrob, 76
Metodio, 111, 114
Miguel III, 111, 114
Milne, Andrés M., 335, 341, 342, 348, 360, 364, 374
Miller, B., 281
Miller, M. C., 192
Miller, P., 202
Millien, J. E., 417
Mills, S. J., 222
Mingana, A., 116
Minucio Félix, 55
Miranda, Francisco de, 328, 329, 399
Miriam (rey de Georgia), 77
Mita, 435
Mitchell, Pablo D., 201, 335, 342, 361, 372, 408
Mitre, 332
Modaelli, M. E., 175
Moffat, John Smith, 312, 316
Moffat, Roberto, 308, 312, 313
Molina, R. A., 161
Momigliano, A., 68
Mondain, G., 323
Mongiardino, José, 348

Mongrovejo, Toribio Alfonso de, 149, 160
Monneret de Villard, U., 97
Montalbán, F. X., 44, 76, 88, 90, 102, 140, 141, 143, 145, 151, 165
Montecorvino, Juan de, 124
Montero y Vidal, J., 165
Montesinos, Antonio, 144, 145
Montsalvatge, Ramón, 368, 374
Montúfar, Lorenzo, 390
Moore, Donald, 429
Moore, G. F., 33
Moraes Carneiro, J. C de, 375, 376
Moreau, E. de, 105
Morelos, 329, 399
Moreno, 329
Mörner, M., 162
Morrison, E. A., 278
Morrison, Roberto, 278, 279
Morthensen, E., 278, 280
Mott, John R., 226
Morúa M. de, 158
Moya, Clemente, 425
Muller, J. A., 281
Müller, J. P., 102
Munck, Johannes, 25
Murdock, J., 262
Muriel, J., 152

Nana (reina de Georgia), 77
Narsés, 75
Neblett, S. A., 425
Neill, S. C., 200
Nestorio, 97
Nevius, John L., 272
Nicolai, 212, 263 a 264
Nicuesa, 155
Nicholson, E. G., 404
Nielsen, E. W., 81
Niles, D. T., 248
Niniano, 93
Nino, 77
Nobili, Roberto de, 175, 177
Norris, Guillermo, 335, 341
Northcott, W. C., 312, 316
Núñez Cabeza de Vaca, Alvar, 139, 147
Núñez de Balboa, Vasco, 139
Núñez, Rafael, 365

INDICE DE NOMBRES DE PERSONAS

Oakes, M., 155
Obregón, 401, 402
Ocampo, Sebastián de, 139
Ochler, A., 281
O'Daniel, V. F., 147
Odell, E. A., 419, 420, 425
Odoacro, 86
O'Higgins, Bernardo, 334, 351, 438
Ojeda, 155
Olga, 115
Oliphant, J. O., 335
Olmedo, Bartolomé de, 146
Omaechevarría, J. O., 152
Olov Skötkonung, 108
Olszewska, E. S., 108, 109
Omar, 99
O'Rahilly, T. F., 91
Orchard, R. K., 229
Ordóñez, F., 367, 368, 369, 370, 371
Oré, Luis Gerónimo de, 152
Orellana, Francisco de, 139
Orígenes, 42, 46, 47, 53, 55, 56, 57, 80
Orosio, 87
Osías, C., 259
Osvaldo (rey de Northumbria), 93, 96
Otman, 99
Otón, I, 106, 113, 115
Oussoren, A. H., 213, 215, 216, 219
Ozanam, A. F., 88

Pacheco, J. M., 150, 156
Padwick, C. E., 303
Page, J., 199
Paik, L. G., 270
Paiva Manso, 170
Paladio, 91
Pallu, François de, 181
Pamplona, Francisco de, 157
Panjikaran, J. C., 80
Panteno, 42, 55, 56, 58, 80, 234
Papiniano, 46
Parker, J. A., 196
Parvin, T., 335
Paske-Smith, M., 261
Pastells, P., 162
Pasteur, Luis, 443
Paton, W., 240
Patricio, 90 a 92

Paul, Thomas, 416
Paulo III, 173
Pauthier, G., 98
Pavez, Víctor, 356
Pedersen, J., 197
Pedro, Apóstol, 39, 44
Pedro II de Brasil, 375, 377, 378
Pellegrin, A., 43
Penzotti, Francisco G., 341, 348, 360, 361, 364, 372, 374, 392
Peñaforte, Raimundo de, 127
Pereira, Eduardo Carlos, 380, 381, 382, 383
Pérez Arnaldo, Miguel, 425
Pfander, Gottlieb, 303 a 304
Philip, John, 312
Phillips, W. A., 92
Pieper, K., 136
Pío VII, 330
Pío IX, 301, 358
Pío XI, 333, 402
Pipino de Heristal, 102, 103
Pitirim, 129
Pizarro, Francisco, 140, 158
Plano Carpino, Juan de, 124
Plass, E. W. 185 (texto corregido)
Plinio, 45
Plütschau, Heinrich, 198, 199
Pocahontas, 192
Pollock, J. C., 281
Poma de Ayala, Felipe Guzmán, 160
Ponce de León, Juan, 139, 152
Porras Barrenechea, R.,
Pothan, S. G., 79
Potovek, C. J., 111, 112
Pradeau, A. F., 154
Pratt, Henry Barrington, 368 a 369
Préville, R. P. de, 302
Price, J. G., 364
Prisciliano, 73
Próspero de Aquitania, 91

Queguiner, M., 238
Quincy, J., 194

Radbod, 102, 103
Raine, P., 343
Raleigh, Sir Walter, 192
Ramabai, 244
Ramírez Cabañas, J., 399

467

Ranavalona II, 323
Rankin, Melinda, 406, 407
Ransom, J. J., 425
Ransom, C. W., 229
Ratana, 289
Ratislao, 111
Recaredo, 90
Reed, W. E., 364
Reekie, Archibald B., 349
Reeve, B., 280
Renard, E., 302
Restrepo, D., 156
Restrepo Posada, J., 157
Reus Froilán, Francisco, 428, 429
Reverdin, O., 377
Rhijn, C. H. van, 71
Rhodes, Cecil, 316 a 317
Ribeiro, A., 171
Ribeiro, B., 378
Ribeiro, D., 377
Ricard, R., 153
Ricci, Mateo, 175, 176 a 178, 262, 272, 280
Ricciotti, G., 67
Rico González, V., 154
Richard, R., 146
Richard, Timothy, 280, 281
Richards, W. J., 235
Richter, J., 309
Ride, L., 278
Ridley, F. A., 67
Riley, Enrique C., 405
Rimberto, 105
Rioseco, Pedro, 424
Ritchie, John, 362
Rivadavia, B., 331, 333
Rivadeneyra, Juan de, 163
Rivera, P., 407, 408
Rodríguez Francia, José Gaspar, 343
Rodríguez, I. R., 257
Rodríguez, Rafael, 420
Rodríguez Valencia, V., 149, 160
Rogelio I de Sicilia, 119
Rogelio II de Sicilia, 119
Romero, M. G., 156
Rómulo Augústulo, 86
Roncaglia, 124
Rosas, J. M. de, 332, 335
Roth, Th., 358
Rouse, R., 226

Röver, B., 169
Royer, F., 147
Rudd, A. B., 431
Rudersdorf, F., 281
Rufino, 46, 77, 81
Ruggieri, Michele, 176 a 177
Ruiz Bueno, Daniel, 50, 52, 53, 54
Ruiz de Larrinaga, J., 146
Runciman, S., 120, 121
Ruyssen, R. P., 88

Saeki, Y., 98
Sáenz, M., 436
Sahag, 76
Saint-Priest, A. de, 210
Saladino, 121
Salazar, J. A., 157
Saleeby, N. M., 165
Sancho de Sopranis, H., 142
Sandoval, Alfonso de, 150
San Martín, José de, 329, 334, 357, 358, 358, 359
Santiago, Apóstol, 44
Santos Hernández, A., 98, 239, 298, 299, 300, 302
Santos Otero, Aurelio de, 74
Sapor, 75
Saravia, Adrián, 186 a 187, 188
Sargent, J., 303
Sarmiento, Domingo F., 332, 438
Sasánidas, 78 a 79
Scofield, 391
Scott, 70
Scott, J. B., 182
Schereschewsky, Samuel I., 280, 281
Schieffer, T., 102
Schlyter, N., 279
Schröeder, F., 377
Schurhanner, G., 173
Schwartz, Christian F., 199
Seaver, G., 312
Seert, 81
Sergio (arzobispo ortodoxo de Tokio), 264
Serrano y Sanẓ, M., 157
Seumois, A. V., 211
Severino de Santa Teresa, 155, 156, 366
Shedd, C. P., 226

INDICE DE NOMBRES DE PERSONAS

Sicard, H. von, 108, 109, 128, 189, 199
Sierra, V. D., 143
Silvera, Aurelio, 425
Simeón de Bulgaria, 114, 115
Simonton, A. G., 378
Skard, B., 43
Smirnoff, E., 129
Smith, G., 213
Smith, T. E. V., 189
Sobrepeña, E. C., 260
Sobreviela, Manuel de, 160
Sócrates (historiador), 80, 81
Solano, Francisco, 147, 163
Someillán, Enrique B., 425
Soothill, W. E., 280
Sosa, F., 154
Soto, Hernando de, 139
Sozómenes, 78, 81
Spener, Philipp Jakob, 198, 203
Spinka, M., 111, 114
Stanley, Henry M., 308, 315, 319, 320
Stern, Henry Aaron, 306
Stirling, 337
Stockwell, B. Foster, 338
Storme, M. B., 318, 319, 320, 321
Strachan, Harry, 371
Streit, Robert, 211
Strong, W. E., 222
Struve, N., 129
Suidas, 46
Sulpicio, Severo, 71, 72
Sullivan, R. E., 104
Sundkler, B., 222, 246
Sun-Yat-Sen, 284
Svend I, 106, 108
Swanson, S. H., 430
Swensson, G. S., 430, 431

Taciano, 53, 56
Tallon, A. G., 336
Tambimuttu, F. O., 248
Tarik Negushti, 81
Tatlow, T., 226
Taylor, Hudson (hijo), 281
Taylor, H. (señora), 282
Taylor, J. Hudson, 280, 281, 282
Taylor, William, 349, 353, 354, 360, 363, 364, 372

Taylor, W. M., 434
Telfer, W. 43
Teodora, 96
Teodoreto, 81
Teodosio, 68, 86
Teófilo de Alejandría, 68
Tertuliano, 43, 47, 50, 53
Thomas, John, 215
Thomas, W. T., 264
Thomson, Diego, 333, 334, 335, 337, 340, 341, 351, 358, 359, 363, 367, 368, 403, 404, 439
Thomson, John Francis, 335, 336, 341, 349, 360
Thomson, J. M., 360
Thorpe, O., 286
Tibesar, A., 159
Tirdat III. *Véase* Tiridates III
Tiridates III, 74 a 76
Tisserant, E., 79
Tobar Donoso, J., 158
Tokugawa, 166, 261
Tomás, apóstol, 79, 234
Tomás de Aquino, 127
Tonda, Américo A., 331
Townsend, W. J., 278
Tracy, J., 202
Tradt III. *Véase* Tiridates III
Trajano, 45
Treat, P. J., 262
Trenholme, E. G., 93
Trumbull, David, 352, 353, 360, 405
Tryggvason, Olaf, 107 a 108
Túpac Amaru, 159, 328
Turville-Petre, G., 108, 109

Udine, Odorico de, 124
Ulfilas, 64, 70 a 71, 73
Ulpiano, 46
Umaña, 356
Umaña Luna, E., 366
Underwood, L. H., 270
Urbano II, 120
Uriarte, M. J., 158
Uribe, J. A., 366
Ursinus, 188

Valdivia, 161
Valentín, 43
Valentine, M. A., 429

469

Valentiniano I, 67
Valentiniano II, 68, 71
Valeriano, 75
Vall Espinosa, Zacarías, 427, 428
Valignano, Alessandro, 176, 177
Valtierra, A., 150
Valverde, Vicente, 159
Valle-Arizpe, A. del, 153
Vallecillo Avila, M., 118
Van Buren, James Heartt, 428
Varetto, J. C., 333, 335, 336, 341, 342
Vargas, J. M., 158
Vargas Ugarte, R., 160
Vasco de Gama, 133, 167
Vasconcelos, S., 169
Vat, O. van der, 124
Vázquez, E., 155
Vergara, I., 352, 353, 354, 355, 356, 357
Vicente Ferrer, San, 127
Victoria de Inglaterra, 428
Vieira, Antonio, 169
Villa, Francisco (Pancho), 401
Villegaignon, Nicolás de, 189, 377
Vitoria, Francisco de, 182
Vives, J., 117
Vladimir de Bulgaria, 114
Vladimir de Kiev, 115
Voegeli, 418

Warneck, G., (texto corregido), 185, 186, 188, 189
Weber, E., 171
Weltz, Justiniano von, 188 a 189, 191
Welle, I., 107, 108
Wellesley, 218

Wells, K. E., 250
Wesley, Juan, 201 a 203
Westman, K. B., 108, 109, 128, 189, 199
Westrup, P. H., 403, 406
Wharton, Robert L., 424
Whitaker, Alexander, 192
Whitefield, George, 202 a 203
Wicki, J., 176
Wilberforce, 217, 239, 286
Wilde, Eduardo, 332
Wilfrido, 102
Wilibrordo, 102, 131
Wilson, Benjamín,, I., 420, 421
Winfrido. *Véase* Bonifacio
Wipfler, W. L., 420, 421
Wolff, Joseph, 306
Wood, Tomás B., 360
Wynbeek, D., 195

Yanagita, T., 263, 265, 266
Yaroslav de Rusia, 116

Zanella, 124
Zavala, S. A., 145
Zechune, Johannes Waldemar, 427, 428
Zelaya, 388
Zenón, 77
Ziegenbalg, Bartholomäus, 198 a 199
Zimmer, 91
Zinzendorf, N. L. von, 200 a 202
Zubillaga, F., 152, 153
Zumárraga, Juan de, 146, 149, 154, 170
Zuretti, J. C., 163, 332, 333
Zwierlein, F. J., 191
Zwinglio, Ulrico, 185 a 186

INDICE DE NOMBRES DE LUGARES

Abisinia; *véase* Etiopía, 81 a 82, 298, 305, 306, 307
Adén, 167
Africa, 149, 418, 422, 427, 428, 430, 434, 435, 436, 437, 438, 439, 441, 443, 444, 445 a 461, 465, 466, 655, 656, 662
Africa del Norte, 43 a 44, 85, 87, 89, 96, 99, 100, 101, 125, 296
Africa del Sur, 297, 310 a 338
Africa Portuguesa, 170 a 171
Agra, 241
Aguadilla, 429
Aguascalientes, 404
Alabama, 442
Alajuela, 397, 398
Alaska, 183, 212
Alejandría, 32, 43, 56, 68, 97, 99, 101, 296, 297, 298, 302
Alemania, 103, 135 a 136, 197, 221, 228, 275, 290, 338, 345, 352, 354, 355
Aleutianas, 183
Altai, 212
Alto Paraná, 344
Alto Perú, 346
Allhabad, 225
Amazonas, 139
Amboina, 173
América Central, 140, 155, 367, 385, 386, 389, 390, 392, 394, 396, 397, 398
América del Norte, 108, 140, 202. *Véase* también Estados Unidos
América Española (Ver Nuevo Mundo e Indias), 140, 141, 142, 143, 330, 398

América Francesa (Ver Guayana Francesa y Haití), 180
América Portuguesa, 168 a 170
Amsterdam, 228
Andalucía, 44
Anglia Oriental, 95
Angola, 170, 171, 308, 317, 318
Antequera, 154
Antillas Mayores, 139, 144, 151 a 152, 180, 410 a 436
Antioquía, 37, 58, 65, 78, 79, 101, 121, 235, 236, 297, 299, 302
Arabia, 58, 80, 97, 98, 100, 306
Aragón, 117, 118, 119
Araucania, 351
Arecibo, 433, 435
Arequipa, 163
Argel, 302
Argelia, 306
Argentina, 148, 163, 298, 330 a 339, 341, 342, 343, 349, 352, 356, 363
Arica, 360
Arlés, 45
Armenia, 74 a 76, 78, 100, 298, 299, 303, 385
Asia Central, 97, 116
Asia Menor, 42, 44, 45, 121 a 122
Asia Sudoriental, 166, 181, 249 a 253
Asís, 123
Asturias, 44, 99, 101, 117
Asunción, 161, 162, 163, 344
Atenas, 69
Atitlán, 391
Australia, 224, 228, 270, 285, 288, 289, 290, 292, 293, 310
Avignon, 134
Axum, 81
Azores, 142, 166

Babilonia, 302
Bagdad, 100, 124
Bahía, 170, 190
Baja California, 400, 403
Baji, 170
Balcanes, 45, 113
Bangkok, 250
Barahona, 420
Barranquitas, 431
Basilea, 222
Baviera, 103
Beirut, 46, 302
Belén, 384
Bélgica, 319, 320
Belice, 390
Beni, 347
Berito. *Véase* Beirut
Berlín, 222, 321
Bío-Bío, 161
Birmania, 213, 219, 223, 251 a 252
Bitinia, 45
Bizancio, 63, 98, 111, 113 a 116, 122, 133
Bluefields, 389, 395
Bogotá, 157, 366, 367, 369
Bolivia, 163, 335, 337, 346, 358
Bolonia, 123
Bombay, 225, 238, 241
Borneo, 354, 355
Bósforo, 121
Boston, 416
Boyacá, 370
Brasil, 148, 163, 168, 170, 187, 189, 268, 298, 329, 355, 373, 375, 385, 410, 418, 438
Brotas, 379
Brunei, 254
Bruselas, 319
Buena Esperanza (Cabo de), 167, 174, 200
Buenos Aires, 161, 163, 212, 332, 333, 334, 335, 341
Bulgaria, 114, 115, 297

Cairo, 298
Cajamarca, 159
Calabria, 119
Calcedonia, 76, 298
Calcuta, 215, 238, 240, 244, 251
Cali, 370

Callao, 359, 360, 361
Cambridge, 314
Canadá, 180, 195, 228, 270, 334, 338, 345, 349, 374
Cantábricos, 117
Canterbury, 107
Cantón, 177, 278, 279
Caracas, 157
Caracora, 358
Cárdenas, 424
Carolina, 429
Cartagena de Indias, 150, 157, 368
Cartago, 43, 44, 101, 301
Castilla, 117, 118
Cataluña, 117
Cáucaso, 77, 97
Cayo Hueso, 422, 425
Ceilán, 167, 172, 190, 200, 247 a 248, 274, 294
Cesarea (de Capadocia), 76
Cesarea (en Palestina), 46, 99
Ciudad del Cabo, 220, 312
Clermont, 120
Cobán, 392
Cochabamba, 347, 349
Cochín, 173, 14, 235, 236
Cochinchina, 249
Coimbra, 169
Colombia, 173 a 174, 334, 335, 359, 362, 364, 366
Colombo, 167
Colón (Panamá), 366
Comayagua, 155
Congo, 170, 318, 319, 320, 321, 442
Connecticut, 222
Constantinopla, 68, 100, 101, 110, 114, 115, 120, 121, 128, 133, 166, 183, 299. *Véase* Bizancio
Copenhague, 199, 200
Córdoba, 118
Córdoba (Argentina), 161, 162, 332, 333
Corea, 212, 261, 268, 271, 294
Corinto, 38
Costa Rica, 155, 371, 389 a 390, 394, 396 a 398
Covadonga, 117
Cozumel, 154
Crimea, 111

INDICE DE NOMBRES DE LUGARES

Cuba, 139, 151, 334, 393, 412 a 414, 421 a 425
Cuenca, 363
Curicó, 356
Cuzco, 140, 362

Chaco, 344, 45, 347
Charcas, 163
Chensi, 274
Chiapas, 146, 155, 407
Chicago, 300
Chihuahua, 404 a 405
Chile, 161, 163, 334, 335, 337, 348, 349, 357, 360, 363, 373, 385, 405, 410
China, 98, 116, 124, 130, 166, 167, 172, 174, 181, 184, 212, 226, 231, 261, 262, 266, 268, 272, 285, 300, 312, 320, 350
Chinchas, 360
Chipre, 37, 38, 99, 300
Chiquimula, 392
Chaochín, 177

Damasco, 37, 99, 297
Danubio, 70
Darién, 155, 156, 366
Dinamarca, 105, 106 a 107, 108, 189, 197, 198 a 200, 222, 338
Duero, 117
Durango, 153

Ecuador, 157, 158, 334, 359, 362, 363, 364
Edesa, 74, 75, 78, 79, 121
Edimburgo, 220, 227 a 228, 229, 246
Egipto, 42, 43, 80, 85, 97, 98, 99, 101, 121, 296, 297
El Paraíso, 299, 304, 325
El Salvador, 155, 387, 392, 393, 418, 431
Elvira, 44
Escandinavia, 105 a 109, 115, 135
Escocia, 93, 227, 278, 312, 334
España, 42 a 43, 87, 90, 99, 101, 117 a 118, 119, 122, 124, 127 a 128, 133, 135, 137 a 166, 167, 179, 181, 184, 191, 204, 209, 256, 258, 275, 305, 310, 325, 328, 329, 330, 331, 335, 399, 415, 423, 435
Española, La (isla), 139, 151

Essex, 94
Estados Unidos de Norte América, 195, 207 a 208, 212, 213, 219, 221, 222 a 224, 225, 226, 228, 244, 251, 252, 258, 259, 262, 263, 264, 270, 271, 273, 278, 279, 281, 282, 290, 292, 293, 298, 299, 301, 308, 309, 310, 316, 328, 335, 336, 352, 353, 355, 361, 369, 378, 377, 380, 382, 393, 404, 405, 406, 407, 409, 417, 419, 421, 422, 423, 424, 425, 426, 428
Estonia, 113, 128
Etchmiatzin, 299
Etiopía, 37, 101, 124, 174, 305, 306, 307. *Véase* también Abisinia

Fajardo, 427, 432
Fernando Póo, 170
Fiji, 290, 292
Filadelfia, 422
Filipinas, 164, 166, 204, 256, 261, 268
Finlandia, 128
Florida, 139, 152, 422, 425, 426
Florida (Uruguay), 340
Formosa, 190
Francia, 45, 101, 126, 128, 135, 179 a 182, 204, 207 a 208, 209 a 210, 211, 262, 269, 273, 291, 299, 320, 323, 328, 329, 338, 340
Frigia, 43
Frígido (río), 68
Frisia, 102, 103

Gabón, 318
Galias, 44, 45, 61, 87
Galilea, 37
Ganges, 218
Génova, 368
Georgia, 77
Georgia (América del Norte), 152, 201
Ghana, 228, 229
Gibraltar, 89
Glasgow, 333
Goa, 172, 173, 174, 177
Goiás, 376
Granada, 118, 138
Granada (Nicaragua), 395, 396
Gran Bretaña, 212, 220, 221, 226, 248,

473

273, 290, 301, 308, 310, 312, 313, 314, 315, 316, 323, 359, 393
Grecia, 42, 247
Groenlandia, 105, 108, 199, 200, 222
Guadalajara, 154, 404, 406
Guanajuato, 404
Guántanamo, 421
Guatemala, 155, 157, 386, 387, 390 a 392, 396, 398
Guayana Francesa, 180
Guayana Holandesa, 200
Guayaquil, 363

Habana, La, 140, 413, 421, 422, 423, 424
Haití, 329, 373, 385, 410 a 411, 416 a 418, 421
Halle, 200, 221
Hamburgo, 105, 106, 107
Hawaii, 291, 292, 434
Herrnhut, 200
Hesse, 103
Holanda, 135, 189, 190 a 191, 222, 255, 290, 310, 338
Home, 299
Honduras, 155, 195 a 196, 387, 393, 394
Huanta, 358
Humacao, 427, 432

India, 58, 79, 80, 97, 124, 167, 171, 172, 173, 174, 175 a 176, 181, 197, 198, 199, 200, 215, 220, 222, 223, 225, 232, 233, 234, 275, 293, 294, 303, 314
Indias Occidentales, 197
Indias Orientales, 166
Indochina, 249
Indonesia, 254, 256. *Véase* también Indias Orientales y Malayo (archipiélago)
Inglaterra, 95, 96, 101, 107, 135, 180, 189, 191 a 196, 204, 213, 215, 217, 219, 222, 224, 239, 244, 251, 263, 271, 273, 281, 282, 286, 307, 308, 377, 419
Iona, 90, 94, 96, 105
Iquique, 360
Irak, 299, 300, 305
Irán, 299. *Véase* también Persia
Irkutsk, 212

Irlanda, 90, 92
Islandia, 105, 108, 109
Islas Británicas, 85, 90, 101, 201, 286
Islas de Cabo Verde, 166, 167, 170
Islas de Bahía, 393, 398
Islas del Maíz, 395
Italia, 87, 89, 100, 101, 134, 275, 338, 341

Jacmel, 416
Jamaica, 416
Jamestown, 192
Japón, 166, 174, 212, 225, 231, 233, 234, 253, 260, 261, 268, 269, 273, 292, 294
Java, 190, 219, 254
Jena, 187
Jerusalén, 37, 99, 120, 121, 228, 229, 297, 298, 304
Jujuy, 333

Kalajari, 312
Kent, 95, 96
Kiev, 115
Kurumán, 312

Labrador, 200
La Imperial, 161
Laos, 250
La Paz, 347, 349
Laponia, 129, 130, 149, 222
Latvia, 113
Lausana, 229
Leiden, 190
León (Nicaragua), 396
Líbano, 299, 305
Liberia, 224, 308, 309, 317
Lima, 149, 361, 439
Limón, 382
Lindisfarne, 93, 94
Lisboa, 329
Lituania, 113, 128, 130
Liverpool, 226
Livonia, 128
Londres, 226, 251, 334
Los Verapaces, 392
Lund, 107
Luquillo, 427
Lyon, 44

INDICE DE NOMBRES DE LUGARES

Macao, 167, 274
Madagascar, 322, 323
Madeira, 377
Madrás, 225, 228, 229, 238, 241
Madura, 175
Mainas, 158
Malabar, 80
Malaca, 167, 172, 174, 279
Malayo (Archipiélago), 254, 255
Malta, 304
Malvinas, 337
Mallorca, 125, 126
Managua, 396
Manchuria, 268, 275
Manila, 259, 260
Manitoba, 345
Marañón, 170
Mar Blanco, 130
Mar de Arabia, 167
Mariana, 170
Mar Rojo, 81
Marruecos, 124, 305, 306
Massachusetts, 193, 223
Matanzas, 422, 423, 425
Matto Grosso, 376
Mayagüez, 419, 430
Medellín, 370
Media, 98
México, 140, 145, 146, 149, 152, 153 a 155, 159, 164, 170, 187, 229, 256, 334, 385, 398, 410, 424 a 425
Melanesia, 289, 292
Melo, 340
Mercia, 94
Mesopotamia, 78, 79, 98, 238, 296
Micronesia, 289, 292
Michoacán, 154, 406
Minas, 376
Misipipí, 139, 180
Misquitia, 195, 395, 398
Molucas, 174, 190
Mollendo, 360
Mombasa, 171
Mongolia, 276, 321
Monterrey, 406
Montevideo, 335, 336, 339, 340, 341, 360
Moravia, 111, 112
Mozambique, 171, 308, 317

Nagasaki, 262
Nagpur, 241, 242
Naguabo, 427
Nankín, 178
Nashville, 392
Navarra, 117, 118 173
Navas de Tolosa, 118
Ngami (lago), 313
Niasalandia, 311
Nicaragua, 155, 367, 388, 389, 394, 395, 396, 398
Nicea, 121
Nigeria, 311
Nilo, 81, 315, 318
Nisibis, 78, 79, 97
Northumbria, 93, 95, 96
Noruega, 106, 107, 108, 116, 323, 338
Nubia, 97, 100, 101
Nueva Delhi, 228, 229
Nueva Gales del Sur, 285, 286
Nueva Granada, 155 a 158, 365, 369
Nueva Guinea, 254, 256, 292
Nueva Holanda. *Véase* Nueva York
Nueva Inglaterra, 192 a 194, 203
Nueva Jersey, 195
Nueva Orleans, 405
Nueva York, 191, 195, 226, 391, 407, 417, 422
Nueva Zelandia, 224, 287, 288, 289, 290, 292, 293

Oaxaca, 153, 154
Ogoué, 320
Olancho, 388
Orinoco, 374
Ormuz, 167
Oruro, 348
Oxford, 123

Países Bajos, 102, 103, 254
Pakistán, 242, 303, 305
Palermo, 119
Palestina, 42, 45, 80, 120 a 122, 124, 296, 298
Palmira (Colombia), 370
Panamá, 227, 362, 364, 357, 366, 367, 372, 436, 439
Panonia, 71

475

Paraguay, 140, 147, 148, 161, 163, 343, 345
Paraná, 332
París, 123, 173, 262
Patagonia, 332, 337
Pekín, 124, 178, 184, 269, 277, 279
Pennsylvania, 195
Pernambuco, 170, 191
Persia, 75, 76, 78, 79, 85, 96, 97, 98, 100, 296, 298, 300
Perú, 140, 145, 146, 149, 154, 157, 158, 161, 163, 187, 268, 334, 335, 354, 356, 357, 362, 363
Pesquería, 173, 174, 175
Peten, 392
Pilcomayo, 344
Pirineos, 117
Poitiers, 71, 72
Polinesia, 289, 292
Polonia, 113, 130
Ponce, 415, 427, 428, 429, 432, 435
Ponto, 47
Porto Alegre, 382
Portugal, 133, 135, 142, 143, 162, 166, 180, 184, 191, 204, 309, 320, 329, 334, 375, 397, 435
Potosí (Bolivia), 347
Princeton, 362, 368
Providencia, 367
Prusia, 128
Puebla, 153
Puerto Plata, 419
Puerto Rico, 191, 334, 373, 385, 414, 415, 419, 421, 423, 425, 427, 436
Puteoli, 38

Quaracchi, 123
Quebec, 180, 181
Quebrada Limón, 429
Quito, 157, 158, 363

Ranchi, 238
Ratisbona, 188
República Dominicana, 411, 418, 421, 432, 435, 436
Rheims, 88
Río de Janeiro, 170, 378
Río de la Plata, 139, 140, 163
Río Piedras, 431
Ródano, 99

Rodesia, 311, 316, 317
Roma, 38, 39, 42, 43, 56, 75, 86, 95, 101, 103, 104, 107, 110, 112, 114, 115, 122, 125, 176, 179, 237, 276, 301, 318, 329, 331, 332, 343, 346, 350, 363, 365, 386, 388, 399, 411, 437
Romana, La, 420
Rosario, 336
Rumania, 297
Rusia, 107, 113, 115, 116, 129, 130, 183, 184, 212, 263, 264, 266, 270, 277, 285, 297, 338, 385

Sacro Imperio Romano Germánico, 106, 110, 113
Saint Thomas, Islas Vírgenes, 200, 427, 429
Sajonia, 104, 110
Salinas, 432
Salta, 332
Salto, 340
Samaná, 617
Samaria, 37
Samoa, 290
San Andrés, 367
Sanchón, 174
San Francisco (California), 434
San José de Costa Rica, 155, 397, 398
San José de Mayo, 340
San Juan (Argentina), 332
San Lorenzo (río), 180
San Pedro de Macorís, 420
San Pedro Sula, 388, 394
San Salvador, 155, 386, 387, 393
San Salvador, (Brasil), 375
San Sebastián de Urabá, 155
Santa Ana, 393
Santa Catalina, 367
Santa Fe (Argentina), 337
Santa Fe (Colombia), 367
Santa Isabel (Puerto Rico), 432
Santiago de Cuba, 140
Santiago de Chile, 161, 354
Santiago del Estero, 161, 162
Santo Domingo de Guzmán, 139, 412
Santurce, 432
Sao Paulo, 170, 212, 378, 384

INDICE DE NOMBRES DE LUGARES

Sarai, 129
Sarawak, 255 a 256
Seleucia-Ctesifón, 78, 79, 97, 99
Serampore, 216, 219, 278
Sevilla, 118
Shanghai, 284
Siam, 249, 250
Siberia, 266
Sicilia, 117, 119, 325
Sicuani, 358
Sierra Leona, 224, 308, 309, 317
Siria, 42, 45, 68, 98, 99, 100, 296, 297, 298, 299, 300, 305, 385
Socotra, 167
Stanley-Pool, 320
Sucre, 163, 347
Sudán, 305
Suecia, 105, 108, 109, 136, 222
Suez, Canal de, 256
Suiza, 135, 221
Surinam, 191

Tacna, 360
Tahití, 291
Tailandia, 250. *Véase también* Siam
Tampa, 422
Tananarive, 323
Tangañica, 315
Tarahumara, 403
Tarija, 332, 347
Tasmania, 286
Texas, 139, 396
Ternate, 173
Tesalónica, 111
Tibet, 275
Tierra del Fuego, 337, 351
Timor, 254
Tiro, 81
Titicaca, 350
Tobolsk, 183, 212
Tokio, 262, 263, 264
Tonga, 290
Tordesillas, 167, 168
Tours, 72, 73, 100
Tranquebar, 197, 198, 199, 200, 234
Transbaikal, 212
Transjordania, 298
Travancore, 234
Trichinopoly, 238
Trípoli, 121

Trujillo (Honduras), 394
Trujillo (Perú), 362
Tucumán, 161, 162, 163
Túmbez, 160
Túnez, 119, 306
Turingia, 103
Turquestán, 79, 116
Turquía, 297, 299, 302

Ujiji, 315
Unión de Repúblicas Socialistas Soviéticas, 299
Urabá, 155, 156
Urales, 183
Urubamba, 338
Uruguay, 334, 336, 339, 349, 356, 363
Utrecht, 102

Valencia, 127
Valparaíso, 352 a 357, 355
Vaticano, 210, 388. *Véase también* Roma
Venezuela, 157, 362, 373, 374
Verapaz, 155
Victoria (cataratas), 313, 315
Vienne (en Galia), 44
Vieques, 428
Vietnam, 253
Villa Quesada, 397
Vinland, 108
Virginia, 152, 192
Virreinato de La Plata, 161

Wessex, 94
Westminster, 315
Whitby (Canadá), 228, 229
Willingen (Alemania), 228, 229

Yabucoa, 432
Yale, 282, 352
Yucatán, 140, 407
Yugoslavia, 297

Zacapa, 392
Zacatecas, 404, 407
Zambeze, 314
Zanzíbar, 318
Zaragoza, 44

477

Se terminó de imprimir en
METHOPRESS,
Doblas 1753, Buenos Aires,
el 15 de julio de 1970.